# 책임과 법

양천수

박영사

# Verantwortung und Recht

Bearbeitet von
**Dr. Chun-Soo Yang**
Professor an der Yeungnam Universität

1. Auflage

Parkyoungsa Verlag
Seoul, Korea
2022

Für Prof. Dr. Klaus Günther

# 서 문

이 책은 책임과 법에 관한 여러 문제를 다룬다. 책임은 법학에서 매우 중요한 주제 가운데 하나이다. 대부분의 법적 분쟁은 책임 문제로 귀결된다는 점이 이를 잘 보여준다. 그 때문에 책임을 어떻게 이해할 것인지, 이를 어떻게 법으로 설계하고 제도화할 것인지가 법학자의 중요한 임무로 제기된다. 그러나 우리 일상생활에서도 자주 사용하는 책임은 사실 그리 명확한 개념은 아니다. 책임은 쉬운 듯하면서도 쉽지 않은, 아니 매우 어려운 주제이자 문제이다. 이 책은 이러한 책임을 마주하고 씨름한 필자의 공부 여정을 부족하지만 정리해 놓은 결과물이다.

필자는 법이 법적 분쟁을 어떻게 해결하는지, 이를 위해 법은 어떻게 해석되고 적용되어야 하는지에 관심을 가지면서 법학이라는 학문체계에 입문하였다. 이후 법학을 학문으로 본격적으로 공부하면서, 특히 독일 유학을 하면서 이러한 학문적 관심은 책임 문제로 나아갔다. 어찌 보면 법학방법의 문제는 법적 분쟁을 야기한 사람에게 어떻게 책임을 부과할 것인지의 문제로 귀결된다는 점을 감안하면 이는 자연스러운 과정일 수 있다. 필자는 스승이신 이상돈 교수님께서 "형법상 책임범주의 탈형이상학화·합리화"를 주제로 다루신 탁월한 석사학위논문을 접하면서 책임이 매우 어려운 이론적 문제와 마주한다는 점을 배웠다. 독일의 지도교수이신 클라우스 귄터(Klaus Günther) 교수님께서 대화이론(Diskurstheorie)의 바탕 위에서 책임의 본질 문제를 다루신 교수자격취득 논문을 비롯한 여러 저작을 읽으면서 그리고 교수님께서 책임과 자유의지에 관해 개설하신 여러 세미나에 참석하면서 책임에 관한 공부를 할 수 있었다. 언제나 그렇듯 책임에 관한 필자의 관심과 연구 역시 이상돈 교수님과 귄터 교수님의 학은으로 귀결된다. 그러나 제자는 스승이라는 산을 넘지 못하고 흉내만 낼 뿐이다.

이번에도 많은 분의 도움과 가르침으로 이 책을 낼 수 있었다. 그중 몇 분들에게는 특별히 감사 인사를 드리고 싶다. 먼저 이상돈 교수님께 감사를 드린다. 이 책을 읽어보면 금방 알 수 있듯이 이상돈 교수님의 가르침은 이 책 곳곳에 녹아 있다. 김성돈 교수님께 감사를 드린다. 형사책임에 관한 독일의 논의를 깊이 있게 다루신 교수님의 박사학위논문을 포함한 여러 저작을 읽으면서 책임, 특히 귄터 야콥스(Günther Jakobs)의 책임이론에 대한 편견을 떨쳐버릴 수 있었다. 이영록 교수님께 감사를 드린다. 교수님의 책임에 관한 일련의 연구를 접하면서 책임이론에 대한 시각과 지평을 넓힐 수 있었다. 권영준 교수님께 감사를 드린다. 민법학의 기본원리, 특히 불법행위책임의 패러다임을 규명하신 교수님의 연구서를 읽으면서 이 책을 구상하는 계기를 마련하였다. 공저 가운데 일부를 이 책에 활용할 수 있도록 허락해 주신 이동형 교수님과 최샘 박사님에게 감사를 드린다. 어려운 출판 환경에서도 이 책을 낼 수 있도록 배려해 주신 박영사의 장규식 팀장님께 감사를 드린다. 필자의 부족한 원고에 남아 있던 오류를 바로잡아 주시고 초고를 멋진 책으로 편집해 주신 박영사의 이승현 차장님께 감사를 드린다. 『공학법제』(2020), 『삼단논법과 법학방법』(2021)에 이어 이번에도 차장님께 큰 도움을 받았다. 필자의 연구를 언제나 넓은 마음으로 든든하게 지원해주는 사랑하는 아내와 아이들에게 감사를 드린다. 마지막으로 귄터 교수님께 감사를 드린다. 4년 반 동안 귄터 교수님 문하에서 공부하면서 학문적·인격적으로 정말 많은 가르침을 받았다. 다시 뵙고 싶지만 아직 끝나지 않은 코로나 상황으로 뵙지 못하는 게 아쉬울 따름이다. 교수님께서 베풀어주신 가르침의 흔적들이 미약하게나마 이 책에서 발견될 수 있으면 좋겠다. 여러모로 부족하지만 이 책을 존경하는 스승 클라우스 귄터 교수님께 바친다.

2022년 생명이 빛을 발하는 여름에<br>양천수 배상

# 차 례

## 제 1 장 서론



## 제 2 장 책임구상의 법철학적 의의

## 제 3 장 정의와 책임



## 제 4 장 책임구상의 새로운 지평

## 제 5 장 타자와 책임

## 제 6 장 법존재론과 책임

## 제 7 장 자유의지와 책임



## 제 8 장 대화이론과 책임

## 제 9 장 헤겔 법철학과 형사책임



## 제10장 문화와 민사책임

## 제11장 문화와 형사책임

## 第12장 형벌감수성과 책임

## 제13장 사회적 행위론과 형사책임

## 제14장 법인의 형사책임



## 제15장 객관적 귀속과 형사책임

## 제16장 안락사와 형사책임

## 제17장 책임의 전문화

# 제1장

# 서론

## 1. 책임과 법

이 책은 책임과 법을 대주제로 하여 이에 관한 여러 문제를 다룬다. 책임은 법학을 포함하는 규범학, 이를테면 도덕철학이나 윤리학, 정치철학 등에서 중요한 의미와 지위를 가진다. 대부분의 규범적 문제들은 책임 문제로 귀결되는 경우가 많기에 책임을 어떻게 이해하고 구체화할 것인지에 따라 규범적 문제를 해결하는 방향도 달라진다. 그러나 책임이 구체적으로 무엇인지를 명확하게 밝히는 것은 쉽지 않다. 왜냐하면 책임은 확고하게 정해진 모습을 가진 것이 아니라 각 시대와 지역에 따라, 어떤 철학이론을 받아들이는가에 따라, 어떤 정의 관념을 수용하는가에 따라, 해당 공동체가 어떤 문화를 가지고 있는가에 따라 각기 다른 다채로운 모습으로 출현하기 때문이다. 이 책은 바로 이처럼 책임을 둘러싸고 제기되는 다양한 이론적 문제들을 법철학 및 법사회학과 같은 기초법학의 관점에서 탐구한다. 다만 책임에 관한 스펙트럼이 너무 넓다는 점에서 이 책은 책임과 법의 상호연관성을 중심으로 하여 책임 문제에 접근한다.

## 2. 책임의 의의

책임이란 무엇일까? 흔히 책임은 자신이 저지른 부정적 결과에 특정한 의무나 제재를 부담하는 것으로 이해된다. 법적 책임이란 견지에서 다시 말하면 책임이란 자신이 행한 위법한 결과에 법적 의무나 제재를 부담하는 것이라고 할 수 있다. 그렇지만 책임이 구체적으로 무엇을 뜻하는지를 밝히는 것은 생각보다 쉽지 않다. 책임이라는 개념 아래 정말 다양한 규범적 주장들이 병존하기 때문이다.[1] 이 책은 일단 책임이 다음과 같은 의미와 특징을 가진다고 이해한다.

(1) 소통 현상으로서 책임

책임은 소통 현상이다. 사회에서 이루어지는 소통방식의 일종이다. 이러한 주장에는 다음과 같은 의미가 담겨 있다. 우선 책임은 고정된 모습을 갖춘 실체적 대상은 아니라는 것이다. 책임은 일종의 소통 현상이자 방식이기에 시대와 지역에 따라 그 의미론이 달라진다. 나아가 책임은 이에 관해 소통을 진행하는 공동체가 어떤 정의 관념을 가지는가에 따라, 어떤 문화를 구축하고 있는가에 따라 그 내용이 달라진다. 달리 말해 해당 공동체가 어떤 의미론을 가지고 책임에 관해 소통하는가에 따라 책임의 구체적인 규범적 의미 내용이 달라진다. 이는 책임이 철학과 같은 이론체계에도 의존한다는 점을 시사한다.

(2) 책임의 다양한 지평

이처럼 책임은 사회적 소통에 의존하는 소통 현상이자 방식이기에 단일한 모습으로 존재하지 않는다. 다양한 규범적 주장들이 책임이라는 이름 아래 제시된다. '내용/주체/시간'이라는 구별을 기준으로 하면 책임은 다음과 같이 구별할 수 있다. 먼저 책임이 담는 내용을 기준으로 할 때 책임은 법적 책임과 비법적 책임, 가령 도덕적 책임이나 정치적 책임으로 구별될 수 있다. 다음으로 법적 책임은 다시 민사책임이나 형사책임, 공법상 책임 등으로 구별된다. 책임주체를 기준으로 하면 책임은 개인적 책임과 집단적 책임으로 구별된다. 나아가 시간을 기준으로 하면 사전적 책임과 사후적 책임이 구별된다. 법적 책임으로는 주로 사후적 책임이 문제되지만 최근에는 인공지능 윤리가 보여주듯이 사전적 책임도 비중이 늘어난다.[2]

---

1) 이에 관해서는 이영록, "책임의 의미와 성격에 관한 역사적 탐색", 『일감법학』 제42호(2019), 195–221쪽 참고.

2) 인공지능 윤리에 관해서는 양천수, 『인공지능 혁명과 법』(박영사, 2021) 참고.

(3) 책임의 분화와 전문화

책임이 보여주는 다채로운 모습은 현대사회에서 진행되는 책임의 분화와 전문화로 가속화된다. 한편으로 오늘날 책임은 사회의 기능적 분화에 맞게 분화된다. 전통적인 도덕적 책임에서 법적 책임이 독자적인 제도로 분리된 점, 법적 책임 자체가 민사책임이나 형사책임과 같은 다양한 하부 책임으로 분화된 점, 민사책임 등도 다시 계약책임이나 불법행위책임과 같은 하부 책임으로 구별된 점 등이 책임의 분화 과정을 잘 예증한다.[3] 다른 한편으로 책임은 사회영역의 전문화에 발맞추어 전문화된다. 민사책임 및 형사책임 그리고 공법상 책임 등이 결합된 환경책임이 이를 잘 보여준다.[4] 말하자면 사회의 전문화된 영역에 적절하게 대응하기 위해 책임이 재통합되는 것이다.

## 3. 전체 구성

이 책은 모두 17개의 장으로 구성된다. 각 장은 다음과 같은 내용을 담는다.

(1) 서론

제1장은 이 책의 서론에 해당한다. 여기에서는 이 책이 추구하는 목표가 무엇인지, 이 책이 주된 대상으로 삼는 책임이란 무엇인지, 어떤 특징을 가지는지, 이 책은 '책임과 법'에 관해 어떤 내용으로 구성되는지 개관한다.

(2) 책임구상의 법철학적 의의

제2장은 법철학의 관점에서 볼 때 책임구상이 어떤 의미와 특징을 가지는지 규명한다.[5] 제1장에서 개관한 책임의 의의와 특징을 좀 더 깊이 있게 구체화하는 부분이라 할 수 있다. 제2장에서는 책임구상의 특징으로 다음과 같은 점을 언급한다. 책임구상은 의사소통적 현상으로서 가변적이라는 점, 정의가 책임구상을 결정하는 중요한 기준이 된다는 점, 오늘날 책임구상은 현대사회의

---

3) 민사책임의 내용과 원리에 관해서는 권영준, 『민법학의 기본원리』(박영사, 2020) 참고.
4) 이 책 제17장 참고.
5) 제2장은 양천수, "책임구상의 다양한 지평: 한스 요나스의 책임원칙을 예로 하여", 『안암법학』 제30호(2009), 147-181쪽을 대폭 수정 및 보완한 것이다.

기능적 분화에 걸맞게 지속적으로 분화한다는 점이 그것이다. 더불어 다양한 책임 가운데 법적 책임은 기본적으로 어떤 모습을 갖추고 있는지 살펴본다.

(3) 정의와 책임

제3장은 정의와 책임이 서로 밀접한 관련을 맺고 있음을 밝힌다.[6] 정의와 책임은 법학, 더 나아가 도덕철학이나 정치철학 등에서 아주 중요한 개념으로 그동안 다방면에 걸쳐 많은 연구가 이루어졌다. 그러나 정의와 책임이 서로 어떻게 연결되는지를 본격적으로 규명하는 연구는 많지 않았다. 이러한 문제의식에서 제3장은 영국의 법철학자 토니 오노레(Tony Honoré)의 주장을 소개하면서 책임과 정의가 어떻게 서로 연결되는지 규명한다. 특히 오노레의 주장을 검증하기 위해 베버(Max Weber)로 거슬러 올라가는 삼단계 법모델을 활용한다. 형식법과 실질법 및 절차주의적 법에서 책임과 정의가 어떻게 결합되는지 보여준다.

(4) 책임구상의 새로운 지평

제4장은 전통적인 법적 책임과는 구별되는 새로운 지평의 책임구상을 다룬다.[7] 이러한 책임구상으로 독일의 환경철학자 한스 요나스(Hans Jonas)가 제시한 책임원칙을 소개한다. 제4장에서는 요나스의 책임원칙이 어떤 철학적 기반을 바탕으로 삼는지, 책임원칙이 어떤 점에서 기존의 법적 책임과 구별되는지 분석한다. 제4장은 이러한 구별점으로 윤리적 책임, 무과실책임, 영역책임, 비상호적 책임, 미래지향적 책임을 제시한다.

(5) 타자와 책임

제5장은 타자에 대한 책임 문제를 다룬다.[8] 왜 우리는 타자에 대해 책임을 져야 하는지 살펴본다. 특히 프랑스의 철학자 레비나스(Emmanuel Levinas)가 제

---

6) 제3장은 양천수, “책임과 정의의 상호연관성: 법철학적 시론”, 『원광법학』 제24권 제2호(2008), 81−107쪽을 대폭 수정 및 보완한 것이다.

7) 제4장은 양천수, “책임구상의 다양한 지평: 한스 요나스의 책임원칙을 예로 하여”, 『안암법학』 제30호(2009), 147−181쪽을 대폭 수정 및 보완한 것이다.

8) 제5장은 양천수·최샘, “타자에 대한 책임의 근거: 레비나스의 철학을 예로 하여”, 『법철학연구』 제23권 제1호(2020), 169−208쪽을 대폭 수정 및 보완한 것이다.

시한 타자철학을 분석함으로써 왜 나는 타자를 배려하고 이에 책임을 져야 하는지를 한스 요나스와는 다른 관점에서 검토한다. 레비나스의 타자책임은 타자에 무한책임을 져야 한다고 역설한다는 점에서 조건화된 유한책임을 강조하는 법적 책임과 구별된다. 그 점에서 법적 책임에 익숙한 법률가들에게는 낯설다. 그렇지만 제5장은 레비나스가 제시한 타자책임에서 어떤 이론적 시사점을 얻을 수 있는지, 여기에는 어떤 한계가 있는지 살펴본다.

(6) 법존재론과 책임

제6장은 법존재론과 책임의 관계를 다룬다.[9] 오노레나 요나스, 레비나스가 시사하는 것처럼 이론, 그중에서도 철학이론은 책임구상을 구체화하는 데 중요한 이바지를 한다. 그런 까닭에 새로운 책임구상을 모색할 때는 새로운 철학이론이 큰 도움이 된다. 이 같은 문제의식에서 제6장은 독일 법철학에서 한 획을 그은 법철학자 베르너 마이호퍼(Werner Maihofer)가 정립한 법존재론과 형법이론을 분석한다. 특히 마이호퍼가 제시한 법존재론과 사회적 행위론 사이에 존재하는 일정한 이론적 연관성을 밝힘으로써 법철학이 형법학, 특히 책임이론에 무엇을 전해줄 수 있는지에 한 가지 예를 찾고자 한다.

(7) 자유의지와 책임

제7장은 오늘날 책임을 인정하는 데 필수불가결한 전제로 인정되는 자유의지 문제를 다룬다.[10] 근대 이후, 특히 칸트 이후 인간 존재는 자유를 지닌 존재로 이해된다. 그 때문에 인간에 책임을 묻는 것도 이론적으로 정당화된다. 달리 행위할 자유가 있었는데도 위법한 행위를 했기에 책임을 진다는 것이다. 그렇지만 급속하게 발전하는 과학은 이러한 자유의지에 중대한 도전이 되었다. 자유의지가 진정 존재하는지에 물음을 제기한다. 특히 오늘날 비약적으로 발전하는 뇌과학은 자유의지가 허상에 불과할 뿐이라고 도발한다. 제7장은 이러한 도전에 자유의지 문제를 어떻게 풀어야 하는지, 자유의지와 책임의 관계를 어

---

9) 제6장은 양천수, "법존재론과 형법상 행위론: 베르너 마이호퍼를 통해 본 형법철학의 가능성", 『법철학연구』 제9권 제1호(2006), 145-174쪽을 대폭 수정 및 보완한 것이다.

10) 제7장은 양천수, "의사의 자유와 인권: 형사책임을 중심으로 한 시론", 『영남법학』 제29호(2009), 1-22쪽을 대폭 수정 및 보완한 것이다.

떻게 설정해야 하는지 고민한다.

(8) 대화이론과 책임

제8장은 현대 책임이론이 봉착한 문제, 즉 책임의 전제가 되는 자유의지 문제를 해결하기 위한 방안으로 의사소통적 자유를 새롭게 제안한 독일의 법철학자 클라우스 귄터(Klaus Günther)의 대화이론적 법이론과 형법이론, 특히 대화이론적 책임이론을 살펴본다.[11] 귄터는 독일의 사회철학자 하버마스(Jürgen Habermas)의 대화이론(Diskurstheorie)을 수용하여 독창적인 대화이론적 법이론을 구축하였다. 적용대화이론이나 대화이론적 책임이론이 대표적인 예이다. 그중 대화이론적 책임이론은 기존의 자유의지 대신 의사소통적 자유로 형사책임을 정초한다는 점에서 현대 뇌과학이 제기하는 도전에 설득력 있는 대안이 될 수 있다.

(9) 헤겔 법철학과 형사책임

제9장은 헤겔 법철학과 형사책임의 관계를 다룬다.[12] 독일 관념론 철학을 완성한 헤겔은 법철학에서도 여러 독창적인 이론을 전개하였다. 형사책임에 한정하면 형벌이론이나 귀속이론을 이러한 예로 꼽을 수 있다. 이를테면 헤겔의 귀속이론은 라렌츠(Karl Larenz)와 호니히(Richard Honig)를 거쳐 형법학의 객관적 귀속이론으로 자리매김한다. 제9장은 그 가운데 헤겔의 형벌이론을 재음미한다. 종래 헤겔의 형벌이론은 응보이론으로 이해되었다. 이와 달리 제9장은 특히 독일의 법철학자 젤만(Kurt Seelmann)의 해석을 수용하여 헤겔의 형벌이론을 적극적 일반예방이론으로, 더 나아가 상징이론으로 재해석한다.

(10) 문화와 민사책임

제10장은 문화와 민사책임의 관계를 다룬다.[13] 많은 학자들이 주장하듯이

---

11) 제8장은 양천수, "법과 대화이론: 클라우스 균터의 대화이론적 법이론", 『법철학연구』 제4권 제2호(2001), 159－194쪽을 대폭 수정 및 보완한 것이다.

12) 제9장은 양천수, "헤겔 법철학과 형법학: 형벌이론을 예로 하여", 『법철학연구』 제24권 제1호(2021), 117－148쪽을 대폭 수정 및 보완한 것이다.

13) 제10장은 양천수·이동형, "문화와 법체계 그리고 비교법학: 민법상 거래안전의무를 예로 하여", 『민족문화논총』 제36집(2007), 121－152쪽을 대폭 수정 및 보완한 것이다.

법과 문화는 밀접한 관련을 맺는다.[14] 심지어 독일의 법철학자 라드브루흐(Gustav Radbruch)는 법개념을 문화개념으로 규정하기도 한다. 이 점을 감안하면 책임이 문화의 영향을 받는다는 점은 명확해 보인다. 제10장은 이러한 전제 아래 우리 실정법학에 흔히 보이는 비교법 방법을 어떻게 원용하는 게 적절한지 고민한다. 특히 독일 불법행위 도그마틱에서 논의되는 거래안전의무를 예로 하여 민법상 불법행위책임을 해석하고 정립할 때 독일의 논의를 어떻게 수용하는 게 바람직한지 논의한다. 제10장이 제기하는 주장은 비교법 방법은 비교하는 법체계의 바탕을 이루는 문화를 섬세하게 고려해야 한다는 것이다.

(11) 문화와 형사책임

문화와 책임은 서로 관련을 맺는다는 전제 아래 제10장은 문화와 민사책임의 관계를 다루었다면 제11장은 문화와 형사책임의 관계를 살펴본다.[15] 특히 형법 제21조가 규정하는 정당방위를 예로 하여 우리의 법문화가 정당방위 해석에 어떤 영향을 미치는지 검토한다. 형법 도그마틱에서 정당방위는 위법성 조각사유로 인정된다. 어찌 보면 가장 대표적인 위법성 조각사유로 부를 만하다. 그렇지만 우리 판례는 위법성 조각사유로 정당방위를 좀처럼 인정하지 않는다. 대신 형법 제20조가 규정하는 정당행위를 즐겨 원용한다. 제11장은 그 이유가 무엇인지를 법문화의 관점에서 탐구하면서 오늘날 변화된 우리의 법문화를 고려할 때 정당방위에 대한 판례의 태도가 바뀌어야 한다고 주장한다.

(12) 형벌감수성과 책임

제12장은 형벌감수성 문제를 다룬다.[16] 특정한 행위자에 형사책임이 인정되면 범죄에 대한 제재로 형벌이 부과된다. 그 점에서 형벌은 형사책임을 구현하는 방법이 된다. 그런데 동일한 종류와 강도의 형벌이라 할지라도 개별 수형

---

14) 이에 관해서는 양천수, "법과 문화: 유기천 교수의 형법철학을 예로 하여", 『법과 사회』 제60호(2019), 231-269쪽 참고.

15) 제11장은 양천수, "법문화와 정당방위: 판례의 정당방위 해석론에 대한 비판적 접근", 『서강법률논총』 제8권 제2호(2019), 25-50쪽을 대폭 수정 및 보완한 것이다.

16) 제12장은 양천수, "형벌감수성에 대한 비판적 고찰: 양형철학의 관점에서", 『비교형사법연구』 제18권 제3호(2016), 93-116쪽을 대폭 수정 및 보완한 것이다.

자가 형벌로 느끼는 고통은 각기 달라진다. 독일 형법학은 이를 형벌감수성으로 개념화한다. 그러면서 양형을 할 때 형벌감수성을 고려할 것을 요청한다. 그러면 이러한 형벌감수성을 우리의 형사책임체계에도 수용할 필요가 있는지 문제된다. 제12장은 독일 형법학에서 형벌감수성이 어떻게 이론화되었는지 규명하면서 이러한 형벌감수성을 우리 양형실무에도 도입할 수 있는지, 이때 어떤 문제가 제기되는지 검토한다.

(13) 사회적 행위론과 형사책임

형사책임은 범죄에 부과된다. 형법 도그마틱에 따르면 범죄가 성립하기 위해서는 특정한 행위가 구성요건에 해당하며 위법하고 유책해야 한다. 이때 형사책임 부과에서 가장 출발점이 되는 지점은 행위이다. 사회에서 발생한 특정한 사건이 형법상 의미 있는 행위로 포섭되어야 비로소 형사책임을 논할 수 있기 때문이다. 그러나 형법에서 의미 있는 행위가 무엇인지는 생각보다 쉽지 않은 문제이다. 그동안 이 문제를 둘러싸고 다양한 행위론이 제시되었고 그중 눈에 띄는 유력한 행위론으로 사회적 행위론을 거론할 수 있다. 그러나 사회적 행위론 역시 여러 비판에서 자유롭지는 못하다. 이러한 상황에서 제13장은 법해석학의 관점을 원용해 형사책임의 출발점이 되는 행위에 관한 이론인 사회적 행위론을 재해석한다.[17]

(14) 법인의 형사책임

제14장은 법인의 형사책임 문제를 다룬다.[18] 자연인이 아닌 법인에 형사책임을 인정할 수 있는지는 형법학의 중요하면서도 어려운 문제이다. 이에는 여전히 논란이 지속된다. 이 같은 상황에서 제14장은 법인의 형사책임에 관한 문제를 법이론과 형법정책의 시각에서 접근한다. 이를 통해 기존 연구가 간과하는 논점을 분명히 하고 법인의 형사책임에 관한 문제는 궁극적으로는 형법정책의 관점과 밀접하게 관련되어 있음을 밝힌다. 그 점에서 제14장은 기존 연구에

---

17) 제13장은 양천수, “법해석학을 통해 다시 바라본 사회적 행위론”, 『안암법학』 제25호(2007), 481-504쪽을 대폭 수정 및 보완한 것이다.

18) 제14장은 양천수, “법인의 범죄능력: 법 이론과 형법정책의 측면에서”, 『형사정책연구』 제18권 제2호(2007), 161-194쪽을 대폭 수정 및 보완한 것이다.

서 많이 다루었던 비교법 논의나 법인의 형사책임에 대한 일반론 등은 다루지 않는다. 더불어 제14장은 법인의 형사책임에 어떤 태도를 취하는 것이 타당한지에 결론을 제시하는 것을 목표로 하지도 않는다. 대신 법인의 형사책임에 관한 쟁점을 일종의 '체계비판적' 관점에서 분석하는 것을 주된 목표로 한다.

(15) 객관적 귀속과 형사책임

제15장은 객관적 귀속 문제를 다룬다.[19] 객관적 귀속은 법인의 형사책임 문제와 더불어 형법총론의 객관적 구성요건 부분에서 가장 중요한 문제에 속한다. 학계에서는 객관적 귀속을 인정하는 것이 지배적인 견해인 듯싶지만 이에 반대하는 목소리도 만만치 않다. 객관적 귀속을 둘러싼 논의는 형법학에서 이론 또는 법도그마틱을 어떻게 취급해야 하는지, 우리 형법학의 학문성은 어디서 찾을 수 있는지와 연결된다. 제15장은 법철학과 사회이론을 끌어들여 객관적 귀속에 제기되는 문제에 반론을 던지면서 객관적 귀속론이 어떤 점에서 유용한지, 그 한계는 무엇인지 탐구한다.

(16) 안락사와 형사책임

연명의료중단을 포괄하는 안락사 문제는 초고령사회로 접어드는 오늘날의 우리 사회에서 첨예한 이슈이다. 연명의료중단 문제는 불완전하지만 입법적 해결을 이룬 반면 적극적 안락사 문제 등은 여전히 논란이 되는 문제로 남아 있다.[20] 이 문제가 어려운 이유는 생명이라는 가장 중요한 법익과 긴밀하게 연결되기 때문이다. 더불어 차가운 논리보다는 격정적인 감정이 개입하기에 이론으로 해결하기 쉽지 않다. 이러한 상황에서 제16장은 안락사 문제를 어떻게 해결할 수 있는지에 이론적 착안점을 제공한다.[21] 특히 안락사에 대한 정당화 방식을 '객관적 정당화/주관적 정당화/절차적 정당화'로 구별하여 이

19) 제15장은 양천수, "객관적 귀속 재검토: 형법철학의 관점에서", 『성균관법학』 제30권 제4호 (2018), 319−346쪽을 대폭 수정 및 보완한 것이다.

20) 이에 관해서는 양천수, "연명의료중단을 통한 생명의 처분 가능성: 일본의 논의를 예로 하여", 『인권법평론』 제24호(2020), 133−165쪽 참고.

21) 제16장은 양천수, "안락사의 정당화 구조: 형법철학의 측면에서", 『형사법연구』 제19권 제4호 (2007), 241−260쪽을 대폭 수정 및 보완한 것이다.

문제에 접근한다.

(17) 책임의 전문화

오늘날 책임은 한편으로는 사회의 기능적 분화에 발맞추어 지속적으로 분화되면서도 다른 한편으로는 사회 영역의 전문화에 대응할 수 있도록 전문화된다. 이를 잘 보여주는 예가 환경책임이다. 제17장은 현대사회에서 진행되는 책임의 전문화를 검증한다는 일환으로 환경책임의 구조를 규명한다.[22] 제17장은 두 가지 목표를 추구한다. 우선 환경책임이 일종의 전문법 책임이라는 점을 논증한다. 나아가 환경책임의 한 부분을 이루는 환경민사책임을 분석함으로써 환경책임의 관할영역이 '일상영역'과 '과학·기술에 의해 관리되는 영역' 및 '사회적 체계'까지 포괄하고 있으며 이에 따라 환경민사책임은 주관적 불법행위책임, 객관적 불법행위책임 및 위험책임을 모두 필요로 하는 통합적인 전문법 책임의 일종임을 밝힌다. 이를 위해 제17장은 환경책임의 도그마틱 차원을 넘어 법이론적·법사회학적 시각을 끌어들인다.

---

22) 제17장은 양천수, "전문법의 책임으로서 환경책임과 환경민사책임: 환경책임에 대한 법이론적·법사회학적 접근", 『환경법연구』 제29권 제3호(2007), 259-291쪽을 대폭 수정 및 보완한 것이다.

제2장

# 책임구상의 법철학적 의의

## Ⅰ. 서론

책임제도는 법적 제도의 근간을 이루는 중요한 제도이다. 법규범을 위반하는 모든 일탈행위는 종국적으로는 책임귀속 여부를 문제 삼을 수밖에 없기 때문이다. 따라서 어떤 요건 아래서 책임을 인정할 것인가, 어떤 기준에 따라 책임의 강도를 조정할 것인가, 책임을 인정할 경우 어떤 제재를 가할 것인가 하는 문제, 즉 '책임구상'(Konzeption von Verantwortung)에 관한 문제는 법학 전반에 걸쳐 중요하면서도 답하기 쉽지 않은 문제이다. 이에 '근대법'의 근간을 이루는 자유주의 법모델은 '과책주의'(Verschuldensprinzip)에 기반을 두어 책임을 구상하였다.[1] '과책주의'에 따르면 일정한 행위에 책임을 묻기 위해서는 기본적으로 주관적 요건으로 '과책'(Verschulden)을 인정할 수 있어야 한다. 만약 어떤 행위자가 과책 없이 법규범에 위반되는 행위를 하거나 결과를 일으킨 경우에는 그 행위자에게 법적 책임을 물을 수 없다. 법철학적 관점에서 보면 이러한 과책주의에 따른 법적 책임은 '이성적 주체'를 전제로 한다. 과책주의가 성립하려면 행위자는 실천이성을 가진 주체로서 자율적으로 자기결정과 자기처분을 할 수 있어야 하고 이에 자기책임을 부담할 수 있어야 한다. 이러한 책임의 모습을 우리

1) 자유주의 법모델에 관해서는 이상돈, 『기초법학』(법문사, 2008), 단락번호 [13] "법과 역사" 참고.

는 형법학에서 말하는 '규범적 책임 개념'에서 찾아볼 수 있다.[2] 이에 따를 때 행위자는 이성적 주체이면서 동시에 '자유의지'(Willensfreiheit)를 지닌 '자율적인 존재'여야 한다. 한편 과책주의에 따른 법적 책임은 '행위책임'을 원칙으로 한다. 그러므로 '과책'과 무관한 '행위자의 속성'은 책임을 판단할 때 원칙적으로 고려하지 말아야 한다.

그러나 사회가 복잡해지고 다양해지면서, 특히 환경재난과 같은 '위험'(Risiko)이 사회를 위협하면서 과책주의에 기반을 둔 근대적 법적 책임과는 다른 책임구상이 등장하였고 그 가운데 일부는 법적 책임으로 승인되기도 하였다. 대표적인 예가 민법학에서 자리 잡은 '위험책임'(Gefährdungshaftung)이다.[3] 가령 위험책임은 '과책'을 책임의 성립요건으로 파악하지 않는다. 그 대신 위험책임은 '위험원의 지배'를 책임의 성립요건으로 삼는다. 또한 위험책임은 원자력책임이 잘 보여주는 것처럼 행위책임이 아닌 '시설책임'의 구조를 취한다.[4] 나아가 위험책임은 사회보험과 결합하여 개인적 책임이 아닌 집단적 책임의 모습을 보이기도 한다. 왜냐하면 위험책임은 사회보험을 통해 책임을 보험단체 전체로 분산시키기 때문이다.

그렇다면 이렇게 근대법의 법적 책임과는 상이한 위험책임을 어떻게 취급할 수 있을까? 이를 단지 '원칙적인' 법적 책임의 예외에 지나지 않는다고 말해야 할까? 아니면 이러한 위험책임을 책임구상에 포함시킬 수 있을 만큼 책임구상은 원래 다양한 지평을 가진다고 보는 것이 더욱 바람직한 일일까? 필자는 전자보다는 후자의 이해방식이 더욱 설득력이 있다고 생각한다. 제2장에서 살펴

---

2) 규범적 책임 개념에 관해서는 우선 배종대, 『형법총론』 제8전정판(홍문사, 2006), 434-437쪽 참고. 규범적 책임 개념은 다음과 같은 독일 연방대법원 형사판결에서 전형적으로 찾아볼 수 있다. BGHSt 2, 194(200): "형벌은 책임을 전제로 한다. 책임은 비난가능성이다. (…) 책임비난에 대한 내적인 근거는 인간은 스스로 책임을 질 수 있는 윤리적인 결정을 자유롭게 할 수 있다는 점 그리고 바로 이 때문에 법에 합치하는 결정을 할 수 있는 능력을 갖추고 있다는 점에서 찾을 수 있다."

3) 이에 대한 소개로는 우선 김형배, "위험책임론", 한국민사법학회 (편), 『민법학의 회고와 전망』(1992); 김형배, "위험책임체계와 특별법의 해석", 『법학논집』(고려대) 제34집(1995) 등 참고. 또한 '위험책임'을 법이론의 측면에서 분석하는 문헌으로 양천수, "전문법의 책임으로서 환경책임과 환경민사책임: 환경책임에 대한 법이론적·법사회학적 접근", 『환경법연구』 제29권 제3호(2007), 272-276쪽 참고.

4) 원자력책임에 대해서는 양천수, 위의 논문, 277-280쪽 참고.

보는 것처럼 책임구상은 일종의 의사소통적 현상으로서 각각의 시간과 공간이라는 변수에 따라 달라질 수 있기 때문이다.

## Ⅱ. 책임구상에 대한 법철학적 분석

### 1. 의사소통적 현상으로서 책임구상

책임구상은 일종의 '의사소통적 현상'(kommunikatives Phänomen)이다.[5] 책임구상이 의사소통적 현상인 이유는 행위자에 책임을 귀속시키는 과정이 언어적 귀속 과정이라는 점과 무관하지 않다. 독일의 법철학자 카우프만(Arthur Kaufmann)이 적절하게 지적한 것처럼 법은 언어와 불가분의 관계를 맺는다.[6] 우리가 보통 법으로 이해하는 법률텍스트는 언어로 구성된다. 이러한 법률텍스트를 구체화하고 이렇게 구체화된 법률텍스트를 실제 법적 분쟁에 적용하는 과정도 모두 언어로 진행된다.[7] 따라서 법적 제도의 근간을 이루는 법적 책임 역시 언어와 무관할 수 없다는 점은 논리필연적인 결과라고 말할 수 있다. 그런데 일정한 행위자에게 법적 책임을 귀속시키는 것은 이 행위자에게 법적으로 의미 있는 개념, 즉 '과책'이나 '인과관계' 등과 같은 '법률단어'를 귀속시키는 것이라고 할 수 있기에 결국 법적 책임 역시 언어적 귀속 과정이라고 말할 수 있다. 이를 직접 언급한 것은 아니지만 기초법학자이자 형법학자인 이상돈

5) 이를 지적하는 문헌으로 먼저 K. Günther, "Verantwortlichkeit in der Zivilgesellschaft", in: S. Müller-Doohm (Hrsg.), *Das Interesse der Vernunft* (Frankfurt/M., 2000), 471쪽 아래; 아르투어 카우프만, 김영환 (옮김), 『법철학』(나남, 2007), 289쪽 아래 등 참고. 한편 '의사소통적 현상'과 관련해 독일어 'Kommunikation'을 어떻게 번역해야 할지 문제될 수 있다. 이 용어는 특히 루만(Niklas Luhmann)의 체계이론과 관련하여 문제된다. 이는 종래 '의사소통'으로 번역되었다. 그래서 이를 강조하는 하버마스(Jürgen Habermas)의 이론을 '의사소통행위이론'(Theorie des kommunikativen Handelns)이라고 번역하기도 했다. 그러나 루만의 체계이론에서는 인간의 '의식'으로 구성되는 '심리적 체계'와 'Kommunkation'으로 구성되는 '사회적 체계'가 각기 독자적인 '자기생산체계'라는 점에서, 즉 'Kommunikation'은 '의식'을 투명하게 반영할 수 없다는 점에서 이를 '소통'으로 번역하기도 한다. 이에 관해서는 게오르그 크네어·아민 낫세이, 정성훈 (옮김), 『니클라스 루만으로의 초대』(갈무리, 2008), 88쪽 아래 참고. 그러나 여기서는 종래의 번역을 따라 'Kommunikation'을 '의사소통'으로 번역하기로 한다.

6) 이에 관해서는 아르투어 카우프만, 앞의 책, 247쪽 아래 참고.

7) 이를 심도 있게 다루는 연구서로서 이상돈, 『법이론』(박영사, 1996) 참고.

교수는 법관이 행하는 사실인정을 '언어귀속'(Sprachzuschreibung) 행위라고 말하기도 한다.[8]

"사안의 서술(언어이전의 대상적인 생활상태 그 자체로부터, 질서가 잡히고 해석된 사실인 언어적으로 파악된 사안에로의 이전)은 일종의 **실천적인 언어귀속인 것**이다. 법에서 사안서술(법적 사안의 구성)의 특수성은 그러한 이전의 모든 과정들이 일반적인 약관이나 관행 및 에토스 등에 의해서 뿐만 아니라 (합리적이거나 비합리적인) 법률적 관점에 의해 각인된다는 점에 있다."(강조는 인용자)

그러면 책임구상이 의사소통적 현상이라는 점에서 우리는 어떤 시사점을 이끌어낼 수 있는가? 크게 두 가지 시사점을 이끌어낼 수 있다. 첫째, 언어규칙이 시간과 공간에 따라 변할 수 있는 것처럼 책임구상 역시 각 시대에 따라 달라질 수 있다는 점이다. 둘째, 책임구상이 일종의 언어귀속이라는 점에서 책임을 정당하게 구상하고 운용하기 위해서는 책임에 관해 이루어지는 의사소통을 합리적으로 짜야 할 필요가 있다는 점이다.[9] 두 시사점 중에서 첫 번째가 이 책과 관련해 중요한 의미를 지니므로 아래에서 좀 더 다룬다.

### 2. 책임구상의 가변성

위에서 언급한 것처럼 우리는 책임구상이 의사소통적 현상이라는 점에서 책임구상이 각 시대에 따라 달라질 수 있다는 결론을 이끌어낼 수 있다. 이는 동시에 선험적이면서 고정된 책임구상이 존재하는 것은 아니라는 점을 보여준다. 각 시대의 사회구성원들은 그때그때 자신들에게 적합한 책임구상을 선택해 결정할 수 있는 것이다. 예를 들어 독일의 법철학자 클라우스 귄터(Klaus Günther)는 책임구상의 가변성을 다음과 같이 말한다.[10]

---

8) 이상돈, 위의 책, 233쪽.
9) 이 점에 관해서는 이상돈, 『형법학』(법문사, 1999), 단락번호 [10] "책임의 개인적 귀속과 형법적 행위영역의 유형화" 참고.
10) K. Günther, 양천수 (역), "이해에 기초를 둔 형사책임 부과", 이상돈 (엮음), 『대화이론과 법』(법문사, 2003), 263쪽.

"특이한 사정의 선택 그리고 책임을 배제하거나 줄이는 데 대한 이 사정의 중요성 비중은 결정해야 할 대상이다. 물론 이런 결정은 다시 근거지을 수 있다. 근거지음은 배제규칙의 타당성을 결정하는 사람들이 갖고 있는 책임구상에 따라 이루어진다. (…) 물론 그때그때의 타당하고 지배적인 **책임구상도 역사적으로 변하며** 원인, 근거 그리고 결정들에 의해 그 자체가 규정된다. 따라서 개인의 외부적인 행위의 자유가 그때그때 타당한 책임구상의 전제가 된다고 하는 점은 **모든 문화와 사회 안에서 또는 모든 시대 속에서 자명한 것은 아니다.**"(강조는 인용자)

마찬가지 맥락에서 독일의 형법학자 귄터 야콥스(Günther Jakobs)도 책임의 본질을 언급하면서 다음과 같이 책임이 가변적이라는 점을 언급한다.[11]

"책임이란 규범에 대한 충실(Normtreue)로서 (범죄자에게) 귀속될 수 있는 것이다. 범죄자는 객관적인 기준에 따라 범죄자에게 요청되는 규범에 대한 충실을 충분하게 수행하지 않은 것이다. 단순히 어떤 규범으로부터 일탈하는 것이 문제가 되는 것은 아니다. 도구 역시 규범으로부터 일탈할 수 있고 그 때문에 비난을 받을 수는 있다. 오히려 문제가 되는 것은 규범에 대해 일정한 입장을 제시하는 것, 즉 **의사소통적인 의미를 가진 작용(Akt)을 한다는 것**이다. 이렇게 입장을 제시하는 것은, 가령 책임을 질 수 없는 아동의 경우에서도 볼 수 있는 것처럼, 모종의 의식과 표현능력(Äußerungsfähigkeit)을 단순히 결부시키는 것만을 전제로 하지는 않는다. 오히려 **의사소통적으로** 규범의 효력을 파악하고 이러한 규범을 자기 자신의 일부로 만들거나 혹은 자기 자신으로부터 제거하는 그래서 책임귀속의 대상이 되는 능력을 담고 있는 의식을 표현능력과 결부시키는 것을 전제로 한다. 의사소통적 권한을 가진 자기의식을 지니고 있는 인격만이 유책하게 행위할 수 있고, 오늘날의 그러나 **불변하는 것은 아닌** 이해에 따르면 가령 아동이나 동물은 이러한 인격성을 갖지 않아 유책하게 행위할 수 없는 것이다."(강조는 인용자)

11) G. Jakobs, "Strafbarkeit juristischer Personen?", in: *Festschrift für K. Lüderssen* (Baden-Baden, 2002), 568쪽.

이 인용문을 보면 알 수 있듯이 야콥스의 언명은 책임의 가변성이 아니라 책임의 본질을 직접적인 대상으로 한다. 그러나 야콥스는 책임의 본질을 규명하면서 두 가지 의미 있는 시사점을 보여준다. 첫째는 형사책임이 의사소통적 현상이라는 점, 둘째는 이러한 형사책임이 "불변하는 것은 아"니라는 점이다. 이렇게 책임구상이 가변적인 것이라면 자유주의 법모델이 정립한 '과책주의 책임구상'도 선험적으로 고정된 것은 아니라는 결론을 추론할 수 있다. 우리의 사회구조가 변하면 그리고 우리 사회의 구성원들이 책임구상을 달리 결정할 필요가 있다는 점을 통찰하면 '과책주의 책임구상'과는 다른 책임구상도 모색할 수 있는 것이다. 사실 역사적인 시각에서 책임 제도를 바라보면 그동안 우리 인류가 다양한 지평의 책임 제도를 갖고 있었다는 점을 확인할 수 있다.[12]

### 3. 책임구상의 결정기준으로서 정의

한편 이렇게 책임구상이 가변적인 것이라면 사회구성원들은 과연 어떤 기준으로 책임구상을 결정하는 것일까? 이는 대답하기 쉽지 않은 문제이면서 그 자체 방대한 연구를 필요로 하는 연구주제라고 말할 수 있다. 다만 이에 필자가 가진 생각을 대략적으로 언급하면 우리가 법의 이념으로 흔히 거론하는 '정의'(Gerechtigkeit)가 한 기준이 될 수 있다. 왜냐하면 책임과 정의는 서로 밀접하게 연결될 수밖에 없기 때문이다.[13] 예를 들어 영국의 법철학자 토니 오노레(Tony Honoré)는 이와 관련하여 책임을 부과하는 것은 자기존중 그리고 개인적·사회적 복리에 기여할 뿐만 아니라 배분적 정의에도 기여한다고 말한 바 있다.[14] 이러한 오노레의 주장은 일정한 책임구상을 결정하는 과정은 그 사회구성원들이 가진 정의 관념과 무관하지 않다는 점을 시사한다. 물론 정의 개념 자체가 다양한 스펙트럼을 갖고 있어서 실제로 정의가 책임구상을 결정하는 데 유용한 기준이 될 수 있는지에는 의문이 없지 않다.[15] 그렇지만 한 사회의 구

---

12) 이를 간접적으로 보여주는 문헌으로 박상기, 『독일형법사』(율곡출판사, 1993) 참고.
13) 이 문제에 관해서는 양천수, "책임과 정의의 상호연관성: 법철학적 試論", 『원광법학』 제24권 제2호(2008), 81-107쪽 및 이 책 제3장 참고.
14) T. Honoré, "Being Responsible and being a Victim of Circumstance", in: *Responsibility and Fault* (Oxford and Portland, 1999), 131-134쪽.

성원들이 정의의 다양한 스펙트럼 중에서 특정한 정의 관념을 선택하면 이러한 정의 관념이 책임구상을 결정하는 데 영향을 미칠 수 있다는 점은 어느 정도 분명해 보인다. 예를 들어 과책주의에 기반을 둔 근대적 책임구상은 형식적·자유주의적 정의와 연결되는 것으로,[16] 이를 통해 행위자는 자신의 자유로운 행위 영역을 극대화할 수 있다.[17]

한편 이와 다소 맥락은 다르지만 언급할 만한 것으로 독일의 사회학자 루만(Niklas Luhmann)의 정의 개념을 생각할 수 있다. 루만은 초기에 '복잡성 감축'(Reduktion der Komplexität)을 사회적 체계들이 가장 우선적으로 추구하는 기능적 목표로 파악하였는데,[18] 이의 연장선상에서 루만은 정의를 '적절한 복잡성'(adäquate Komplexität)으로 규정하고 법체계는 사회의 복잡성을 감축하는 것을 기능적 목표로 설정한다고 이해하기도 하였다.[19] 이러한 이해방식은 근대적 책임구상의 객관적 측면을 설명하는 데 도움을 준다. 예를 들어 민법상 책임이나 형법상 책임은 책임이 성립하는 데 필요한 객관적 요건으로 '인과관계'(Kausalität)나 '객관적 귀속'(objektive Zurechnung)을 제시한다. 이러한 객관적 요건은 특정한 법적 결과가 발생하였을 때 이 결과의 원인이 무한히 확장되는 것을 적절하게 제한한다. 말하자면 근대적 책임은 '인과관계'나 '객관적 귀속'을 통해 책임과 관련을 맺는 무수한 원인행위들의 복잡성을 줄이는 데 기여를 하는 것이다. 이러한 점에서 보면 어떻게 정의가 책임구상을 결정하는 데 기여할 수 있는지 수긍할 수 있다.

## 4. 책임구상의 분화

책임구상이 가변적인 것처럼 책임구상은 각기 다양한 차원으로 분화되기도 한다. 가장 먼저 생각할 수 있는 것으로 책임구상이 법적인 책임과 비법적인

15) 이에 관해서는 양천수, "헌법과 정의: 유럽 법철학의 흐름을 중심으로 본 전제적 시론", 『유럽헌법연구』 제3호(2008), 313-325쪽 참고.
16) 양천수, "책임과 정의의 상호연관성: 법철학적 試論", 92-96쪽.
17) 양천수·이동형, "문화와 법체계 그리고 비교법학: 민법상 거래안전의무를 예로 하여", 『민족문화논총』 제36집(2007), 132-133쪽.
18) 게오르그 크네어·아민 낫세이, 앞의 책, 69쪽 아래.
19) N. Luhmann, *Rechtssystem und Rechtsdogmatik* (Stuttgart usw., 1974), 23쪽.

책임으로 분화되는 것을 언급할 수 있다. 법적인 책임은 우리가 법체계 안에서 흔히 접하는 민사책임, 형사책임 등을 말한다. 이에 대해 비법적인 책임은 법적 제재를 부과하지 않는 책임을 말한다. 가장 대표적인 예로 도덕적 책임을 거론할 수 있다. 우리가 법과 도덕을 개념적·내용적으로 구분할 수 있는 것처럼 법적인 책임과 비법적인 책임을 다음과 같이 구별할 수 있다.[20] 우선 법적 책임은 '동기' 등과 같은 행위자의 내면적인 측면보다는 외부적인 결과에 더욱 중점을 두는 데 반해 도덕적 책임은 행위자가 어떠한 내면적인 동기로 행위를 하였는지를 더욱 중요하게 평가한다.[21] 나아가 법적 책임은 책임의 성립요건이 법규범을 통해 '정형화'(Formalisierung)되어 있는 데 반해 도덕적 책임은 책임의 성립요건이 이렇게 정형화되어 있지 않다. 마지막으로 법적 책임이 성립하는 경우에는 손해배상이나 형벌 등과 같은 법적 제재를 부과하는 데 반해 도덕적 책임이 성립하는 경우에는 법적 제재와 같은 직접적인 제재를 부과하지 않는다. 대신 도덕적·사회적 비난과 같은 간접적 제재가 부과된다.

한편 비법적인 책임은 도덕적 책임 이외에도 정치적 책임이나 역사적 책임 등으로 분화되기도 한다. 이때 정치적 책임과 역사적 책임을 뭉뚱그려서 '사회적 책임'이라고 말할 수도 있을 것이다.[22] 여기서 정치적 책임은 정치체계 혹은 정치적 공론장(Öffentlichkeit)에서 이루어지는 책임귀속을 말한다. 우리가 신문지상에서 흔히 접하는 정치가들의 책임 운운이 정치적 책임의 대표적인 예가 된다고 할 수 있다. 이에 대해 역사적 책임은 현재가 아닌 과거를 지향하는 사회적 책임이라고 말할 수 있다. 가령 "과거사 정리를 위한 진실화해위원회" 등이 수행하는 작업 등은 역사적 책임을 새롭게 정리하고 규명하기 위한 것으로 이해할 수 있다. 이러한 역사적 책임은 정치적 공론장에서 또는 학문체계 안에서 역사학자들을 중심으로 하여 진행된다. 두 책임은 도덕적 책임과 마찬가지로

---

20) J. Habermas, *Faktizität und Geltung*, 2. Aufl. (Frankfurt/M., 1994), 136쪽 아래. 여기서 하버마스는 칸트의 논증을 원용한다. 그러나 이렇게 도덕과 법을 구별한다고 해서 하버마스나 필자가 법실증주의가 주장하는 것처럼 법과 도덕이 서로 무관하다는 테제를 따르는 것은 아니다.

21) K. Günther, 김나경 (역), "형법의 대화윤리적 근거지음의 가능성", 이상돈 (엮음), 『대화이론과 법』(법문사, 2003), 152쪽 아래 참고.

22) K. Günther, "'Schuld' und Erinnerungspolitik", in: *Universität* (1996. 12), 1164쪽.

정형화된 요건을 갖추지 못한 경우가 많다.

### 5. 법적 책임구상의 기본 모습

법적 책임은 어떻게 정형화되는가? 이에 필자는 크게 세 가지를 언급하고자 한다. 이원적 코드화, 행위책임, 주관적·객관적 귀속요건이 그것이다. 먼저 루만의 체계이론으로 거슬러 올라가는 법적 책임의 이원적 코드화란 법적 책임이 '합법'과 '불법'이라는 이원적 코드에 따라 작동한다는 것을 뜻한다.[23] 법적 책임을 묻기 위해서는 언제나 특정한 일탈행위가 합법인지 불법인지 결정해야 한다. 클라우스 귄터는 이를 응용하여 다음과 같이 이원적 코드화를 말하기도 한다. 이원적 코드화란 어떤 법적 사건이 발생하였을 때 이 사건의 결과가 이 사건을 야기한 행위자에게 귀속되거나 그게 아니면 행위상황의 탓으로 귀속된다는 것을 뜻한다.[24] 이에 따르면 법적 책임귀속은 행위자 또는 행위상황을 대상으로 하여 이원화되어 이루어진다. 따라서 법적인 책임귀속에서 볼 때 어떤 결과는 행위자의 책임이 되든지 그게 아니면 행위상황 탓으로 돌려질 수밖에 없다.

나아가 법적 책임은 행위책임이라는 모습을 띤다. 아래에서 살펴볼 주관적 귀속요건을 제외하면 행위자가 인격적으로 고유하게 가진 속성은 기본적으로 법적 책임에서 중요하지 않다. 이러한 행위책임은 근대 자유주의적 법모델이 지닌 '형식성'을 반영한 것이다. 이를 통해 근대적 법적 책임은 형식적 평등 또는 평균적 정의를 실현하고자 한다.

마지막으로 주관적·객관적 귀속요건을 들 수 있다. 이 요건은 행위와 관련한 복잡성을 줄이기 위한 장치라고 말할 수 있다. 이 가운데서 주관적 귀속요건으로는 '과책'(Verschulden)을 들 수 있다. 과책이라는 한계선을 넘어서지 않는 한 행위자는 자신에게 부여된 행위의 자유를 누릴 수 있다. 다음 객관적 귀속요건으로는 종래 '인과관계'가 거론되었다.[25] 그러나 가령 형법학에서는 인과관계

23) N. Luhmann, *Das Recht der Gesellschaft* (Frankfurt/M., 1993), 165쪽 아래.
24) K. Günther, "이해에 기초를 둔 형사책임 부과", 257쪽 아래.
25) 민법학에서는 인과관계가 객관적 귀속요건으로 자리 잡고 있다. 김형배, 『채권총론』 제2판(박영

와 귀속은 구별된다는 헤겔의 통찰을 수용하여,[26] 인과관계 대신 객관적 귀속을 강조하고 '위험증대'와 같은 요소를 객관적 귀속요건으로 인정한다.[27]

---

사, 1998), 251쪽 아래.

26) 이에 관해서는 R. Honig, 이용식 (역), "인과관계와 객관적 귀속", 이재상·김영환·장영민 (편역), 『인과관계와 객관적 귀속』(박영사, 1995), 11쪽 아래.

27) 그러나 우리 형법학에서는 이렇게 인과관계 대신 객관적 귀속을 수용할 것인지에 논란이 없지 않다. 배종대, 앞의 책, 233쪽 아래.

제3장

# 정의와 책임

## Ⅰ. 서론

정의와 책임은 법학·법철학뿐만 아니라 사회철학에서 중요한 문제로 취급된다. 많은 법학자뿐만 아니라 사회철학자들이 이 문제를 다루고 각기 나름대로 독자적인 이론을 전개한 것만 보더라도 이를 알 수 있다.[1] 예를 들어 책임의 경우에는 최근 독일 형법학에서 책임의 본질과 근거에 관해 논쟁이 전개되었다.[2] 또한 영미철학에서는 '의사의 자유'나 '행위의 자유'와 관련하여 논의가 이루어졌다.[3] 정의론에 관해서는 과거 자연법론과 법실증주의 사이에서 벌어졌던 형식적·실질적 정의론 논쟁이나 최근 영미철학에서 전개되었던 자유주의·공동체주의 논쟁이 이를 시사한다.[4]

---

1) 예를 들어 H. Jonas, *Das Prinzip Verantwortung* (Frankfurt/M., 1989); J. Rawls, *Eine Theorie der Gerechtigkeit* (Frankfurt/M., 1975); H. Kelsen, *Was ist Gerechtigkeit?* (Stuttgart, 2000) 등.

2) 많은 문헌을 대신하여 G. Jakobs, *Schuld und Prävention* (Tübingen, 1976); C. Roxin, "Zur jüngsten Diskussion über Schuld. Prävention und Verantwortlichkeit im Strafrecht", in: *Festschrift für P. Bockelmann* (München, 1979); Arth. Kaufmann, "Unzeitgemäße Betrachtungen zum Schuldgrundsatz im Strafrecht", in: *Jura* (1986), 225쪽 아래 등 참고.

3) 많은 문헌을 대신해서 G. Ryle, *Der Begriff des Geistes* (Stuttgart, 1969) 참고.

4) 이에 관해서는 H. Kelsen, 앞의 책 참고. 또한 이를 요약해서 설명하는 K. Seelmann, *Rechtsphilosophie* (München, 1994), 128－130쪽 참고. '자유주의·공동체주의' 논쟁에 관해서는 K. Seelmann, 같은 책, 177쪽 아래 참고.

그렇지만 그동안 전개되었던 논의를 보면 각기 책임과 정의에만 논의가 집중되었을 뿐 이러한 책임과 정의가 어떤 관계를 맺는지에 관해서는 분명하게 논의한 것 같지 않다. 그 때문에 책임과 정의는 우리의 경우를 예로 보면 각각 별개의 중요한 법적 개념으로, 가령 정의는 법철학 영역에서 그리고 책임은 주로 민법학이나 형법학과 같은 실정법학 영역에서 논의되는 경우가 많았다.[5] 그런데 이에 관해 영국의 법철학자 토니 오노레(Tony Honoré)는 다음과 같은 주목할 만한 주장을 하였다. 책임을 부과하는 것은 자기존중 및 개인적·사회적 복리에 기여할 뿐만 아니라 배분적 정의에도 기여한다는 것이다.[6] 이러한 오노레의 주장은 책임과 정의 사이에 일정한 상관관계가 있음을 시사한다. 사실이 그렇다면 그 상관관계는 구체적으로 무엇을 뜻하는가? 제3장은 이러한 문제의식을 바탕으로 하여 법철학적 견지에서 책임과 정의 사이에 어떤 상관관계가 있는지를 간단하게 스케치하는 데 목표를 둔다. 책임과 정의 사이에는 모종의 상관관계가 존재하는지, 만약 그렇다면 그 관계는 도대체 무엇인지 다루고자 한다.

## Ⅱ. 토니 오노레의 테제

영국의 법철학자 토니 오노레는 1998년에 공간한 논문 "책임 부담하기와 환경의 희생자 되기"(Being Responsible and being a Victim of Circumstance)에서 책임과 정의 사이에 일정한 상호연관성이 있다는 점을 시사한다. 아래에서는 이 논문에서 오노레가 전개한 주장과 논거를 요약·분석함으로써 어떻게 책임과 정의가 상호연관 관계를 형성할 수 있는지 살펴본다.

### 1. 개관

이 논문에서 토니 오노레는 일정한 행위자에게 책임이 있다고 여기는 것과

---

5) 이에 관한 최근의 주목할 만한 연구로는 권영준, 『민법학의 기본원리』(박영사, 2020) 참고.
6) T. Honoré, "Being Responsible and being a Victim of Circumstance", in: *Responsibility and Fault* (Oxford and Portland, 1999), 131－134쪽 참고.

그 행위자를 환경의 희생자로 여기는 것 사이에는 어떤 관계가 있는지를 다룬다. 요컨대 책임과 관련한 '이원적 코드화'의 문제를 다룬다.[7] 이에 관해 오노레는 다음과 같은 테제를 제시한다. 책임을 진다는 것은 통상 생각하는 것보다 더욱 넓은 의미를 가진다는 것이다. 오노레에 따르면 우리는 '도덕적인 비난'을 받지 않는 경우에도 또는 '법적인 책임'을 지지 않는 경우에도 책임을 부담할 수 있다. 또한 우리가 의도하지 않은 경우에도 책임을 질 수 있고, 나아가 합리적인 판단능력이 부족한 상태에서 행위한 경우 또는 자유가 제한된 상태에서 어쩔 수 없이 행위한 경우에도 책임을 질 수 있다고 한다. 오노레에 따르면 도덕적인 책임이나 법적인 책임, 무엇보다도 형사책임은 오노레 자신이 말하는 책임 개념보다 좁은 개념이다.[8]

물론 오노레에 따르면 우리에게 책임이 인정되지 않고 그 대신 우리가 환경의 희생자로 여겨지는 경우도 있다. 예를 들어 행위자에게 책임능력이 없는 경우를 들 수 있다.[9] 이 경우에는 책임의 의미가 약화된다. 이때 책임과 행위자의 능력이 서로 어떤 관계를 맺는지 문제될 수 있는데 이에 오노레는 비난과 제재 사이의 비례성이라는 응보적 관점을 한 대답으로 내놓는다.[10] 그렇지만 오노레는 이러한 경우에도 책임은 인정되고 다만 그 비난의 강도가 약해질 뿐이라고 한다. 물론 이것은 영국법을 전제로 했을 경우에 그렇다고 한다.[11] 오노레는 이렇게 책임능력이 없는 경우 책임을 감경시킴으로써 책임과 환경을 모두 고려할 수 있다고 한다.

여기서 오노레는 다음과 같은 문제를 제기한다. 과연 어느 정도로 환경적인 요소를 고려하여 책임을 판단할 것인가? 오노레에 따르면 이는 전적으로 우리에게 달려 있다.[12] 이는 곧 책임구상이 선험적으로 존재하는 것이 아니라 시

7) 이에 관해서는 K. Günther, "Die Zuschreibung strafrechtlicher Verantwortlichkeit auf der Grundlage des Verstehens", in: K. Lüderssen (Hrsg.), *Aufgeklärte Kriminalpolitik oder Kampf gegen das Böse?*, Bd. 1 (Baden-Baden, 1998), 323쪽 아래; K. Günther, "Verantwortlichkeit in der Zivilgesellschaft", in: Stefan Müller-Doohm (Hrsg.), *Das Interesse der Vernunft* (Frankfurt/M., 2000), 479쪽.

8) T. Honoré, 앞의 논문, 121쪽.

9) T. Honoré, 앞의 논문, 122쪽.

10) T. Honoré, 앞의 논문, 123쪽.

11) T. Honoré, 앞의 논문, 124쪽.

12) T. Honoré, 앞의 논문, 124쪽.

간과 지역에 따라 그 내용이 달라질 수 있다는 점을 보여준다.[13] 책임능력이 없는 경우 영국법은 책임을 감경하는 것에 만족할 뿐이지만 독일법은 아예 책임을 조각한다는 차이점이 이를 예증한다.

이처럼 오노레에 따르면 우리는 원칙적으로 책임 있는 행위자나 환경의 희생자 모두 될 수 있다. 그렇지만 오노레는 이러한 경우에 우선적으로는 책임을 인정하는 쪽을 선택한다. 그 이유는 이렇게 하는 것이 개인적·사회적 공공복리를 증진시킬 수 있기 때문이라고 한다.[14] 물론 그렇다 하더라도 '환경의 희생자'로 보아야 할 경우 역시 있을 수 있다고 한다.

## 2. 오노레의 책임 개념

오노레는 책임 개념이 반드시 법적 책임이나 도덕적 책임을 전제로 해야 할 필요는 없다고 한다.[15] 여기서 우리는 오노레가 책임 개념을 법적인 책임 개념이나 도덕적인 책임 개념보다 더욱 확장하고 있음을 간취할 수 있다. 그러면 어떤 근거에서 오노레는 책임 개념을 확장하는 것일까?

오노레에 따르면 인간이 부담하는 책임에는 크게 세 가지 유형이 있다. 첫째는 자신의 행위에 대한 책임이고, 둘째는 다른 사람·사건에 대한 책임이며, 셋째는 사회가 우리에게 부여한 신뢰에 기초를 둔 책임, 즉 가족이나 공동체에 대한 책임이 그것이다.[16] 그런데 이에 관해서는 다음과 같은 세 가지 오해가 제기된다고 한다. 첫째, 우리는 오직 우리의 행위에 대해서만 책임을 진다는 것이고, 둘째, 우리는 우리가 비난받을 만한 경우에만 책임을 진다는 것이며, 셋째, 우리는 오직 우리가 선택한 것에 대해서만 책임을 진다는 것이다.[17] 그러나 오노레는 이러한 주장은 모두 타당하지 않다고 한다. 그 이유를 다음과 같이 말한다. 우선 우리는 법적으로도 타인의 행동에 책임을 지는 경우가 있다고 한

13) 마찬가지 주장을 하는 K. Günther, "Die Zuschreibung strafrechtlicher Verantwortlichkeit auf der Grundlage des Verstehens", in: K. Lüderssen (Hrsg.), *Aufgeklärte Kriminalpolitik oder Kampf gegen das Böse?*, Bd. 1 (Baden-Baden, 1998), 323쪽 아래.

14) T. Honoré, 앞의 논문, 125쪽.

15) T. Honoré, 앞의 논문, 125쪽.

16) T. Honoré, 앞의 논문, 126쪽.

17) T. Honoré, 앞의 논문, 126쪽.

다.[18] 나아가 도덕적인 비난과는 무관하게 책임을 지는 경우가 있다고 한다.[19] 또한 우리에게 실질적으로 선택권(real choice)이 없는 경우에도 책임을 져야 하는 경우가 있다고 한다.[20]

이러한 주장을 통해 오노레는 책임 개념을 확장한다. 이때 책임 개념을 확장하는 데 기초가 되는 것은 신뢰와 위험이라고 한다.[21] 가령 오노레는 위험을 인수함으로써 책임이 성립하는 경우도 있고 신뢰를 확보하기 위해 책임을 인정하는 경우도 있다고 한다.[22] 아울러 오노레는 우리가 의도하지 않은 행위에 대해서도 우리는 책임을 질 수 있다고 한다.[23]

그러면 오노레가 이렇게 책임 개념을 확장하는 이유는 무엇인가? 이에 오노레는 이렇게 책임 개념을 확장하여 부과하는 것이 '자기존중'(self-respect)과 '개인적·사회적 복리'(individual and social well-being)를 증진하기 때문이라고 한다.[24] 또한 이러한 책임 개념은 분배적 정의에도 기여한다고 말한다.[25]

### 3. 책임부과의 근거

그러나 오노레는 책임을 부과하는 것이 개인적·사회적 복리에 기여한다 하더라도 행위자의 행위가 환경에 의해 결정되는 경우에도 이렇게 책임을 부과할 것인지는 문제가 될 수 있다고 한다. 이러한 문제는 행위자를 제재할 것인가 아니면 그 행위의 원인으로 작용한 것을 제거하는 데 만족할 것인가 하는 쟁점과 관련을 맺는다고 한다. 이는 책임과 관련해 논란을 빚는 '결정주의와 자유'의 문제라 할 수 있다. 그러나 여기서 오노레는 이 문제를 해결하려 하지는 않는다. 그러면서 오노레는 우선적으로 책임을 인정하는 쪽을 선택한다.[26]

18) 가령 우리 민법 제755조, 제756조 참고.
19) T. Honoré, 앞의 논문, 127쪽.
20) T. Honoré, 앞의 논문, 128쪽.
21) T. Honoré, 앞의 논문, 128-132쪽.
22) T. Honoré, 앞의 논문, 131-132쪽.
23) T. Honoré, 앞의 논문, 132쪽.
24) T. Honoré, 앞의 논문, 131쪽.
25) T. Honoré, 앞의 논문, 134쪽.
26) T. Honoré, 앞의 논문, 135쪽.

그렇지만 이렇게 책임을 우선적으로 인정하면 행위자가 진정 책임질 수 없는 경우에도 책임을 져야 하는 문제가 생길 수 있다.[27] 이 때문에 오노레는 인간이 책임질 수 있다는 것은 일종의 '건전한 거짓말'(salutary lie)일지도 모른다고 한다. 하지만 아무도 책임귀속이 실제로 '건전한 거짓말'에 불과한지 확신할 수도 없다고 한다. 사정이 그렇다 하더라도 오노레는 책임귀속의 대상이 되는 행동의 근거 또는 원인을 찾는 것은 의미 있는 일이라고 한다. 그리고 이러한 근거 또는 원인이 행동을 결정한다고 말하는 것은 설득력이 있다고 한다. 물론 여기서 행동이 결정된다는 것은 다소 약한 의미를 가진다고 한다.[28]

한편 오노레는 우리의 행동을 결정하는 심리적인 법칙이 있을지도 모른다고 한다. 물론 만약 이러한 법칙이 존재한다면 그것은 정말 복잡할 것이라고 말한다.[29] 그런데 만약 인간의 행동이 이러한 심리적인 법칙에 의해 결정된다면, 이렇게 심리적인 법칙에 따라 행동을 하고 또 이에 책임을 부담한다고 해서 이를 환경의 희생자가 된 것이라고 말할 수는 없다고 한다. 왜냐하면 이 경우 책임을 지는 이유는 행위자의 외부에 속하는 환경에 있는 것이 아니라 행위자 내부에 있기 때문이다. 아울러 이러한 심리적인 법칙은 책임부과의 바탕이 되는 ≪행위의도 ⇒ 행위선택 ⇒ 행위결정 ⇒ 행위≫라는 일련의 내적 체계와 양립할 수 있다고 한다.[30] 이러한 논증을 통해 오노레는 결국 책임을 인정하는 것이 환경의 희생자로 보는 것보다 더욱 많은 근거를 갖고 있고 이렇게 하는 것이 개인과 사회의 복리를 증진하는 데 도움이 된다고 한다.[31]

### 4. 환경의 희생자

그렇지만 이렇게 책임을 우선적으로 인정한다 하더라도 행위자를 환경의 희생자로 볼 여지는 여전히 존재한다. 이 때문에 오노레는 도덕과 법 영역에서 어느 경우에 행위자를 환경의 희생자로 볼 수 있는가에 관한 문제는 여전히 남

---

27) T. Honoré, 앞의 논문, 136쪽.
28) T. Honoré, 앞의 논문, 136쪽.
29) T. Honoré, 앞의 논문, 137쪽.
30) T. Honoré, 앞의 논문, 136쪽.
31) T. Honoré, 앞의 논문, 137쪽.

아 있다고 한다.[32] 이에 오노레는 '합리적으로 결정할 수 있는 능력'을 한 대답으로 내놓는다. 물론 엄격하게 말하면 이러한 능력은 '정도의 문제'(a matter of degree)일 수 있다고는 한다. 여하간 오노레는 이렇게 능력에 장애가 있을 때는 행위자를 환경의 희생자로 볼 수 있다고 한다. 오노레는 그 이유로 비례성 원칙을 제시한다.[33]

그렇다면 이렇게 합리적으로 판단할 수 있는 능력에 장애가 있을 때 책임을 경감하는 이유는 무엇인가? 이에 오노레는 '핸디캡 이론'을 제안한다. 오노레에 따르면 우리 사회는 공정한 경쟁을 기초로 하는데, 이렇게 능력에 결함이 있을 때에는 공정한 경쟁을 할 수 없으므로 이를 위해 책임을 경감할 필요가 있다는 것이다.[34] 그렇지만 이러한 경우에도 책임을 완전히 부정할 수는 없다고 한다. 왜냐하면 이미 여러 번 언급한 것처럼 책임을 부과하는 것은 사회에 도움이 되며, 더 중요한 것은 '자기존중'(self-respect)과 '정체성 의식'(sense of identity) 증진에 도움이 되기 때문이라고 한다.[35]

## 5. 분석 및 평가

이러한 오노레의 책임구상은 주로 독일 법학의 성과를 계수하여 발전시킨 종래의 책임구상과 비교할 때 획기적인 관점을 여럿 담고 있다. 여기서는 특히 두 가지 측면에서 오노레의 책임구상이 가지는 획기적인 쟁점을 분석 및 평가하고자 한다.

### (1) 책임의 근거로서 개인적·사회적 복리

우선 오노레는 전통적인 책임구상과는 달리 책임을 도덕적인 비난과 결부시키지 않는다. 도덕적으로 비난받을 만하기 때문에 책임을 인정하는 것은 아니라고 한다. 오히려 책임을 부과하는 것이 개인적·사회적 복리를 증진하는 데 기여할 뿐만 아니라 개인의 자기존중을 증진하는 데도 기여하기 때문에 책임을

32) T. Honoré, 앞의 논문, 138쪽.
33) T. Honoré, 앞의 논문, 139-140쪽.
34) T. Honoré, 앞의 논문, 140-141쪽.
35) T. Honoré, 앞의 논문, 142쪽.

인정하는 것이라고 한다. 이러한 오노레의 책임구상은 책임과 정의를 연결한다는 점에서 긍정적으로 평가할 만하다. 오노레는 책임과 정의 사이에 일정한 상호연관성이 있다는 것을 보여주고 있는 것이다.

그러나 이러한 오노레의 책임구상에는 다음과 같은 의문을 던질 수 있다. 오노레는 책임을 부과함으로써 개인의 자기존중을 증진시킬 수 있다고 하지만, 만약 도덕적인 비난가능성이나 각 개인이 가진 의사의 자유를 책임의 전제로 삼지 않는다면 어떻게 책임을 통해 자기존중을 증진할 수 있는가의 의문이 그것이다. 더군다나 자기존중과 사회적 복리 증진이 책임의 범주 아래서 양립할 수 있는지에도 의문이 없지 않다.

(2) 책임능력의 근거로서 공정한 경쟁에 대한 참여

다음으로 오노레는 공정한 경쟁에 대한 참여라는 관점에서 책임능력을 근거 짓는다. 시장경제 질서는 자유롭고 평등한 경쟁을 전제로 하는데, 책임능력이 없는 경우에는 이러한 경쟁에 참여할 수 없기에 이러한 행위자들이 어떤 일탈행위를 저지른 경우에는 그에 대한 비난을 감소시켜야 한다는 것이다. 이러한 이해는 종래 독일 형법학이 발전시킨 책임(Schuld)에 대한 이해와 비교해볼 때 차이가 있다. 독일 연방대법원이 수용한 규범적 책임론에 따라 책임 개념을 파악하면 책임은 비난가능성을 전제로 한다.[36] 이러한 비난가능성은 다시 행위자에게 의사의 자유가 있다는 것을 전제로 해야 한다. 이는 '자율적인 자기결정에 따른 자기책임'이라는 칸트적인 사고를 반영한 것이다. 여기서 우리는 규범적 책임이론이 응보형 이론과 밀접하게 관련되어 있다는 점을 추론할 수 있다.

그러나 오노레는 사회 전체의 이익을 증진한다는 측면, 즉 공리주의의 측면에서 책임을 이해한다. 이의 연장선상에서 공정한 경쟁에 대한 참여라는 관점에서 책임능력을 이해한다. 이러한 오노레의 주장은 '책임구상'과 '참여'라는 관점을 연결한다는 점에서 의미가 있다. 종래의 규범적 책임론이 의사의 자유

36) BGHSt 2, 194(200): "형벌은 책임을 전제로 한다. 책임은 비난가능성이다. (…) 책임비난에 대한 내적인 근거는 인간은 스스로 책임을 질 수 있는 윤리적인 결정을 자유롭게 할 수 있다는 점 그리고 바로 이 때문에 법에 합치하는 결정을 할 수 있는 능력을 갖추고 있다는 점에서 찾을 수 있다."

를 강조함으로써 주체중심적인 책임구상에 머물러 있는 반면, 오노레의 책임구상은 참여를 부각시킴으로써 탈주체적인, 다시 말해 상호주관적인 책임구상에 접근하기 때문이다. 그러나 책임을 공리주의의 관점에서만 이해한다는 점, 이의 연장선상에서 공정한 경쟁에 대한 참여라는 일종의 '경제적 참여'만을 강조한다는 점에서 오노레의 책임구상은 한계를 가진다고 생각한다. 책임은 경제적 차원을 넘어서는 더욱 넓은 스펙트럼을 가지기 때문이다.

한편 오노레의 책임구상은 독일의 형법학자 귄터 야콥스(Günther Jakobs)가 제시한 책임구상과 비슷한 측면을 지닌다고 평가할 수 있다. 왜냐하면 야콥스는 자신의 책임구상에서 인격 개념(Personenkonzept)을 전제로 하면서도 책임을 적극적 일반예방이라는 관점에서 근거 짓고자 하기 때문이다.[37] 이러한 부분은 자기존중을 포기하지 않으면서 책임부과가 개인적·사회적 복리에 기여한다는 오노레의 구상과 상통하는 점이 없지 않다. 사실이 그렇다면 야콥스에 제기되는 비판은 기본적으로 오노레에게도 타당하다고 말할 수 있을 것이다.

## Ⅲ. 정의와 책임의 유형화

위에서 우리는 책임과 정의 사이에는 일정한 상관관계가 있다고 주장한 토니 오노레의 주장을 살펴보았다. 그러면 아래에서는 이러한 오노레의 주장이 타당한지 검증하도록 한다. 이를 위해 우선 지금까지 전개된 정의론과 책임론을 몇 가지 카테고리로 유형화하여 정리한다. 이를 기초로 하여 과연 정의와 책임 사이에 일정한 상관관계가 존재할 수 있을지 밝히고자 한다.

### 1. 정의의 유형화

정의가 무엇인지에 관해서는 이미 고대 그리스의 소피스트와 소크라테스가 활동하던 당시부터 논의가 전개되어 왔다.[38] 서양철학의 기초를 확립한 고

---

37) 이에 관해서는 K. Günther, 임철희 (역), "적극적 일반예방 이론에서 자유와 책임", 이상돈 (엮음), 『대화이론과 법』(법문사, 2002), 185－228쪽 참고.

38) R. Forst, *Kontexte der Gerechtigkeit* (Frankfurt/M., 1996), 12쪽. 한편 소피스트와 소크라테스의 정

대 그리스의 철학자 플라톤이나 아리스토텔레스 역시 정의에 관해 고전적인 테제를 제시한 바 있다.[39] 그런데 서양철학에서 논의되어 온 정의론은 크게 세 가지 카테고리로 유형화할 수 있다고 생각한다.[40] '실질적 정의론과 형식적 정의론', '자유주의적 정의론과 공동체주의적 정의론', '실체적 정의론과 절차적 정의론'이 그것이다.[41]

먼저 정의론은 실질적 정의론과 형식적 정의론으로 구별할 수 있다.[42] 실질적 정의론은 정의가 어떤 실질적인 혹은 실체적인 내용을 담고 있다고 말한다. 이러한 실질적 정의론은 전통적으로 자연법론이 대변하였다. 이에 반해 형식적 정의론은 정의론이 어떤 실질적인 내용을 담고 있다는 주장을 거부한다. 그 대신 정의론은 일정한 형식, 즉 내용이 아닌 테두리만을 보여줄 뿐이라고 말한다. 이는 무엇보다도 초실정법적인 자연법론을 거부하고 실정법만을 법학의 대상으로 삼으려 했던 법실증주의가 제시하였다. 예를 들어 엄격한 법실증주의를 제창한 한스 켈젠(Hans Kelsen)은 기존에 주장되었던 정의론을 낱낱이 비판하면서 결국 정의론은 형식 또는 동어반복만을 보여주었을 뿐이라고 한다. 그러면서 켈젠은 실질적 정의론을 대신하여 다원주의를 기반으로 하는 가치상대주의적인 민주주의를 대안으로 제시한다.[43]

나아가 정의론은 자유주의적 정의론과 공동체주의적 정의론으로 구별할 수 있다.[44] 이 구별은 최근 영미 철학에서 전개된 논쟁을 통해 일반화되었다. 자유주의적 정의론과 공동체주의적 정의론은 개인과 공동체의 관계를 어떻게 설정하는 것이 정의에 합치하는가 하는 문제와 관련하여 상반된 견해를 취한

---

의론에 관해서는 우선 한스 벨첼, 박은정 (역), 『자연법과 실질적 정의』(삼영사, 2001), 22쪽 아래 참고.

39) K. Seelmann, 앞의 책, 126-127쪽; H. Hofmann, *Einführung in die Rechts- und Staatsphilosophie* (Darmstadt, 2000), 82-87쪽.

40) 서구의 정의론을 요약해서 보여주는 C. Horn/N. Scarano (Hrsg.), *Philosophie der Gerechtigkeit* (Frankfurt/M., 2002).

41) 이와 유사하게 정의론을 유형화하는 문헌으로 심헌섭, "정의의 실질적 규준에 관한 연구", 『서울대학교 법학』 제36권 제1호(1995), 85쪽 아래.

42) H. Henkel, *Einführung in die Rechtsphilosophie* (München, 1977), 397쪽 아래.

43) H. Kelsen, 앞의 책, 49-52쪽.

44) 자유주의와 공동체주의에 관해서는 많은 문헌을 대신하여 K. Seelmann, 앞의 책, 177쪽 아래; 이인숙, 『공동체주의에 대한 연구: 자유주의와 관련해서』(고려대 철학박사 학위논문, 1994) 참고.

다. 자유주의적 정의론은 공동체의 가치보다는 개인의 자유를 더욱 우월한 가치로 본다. 자유주의적 정의론에 따르면 개인의 자유가 근본적인 가치를 지닌다. 이러한 맥락에서 자유주의적 정의론은 개인과 연결되는 도덕(Moral)과 공동체와 연결되는 윤리(Ethik)를 각기 분리한다. 그러면서 자유주의적 정의론은 보편적인 도덕이 존재할 수 있음을 긍정한다. 이러한 자유주의적 정의론은 다시 공정한 자유를 강조하는 롤즈(John Rawls)류의 정의론과 극단적인 자유주의를 주장한 노직(Robert Nozick)류의 정의론으로 나누어진다.

이에 반해 공동체주의적 정의론은 "인간은 정치적 동물"이고, 따라서 개인은 공동체를 통해서만 존재할 수 있다는 아리스토텔레스의 사상과 국가의 의미를 강조하는 헤겔의 국가철학을 준거점으로 삼아 개인은 공동체 안에서 비로소 온전하게 존재할 수 있다고 주장한다. 자유주의적 정의론과는 달리 공동체주의적 정의론은 도덕과 윤리를 구별할 수 없다고 본다. 그러므로 보편적인 도덕이란 존재할 수 없고 대신 각 공동체는 자신들에게 적합한 윤리를 상대적으로 구성할 뿐이라고 말한다.

한편 정의론은 실체적 정의론과 절차적 정의론으로 구별할 수 있다.[45] 이러한 구별은 20세기 후반에 들어와 롤즈나 루만(Niklas Luhmann), 하버마스(Jürgen Habermas) 등에 의해 '절차'가 정의 개념을 이해하는 데 기초가 되는 패러다임으로 새롭게 부각되면서 성립하게 되었다.[46] 실체적 정의론은 정의가 '실체'(Substanz)로서 선험적으로 주어진 것이라고 이해한다. 이러한 실체적 정의론은 '주체/객체 인식구조'에 바탕을 두면서 인식 주체가 인식 객체인 정의를 객관적으로 발견할 수 있다는 믿음을 전제로 한다.[47] 이러한 점에서 볼 때 실체적 정의론은 앞서 말한 실질적 정의론과 동일한 맥락에 서있다고 말할 수 있다. 이와 달리 절차적 정의론은 주체와 객체가 서로 분리되어 있다는 '주체/객체 인식구조'를 거부한다.[48] 그 대신 객체는 주체와 주체 사이에서 이루어지는

---

45) 절차적 정의론에 관해서는 심헌섭, "독일 철학 및 법철학계에서의 정의론의 동향", 『서울대학교 법학』 제34권 제3·4호(1994), 39쪽 아래.
46) 이를 '절차주의'라고 말한다. 이에 대해서는 G.-P. Calliess, *Prozedurales Recht* (Baden-Baden, 1998).
47) Arth. Kaufmann, *Prozedurale Theorien der Gerechtigkeit* (München, 1989), 7-8쪽.

의사소통을 통해 비로소 구성된다는 '상호주관성 모델'을 수용한다. 이에 따라 정의 역시 주체와 주체 사이에서 이루어지는 절차를 통해 비로소 구성된다고 이해한다.

### 2. 책임의 유형화

이처럼 정의론은 '실질적 정의론과 형식적 정의론', '자유주의적 정의론과 공동체주의적 정의론', '실체적 정의론과 절차적 정의론'으로 유형화할 수 있다. 그런데 이 책이 주장하는 것처럼 정의와 책임 사이에 일정한 상관관계가 존재한다고 말할 수 있으려면 책임, 더욱 정확하게 말해 책임론 역시 정의론처럼 '실질적 책임론과 형식적 책임론', '자유주의적 책임론과 공동체주의적 책임론', '실체적 책임론과 절차적 책임론'으로 유형화할 수 있어야 한다. 그래야만 정의론과 책임론 사이에 일정한 대응관계, 즉 함수관계가 형성될 수 있고 이를 통해 정의와 책임 사이의 상관관계가 드러날 것이기 때문이다.

이 책은 책임론 역시 정의론과 유사하게 유형화될 수 있음을 보여주고자 한다. 이를 논증하기 위해 아래에서는 막스 베버(Max Weber)로 거슬러 올라가는 법발전의 삼단계 모델을 원용한다.[49]

## Ⅳ. 책임과 정의 사이의 상관관계

법발전의 삼단계 모델에 따르면 법은 자유주의적 법(형식법), 사회국가적 법(실질법), 절차주의적 법이라는 단계로 나눌 수 있다.[50] 여기서 형식법과 실질법은 각각 서구 역사에서 등장한 자유주의적 법치국가와 사회국가에 대응한다.

---

48) Arth. Kaufmann, 위의 논문, 8쪽.

49) K. Günther, "Der Wandel der Staatsaufgaben und die Krise des regulativen Rechts", in: D. Grimm (Hrsg.), *Wachsende Staatsaufgaben – sinkende Steuerungsfähigkeit des Rechts* (Baden-Baden, 1990), 51쪽.

50) '삼단계 법모델'과 '자유주의 법모델'에 관해서는 이상돈, 『법철학』(법문사, 2003), 단락번호 [5] "법체계의 발전과 절차주의화"; B. Peters, *Rationalität, Recht und Gesellschaft* (Frankfurt/M., 1991), 51쪽 아래 참고.

## 1. 자유주의적 형식법

### (1) 자유주의적 법치국가

자유주의적 법은 서구의 계몽주의와 시민혁명 등을 통해 19세기에 등장한 법모델을 말한다. 이러한 자유주의적 법은 형식적인 의미를 가지는 법치국가 원칙과 결합하여 자유주의적 법치국가라는 모델로 제도화되었다. 자유주의적 (시민적) 법치국가는 크게 자유주의와 (형식적) 법치국가로 나누어 그 의미를 파악할 수 있다. 우선 자유주의는 국가 혹은 공동체의 가치보다는 개인 또는 시민의 자유를 우선적인 것으로 파악한다. 이러한 자유주의의 이념을 우리는 아담 스미스의 자유주의적 경제학(이른바 '보이지 않는 손')과 칸트의 법개념에서 발견할 수 있다.[51] 자유주의는 개인의 자유를 최대한 보장하기 위해 기본적으로 국가영역과 사회영역을 분리한다. 이에 따라 자연스럽게 공법과 사법이 분리된다. 그러면서 사회영역의 자율성, 즉 사적 자치를 우선적으로 보장하고 다만 사적 자치에 문제가 발생했을 경우 또는 시민의 안전을 보장하기 위해 필요한 경우에는 국가가 보충적으로 개입하는 것을 허용한다.

나아가 자유주의적 법치국가의 내용이 되는 법치국가는 '법의 지배'(rule of law)를 그 이념으로 삼는다. 다시 말해 국가권력은 국민의 대표자인 의회가 정한 법률을 통해 구체화되어야 한다는 것이다. 그런데 이때 말하는 법률은 중립성·형식성·외부성이라는 특성을 띤다. 첫째, '중립성'이란 법이 모든 수범자에 중립적으로 평등하게 적용되어야 함을 의미한다. 따라서 특정한 개인이나 상황을 대상으로 하는 처분적 법률은 원칙적으로 금지된다. 이를 통해 개개 수범자들은 추상화된다. 둘째, 이러한 중립성으로 인해 법은 '형식성'을 보인다. 이는 막스 베버가 말한 '형식적 합리성'과 궤를 같이 한다. 법은 개별 상황이 가지는 고유한 상황논리 혹은 실질적인 사물논리를 고려하지 않고 구성요건 상황이나 주체를 형식적으로 동일하게 파악하여 적용될 뿐이다. 예를 들어 민법은 이러

51) 칸트에 따르면 법이란 "한 사람의 자연적 자유가 다른 사람의 자연적 자유와 자유의 일반법칙에 따라 양립할 수 있는 조건의 총체"이다(I. Kant, *Metaphysik der Sitten* (1797), *Einleitung in die Rechtslehre*, § B, 337쪽). 여기서 우리는 칸트의 법개념에서 시민의 자유가 중심적인 자리를 차지하고 있음을 간취할 수 있다.

한 형식성에 의거하여 사용자나 노동자에 모두 동일하게 적용된다. 셋째, 이러한 맥락에서 법은 행위자에 의해 외부적으로 드러난 행위 또는 결과만을 규제한다. 그러므로 행위자의 동기는 크게 문제되지 않는다.[52]

(2) 자유주의적 형식법과 책임

이러한 자유주의적 형식법 아래에서 법적 책임은 어떻게 구성되었는가? 이를 민법 영역과 형법 영역으로 나누어 알아본다. 특히 민법은 자유주의적 형식법의 원형으로 볼 수 있다는 점에서 민법이 제도화하는 책임은 자유주의적 형식법이 취하는 책임이 무엇인지 파악하는 데 중요하다.

민법 영역에서 책임은 크게 불법행위 책임(민법 제750조)과 채무불이행 책임(민법 제390조)으로 구별된다. 여기서 채무불이행 책임은 채권관계를 전제로 한 책임인데 반해 불법행위 책임은 채권관계를 전제로 하지 않는 책임으로 채무불이행 책임보다 더욱 일반적인 의미를 가진다고 할 수 있다. 민법 도그마틱에 따르면 일정한 일탈행위가 불법행위 책임을 구성하려면 몇 가지 요건을 충족해야 한다. 그중에서 중요한 것으로 '인과관계'와 '과책'(Verschulden)을 거론할 수 있다. 인과관계는 '객관적 귀속'(objektive Zurechnung)의 인정범위를 제한하는 요소로 그리고 과책은 '주관적 귀속'(subjektive Zurechnung)의 인정범위를 제한하는 요소로 작동한다. 이러한 책임요건에서 우리는 두 가지 점을 간취할 수 있다. 첫째, 불법행위 책임은 행위주체나 행위상황과는 무관하게 인과관계와 과책이 인정되면 성립한다는 점에서 '형식적인 구조'를 띤다는 것이다. 둘째, 인과관계와 과책이 인정되지 않는 경우에는 불법행위 책임을 부정함으로써 개인의 자유를 극대화한다는 것이다. 더군다나 비교법적 관점에서 보면 독일 불법행위법은 일반조항 대신 유형화에 따른 규정형식을 선택함으로써 개인의 행위자유를 더욱 도모하고 있다는 점이 눈에 띈다. 결국 현행 민법이 규정하는 불법행위 책임은 '형식적 책임'과 '자유주의적 책임'이라는 특징을 담고 있다고 말할 수 있다. 이러한 기본구조는 채무불이행 책임에서도 되풀이된다.[53]

---

52) 이 점을 지적하는 K. Günther, 김나경 (역), "형법의 대화윤리적 근거지음의 가능성", 이상돈 (엮음), 『대화이론과 법』(법문사, 2002), 152-154쪽 참고.

53) 민법상 채무불이행 책임의 기본구조에 관해서는 김형배, 『채권총론』(박영사, 1991), 164쪽 아래

이러한 형식적인 책임구조는 형법에서도 찾아볼 수 있다. 자유주의적 법치국가 형법의 특징으로 우리는 법익보호 원칙, 형법의 보충성, 인과적 행위론과 결과불법론, 책임원칙 등을 언급한다. 이들은 모두 자유주의에 기반을 둔 근대형법의 책임제도와 관련을 맺는다. 먼저 법익보호 원칙은 형법상 책임을 인정할 수 있는 영역을 확정한다. 왜냐하면 형법은 법익이 침해된 경우에만, 즉 법익을 침해하는 행위에 대해서만 투입할 수 있기 때문이다. 그런데 근대 자유주의적 법치국가 시대에 제시되었던 법익론을 보면 이들 법익론이 개인의 자유를 지향하고 있었음을 알 수 있다. 예를 들어 법익론의 역사에서 선구적인 위치를 차지하는 포이어바흐(Johann Anselm von Feuerbach)는 칸트의 권리이론에 기반을 두어 권리침해를 범죄의 본질로 파악함으로써 형법이 적용되는 영역을 제한한다. 이를 통해 개인의 자유를 최대한 보장하고자 한다.[54] 또한 물론 해석에 논란이 있기는 하지만 비른바움(Johann M.F. Birnbaum) 역시 '재화'(Gut) 개념을 제시함으로써 형법이 무분별하게 확장되는 것을 막으려 하였다. 물론 이러한 법익론은 '체계내재적'인 것이 아니라 '체계초월적'인 의미를 가진다는 점에서 형식적이라기보다는 오히려 실질적이라고 할 수 있다.[55] 그렇지만 형법의 관할영역을 제한하여 개인의 자유를 확보하려 했다는 점에서는 자유주의적 속성을 지닌다고 말할 수 있다.

자유주의적 속성은 형법의 보충성에서도 드러난다. 형법의 보충성이란 형법이 보충적으로만, 다시 말해 '최후수단'(ultima ratio)으로서만 투입되어야 함을 뜻한다. 이는 국가 형벌권이 시민사회의 자율성, 즉 '사적 자치'를 존중해야 함을 시사한다. 형법은 최후수단으로서 우선적으로 시민사회의 구성원들이 자율적으로 문제를 해결할 수 있도록 보장해야 하고, 이렇게 자율적으로 문제를 해결할 수 없는 경우에만 비로소 형법은 시민사회에 개입할 수 있다는 것이다. 바로 여기서 근대형법이 자유주의적 형식법의 특징 가운데 한 가지인 '중립성'을

참고.

54) 이를 지적하는 K. Günther, 임철희 (역), "권리침해에서 의무위반으로. 형법의 패러다임 변화?", 이상돈 (엮음), 『대화이론과 법』(법문사, 2002), 166-170쪽.

55) 이러한 구분에 관해서는 W. Hassemer, *Theorie und Soziologie des Verbrechens* (Frankfurt/M., 1973), 19쪽 아래.

지니고 있음을 확인할 수 있다.

이외에 리스트(Franz von Liszt)와 라드브루흐(Gustav Radbruch) 등이 제시한 인과적 행위론은 형법이 지닌 실증주의적 성격, 다시 말해 형법의 '형식성'을 잘 보여준다. 인과적 행위론은 자연과학적 실증주의에 입각하여 객관적·외부적으로 드러난 행위만을 형법상 의미 있는 행위로 규정하기 때문이다.[56] 더불어 인과적 행위론과 연결되어 전개된 결과불법론은 형법상 불법의 본질을 외부적으로 야기된 결과에서 찾음으로써 형법이 가진 '외부성'을 고스란히 보여준다.[57]

마지막으로 형법상 책임원칙은 민법상 과책주의와 마찬가지로 행위자에 책임을 물을 수 있는 경우에만 형법상 책임귀속을 인정함으로써 개인이 자유롭게 행위할 수 있는 영역을 최대화하고자 한다.

그런데 앞에서 언급하였듯이 이러한 법익보호 원칙, 보충성 원칙, 인과적 행위론, 결과불법론, 책임원칙은 모두 형법상 책임과 밀접한 관련을 맺는다. 가령 법익보호 원칙은 형사책임이 적용될 수 있는 영역을 확정하고, 보충성은 형사책임이 보충적인 것임을 보여주며, 인과적 행위론은 형사책임의 직접적인 대상이 되는 범죄행위의 범위를 획정한다. 나아가 결과불법론은 형사책임의 본질이 어디에 있는지를 시사하며, 책임원칙은 형사책임의 기본원칙이 무엇인지 천명한다. 그런데 위에서 살펴본 것처럼 법익보호 원칙, 보충성 원칙, 인과적 행위론, 결과불법론, 책임원칙은 근대형법이 중립성·형식성·외부성을 지니고 있고 또한 자유주의를 지향하고 있음을 보여주고 있다는 점에서, 형사책임 역시 중립성·형식성·외부성을 지니고 있고 동시에 자유주의를 지향하고 있다고 평가할 수 있다.

---

56) H. Welzel, "Naturalismus und Wertphilosophie im Strafrecht: Untersuchung über die ideologischen Grundlagen der Strafrechtswissenschaft", in: ders., *Abhandlungen zum Strafrecht und zur Rechtsphilosophie* (Berlin/New York, 1973), 51쪽; P. Sina, *Die Dogmengeschichte des strafrechtlichen Begriffs "Rechtsgut"* (Basel, 1962), 40쪽; F. v. Liszt, *Lehrbuch des Deutschen Strafrechts*, 21/22. Aufl. (Berlin/Leipzig, 1919), 116쪽.

57) '결과불법론'에 관해서는 심재우, "형법에 있어서 결과불법과 행위불법", 『법학논집』(고려대) 제20집(1982), 127쪽 아래.

(3) 자유주의적 형식법에서 본 책임과 정의의 상호관련성

이상의 논의를 통해 보면 자유주의적 형식법에 기반을 두어 제도화된 법적 책임은 기본적으로 자유주의적 책임이라는 모습을 보이고 있음을 확인할 수 있다. 이는 앞에서 유형화한 자유주의적 정의론에 상응한다. 여기서 책임과 정의의 상호연관성을 찾아볼 수 있다. 이미 언급한 것처럼 자유주의적 정의론은 공동체의 이익보다 개인의 자유를 우선하는 것을 정의로 파악한다. 이와 마찬가지로 자유주의적 책임 역시 개인의 자유를 최대한 보장할 수 있도록 법적 책임을 제도화한다. 이처럼 자유주의적 정의론과 자유주의적 책임은 공동체의 이익보다 개인의 자유를 우선적으로 고려한다는 점에서 서로 연결된다. 사실이 그렇다면 자유주의적 형식법 아래서 제도화된 책임 가운데 형식적 정의에 대비될 수 있는 형식적 책임 역시 찾아볼 수 있는가? 이 물음에는 한마디로 답을 하기는 어렵지만 그 당시의 책임은 주로 형식적인 모습을 보이면서도, 법익론 등을 통해 실질적인 모습도 어느 정도 보이고 있었다고 말할 수 있다. 법사학의 관점에서 보면 서구의 19세기는 자연법론보다는 실증주의가 영향력을 행사하던 시기였다.[58] 특히 실증주의에 영향을 받은 법실증주의는 실정법을 중시함으로써 법의 형식성·객관성을 강조하였다. 이 때문에 이러한 법실증주의의 영향을 받아 제도화된 법적 책임 역시 기본적으로는 형식성을 띠고 있었다. 요컨대 자유주의적 형식법 아래서는 책임과 정의 모두 '형식적인 모습'을 갖추면서 자유주의를 지향하였다. 다시 말해 자유주의적 형식법 아래서 법적 책임은 형식적·자유주의적 책임이라는 모습으로 구현되었는데 이는 형식적·자유주의적 정의에 상응한다고 할 수 있다. 이를 통해 우리는 책임과 정의 사이에 존재하는 상관관계를 확인할 수 있다.

## 2. 사회국가적 실질법

위에서 우리는 자유주의적 형식법 아래에서 책임과 정의가 '형식성'과 '자유주의'를 매개로 하여 서로 연관관계를 맺고 있음을 확인하였다. 이러한 상호

---

58) 이를 지적하는 P. Sina, 앞의 책, 40쪽.

연관성은 자유주의적 형식법이 실패하면서 등장한 사회국가적 실질법에서도 찾아볼 수 있다. 다만 차이가 있다면 자유주의적 형식법 아래에서는 책임과 정의가 '형식성'과 '자유주의'를 매개로 하여 서로 연결된 반면 사회국가적 실질법에서는 책임과 정의가 '실질성'과 '공동체주의'를 매개로 하여 연결되고 있다는 점이다. 이를 아래에서 논증한다.

(1) 자유주의적 형식법의 실패

자유롭고 평등한 법적 주체(시민)를 전제로 한 자유주의적 형식법은 현실적으로 문제를 안게 되었다. 자유롭고 평등한 법적 주체라는 전제는 일종의 허구였고 실제로는 법적 주체 사이의 관계가 불평등한 경우가 상당수여서 사적 자치라는 이념이 제대로 실현되기 어려웠다(사적 자치의 실패). 이는 사용자와 노동자의 관계, 남성과 여성의 관계에서 쉽게 찾아볼 수 있다. 또한 '보이지 않는 손'에 의해 시장이 자율적으로 조정될 것이라는 이념도 현실적으로 구현될 수 없었다(시장의 실패). 자유경쟁이 존재하기보다는 오히려 독점이 등장해 시장을 지배하고 남용하려는 폐해가 나타났기 때문이다. 전통적인 민사법을 교정하기 위해 노동법이나 경제법 등이 등장하였다는 역사적 사실은 이러한 현상을 법적으로 잘 예증한다.

나아가 자본주의가 성장함으로써 구조적으로 증가하게 된 위험(Risiko) 역시 자유주의적 형식법에 장애요소로 대두하였다. 이는 특히 자유주의적 형식법 아래에서 제도화된 자유주의적·형식적 책임에 대한 장애요인으로 작용하였다. 가령 전통적인 과책(Verschulden) 때문이 아니라 위험의 실현 때문에 각종 재해가 발생하면서 이 결과를 과연 누구의 책임으로 돌려야 하는지의 문제가 등장하게 되었다. 왜냐하면 과책으로 인하여 발생한 손해와는 달리 위험이 실현됨으로써 발생한 손해의 경우에는 이 손해에 대한 귀속주체가 분명하지 않은 경우가 많기 때문이다. 그 이유로 위험은 보통 여러 요인이 결합해서 또는 다양한 의무위반이 복합적으로 작용해서 실현되는 경우가 많다는 점을 들 수 있다. 더 나아가 위험이 실현되어 사고가 발생한 경우에는 행위자에게 과책이 없거나 또는 과책을 증명하기 어려운 경우가 대부분이어서, 자유주의를 지향하는 전통적인 과책주의를 이러한 경우에 적용하면 손해발생에 대한 책임귀속을 긍정하기 쉽지 않다.[59] 이러한 근거에서 자유주의적 형식법 아래에서 제도화된 자유주의적·형식적 책임을 관철하는 것이 현실적으로 어렵게 되었다.

(2) 국가영역의 확대와 사회국가적 실질법의 등장

위에서 살펴본 것처럼 사적 자치가 실패하고 시장이 자율적인 조종능력을 상실하면서 국가가 개입하는 영역이 점차 확장되었다.[60] 이는 특히 기본권의 대사인적 효력론, 주관적 공권의 확대화 경향, 침해행정에 대응하는 급부행정의 등장, 생존배려 개념의 출현 등으로 구체화 및 정당화되었다. 그리고 이렇게 국가영역이 확장되면서 이에 발맞추어 형식적이었던 법규범 자체가 실질화되는 과정을 거치게 되었다. 여기서 법규범이 '실질화'(Materialisierung)된다는 것은 법이 수범자인 법적 주체를 더 이상 형식적으로만 자유롭고 평등한 주체로 이해하지 않고 오히려 실질적인 측면에서 법적 주체가 자유롭고 평등한지, 형식적으로는 평등하지만 실질적으로는 불평등하지는 않은지 고려하겠다는 것을 뜻한다. 그런데 국가영역이 확장되고 법이 실질화되는 현상에서 우리는 국가가 종래의 자유주의적 야경국가에서 벗어나 사회국가로 나아가고 있음을 확인할 수 있다. 국가는 '국가/사회 이분론'에 바탕을 둔 소극적인 안전국가에 머무르지 않고 적극적으로 사회영역에 개입하는 급부국가로 탈바꿈하게 되었다.[61] 이를 통해 사회영역보다는 국가영역이, 사익보다는 공익이, 사적 자치보다는 공적 자치가, 자유보다는 평등·연대성이 더욱 우위를 점하게 되었다.

(3) 자유주의적·형식적 책임에서 공동체주의적·실질적 책임으로

자유주의적 형식법이 사회국가적 실질법으로 변모하면서 법적 책임의 패러다임 역시 바뀌게 되었다. 자유주의적 형식법 아래서 지배적인 모습을 띠었

---

59) 이를 분석하는 양천수, "전문법의 책임으로서 환경책임과 환경민사책임: 환경책임에 대한 법이론적·법사회학적 접근", 『환경법연구』 제29권 제3호(2007), 269-276쪽 참고.

60) 이 점을 보여주는 D. Grimm, "Der Wandel der Staatsaufgaben und die Krise des Rechtsstaates", in: D. Grimm (Hrsg.), *Wachsende Staatsaufgaben – sinkende Steuerungsfähigkeit des Rechts* (Baden-Baden, 1990), 295쪽 아래.

61) 이에 관해서는 E.-W. Böckenförde, 김효전 (역), 『국가와 사회의 헌법이론적 구별』(법문사, 1989) 참고.

던 자유주의적·형식적 책임이 사회국가적 실질법에 발맞추어 공동체주의적·실질적 책임으로 변모하게 되었다. 이때 공동체주의적 책임이란 책임귀속이 개인의 자유가 아니라 공동체의 전체 이익, 즉 공동체의 존립이나 안정을 우선적으로 지향하는 것을 뜻한다. 그리고 실질적 책임이란 주체가 형식적으로 평등하다는 것에 전제를 두어, 아울러 경험적으로 검증하기 어려운 과책이나 의사의 자유만을 전제로 하여 책임을 귀속시키기보다는 법적 주체 사이의 실질적인 불평등이나 위험 등과 같은 실질적·사물논리적인 요소를 고려하여 책임을 귀속시킨다는 것을 뜻한다. 이러한 책임 패러다임의 변화는 민사법이나 형사법이 제도화하는 책임에서 구체적으로 살펴볼 수 있다.

우선 민사법에서 새롭게 등장한 위험책임을 공동체주의적·실질적 책임의 한 모습으로 거론할 수 있다. 위험책임은 자유주의에 기반을 둔 과실책임이 더 이상 적용되기 어려운 위험영역에서 등장하였다.[62] 예를 들어 철도와 관련된 책임이나 제조물 책임 그리고 환경책임 영역에서는 전통적인 과실책임을 그대로 관철하기 어렵다. 왜냐하면 이러한 영역에서는 사고를 일으킨 행위자의 과책을 증명하기 어려운 경우가 많기 때문이다. 이미 언급한 것처럼 이러한 영역에서는 다양한 의무위반 등이 결합하거나 잠재된 위험이 실현되어 사고(손해)가 발생한다. 이 때문에 자유주의적이고 형식적인 특성을 가지는 '과책'만을 기준으로 해서는 손해를 적절하게 전보하거나 배분하기 어렵다. 이러한 이유에서 위험책임이라는 새로운 책임 패러다임이 등장하게 된 것이다. 위험책임은 과책보다는 위험원의 지배·창출이라는 기준으로 손해를 전보하려 한다. 또한 책임보험과 같은 제도로 이러한 위험을 한 개인에게 전가하기보다는 공동체 전체로 분산시키려 한다. 위험이나 손해를 배분적 정의에 맞게 배분하여 위험을 분산시키고 이를 통해 공동체의 이익을 극대화하려 한다.

이러한 공동체주의적·실질적 책임구조는 형사법 영역에서는 '법익 개념의 확장' 혹은 '형사책임의 전단계화' 등과 같은 현상으로 구체화된다. 공동체주의적 형사책임은 먼저 법익 개념이 확장되는 과정에서 찾아볼 수 있다. 본래 법익

62) 위험책임에 관해서는 우선 김형배, "위험책임론", 한국민사법학회 (편) 『민법학의 회고와 전망』 (한국사법행정학회, 1992), 781쪽 아래.

개념은 자유주의적 책임과 연결된 것으로서 개인의 이익을 지향하였다.[63] 자유주의적 책임구조 아래서 법익은 개인의 권리나 인격(Person)의 이익을 뜻하였다.[64] 이에 반해 공동체주의적 책임구조 아래서 법익은 개인보다는 공동체 전체의 이익, 예를 들어 "인간의 공존을 위한 조건"이나 "의무위반" 혹은 "기능적 통일체"와 같은 모습으로 기능화·탈실질화하게 되었다.[65] 더 나아가 아예 이러한 법익 개념에서 벗어나 규범이 행하는 "행위기대 안정화" 기능을 통해 형사책임귀속을 정당화하려는 시도가 등장하기도 하였다.[66] 이렇게 법익 개념이 확장되거나 형해화되면서 형사책임의 관할영역도 점차 확장되었다. 적극적 일반예방이론은 이를 형벌이론의 관점에서 뒷받침한다.[67] 적극적 일반예방이론은 공동체 전체의 안전과 통합을 형벌부과의 목표로 이해한다. 개인보다는 공동체가 전면에 부각되는 것이다. 바로 이러한 점에서 우리는 공동체를 지향하는 형사책임, 즉 공동체주의적인 형사책임의 한 예를 발견할 수 있다.

(4) 사회국가적 실질법에서 본 책임과 정의의 상호관련성

지금까지 사회국가적 실질법과 이에 따른 책임 패러다임의 변화에 관해 간단하게 살펴보았는데 여기서 우리는 책임과 정의 사이의 상호연관성을 다시 발견할 수 있다. 그 근거를 다음과 같이 말할 수 있다. 사회국가적 실질법에서는 책임구조가 자유주의적·형식적 책임구조에서 공동체주의적·실질적 책임구조

---

63) W. Hassemer, 앞의 책, 27쪽.

64) P.J.A.v. Feuerbach, *Lehrbuch des gemeinen in Deutschland gültigen peinlichen Rechts*, 2. Neudr. Der 14. Aufl. (hrsg. von C.J.A. Mittermaier), Gießen 1847, Aalen 1986, §§ 19, 21, 22; W. Hassemer, "Grundlinien einer personalen Rechtsgutslehre", in: *Festschrift für Arthur Kaufmann zum 65. Geburtstag* (Heidelberg, 1989), 85쪽 아래.

65) K. Amelung, *Rechtsgüterschutz und Schutz der Gesellschaft* (Frankfurt/M., 1972); F. Schaffstein, "Das Verbrechen als Pflichtverletzung", in: ders., *Grundfragen der neuen Rechtswissenschaft* (Berlin, 1935), 108쪽 아래; H. Otto, "Rechtsgutsbegriff und Deliktstatbestand", in: H. Müller-Dietz (Hrsg.), *Strafrechtsdogmatik und Kriminalpolitik* (Köln usw., 1971), 1쪽 아래. 이런 점에서 볼 때 자유주의적 형식법 아래서 법익 개념은 실질적인 속성을 가졌는데 반해 사회국가적 실질법 아래서 법익 개념은 탈실질적인 성격을 갖게 되었다. 법익 개념의 탈실질화에 관해서는 M. Krüger, *Die Entmaterialisierungstendenz beim Rechtsgutsbegriff* (Berlin, 2003).

66) 대표적으로 B.J.A. Müssig, *Schutz abstrakter Rechtsgüter und abstrakter Rechtsgüterschutz* (Frankfurt/M., 1994).

67) G. Jakbos, *Schuld und Prävention* (Tübingen, 1976) 참고.

로 변모하였다. 그런데 이처럼 사회국가적 실질법에서 찾아볼 수 있는 공동체주의적·실질적 책임구조는 자유주의적·형식적 정의와 대별되는 공동체주의적·실질적 정의에 상응한다고 말할 수 있다. 사실 사회국가적 실질법 아래에서 새롭게 등장한 위험책임은 자유주의적인 정의보다는 공동체주의적인 정의를 추구한다. 왜냐하면 위험책임은 배분적 정의에 입각하여 위험실현에 대한 부담과 그 책임을 '사회 전체'로 분산시키기 때문이다. 또한 위험책임은 종래 불법행위책임이 기초로 삼았던 과책주의를 수정하여 형식적인 책임구조를 실질화하는 데 기여한다. 사실이 그렇다면 사회국가적 실질법에서 중심을 이루는 정의는 공동체주의적·실질적 정의라고 할 수 있고, 이러한 점에서 책임과 정의는 사회국가적 실질법에서도 상호연관 관계를 맺는다고 말할 수 있다.

## Ⅴ. 절차주의와 책임 그리고 정의

지금까지 이 책은 자유주의적 형식법과 사회국가적 실질법에서 책임과 정의가 어떻게 상호연관 관계를 맺는지 살펴보았다. 이에 따르면 자유주의적 형식법에서는 책임과 정의가 '자유주의'와 '형식성'이라는 측면에서 서로 연결되고 사회국가적 실질법에서는 '공동체주의'와 '실질성'이라는 측면에서 서로 연결된다. 만약 이러한 분석이 타당한 것이라면 책임과 정의의 상호연관성은 사회국가적 실질법의 대안으로 새롭게 부각된 절차주의에서도 찾아볼 수 있을까? 아래에서는 마지막으로 이 문제를 간단하게 언급함으로써 결론에 갈음하고자 한다.

먼저 절차주의를 간단하게 살펴본다. 독일에서 법제화 논쟁과 병행하여 등장한 절차주의는 사회국가적 법제화, 더 나아가 법제화 자체가 안고 있는 구조적인 문제를 해결하기 위한 새로운 법 패러다임이라고 말할 수 있다. 여기서 절차주의, 달리 말해 절차주의적 법모델이란 '절차적 정의론' 또는 '절차적 합리성'과 관련을 맺는 것으로, 법의 이념(정의)이나 목적 혹은 법적 규제의 방식이 (형식적 또는 실질적으로) 미리 전제되어 있다고 파악하지 않고 오히려 이러한 법의 이념이나 목적 혹은 법적 규제방식은 일정한 절차를 통해 비로소 규정되고 구체화된다고 보는 이론들을 총체적으로 지칭한다.[68] 앞에서 언급한 것처럼 절차주의적 법모델은 ≪형식법⇒실질법⇒절차주의적 법≫ 또는 ≪자유주의적 법모델⇒사회국가적 법모델⇒절차주의적 법모델≫로 구성되는 '삼단계 모델'과 깊은 연관을 맺는 것으로, 흔히 자유주의적 법모델과 사회국가적 법모델 사이에 존재하는 딜레마 또는 역설을 해소하기 위한 대안으로 등장하였다.

절차주의적 법모델은 독일의 사회학자 루만이 1969년에 출간한 저서『절차를 통한 정당화』(Legitimation durch Verfahren)에서 촉발된 것으로,[69] 독일의 사법학자이자 법사회학자인 비이트횔터(Rudolf Wiethölter)가 본격적으로 제시하기 시작하였다.[70] 이후 각기 다양한 이론들이 '법의 절차주의화'라는 범주 아래 등장하였는데 이는 다음과 같이 유형화할 수 있다. 기본적으로 참여자 관점에 바탕을 둔 대화이론적 절차주의와 관찰자 관점에 바탕을 둔 체계이론적 절차주의 그리고 두 절차주의의 중간에 놓인 절차주의적 법이론이 그것이다. 첫 번째 유형으로 하버마스가 제안한 법의 대화이론(Diskurstheorie des Rechts)을, 두 번째 유형으로 루만의 체계이론을 그리고 마지막 유형으로 비이트횔터의 절차주의적 법이론과 토이브너(Gunther Teubner)의 '반성적 법이론' 및 클라우스 에더(Klaus Eder)의 '절차적 합리성' 이론을 꼽을 수 있다.[71] 그런데 마지막 유형에는 다시 구별해야 할 점이 없지 않다. 가령 비이트횔터의 절차주의적 법이론은 비판이론의 관점에서 등장한 것이고 토이브너의 반성적 법이론은 기본적으로 루만의

---

68) 절차주의 법모델을 소개하는 국내 문헌으로 이상돈·홍성수,『법사회학』(박영사, 2000), 39쪽 아래 참고.

69) 그러나 루만 자신은 1993년에 출간한 법이론서『사회의 법』(Das Recht der Gesellschaft)에서『절차를 통한 정당화』(Legitimation durch Verfahren)는 '법의 절차주의화 테제'를 다룬 것이 아니었다고 분명하게 해명한다. N. Luhmann, *Das Recht der Gesellschaft* (Frankfurt/M., 1993), 332쪽 각주(73) 참고.

70) 이에 관해서는 무엇보다도 A. Fischer-Lescano/G. Teubner, "Prozedurale Rechtstheorie: Wiethölter", in: Buckel/Christensen/Fischer-Lescano (Hrsg.), *Neue Theorien des Rechts* (Stuttgart, 2006), 79쪽 아래.

71) 물론 이는 학자에 따라 달리 유형화될 수 있다. 가령 프랑크 잘리거(Frank Saliger)는 절차주의를 법사회학적·법이론적 절차주의와 도덕철학적·법철학적 절차주의로 구별하면서 전자의 경우로 비이트횔터와 토이브너, 에더 및 칼 하인츠 라되(Karl Heinz Ladeur)의 이론을, 후자의 경우로 하버마스의 이론을 언급한다. F. Saliger, "Grundrechtsschutz durch Verfahren und Sterbehilfe", in: L. Schulz (Hrsg.), *Verantwortung zwischen materialer und prozeduraler Zurechnung* (Stuttgart, 2000), 107-121쪽 참고.

체계이론에 바탕을 둔 것이면서도 다른 한편으로는 참여자 관점을 수용하기 때문이다.72) 마지막으로 에더의 절차적 합리성 이론은 하버마스와 루만의 관점을 절충적으로 지향하고자 한 시도로 이해할 수 있다.73)

절차주의에 따르면 정의 역시 절차를 통해 발견되거나 구성된다. 여기서 '실체적 정의론'에 대비되는 '절차적 정의론'을 이끌어낼 수 있을 것이다. 사실이 그렇다면 절차적 정의론에 상응하는 책임으로 절차적 책임, 즉 실체적 책임에 대비되는 절차적 책임을 말할 수 있을까? 만약 절차주의 법모델에서도 책임과 정의가 상호연관 관계를 맺는다고 말할 수 있으려면 절차적 정의와 마찬가지로 절차적 책임을 인정할 수 있어야 한다. 그렇다면 절차적 책임을 인정할 수 있을까? 이 문제는 그 자체 거대한 주제이므로 이 책에서는 상론하는 것은 피하기로 한다. 다만 독일의 법철학자 클라우스 귄터가 설득력 있게 보여준 것처럼 필자는 실체적 책임에 대비되는 절차적 책임을 근거 지을 수 있다고 생각한다. 가령 책임을 의사소통적 현상으로 이해하는 것이나 전통적인 의사의 자유(Willensfreiheit)가 아닌 의사소통적 자유(kommunikative Freiheit)로 책임을 새롭게 근거지으려는 시도를 절차적 책임의 맥락에서 이해할 수 있을 것이다.74)

---

72) 아마도 이런 근거에서 노이만(Ulfrid Neumann)은 토이브너의 이론이 한편으로는 루만의 체계이론을 그리고 다른 한편으로 하버마스의 대화이론적인 요소를 담고 있다고 이해한다. U. Neumann, "Rechtsphilosophie in Deutschland seit 1945", in: D. Simon (Hrsg.), *Rechtswissenschaft in der Bonner Republik* (Frankfurt/M., 1994), 187쪽 참고.

73) 이 점을 분명하게 보여주는 K. Eder, "Prozedurale Rationalität. Moderne Rechtsentwicklung jenseits von formaler Rationalisierung", in: *Zeitschrift für Rechtssoziologie* (1986), 22쪽 아래 참고.

74) K. Günther, 양천수 (역), "민주적 헌법국가에서 개인적 귀속", 이상돈 (엮음), 『대화이론과 법』 (법문사, 2002), 229−250쪽; K. Günther, *Schuld und kommunikative Freiheit* (Frankfurt/M., 2005) 등 참고.

제4장

# 책임구상의 새로운 지평

## Ⅰ. 서론

우리는 제2장에서 법적 책임이 기본적으로 어떤 모습을 갖추고 있는지 개관하였다. 그러나 사실 이는 제3장이 보여주는 것처럼 대부분 근대 자유주의 법모델에 기반을 둔 과책주의 책임이 지닌 모습이다. 그러므로 이러한 모습 역시 선험적이고 초시간적인 것이 아니라 일정한 시간적·지역적 변수에 종속되고 있다고 말할 수 있다. 따라서 오늘날의 사회가 근대사회의 구조에서 벗어나 더욱 복잡해지고 다양해지고 있다는 상황에서 볼 때 이러한 법적 책임의 모습과는 다른 모습의 책임이 각 책임 영역에서 등장하고 있다는 점은 놀랄 만한 일이 아닐 것이다. 이렇게 책임구상이 가변적일 수 있다는 점, 달리 말해 책임구상이 다양한 지평을 담을 수 있다는 점을 우리는 가령 독일의 환경철학자 한스 요나스(Hans Jonas)가 제시한 '책임원칙'(Prinzip Verantwortung)에서 찾아볼 수 있다. 이에 제4장에서는 요나스의 책임원칙을 분석함으로써 책임구상의 지평이 어떻게 확장될 수 있는지 살펴본다.[1)]

1) 한스 요나스의 책임원칙에 관해서는 H. Jonas, *Das Prinzip Verantwortung: Versuch einer Ethik für die technologische Zivilisation* (Frankfurt/M., 1989) 참고. 이 책에서는 이 원본 이외에 한스 요나스, 이진우 (역), 『책임의 원칙: 기술 시대의 생태학적 윤리』(서광사, 1994)를 참고한다. 인용은 후자의 문헌을 기본으로 삼았다. 다만 그 번역 용어가 다소 어색하게 보일 때는 필자가 원문을

## Ⅱ. 책임원칙의 방법론적 기초

### 1. 출발점으로서 전통 윤리학에 대한 반발

요나스가 정립한 책임원칙은 전통적인 윤리학이 현대 과학기술 사회에서 더 이상 힘을 발휘하기 어렵다는 점에서 출발한다. 요나스에 따르면 전통 윤리학은 다음과 같은 특징을 가진다. 첫째, 인간이 외부세계와 접촉하는 데 사용되는 모든 기술수단은 의학 영역을 제외하면 윤리적으로 중립적이라는 점을 전제로 한다. 둘째, 모든 전통 윤리학은 인간을 기준으로 하여 윤리적 가치를 설정한다. 셋째, 모든 행위의 주체가 되는 인간을 실존적·본질적으로 불변하는 존재로 보고 이러한 인간 자신을 과학기술의 대상으로 파악하지는 않는다. 마지막으로 전통 윤리학은 인간행위의 바탕이 되는 행복과 불행을 행위와 아주 가까운 곳에서 찾는다. 다시 말해 전통 윤리학은 미래를 지향하지 않았다는 것이다.[2]

그러나 요나스는 이러한 전통 윤리학을 통해서는 현대 기술사회가 안고 있는 여러 생태적 문제를 해결할 수 없다고 한다. 요나스는 그 이유를 다음과 같이 말한다. 우선 윤리적으로 중립적인 평가를 받는 기술 수단은 현실적으로 자연을 파괴하고 있고 이제는 인류의 생존마저 위협한다. 다음으로 인간중심적인 전통 윤리학은 인간 실존의 객관적 기초가 되는 자연을 수단으로만 전락시키는 위험을 안고 있다. 나아가 인간을 변하지 않는 실체로만 파악하는 전통 윤리학은 자연이라는 세계 안에서 순간순간 생성적으로 존재하는 인간의 존재론적 측면을 간과한다. 뿐만 아니라 인간은 이제는 기술을 사용하는 주체가 아니라 오히려 기술의 대상이 된다. 마지막으로 미래를 생각하지 않는 전통 윤리학은 인류가 생존하기 위해 필요로 하는 연속성을 파괴할 위험을 안고 있다.[3]

---

참고하여 독자적인 용어를 사용하기도 하였다.

2) 한스 요나스, 위의 책, 29쪽 아래.

3) 한스 요나스, 앞의 책, 33-56쪽.

## 2. 두 가지 도그마에 대한 비판

이러한 이유에서 요나스는 전통 윤리학이 추구하는 윤리와는 다른 새로운 윤리, 즉 책임윤리를 제시한다. 책임윤리는 전통 윤리학과는 달리 존재와 당위를 엄격하게 구별하지 않고 존재로부터 일정한 당위를 이끌어 내려는 목적론적 윤리학에 기초를 둔다. 요나스는 이러한 목적론적 윤리학을 근거 짓기 위해 전통 윤리학이 전제로 하는 다음 두 가지 명제를 독단적인 도그마로 이해한다. 첫째는 "어떤 형이상학적 진리도 존재하지 않는다."는 것이고, 둘째는 "존재로부터 당위에 이르는 길은 없다."는 것이다.[4] 이와 달리 요나스는 형이상학적 진리는 여전히 존재할 수 있다고 말한다. 존재론적 관점에서 볼 때 가장 우선하는 진리가 도출될 수 있다는 것이다. 그것은 바로 존재는 존재해야 한다는, 즉 존재는 비존재에 우선한다는 존재론적 이념이다. 그러면서 요나스는 "어떤 형이상학적 진리도 존재하지 않는다."는 명제 역시 특정한 형이상학적 진리를 주장하는 것이라고 말하면서 전통 윤리학의 첫 번째 명제를 반박한다. 나아가 요나스는 존재와 당위를 엄격하게 구별하는 것에 반대한다. 오히려 당위는 일정한 존재로부터 도출할 수 있다고 말한다. 그러면 어떻게 존재로부터 당위를 이끌어 낼 수 있는가?[5]

## 3. 존재가 지닌 자기목적성

존재로부터 당위를 이끌어 내기 위한 전제로서 요나스는 모든 존재, 다시 말해 유기체는 고유한 자기목적성을 가진다는 점을 밝힌다.[6] 종래 '목적'은 주체성을 가진 존재, 즉 인간만이 갖는 것이라고 생각했다고 한다. 그러나 요나스는 단지 주체성을 지닌 존재만이 이러한 목적을 가지는 것은 아니라고 한다. 예를 들어 법제도는 비록 입법자가 헌법과 법률에 따라 이러한 법제도를 만들기

---

4) 한스 요나스, 앞의 책, 91쪽.

5) 그러나 이러한 시도는 보통 '자연주의적 오류추론'(naturalistischer Fehlschluß)에 빠진다는 비판을 받는다. 이에 관해서는 로베르트 알렉시, 변종필·최희수·박달현 (옮김), 『법적논증이론: 법적 근거제시 이론으로서의 합리적 논증대화 이론』(고려대학교출판부, 2007), 61쪽 아래. 요나스는 이러한 비판을 넘어서고자 하는 것이다.

6) 한스 요나스, 앞의 책, 102－146쪽 참고.

는 하지만 일단 만들어지면 스스로 자기목적성을 가진다. 이 점은 인간이 만든 사회제도뿐만 아니라 유기체에서도 찾아볼 수 있다. 예를 들어 유기체에 내장된 소화기관은 유기체 자신을 유지하기 위해 존재한다. 소화기관은 유기체의 생존유지라는 자기목적성을 지닌다는 것이다.[7] 이처럼 요나스는 목적성이 단지 주체성을 확보하고 있는 인간존재에만 한정되어 부여되는 것은 아니라고 한다. 이러한 '인과적 목적성'은 주체성을 넘어 인정할 수 있다고 말한다.[8] 바꿔 말해 주체성을 확보하지 못한 '전의식적(前意識的)' 자연에서도 이러한 인과적 목적성을 발견할 수 있다고 한다. 결론적으로 요나스에 따르면 주체성을 지닌 인간존재뿐만 아니라 전의식적 존재인 유기체도 자기목적성을 가질 수 있다.[9]

### 4. 존재와 당위 그리고 선의 문제

이러한 존재의 자기목적성은 어떻게 당위 영역에 속하는 가치론과 연결될 수 있는가? 이에 관해 요나스는 일단 목적론과 가치론은 구별할 필요가 있다고 한다.[10] 존재에게 일정한 목적이 있다고 해서 그 자체로 선한 것이라고, 바꿔 말해 가치 있는 것이라고 말할 수는 없다고 한다. 일정한 목적에 가치를 부여하려면 이를 정당화할 수 있는 별개의 가치론이 필요하다고 말한다. 이 문제를 요나스는 『책임원칙』 제4장 서두에서 본격적으로 다룬다.[11]

목적론적 윤리학에 따를 때 선과 악은 어떻게 부여되는가? 이에 관해 요나스는 자연이 지닌 목적을 실현할 때 그것은 선이 되고 그것을 실현하지 못할 때는 악이 된다고 한다. 그런데 선과 악을 이렇게 구별하면 다음과 같은 문제가 제기된다고 한다. 자연이 지닌 목적 그 자체가 과연 선한 것인지는 어떻게 판단

7) 이러한 요나스의 주장은 체계이론의 그것과 유사하다. 체계이론에 따르면 법제도와 같은 '사회적 체계'나 소화기관과 같은 '유기체' 모두 자기생산적 성격을 가지는 '체계'(System)에 속한다. 이에 관해서는 정성훈, 『루만의 다차원적 체계이론과 현대 사회 진단에 관한 연구』(서울대 철학 박사 학위논문, 2009), 9쪽.

8) 여기서 '인과적 목적성'이란 목적성 자체가 존재의 행동 근거이자 원인이 된다는 점을 뜻한다.

9) 이와 유사한 관점을 보여주는 G. Teubner, "Elektronische Agenten und große Menschenaffen: Zur Ausweitung des Akteurstatus in Recht und Politik", in: *Zeitschrift für Rechtssoziologie* 27 (2006), 5–30쪽.

10) 한스 요나스, 앞의 책, 146쪽.

11) 한스 요나스, 앞의 책, 148–167쪽.

할 수 있는가 하는 문제가 그것이다. 이에 관해 요나스는 다음과 같이 문제를 풀어간다. '목적성' 그 자체가 바로 선한 것이라는 것이다. 다시 말해 일정한 목적이 있다는 것은 그 자체로 바로 좋은 것이라고 한다. 비록 이러한 명제가 분석명제 혹은 종합명제로부터 도출되는 것인지는 분명하지 않지만 이는 자명한 존재론적 공리라고 한다. 존재자인 생명체는 존재하는 한 삶을 유지하려고 하고, 이렇게 삶을 유지하려는 것 자체가 바로 '존재요청'이라는 '목적'에 해당하기 때문에 이러한 목적성은 존재자인 생명체에게 선한 것일 수밖에 없다고 한다. 물론 예를 들어 불교이론은 이러한 목적소유이론을 부정하긴 하지만 요나스가 보기에는 불교가 이를 부정하는 것도 일정한 목적에 해당하므로 불교이론 역시 목적성에서 벗어날 수는 없다고 한다.[12)]

한편 요나스는 존재가 이러한 목적성을 가진다는 것은 바로 존재하지 않는 것에 대한 존재의 우월함을 보여준다고 한다. 요나스에 따르면 존재는 목적을 통해 자기긍정성을 획득한다. 이때 존재는 '살아있음'을 말하기 때문에 이는 곧 '죽음'에 대한 '살아있음'의 우월함을 뜻한다고 한다. 다시 말해 생명체는 비생명체에 우월한 지위를 가진다는 것이다.[13)]

이처럼 요나스는 모든 유기체는 살아야 한다는 자기목적을 갖고 이 자기목적은 살아있는 유기체에게 그 자체로 선한 것이라고 한다. 그러면 이렇게 가장 우선적인 선으로서 의미 있는 존재의 자기목적성은 어떻게 당위에 연결될 수 있는가? 원래 목적이란 존재자의 측면에서 볼 때 '의욕'에 해당한다. 그런데 전통적인 윤리학은 이렇게 의욕에 해당하는 목적을 당위규범과 구별하였다. 그러나 요나스는 의욕과 당위를 구별하는 것은 문제가 있다고 한다. 요나스가 보기에 모든 도덕이론은 이미 이러한 의욕을 그 배후에 깔고 있기 때문이다. 따라서 의욕과 당위를 구별하는 것은 당위의 배후에 의욕이 자리 잡고 있다는 사실을 은폐하는 것에 불과하다. 요컨대 요나스에 따르면 존재의 자기목적에 해당하는 의욕은 그 자체가 바로 당위가 된다.[14)]

---

12) 한스 요나스, 앞의 책, 149-150쪽.
13) 한스 요나스, 앞의 책, 150-152쪽.
14) 한스 요나스, 앞의 책, 152-155쪽.

이와 동시에 요나스는 선과 가치를 과연 구별할 수 있는지에 의문을 제기한다. 원래 선은 가치의 일종이다. 그런데 선은 '일반성'을 띠는 반면 가치는 '개별성'을 띤다는 점에서 양자는 차이를 보일 수도 있다. 하지만 요나스는 선과 가치는 모두 의욕을 본질적인 요소로 삼는다는 점에서 궁극적으로는 차이가 없다고 한다. 이렇게 볼 때 요나스에 따르면 존재·목적·의욕·선·가치·당위는 다음과 같은 관계를 맺는다고 정리할 수 있다. 우선 존재는 존재해야 한다는 자기목적을 지닌다. 이 목적은 그 자체로 가치 있는 것이면서 동시에 선한 것이다. 이 점에서 존재는 비존재보다 우월하다. 여기서 목적 또는 가치는 일정한 의욕을 뜻하는데 이러한 의욕은 당위와 구별되는 것이 아니다. 오히려 존재자가 존재해야 한다는 자기목적은 그 자체 당위에 해당한다. 이를 통해 존재와 당위의 구별은 해소된다.[15)]

이때 주의해야 할 점이 있다. '선'이라는 가치가 그 자체로 '선'인 것은 아니라는 점이다. 요나스에 따르면 '선'은 세계 안에서 발생하는 일정한 사태와 관련을 맺음으로써만 '선'일 수 있다. 목적이 선하다는 명제는 추상적인 언명이 아니라 세계 안에서만 비로소 성립할 수 있는 언명이라는 것이다. 요나스의 이 말은 도덕성은 결코 도덕 그 자체를 목적으로 삼는 것은 아니라는 점을 시사한다. 다시 말해 행위 형식이 중요한 것이 아니라 행위 내용이 중요하다는 것이다. 도덕에게는 자아가 없다. 도덕을 위해 도덕이 존재하는 것이 아니라 존재의 자기목적이라는 선을 위해 도덕이 존재한다고 한다.[16)]

## 5. 책임감정

그러면 이렇게 존재의 자기목적성이 제기하는 당위적인 요청은 어떻게 인간 주체에게 도덕적 의무로 작용할 수 있는가? 이미 살펴본 것처럼 모든 유기체가 지닌 자기목적성은 도덕적인 요청을 불러일으킨다. 요나스에 따르면 이러한 도덕적 요청은 인간 주체에게 모종의 행위감정을 유발한다. 책임감정이 바로 그것이다.

---

15) 한스 요나스, 앞의 책, 155−156쪽.
16) 한스 요나스, 앞의 책, 156쪽.

요나스에 따르면 윤리는 객관적 측면과 주관적 측면을 모두 가진다. 윤리의 객관적 측면이란 윤리를 합리적으로 정당화하는 측면을 말한다. 이에 대해 윤리의 주관적 측면이란 이렇게 객관적으로 정당화된 윤리를 인간 주체가 실행하게끔 하는 감정적인 면을 말한다. 요나스에 따르면 윤리는 이러한 객관적인 면과 주관적인 면이 일치해야만 실행될 수 있다. 이 점은 책임이론에도 마찬가지이다. 인간 주체가 어떤 대상의 목적을 실현하는 데 책임을 지기 위해서는 일단 그 책임에 관한 객관적 근거가 있어야 한다고 말한다. 그렇지만 더욱 중요한 것은 인간 주체가 이에 책임감정을 갖고 있어야 한다는 점이다. 어떤 대상을 보호하겠다는 자발적인 책임감정을 가질 수 있을 때에만 인간은 그 대상을 책임질 수 있다고 한다.[17]

물론 요나스는 이러한 윤리의 주관적 측면은 그동안 발전해온 전통윤리학에서도 발견할 수 있다고 한다. 그러나 전통윤리학에서 강조한 '감정'은 '최고의 선에 대한 사랑'이었다고 한다. 전통윤리학에서 말하는 주관적 감정은 절대적이고 완전한 것을 그 대상으로 삼고 있었다는 것이다. 그러나 요나스는 책임이론에서 말하는 책임감정은 이처럼 완전한 것을 대상으로 하지 않는다고 한다. 대신 덧없고 불완전한 것을 그 대상으로 한다고 말한다. 이러한 점에서 전통윤리학에서 말하는 주관적 감정과 책임이론에서 제시하는 주관적 감정 사이에는 차이가 있다. 그런데 요나스가 보기에 오늘날 우리에게 필요한 것은 바로 책임감정이다. 이러한 책임감정만이 인간존재라는 주체와 유기체라는 다른 존재자를 연결할 수 있게 한다고 말한다.[18]

이와 같은 요나스의 논증을 통해 우리는 어떻게 요나스가 존재의 자기목적성이 제기하는 당위적인 요청이 인간 주체에게 도덕적인 의무로 부여되는가 하는 문제를 해결하는지 파악할 수 있다. 이에 따르면 인간은 대상의 자기목적이라는 요청으로부터 선과 도덕을 발견하고 이를 통해 책임감정을 가진다. 그리고 이러한 책임감정을 통해 대상의 자기목적을 책임져야 하는 의무를 부담한다. 여기서 우리는 새로운 문제와 만난다. 요나스가 말하는 책임이란 과연 무엇

---

17) 한스 요나스, 앞의 책, 158-160쪽.
18) 한스 요나스, 앞의 책, 160-167쪽.

을 뜻하는가?

## Ⅲ. 책임원칙의 내용

### 1. 법적 책임

요나스의 책임원칙은 종래 법학에서 정립된 책임원칙(Schuldprinzip)과 비교할 때 어떤 차이가 있는가? 우선 요나스는 종래 법학에서 논의되어 온 책임을, 행위자가 실행한 행위의 결과를 행위자에게 인과적으로 귀속시키는 근거로 이해한다. 요컨대 법학에서 책임이란 행위자의 행위와 이를 통해 발생한 결과 사이에서 인과관계가 성립할 때 인정되는 귀속근거이다. 이러한 요나스의 주장은 다음과 같이 구체화할 수 있다. 예를 들어 민법학에서 책임은 '과책주의'(Verschuldensprinzip)로 대변되는데 이때 과책주의는 행위자의 행위와 이를 통해 발생한 결과 사이에서 인과관계가 성립하고 행위자에게 과책을 인정할 수 있는 한 행위자는 그 결과에 대해 손해배상 형태로 책임을 져야 한다는 것을 의미한다(민법 제390조 및 제750조).[19] 그리고 형법학에서 책임은 '책임원칙'(Schuldprinzip)으로 대변된다.[20] 여기서 책임원칙이란 책임 없으면 범죄도 형벌도 없다는 것을 뜻한다. 더욱 구체적으로 말하면 행위자에게 비난가능성이 있어야만 책임을 지울 수 있고(규범적 책임이론), 이렇게 책임이 성립해야만 범죄가 성립할 수 있으며 책임이 성립해야만 이에 걸맞게 형벌을 부과할 수 있다는 것이다.

물론 요나스는 같은 법적 책임이라 하더라도 민법상 책임과 형법상 책임 사이에는 그 속성상 차이가 있다는 점을 인정한다. 왜냐하면 민법상 책임은 기본적으로 발생한 결과에 주목하는 데 반해 형법상 책임은 결과뿐만 아니라 이러한 결과를 야기한 행위 그 자체의 속성에도 주목하기 때문이라고 한다. 다시 말해 형법상 책임은 윤리적인 측면을 어느 정도 고려한다는 것이다.[21] 그러나

---

19) 과책주의에 대한 기본적인 설명은 김형배, 『채권총론』 제2판(박영사, 1998), 152쪽 아래 참고.
20) 책임원칙에 대한 기본적인 설명은 C. Roxin, *Strafrecht Allgemeiner Teil*, Bd. I, 4. Aufl. (München, 2006), 859쪽 아래. 또한 C. Roxin, 김일수 (역), "형법에서 죄책개념이 갖는 의무는 무엇인가?", 『형사정책과 형법체계』(박영사, 1996), 220쪽 아래 등 참고.
21) 이에 관해서는 C. Roxin, 위의 책, 319쪽 아래.

민법상 책임뿐만 아니라 형법상 책임 역시 본질적으로는 법적 책임에 불과하다. 법적 책임은 도덕의 전제조건이 될 수는 있지만 도덕 그 자체가 될 수는 없다고 한다.[22] 요나스가 강조하는 책임원칙은 이러한 법적인 책임이 아니다. 도덕적·윤리적 책임이다. 그러면 이 책임은 어떤 모습을 가지는가?

## 2. 책임구상

앞에서 소개한 법적 책임 대신 요나스는 행위'해야' 하는 것을 내용으로 하는 책임, 즉 권력이 의무로 부담해야 하는 것을 내용으로 하는 책임구상을 제시한다.[23] 이러한 책임구상은 다음과 같은 특징을 띤다. 이 책임은 내가 한 행위에 대해서만 책임질 것을 요구하지 않는다. 대신 일정한 '사태' 자체에 대해 책임질 것을 요구한다. 여기서 '사태'는 나의 행위가 빚어낸 결과와 직접 관련을 맺지는 않는다. 다시 말해 이 사태는 행위자의 행위와 직접적인 인과관계를 형성하지 않는다. 그런데도 요나스의 책임구상에 따르면 나는 이 사태에 책임을 져야 한다. 다만 이 경우 다음과 같은 요건을 충족해야 한다. 이 사태가 책임을 부담하는 주체인 내가 가진 권력의 영역 안에 존재해야 한다는 것이다. 다시 말해 사태가 지닌 목적이 내가 지닌 권력의 범위 안에서 실현될 수 있는 것이어야 한다. 그런 한에서 나는 이 사태에 책임을 져야 한다. 이러한 책임구상이 바로 요나스가 강조하는 책임구상이다. 요나스가 제시하는 책임원칙은 바로 이러한 책임구상을 지칭한다.

이와 같은 책임구상은 기존의 법적 책임이 기본으로 삼는 행위책임과는 분명 차이가 있다. 그렇지만 사실 우리는 이와 비슷한 책임 형태를 법적 책임 안에서도 발견할 수 있다. 예를 들어 민법 제755조가 규정하는 '책임무능력자에 대한 감독자의 책임'이나 민법 제756조가 규정하는 '사용자 책임' 또는 형법에서 논란이 되는 '법인의 형사책임' 등을 거론할 수 있다. 이러한 책임에서 볼 수 있는 공통점은 바로 내가 한 행위에 책임을 지는 것이 아니라 타인이 한 행위나 사태 그 자체에 책임을 진다는 것이다. 그래서 법학에서는 이러한 책임 형태

22) 한스 요나스, 앞의 책, 168-170쪽.
23) 한스 요나스, 앞의 책, 170-171쪽.

를 '대위책임'이라고 말하기도 한다.[24] 요나스는 바로 이러한 형태의 책임을 책임윤리의 내용으로 삼으려 한다.

한편 요나스가 말하는 책임은 두 가지 방식의 정당화를 통해 권력을 가진 행위자에게 도덕적 의무로 수용된다. 첫째는 사태가 지닌 목적을 통해 이루어지는 객관적 정당화이고, 둘째는 이러한 목적에서 유발되는 주관적 책임감정을 통해 이루어지는 주관적 정당화이다.

### 3. 비상호적 책임

요나스에 따르면 특정한 주체가 이러한 책임을 져야 하는 이유는 이 주체가 일정한 권력을 가지기 때문이다. 그래서 요나스는 이 책임을 '권력이 부담해야 하는 의무'라고 말한다. 그런데 이때 책임주체가 권력을 가진다는 것은 상호적이지 않은 관계를 전제로 한다. 다시 말해 요나스가 강조하는 책임은 평등한 당사자 사이에서 이루어지는 상호적인 책임관계를 전제로 하는 것이 아니다. 그 대신 요나스는 상호적이지 않은 책임, 일방적인 책임, 수직적인 책임을 말한다. 요나스에 따르면 이러한 책임관계는 '충실관계'를 통해 형성된다. 따라서 권력을 가진 어떤 주체가 무책임하게 행위한다는 것은 이 주체에게 부여되어 있는 충실관계를 저버린다는 것을 뜻한다.[25]

### 4. 책임의 유형

요나스에 따르면 이러한 책임은 그 성립 유형에 따라 자연적 책임과 계약적 책임으로 구별할 수 있다. 자연적 책임은 자연발생적으로 성립하는 책임을 말한다. 그 예로 부모가 아이에게 부담하는 책임을 들 수 있다. 이에 대해 계약적 책임은 당사자 사이의 계약을 통해 성립하는 책임을 말한다. 예를 들어 우리 민법 제390조가 규정하는 채무불이행 책임이 그 대표적인 경우가 될 것이다.

---

24) 물론 가령 민법 제756조가 규정하는 사용자 책임을 대위책임으로 볼 것인가 아니면 사용자 자신이 고유하게 부담해야 하는 고유책임으로 볼 것인가에 관해서는 견해가 대립한다. 이에 관해서는 김형배, "사용자책임과 구상권의 제한", 『민법학연구』(박영사, 1989), 537쪽 아래 참고.

25) 한스 요나스, 앞의 책, 171-174쪽 참고.

또한 고용관계나 근로관계를 통해 형성되는 사용자와 근로자 사이의 책임, 나아가 행정법상 공법관계를 통해 발생하는 공무원의 책임 등 역시 이에 해당할 수 있다. 아이의 실존 보호를 직접적인 목적으로 하는 부모의 책임과는 달리 계약적 책임은 당해 계약관계를 준수하는 것을 직접적인 목적으로 삼는다. 이러한 점에서 계약적 책임은 요나스가 말하는 책임구상과 직접적으로 합치하지는 않는다. 그러나 요나스는 이러한 계약적 책임도 계약 유지를 통해 일정한 사태가 존속하는 것을 간접적으로 의욕한다는 점에서 어느 정도는 자신의 책임구상과 간접적으로는 관련을 맺는다고 한다.[26]

그런데 요나스는 이러한 자연적·계약적 책임과 구별되는 제3의 책임유형이 있다고 한다. 바로 정치가의 책임이다. 요나스에 따르면 정치가의 책임은 자연발생적으로 형성되는 것이 아니다. 그렇다고 계약을 통해 구체화되는 책임도 아니다. 정치가의 책임은 정치가의 자발성을 통해 형성되는 책임이다. 정치가가 자발적으로 선택하여 부담하게 되는 책임이라는 것이다. 요나스에 따르면 진정한 정치가는 그 무엇인가를 스스로 선택하겠다는 의지를 갖고 있다. '인간적 자발성'이라는 유일무이한 특권을 지니고 있다고 한다. 이러한 의지를 통해 정치가는 원래 자신의 의무가 아닌 책임을 자신의 책임으로 부담하게 된다. 그리고 정치가는 이 책임에 구속되어 책임이 요구하는 명령에 복종한다. 이러한 책임은 공동체를 대상으로 하는 것으로, 가장 광범위하고 추상적인 성격을 띤다.[27]

요나스에 따르면 정치가의 책임은 여러 가지 면에서 부모의 책임과 대비된다. 첫째, 부모의 책임이 모든 사람에게 발생할 수 있는 책임이라면 정치가의 책임은 소수의 사람에게만 부과되는 책임이다. 둘째, 전자가 아이라는 개별적인 존재를 대상으로 한다면 후자는 공동체라는 추상적인 존재를 대상으로 한다. 셋째, 전자가 자연발생적으로 형성되는 것이라면 후자는 자발적·인위적으로 형성된다. 요컨대 부모의 책임이 가장 자연적인 책임이라면 정치가의 책임은 가장 인위적인 책임이라는 것이다. 이처럼 부모의 책임과 정치가의 책임은 차이가 난다. 그런데도 요나스는 부모의 책임과 정치가의 책임은 반대로 공통점을

26) 한스 요나스, 앞의 책, 174-175쪽.
27) 한스 요나스, 앞의 책, 175-178쪽.

가진다고 말한다. 요나스는 바로 이러한 공통점을 통해 존재론적으로 인정되는 책임원칙이 그 속성상 어떤 측면을 가져야 하는지 발견할 수 있다고 말한다.[28]

### 5. 대표적인 책임으로서 부모와 정치가의 책임

위에서 살펴본 것처럼 부모의 책임과 정치가의 책임은 여러 면에서 서로 대비된다. 그러나 동시에 두 책임 모두 인간의 실존과 존재를 보장하기 위한 것으로 '총체성', '연속성', '미래성'이라는 성격을 띤다는 공통점을 가진다. 이러한 공통점을 통해 책임원칙이 담아야 하는 내용을 확인할 수 있다.

먼저 요나스는 논의의 전제로서 '인간에 대한 인간의 책임'이 가장 우선적인 것임을 강조한다. 오직 인간만이 생명 그 자체가 지닌 목적을 실현하기 위한 책임을 질 수 있다는 것이다. 그리고 이러한 책임은 부모의 책임과 정치가의 책임에서 찾아볼 수 있는 것처럼 인간의 실존을 일차적인 대상으로 해야 한다고 말한다. 요컨대 요나스에 따르면 인류의 실존이 책임원칙에 대한 제1의 명령으로 작동한다.[29] 물론 요나스는 인류의 실존을 제1명령으로 삼지 않는 책임도 존재할 수 있다고 말한다. 예컨대 예술가가 자신의 작품에 부담하는 책임은 인류의 실존을 가장 우선적인 것으로 보는 것과 맞지 않을 수도 있다고 한다. 왜냐하면 예술가는 자신의 작품을 위해 모든 것을 희생하려고 하고 심지어는 자신의 목숨까지도 바칠 수 있기 때문이다. 그러나 요나스는 이러한 예술가의 책임은 도덕의 저편에 있는 것이라고 한다. 아마도 요나스는 예술가의 책임이 도덕적인 것과는 차원을 달리하는 것으로 보는 듯싶다. 나아가 요나스는 설사 예술가의 책임이 도덕의 저편에 있지 않다 하더라도 예술작품이 그 스스로 가치를 갖기 때문에 책임을 져야 하는 것이 아니라 인류에게 가치가 있기 때문에 이러한 예술작품에 책임을 지는 것이 의미를 가질 수 있다고 한다. 이러한 점에서 볼 때 결국 예술가가 자기 작품에 책임을 지는 것이 인류의 실존을 제1명령으로 하라는 책임원칙의 요청과 합치하지 않는 것은 아니라고 한다.[30]

---

28) 한스 요나스, 앞의 책, 178쪽.
29) 한스 요나스, 앞의 책, 179－182쪽.
30) 한스 요나스, 앞의 책, 182－185쪽 참고.

요나스에 따르면 부모와 정치가의 책임이 인류의 실존을 제1명령으로 삼는다. 부모와 정치가의 책임은 우선 총체성을 지닌다는 점에서 공통적이다. 부모는 아이가 스스로 책임질 수 있는 존재가 되는 데 필요한 일체의 책임을 부담한다. 정치가도 마찬가지이다. 정치가는 자신의 권력이 미치는 한에서 공동체의 목적을 실현하는 데 필요한 모든 것에 책임을 져야 한다. 이러한 측면에서 두 책임은 대상 면에서 중첩되기도 한다. 예를 들어 부모는 아이를 사회화하기 위해 교육해야 하는 책임을 지는데 이러한 교육책임은 정치가도 마찬가지로 부담한다. 또한 감정 면에서도 두 책임은 유사성을 지닌다. 부모의 사랑은 '자발적 사랑'이라는 감정에 기초를 둔다. 그런데 정치가의 책임 역시 '운명의 유대성'이라는 주관적인 면에 바탕을 둔다. 이 점에서 요나스는 국가지도자의 역할이 아버지의 역할과 유사하다고 한다. 나아가 요나스에 따르면 부모와 정치가의 책임은 연속성을 가진다는 점에서 그리고 미래를 지향한다는 점에서도 유사성을 지닌다.[31)]

## 6. 미래지향적 책임

위에서 언급한 것처럼 부모와 정치가의 책임은 미래를 지향한다는 점에서 공통점을 가진다. 그런데 요나스는 구체적으로 살펴보면 두 책임 사이에는 다음과 같은 차이가 있다고 말한다. 요나스에 따르면 부모가 아이에게 부담해야 하는 책임은 이미 일정한 모습을 갖추고 있다. 아이를 스스로 책임질 수 있는 주체로 양육하는 것이 그것이다.[32)] 이에 반해 정치가가 부담해야 하는 책임은 이렇게 일정하게 결정된 모습을 갖추고 있지 않다. 왜냐하면 정치가는 '미래'에 대해 책임을 져야 하기 때문이다. 요나스에 따르면 정치가가 책임져야 할 대상은 국가공동체의 미래이다. 여기서 국가공동체의 미래는 역사의 한 부분이라고 말할 수 있다. 그러므로 정치가가 책임져야 하는 미래는 바로 역사의 미래에 해당한다. 그런데 요나스는 역사가 미리 결정되어 있다는 결정론적 사고방식을 거부한다. 요나스에 따르면 역사의 발전과정은 유기체의 발전과정과 같을 수는

31) 한스 요나스, 앞의 책, 185-193쪽 참고.
32) 한스 요나스, 앞의 책, 194쪽.

없다. 유기체는 ≪생성⇒발전⇒종말≫이라는 단계를 거치지만 역사는 이러한 단계를 거치지 않기 때문이다. 요나스는 "미래는 과거에 있었던 모든 시간의 부분이 그랬던 것 이상도 이하도 아닌 '그 자신'일 뿐"이라고 하면서 진화론적 역사관을 비판한다.[33] 그래서 요나스는 역사에서 말하는 청년과 노년은 단지 은유적인 의미만 가질 뿐이라고 말한다. 모든 역사는 그 역사가 젊든 오래되었든 상관없이 항상 복잡한 문제를 안고 있다고 한다. 그리고 역사의 미래를 예견하는 것은 힘들다고 한다. 그러므로 정치가가 책임져야 할 미래라는 지평은 예견할 수 없는 영역이다. 이 때문에 요나스는 역사에서는 헤겔이나 마르크스(Karl Marx)가 주창했던 역사 법칙이 통용될 수 없다고 한다. 이러한 이론이나 역사적 예견들은 단지 어떤 희망이나 소망을 보여준다는 점에서만 의미를 가질 뿐이라고 한다. 이러한 이유에서 요나스는 역사에 대한 정치가의 책임에서 중요한 것은 바로 '행위의 자발성'이라고 한다. 역사의 미래는 결정되어 있지 않기 때문에 정치가의 자발적인 행위가 더욱 중요하다는 것이다. 그리고 이러한 자발적인 행위는 바로 책임원칙으로 구체화된다. 물론 요나스는 분석적인 인과지식, 즉 자연과학적 지식을 통해 역사의 미래를 어느 정도는 예측할 수 있다고 말한다. 이를 통해 국가권력의 범위를 어느 정도는 확장할 수 있다고 한다. 그렇지만 이렇게 인과적 지식으로 미래를 예측한다 하더라도 그만큼 다양한 사태가 발생할 수 있다는 점도 예측할 수 있기에 미래는 불확실해질 수밖에 없다고 한다. 결국 요나스는 정치가가 책임져야 할 미래는 결정되어 있지 않고 그래서 그만큼 미래를 책임지고자 하는 정치가의 자발적인 책임의지가 중요하다고 말한다.[34]

그러면 왜 요나스는 이처럼 역사가 결정되어 있지 않다는 것을 강조하는 것일까? 그 이유는 요나스가 책임원칙을 강조한다는 점에서 어느 정도 찾을 수 있다. 원래 책임은 책임을 부담해야 하는 주체가 의사결정의 자유를 갖고 있을 때만 그 의미가 있다. 물론 부모의 책임과 같이 자연발생적으로 형성되는 경우가 있기는 하지만 정치가의 책임 같은 경우에는 정치가가 자발적으로만 부담할 수 있는 것이다. 그런데 만약 정치가가 책임져야 할 미래가 특정한 방향으로 결정되

33) 한스 요나스, 앞의 책, 196쪽.
34) 한스 요나스, 앞의 책, 195-207쪽.

어 있다면 이러한 미래에 정치가는 책임을 질 수 없을 것이다. 정치가는 그저 특정하게 결정되어 있는 역사의 흐름에 자신을 내맡길 수밖에 없을 것이다. 이러한 이유 때문에 아마도 요나스는 결정론적 역사관을 비판한 것이라고 생각한다.

## Ⅳ. 책임원칙 분석

위에서 요나스가 제시한 책임원칙을 간략하게 소개하였다. 아래에서는 요나스의 책임원칙을 몇 가지 카테고리로 분석하고 여기에는 어떤 의미와 한계가 담겨 있는지 살펴본다.

### 1. 윤리적 책임

우선 요나스가 제시하는 책임원칙은 법적 책임이 아닌 윤리적 책임을 그 내용으로 한다는 점을 언급할 수 있다. 이미 살펴본 것처럼 책임원칙은 전통윤리학과는 구별되는 책임윤리학을 근거로 한다. 이는 법적으로 부과되는 책임이 아니라 책임윤리의 관점에서 부과되는 책임이다. 요나스가 책임원칙에 따른 책임의 대표적인 경우로 언급하는 부모의 책임이나 정치가의 책임을 통해서도 이를 확인할 수 있다. 부모의 책임이나 정치가의 책임은 원칙적으로 법을 통해 부과되는 책임은 아니기 때문이다. 물론 우리 법체계에 따르면 부모가 부담해야 하는 책임 가운데 일부는 법적 책임으로 제도화되어 있다. 예를 들어 '책임무능력자에 대한 감독자의 책임'(민법 제755조)이나 '자녀에 대한 보호·교양 의무'(민법 제913조) 등은 이미 법적 책임으로 정착되었다. 그러나 이러한 부모의 책임은 다른 민법상 책임과는 달리 계약을 통해 형성되는 것이 아니다. 이는 '출생'이라는 자연적 관계를 통해 형성된다.[35] 또한 정치가의 책임 역시 법을 통해 그 구체적인 내용이 강제되는 것은 아니다.[36] 대의제에 따라 정치가는 원칙적으로 국민들에 대해 정치적 책임만을 질뿐이다. 물론 가령 헌법은 제46조에서 국회

---

35) 물론 예외적으로 부모의 책임은 '입양'이라는 '계약'의 방식을 통해 형성되기도 한다(민법 제866조 아래 등).
36) 정치가의 책임에 관해서는 장영수, 『헌법학』 제4판(홍문사, 2009), 1121-1124쪽.

의원의 의무를 규정하고 있기는 하지만, 제46조 제3항을 제외하면 대부분 일종의 윤리적 의무를 선언적으로 규정한 것에 불과하다. 이러한 점에서 볼 때 부모와 정치가의 책임을 강조하는 요나스의 책임은 기본적으로 윤리적 책임이라고 말할 수 있다.

## 2. 영역책임

바로 이러한 점에서 요나스가 강조하는 책임은 기존의 법적 책임이 원칙으로 삼는 행위책임과는 다른 구조를 가진다. 요나스에 따르면 가령 정치가는 자신이 한 정치적 행위에 대해서만 책임을 지는 것이 아니다. 비록 정치가 자신이 행위하지 않은 영역 혹은 사태라 하더라도 이 영역 혹은 사태가 정치가가 가진 권력의 범위 안에 존재하는 한 정치가는 이 영역 혹은 사태에 책임을 져야 한다. 이 점에서 요나스의 책임은 과책주의에 기반을 둔 행위책임과는 다른 구조를 지닌다. 이를 '영역책임'으로 부를 수 있을 것이다.[37] 이렇게 행위책임이 아닌 영역책임을 그 속성으로 한다는 점에서 요나스의 책임은 전통적인 법적 책임보다는 그 범위가 확장된다. 그러나 이는 책임윤리의 측면에서는 바람직할 수도 있지만 법적인 측면에서는 문제가 될 수도 있다.

## 3. 무과실책임

한편 요나스가 강조하는 책임은 '과책주의'에 기반을 두지 않는다는 점에서도 특징적이다. 이미 언급한 것처럼 전통적인 법적 책임은 주관적 성립요건으로 과책을 필요로 한다. 행위자에게 과책이 없으면 책임을 물을 수 없다. 이와 달리 요나스는 과책이 아닌 다른 요소를 책임의 성립기준으로 내놓는다. '권력'이 바로 그것이다. 일정한 영역이나 사태가 책임주체의 권력 범위 안에 속하는 한, 달리 말해 이러한 영역이나 사태가 추구하는 목적이 책임주체가 지닌 권력을 통해 실현될 수 있는 것이라면 책임주체는 이 영역이나 사태에 책임을 져야

---

37) 고 심재우 교수는 2000년 제2학기에 진행된 고려대학교 일반대학원 세미나에서 이를 '직분책임'으로 명명하기도 하였다. 이 역시 요나스의 책임이 가진 특성을 정확하게 포착한 것이라고 할 수 있다. 직분책임에 관해서는 심재우, 『열정으로서의 법철학』(박영사, 2020), 345쪽 아래 참고.

한다는 것이다. 이 점에서 요나스의 책임은 과실책임이 아닌 무과실책임, 더욱 정확하게 말하면 '가능성의 책임'이라고 할 수 있다. 권력이 미칠 수 있는 가능성의 범위를 통해 책임범위가 확정되기 때문이다.

### 4. 비상호적 책임

나아가 요나스의 책임은 전통적인 법적 책임과는 달리 비상호적인 성격을 띤다. 전통적인 책임은 원칙적으로 상호적이다. 그 이유를 다음과 같이 말할 수 있다. 전통적인 법적 책임의 기반이 되는 자유주의 법모델은 원칙적으로 권리와 의무의 상호관계를 전제로 했다. 한 사람이 가지는 권리는 다른 사람이 부담해야 하는 의무와 상호적으로 연결되기 때문이다. 한 사람이 권리를 가지면 다른 사람은 이 권리를 존중해야 한다. 따라서 만약 일정한 행위자가 이러한 의무를 무시하고 타인의 권리를 침해하면 행위자는 권리침해에 책임을 져야 한다. 이렇게 자유주의 법모델에서는 '권리침해이론'이 민사책임이나 형사책임의 이론적 기초가 되었는데 이러한 권리침해이론은 권리와 의무의 상호성을 전제로 한다.[38] 그러나 요나스가 강조하는 책임은 동등한 당사자 사이에서 이루어지는 상호적인 책임관계를 전제로 하지 않는다. 그 대신 요나스는 상호적이지 않은 책임, 일방적인 책임, 수직적인 책임을 말한다. 왜냐하면 요나스의 책임은 책임주체가 권력을 가질 것을 요건으로 하는데 책임주체가 권력을 가진다는 것은 이미 책임관계가 상호적이지 않다는 것을 전제로 하기 때문이다.

### 5. 미래지향적 책임

마지막으로 언급할 수 있는 특징으로 '미래지향성'을 들 수 있다. 이 점 역

---

38) 민사책임의 경우에는 독일 민법 제823조 제1항이 이를 극명하게 보여준다. 독일 민법 제823조 제1항은 "고의 또는 과실로 타인의 생명, 신체, 건강, 자유, 소유권 또는 기타의 권리를 위법하게 침해한 사람은, 그 타인에 대하여 이로 인하여 발생하는 손해를 배상할 의무를 진다." 번역은 양창수 (역), 『독일민법전』(박영사, 2005)을 따랐다. 또한 형사책임의 경우에는 K. Günther, "Von der Rechts- zur Pflichtverletzung. Ein 'Paradigmawechsel' im Strafrecht?", in: Institut für Kriminalwissenschaften Frankfurt a. M. (Hrsg.), *Vom unmöglichen Zustand des Strafrechts* (Frankfurt/M., 1995), 445쪽.

시 전통적인 법적 책임과 비교하면 차이가 나는 부분이다. 왜냐하면 전통적인 법적 책임은 이미 발생한 과거의 행위를 문제 삼기 때문이다. 물론 이는 좀 더 엄밀하게 따져보아야 한다. 법적 책임 가운데는 과거가 아닌 미래를 지향하는 책임도 존재하기 때문이다. 그 대표적인 예가 바로 경찰책임이다. 경찰법은 '위험예방'을 규범목적으로 하기에 경찰책임은 현존하는 또는 앞으로 발생할지 모르는 위험을 그 대상으로 한다.[39] 이 점에서 경찰책임은 요나스가 강조하는 책임과 유사한 속성을 띤다. 그러나 가장 대표적인 법적 책임이라 할 수 있는 민사책임이나 형사책임은 기본적으로 미래가 아닌 과거를 지향한다. 예를 들어 형사책임은 이미 발생한 과거의 범죄행위를 문제 삼는다. 바로 이러한 점에서 형사책임과 경찰책임을 구별하기도 한다.[40] 결론적으로 요나스의 책임은 미래를 지향한다는 점에서 전통적인 법적 책임의 관점에서 볼 때 이질적이라고 말할 수 있다.

## Ⅴ. 책임원칙은 법적 책임으로 적합한가?

요나스가 제시하는 책임원칙은 전통적인 법적 책임구상과는 상당히 이질적인 모습을 가진다. 그러나 바로 이러한 점에서 요나스의 책임원칙은 기존의 책임구상이 담고 있던 지평을 확장한다. 요나스의 책임원칙을 통해 우리는 자유주의 법모델이 정립한 법적 책임만이 절대적이거나 선험적인 것은 아님을 확인할 수 있다. 그리고 실제로 현재 제도화된 법적 책임 중에는 요나스의 책임원칙과 비슷한 속성을 지닌 책임도 존재한다. 위험책임이 가장 대표적인 예라 할 수 있다. 따라서 오히려 중요한 것은 책임원칙이 책임윤리학에 바탕을 두어 정립된 것처럼 현재의 지배적인 법적 책임이 어떤 윤리적·도덕적 기반 위에 서 있는지, 어떤 정의 관념에 바탕을 두고 있는지 여부일 것이다.

그렇다면 요나스의 책임원칙은 기존의 법적 책임을 대체할 만한 설득력을

39) 이에 관해서는 우선 이기춘, 『위험방지를 위한 협력의무로서 경찰책임의 귀속에 관한 연구』(고려대학교 법학박사 학위논문, 2002) 참고.

40) 양천수, "예방과 억압의 혼융: '집회 및 시위에 관한 법률'을 예로 본 법이론적 분석", 『공법학연구』 제10권 제2호(2009), 305-306쪽.

지니고 있을까? 이를 윤리적 책임의 범주를 넘어서는 일반적인 법적 책임으로 승인할 수 있을까? 그러나 이에는 선불리 긍정적인 대답을 할 수 없다고 생각한다. 물론 요나스의 책임원칙은 책임구상의 지평을 확대한다는 점에서, 기존의 법적 책임이 간과하는 관점의 중요성을 일깨우고 있다는 점에서 긍정적인 평가를 할 수 있을 것이다. 그렇지만 기존의 법적 책임이 가진 장점, 즉 '과책'이라는 한계선을 통해 인간의 자유 영역을 확장하고자 했던 자유주의적 기획도 무시할 수 없는 장점이라고 생각한다. 요나스의 책임원칙은 자칫 책임의 가능 영역을 확장하여 자유 영역을 과도하게 제한할 수 있다. 왜냐하면 요나스가 책임원칙의 기준으로 삼는 '권력의 가능 영역'은 '과책'보다 모호하고 불확정적이기 때문이다. 따라서 만약 요나스의 책임원칙을 법적 책임으로 승인하면 '과책'을 통해 책임귀속에 대한 법적 안정성을 확보하고자 했던 근대법의 기획은 무너지고 말 것이다. 왜 우리의 법체계가 여전히 과책주의를 원칙으로 삼고 위험책임 등은 예외로 하고 있는가 하는 점이 이를 간접적으로 시사한다. 그러므로 요나스의 책임원칙이 그 의미를 잃지 않도록 하려면 이를 원칙적으로 윤리적 책임으로 이해하는 것이 바람직할 것이다.[41]

41) 이외에 요나스가 책임원칙의 기초로 삼는 목적론적 윤리학을 문제 삼아 책임원칙을 비판할 수도 있다. 왜냐하면 목적론적 윤리학은 존재와 당위를 기본적으로 구별하지 않음으로써 책임제도의 규범성을 파괴할 수 있다고 볼 수도 있기 때문이다. 그러나 목적론적 윤리학을 취한다고 해서, 즉 엄격한 방법이원론을 취하지 않는다고 해서 책임제도의 규범성을 훼손하는 것은 아니라고 생각한다. 예를 들어 형법상 특별예방이론을 정립한 리스트(Franz von Liszt)는 한편으로는 예링(Rudolf von Jhering)으로부터 목적사상을, 다른 한편으로는 자연과학적 실증주의를 수용하여 자신의 목적형 사상을 구축하였는데, 이러한 리스트도 "형법은 형사정책이 넘을 수 없는 한계"라고 하여 형사정책의 규범성을 확보하고자 했다는 것은 주지의 사실이기 때문이다.

제5장

# 타자와 책임

## Ⅰ. 서론

도덕이나 법을 포함하는 규범의 타당성 근거는 어디에서 찾을 수 있을까? 규범의 타당성 근거에 관한 이러한 어려운 의문에 오래전부터 다양한 대답이 제시되었다. 가장 오랜 역사를 가지면서 지금도 여전히 생명력을 잃지 않은 대답은 바로 신의 명령에서 규범의 타당성을 찾는 것이다. 그러나 근대 이후 사회규범과 종교를 분리하는 세속화 운동이 진행되면서 신의 명령에서 규범의 타당성 근거를 찾는 주장은 점점 힘을 잃고 있다. 그 때문에 신의 명령이 아닌 다른 곳에서 규범의 타당성 근거를 찾으려는 노력이 거듭되었다. 이에 관한 한 가지 유력한 견해로 바로 '타자'에서 규범의 타당성 근거를 발견하려는 주장을 들 수 있다.[1] 그 이유는 아마도 규범 자체가 수범자 및 이러한 수범자와 관계를 맺는 타자와 불가분의 연관성이 있기 때문인지 모른다. 이로 인해 도덕이나 법을 포함하는 규범은 수범자뿐만 아니라 이러한 수범자와 관계를 맺는 타자를 염두에 둘 수밖에 없다. 이의 연장선상에서 규범은 타자에 대한 수범자의 작위·부작위 의무나 책임 등을 규율한다. 이때 우리는 다시 다음과 같은 질문을 던질 수 있

1) 이를 보여주는 움베르토 에코·카를로 마리아 마르티니, 이세욱 (옮김), 『무엇을 믿을 것인가』(열린책들, 1998), 117쪽 아래 참고.

다. 왜 타자가 규범의 타당성 근거가 되는 것일까?

이러한 질문에 가장 독창적이면서 생산적인 철학적 대답을 한 학자로 프랑스의 철학자 레비나스(Emmanuel Levinas)를 들 수 있다. 레비나스는 '타자철학'으로 유명한 독창적인 사유를 전개함으로써 왜 타자가 도덕이나 윤리, 법과 같은 규범의 타당성 원천이 될 수 있는지를 보여주었다. 이러한 레비나스의 철학은 지난 2000년을 전후로 하여 우리 인문학 영역에서 활발하게 수용 및 논의되었다. 그러나 법학에서는 상대적으로 논의가 적게 이루어진 편이었다. 그 이유는 아마도 명증한 실증주의적 과학이론이 점점 각광을 받는 법학에서 형이상학을 강조하는 레비나스의 주장이 다소 어색하게 보였기 때문일지도 모른다. 다만 드물게도 헌법학자인 이국운 교수나 기초법학자인 이영록 교수는 일찍부터 레비나스를 수용하여 법적 논의를 전개하였다. 이국운 교수는 레비나스의 철학을 원용하여 헌법학의 주요 개념을 새롭게 정초하는 작업을 하였고 이영록 교수는 이를 통해 인권의 기초나 민사책임을 새롭게 정립하기도 하였다.[2] 이러한 이론적 논의는 오늘날 기초법학이 무엇을 해야 하는지에 유익한 시사점을 제공한다. 이러한 상황에서 제5장은 타자에 대한 책임의 근거를 모색하는 일환으로 레비나스의 철학을 소개 및 분석한다.

## Ⅱ. 타자에 대한 책임 근거의 유형화

레비나스가 전개한 타자윤리를 살펴보기 전에 그동안 타자에 대한 책임을 근거 짓기 위해 어떤 이론들이 제시되었는지 간략하게 정리한다. 아래에서는 일반화의 오류를 감수하면서 타자에 대한 책임을 근거 짓는 이론(이하 '책임이론'으로 약칭한다)을 몇 가지로 유형화한다.

2) 가령 이국운, "현대 헌법이론에서 타자(他者)의 복권: 자유주의와 공동체주의의 맥락에서", 『법철학연구』 제6권 제2호(2003), 325–350쪽; 이국운, 『헌정주의와 타자』(박영사, 2019); 이영록, "타자법철학을 위한 시론: 레비나스와 법", 『법철학연구』 제16권 제2호(2013), 145–166쪽; 이영록, "인권의 도덕적 기초에 대한 타자철학적 탐색", 『법학연구』(충남대) 제26권 제1호(2015), 13–44쪽; 이영록, "민사책임에 대한 타자철학적 기초 놓기: 민사법, 직근성(proximity), 책임", 『법철학연구』 제22권 제1호(2019), 105–134쪽.

## 1. 책임 개념의 다양성

먼저 짚고 넘어가야 할 점은 이 책에서 다루는 책임은 그 개념이 다양하게 전개되고 있다는 것이다.[3] 이를 대략적으로 정리하면 우선 윤리적·도덕적 책임과 정치적 책임 및 법적 책임이 구별된다. 법적 책임은 다시 민사책임, 형사책임, 공법적 책임 등으로 구별된다. 각 책임을 규율하는 원리나 목적, 요건, 내용 면에서도 차이가 난다. 이 점에서 책임이론을 정확하게 유형화하려면, 이러한 책임 개념의 다양성 역시 섬세하게 고려해야 한다. 그렇지만 이러한 작업은 너무 방대한 지면을 요구하기에 이 책에서 이를 정확하게 다루는 것은 유보하고자 한다. 이러한 까닭에서 제5장에서는 책임 개념을 기본적으로 윤리적·도덕적 책임으로 그리고 주체가 타자에 대해 부담하는 의무 일반의 의미로 파악하고자 한다.

## 2. 형이상학적 책임이론과 형이하학적 책임이론

먼저 책임이론은 형이상학에 바탕을 둔 책임이론과 형이하학에 바탕을 둔 책임이론으로 구별할 수 있다. 형이상학에 바탕을 책임이론은 경험적인 정보나 이론이 아니라 선험적·초월적인 이론을 활용하여 책임을 근거 짓는 시도를 말한다. 이제까지 철학사에서 등장했던 대다수의 책임이론 그리고 이 책에서 다루는 레비나스의 책임이론이 형이상학에 바탕을 둔 책임이론에 해당한다. 레비나스는 타자에 대한 책임을 근거 짓기 위해 아예 형이상학을 전면에 내세우기 때문이다. 우리가 경험적으로 실증할 수 없는 신의 명령으로 책임을 정당화하는 이론도 형이상학적 책임이론에 속한다. 근대 도덕이론에서 가장 중요한 기여를 한 칸트의 책임이론도 이러한 유형에 포함시킬 수 있다. 칸트는 경험으로부터 독립적인 선험성을 원용하여 도덕이론을 논증하기 때문이다.

이에 반해 형이하학적 책임이론은 경험적인 정보나 이론에 의지하여 타인에 대한 책임을 근거 짓는다. 특정한 주장을 경험적인 정보나 이론으로 검증하

3) 이를 분석하는 양천수, "책임구상의 다양한 지평: 한스 요나스의 책임원칙을 예로 하여", 『안암법학』 제30호(2009), 147-181쪽; 이영록, "책임의 의미와 성격에 관한 역사적 탐색", 『일감법학』 제42호(2019), 195-221쪽 참고.

는 과정을 '실증'이라고 하므로 형이하학적 책임이론은 '실증주의적 책임이론'으로 달리 부를 수 있다. 형이상학적 책임이론이 존재와 당위를 엄격하게 구별하는 '방법이원론'을 철저하게 준수한다면 형이하학적 책임이론은 책임이라는 당위를 근거 짓기 위해 존재에 속하는 정보나 이론을 적극 활용한다.[4] 달리 말해 실증주의적인 과학의 성과를 규범적 명제나 의무를 정당화하는 데 적극 수용하는 것이다. 이러한 실증주의적 책임이론은 자칫 규범학의 독자성을 위협할 수 있기에 규범학 영역에서는 여전히 소수에 머물고 있다. 그렇지만 현대 과학기술이 급속한 발전을 거듭하면서 최근 다시 힘을 얻고 있다. 가장 대표적인 예로 진화론을 끌어들여 인간의 심리를 설명하는 '진화심리학'을 들 수 있다.[5] 이러한 진화심리학은 타인에 대한 책임과 같은 도덕이나 규범 역시 인간 진화의 산물로 설명한다. 자기 존재를 보존하기 위한 진화과정을 거치면서 형성된 것이 타인에 대한 책임과 같은 도덕이라는 것이다. 이 점에서 진화심리학적 책임이론은 책임의 정당성을 근거 짓기 위해 경험적인 조건이나 상황을 적극 활용한다.

## 3. 신 · 주체 · 절차의 책임이론

형이상학적 책임이론과 형이하학적 책임이론이 방법론의 측면에서 책임이론을 구별한 것이라면 책임이론은 어떤 내용을 주로 활용하는가에 따라 구별할 수도 있다. 요컨대 내용적인 측면에서 책임이론을 유형화하는 것이다. 이에 따라 신에 근거를 두는 책임이론, 주체에 근거를 두는 책임이론 및 절차에 근거를 두는 책임이론을 구별할 수 있다.

### (1) 신에 근거를 두는 책임이론

신에 근거를 두는 책임이론은 말 그대로 신이 내린 명령에서 타자에 대한 책임의 근거를 찾는 이론을 말한다. 어쩌면 가장 오랜 역사를 지닌 책임이론인

---

4) 다만 한편으로는 실증주의를 수용하면서도, 다른 한편으로는 엄격한 방법이원론을 고수하는 경우로는 한스 켈젠, 윤재왕 (옮김), 『순수법학』(박영사, 2018) 참고.
5) 이에 관해서는 김혜경 외, 『법과 진화론』(법문사, 2016); 안성조, "법과 진화론: 법에 대한 진화론적 고찰의 몇 가지 함의", 『인간연구』 第33호(2017), 75-112쪽 등 참고.

동시에 오늘날에도 여전히 생명력을 잃지 않은 이론이라 말할 수 있다.[6] 이 책임이론은 '신'이라는 경험적으로 실증할 수 없는 초월자를 근거로 활용한다는 점에서 가장 전형적인 형이상학적 책임이론에 속한다. 그러나 오늘날 종교체계가 아닌 학문체계에서 이러한 책임이론을 고수하는 경우는 많지 않다.[7]

(2) 주체에 근거를 두는 책임이론

근대사회가 형성되고 학문체계가 독자적인 사회의 기능체계로 분화되기 시작하면서 가장 영향력을 발휘하는 책임이론으로 주체에 근거를 두는 책임이론을 들 수 있다. 이는 타자에 대한 책임의 근거를 바로 주체에서 찾는 책임이론을 통칭한다. 주체에 근거를 두는 책임이론은 일단 신이 아닌 인간 주체 그 자체에서 책임의 근거를 찾는다는 점에서 '세속화된' 책임이론이라 말할 수 있다. 그렇지만 이론의 스펙트럼이 넓어 구체적으로 다양한 이론들이 주체에 근거를 두는 책임이론에 포섭된다. 가령 방법론적인 면에서 볼 때 형이상학적인 책임이론이나 형이하학적 책임이론 모두 여기에 포섭될 수 있다.

형이상학적 방법을 활용하는 책임이론으로 칸트의 책임이론을 들 수 있다. 칸트의 주장 중에 타자에 대한 책임에 해당할 만한 것으로 "타인을 목적으로 대우하라."는 '목적 정언명령'을 거론할 수 있다. 그런데 이러한 '목적 정언명령'은 타자가 아닌 주체에서 출발한다. 주체가 지닌 실천이성을 바탕으로 하여 인간의 존엄성을 이끌어내고, 이를 "자신의 주관적 준칙이 객관적 법칙에 합치하도록 행위"하라는 '보편화 정언명령'을 거쳐 '목적 정언명령'으로 연결한다.[8] 여기서 알 수 있듯이 칸트는 실천이성을 지닌 존엄한 인간 주체에서 타자에 대한 의무 또는 책임을 도출한다. 이 점에서 칸트의 책임이론은 주체에 근거를 둔 책임이론이라고 말할 수 있다. 다만 '실천이성' 및 '인간 존엄성'이라는 '선험성'에서 타자에 대한 의무와 책임을 이끌어낸다는 점에서 형이상학적 책임이론에 속한다고 말할 수 있다.

---

6) 이를 보여주는 움베르트 에코·카를로 마리아 마르티니, 앞의 책, 102쪽 아래 참고.
7) 이와 달리 도덕이론에 종교를 적극 끌어들이는 경우로는 마이클 샌델, 강명신 (옮김), 『생명의 윤리를 말하다: 유전학적으로 완벽해지려는 인간에 대한 반론』(동녘, 2010) 참고.
8) 이를 분석하는 이영록, "인권의 도덕적 기초에 대한 타자철학적 탐색", 『법학연구』(충남대) 제26권 제1호(2015), 16-18쪽 참고.

진화론을 받아들여 책임이론을 근거 짓는 시도도 넓게 보면 주체에 근거를 둔 책임이론에 포함할 수 있다. 생물학적 진화론을 수용하여 규범을 설명하려는 이들은 존재의 이기적인 속성에서 이타적인 규범이 도출된다고 말한다.[9] 생물학적 존재가 자신의 DNA를 성공적으로 후대에 남기기 위해서는 전적으로 이기적으로 행위하기보다 다른 존재를 배려하고 협력하는 것이 더 낫기에 이타적인 규범이 형성되었다는 것이다. 이렇게 진화론적 책임이론은 주체의 자기보존 의지에서 타자에 대한 의무 또는 책임을 도출한다는 점에서 주체에 근거를 둔 책임이론이라 지칭할 수 있다. 다만 '생물학적 진화론'이라는 경험적인 방법을 활용한다는 점에서 형이하학적 책임이론에 속한다고 말할 수 있다.

진화론적 책임이론과 유사해 보이면서도 차이가 있는 이론으로 요나스의 책임이론을 들 수 있다.[10] '책임원칙'을 널리 알린 요나스는 진화론적 책임이론과 어떤 점에서는 비슷하면서도 구별되는 독창적인 책임이론을 제시한다. 일단 요나스는 존재와 당위를 엄격하게 분리하는 방법이원론적 사유를 거부한다. 그 대신 요나스는 존재에서 당위를 이끌어낼 수 있다고 주장한다. 그 점에서 요나스는 칸트를 거부한다. 그러면 요나스가 볼 때 당위의 원천이 되는 존재는 무엇인가? 그것은 '존재의 자기목적성'이다. 요나스는 존재의 보존을 가장 중요한 자기목적으로 설정하면서 이러한 자기목적성에서 당위가 도출된다고 말한다. 이러한 존재의 자기목적성에서 타자에 대한 책임 역시 도출한다. 이를 논증하기 위해 요나스는 두 가지 근거를 추가한다. '책임감정' 및 '권한'이다. 모든 존재는 생존을 위한 자기목적을 갖는데, 이는 주체에게 책임감정을 불러일으킨다고 한다. 그리고 이렇게 책임감정을 느끼는 주체는 자신의 권한을 활용하여 타자에 대한 책임을 져야 한다.[11] 이러한 요나스의 책임이론은 존재의 자기목적성에서 책임원칙을 도출한다는 점에서 형이하학적이다. 그리고 주체가 갖는 책임감정

---

9) 이를 보여주는 리처드 도킨스, 홍영남·이상임 (옮김), 『이기적 유전자』(을유문화사, 2018) 참고.
10) 한스 요나스, 이진우 (역), 『책임의 원칙: 기술 시대의 생태학적 윤리』(서광사, 1994) 참고. 이를 분석하는 연구로는 양천수, 앞의 논문, 147-181쪽 참고.
11) 그러나 요나스는 왜 주체가 타자에 대해 책임감정을 느껴야 하는지를 명확하게 설명하지는 않는다. 그 점에서 레비나스의 책임이론은 요나스의 책임이론을 이론적으로 보완한다고 말할 수 있다.

과 권한에서 타자에 대한 책임을 근거 짓는다는 점에서 여전히 '주체중심적'이다. 다만 존재의 자기목적성을 논증하는 과정에서 진화론이 아닌 하이데거(Martin Heidegger)의 존재론을 수용한다는 점에서 진화론적 책임이론과도 구별된다.

(3) 절차에 근거를 두는 책임이론

절차에 근거를 두는 책임이론은 신이나 주체가 아니라 상호주관적으로 진행되는 절차에서 타자에 대한 책임의 근거를 찾는다. 대표적인 예로 하버마스의 '대화윤리'(Diskursethik)를 언급할 수 있다.[12] 하버마스는 두 가지에 초점을 맞추어 도덕이론을 전개한다. '탈주체'와 '탈형이상학'이 그것이다. 먼저 하버마스는 서양철학에 뿌리 깊은 주체중심적 사유를 비판한다. 그에 대한 반발로 하버마스는 '상호주관성'을 강조한다. 나아가 하버마스는 서구의 또 다른 오랜 전통인 '형이상학적 사유'도 거부한다. 이에 하버마스는 '탈형이상학적 사유'를 강조한다. 이러한 일환으로 하버마스는 사회과학과 언어철학의 성과를 적극 수용한다. 이 같은 맥락에서 하버마스는 다양한 주체 사이에서 진행되는 '합리적 대화'로 도덕적 명제를 정당화하는 대화윤리를 제시한다. 이에 따르면 특정한 도덕적 명제의 타당성은 이와 관련되는 주체들이 상호적으로 진행되는 합리적 대화에 참여하고 이를 통해 이루어지는 자유롭고 평등한 대화와 토론으로 합의되는 경우에 획득된다. 이는 타자에 대한 책임에도 적용된다. 타자에 대한 책임이 합리적 대화를 통해 합의되고 이로써 보편화될 수 있는 경우에 비로소 도덕적 명제로 효력을 갖게 된다. 여기서 알 수 있는 것처럼 대화윤리는 특정한 주체가 아니라 주체 사이에서 상호적으로 진행되는 합리적 대화라는 '절차'에서 타자에 대한 책임의 근거를 발견한다. 그 점에서 신에게서 근거를 찾으려는 형이상학적 이론이나 주체에게서 근거를 발견하려는 주체중심적 이론과 구별된다.

---

12) 위르겐 하버마스, 이진우 (역), 『담론윤리의 해명』(문예출판사, 1997) 참고. 여기서 알 수 있듯이 독일어 'Diskurs'는 '담론', '토의', '논의', '논증대화' 등으로 번역된다. 이 책에서는 일단 '대화'로 번역한다.

### 4. 중간결론

지금까지 전개된 책임이론은 주로 신이나 주체, 절차에서 타자에 대한 책임의 근거를 이끌어내려 하였다. 주체와 구별되는 타자 그 자체로부터 책임의 근거를 발견하려는 시도는 찾기 어려웠다. 이와 달리 레비나스는 '타자'를 전면에 내세운다. '타자의 얼굴' 및 '나와 타자의 근접성'을 원용하여 타자에 대한 책임을 논증한다. 그 점에서 레비나스 책임이론의 독창성을 발견할 수 있다. 이를 아래에서 살펴본다.

## Ⅲ. 레비나스의 타자윤리와 책임이론

### 1. 출발점

#### (1) 서양철학의 존재론 전통에 대한 비판

레비나스는 서양철학에서 면면히 이어온 존재론 전통을 비판하는 데서 자신의 타자철학을 시작한다. 이는 네 가지 측면에서 분석할 수 있다. 첫째는 존재론에 담겨 있는 주체중심적 사유방식에 대한 비판이다. 둘째는 동일성 사유방식에 대한 비판이다. 셋째는 실체중심적 사유방식에 대한 비판이다. 넷째는 전체주의적 사유방식에 대한 비판이다.

우선 레비나스는 서양철학의 전통적인 존재론이 담고 있는 주체중심적 사유방식을 비판한다. 두 번의 세계대전과 같이 서구 역사에서 끝없이 자행된 폭력의 근원에는 서양철학의 주체중심적 사유방식이 있다고 지적한다. 서양철학은 이러한 주체중심적 사유방식에 따라 타자의 고유성에 주목하지 않고 단지 이성, 국가, 민족과 같은 중립적인 개념으로 환원해 왔다고 진단한다.[13] 이 때문에 레비나스는 서양철학이 "타자에 대해 극복할 수 없는 알레르기"를 갖게 되었다고 한다.[14] 이러한 주체중심적 사유는 특히 근대 주체철학에서 분명하게 나타난다. 근대 주체철학에 따를 때 주체는 자기 세계를 구성하고 그 세계의 주

13) 이영록, "타자법철학을 위한 시론: 레비나스와 법", 149쪽.
14) Emmanuel Levinas, "the Trace of the Other", in: *Deconstruction in Context* (University of Chicago Press, 1986), 346쪽.

권자가 되는 자기 확실성의 주체이다. 이때 타자는 주체에 의해 인식되고 행위되는 대상이 될 뿐이다.[15] 레비나스에 의하면 이러한 주체철학은 나라는 주체를 기준으로 하여 타자를 바라본다. 이는 근대 주제철학을 정립한 칸트의 정언명령에서 확인할 수 있다. 예를 들어 "너 자신이 인격으로서 목적이듯이 다른 사람도 인격으로서 수단이 아닌 목적으로 대우하라."는 칸트의 정언명령은 나 자신이 인격의 목적이라는 절대적 확신을 바탕으로 하여 이를 다른 사람에게 확대한다.

이러한 주체중심적 사유방식은 동일성 사유방식으로 연결된다. 동일성 사유방식은 서양철학의 원류인 그리스 철학에서 이미 시작된다. 레비나스에 따르면 그리스 철학은 동일자와 타자를 분리하는 것이 모든 갈등의 원인이 된다고 파악했다. 따라서 다양한 것들이 그 자체로 머물러 있지 않고 모두에게 공통되는 본질, 즉 '일자'(一者)로 환원될 때 평화가 도래할 수 있다고 보았다.[16] 이러한 동일성 사유는 '나'를 강조하는 근대 주체철학에 이어진다. 주체를 기준으로 하여 타자를 사유하는 방식은 타자를 나와 동일하게 만드는 동일화 과정에 해당한다.[17] 이러한 동일화 과정에서 볼 때 다른 사람은 단순히 다른 '나'로 파악될 뿐이다. 이러한 사유방식은 한편으로는 관용을 불러올 계기가 될 수 있지만 다른 한편으로는 다른 것을 같게 보는 '동일성 강제의 폭력'을 야기할 수 있다.[18]

동일성 사유방식에 대한 레비나스의 비판은 법학에도 적용할 수 있다. 주체철학에 기반을 둔 근대 법학은 개념을 이용해 동일성 강제를 시도한다. 법은 관점에 따라 '더 유사하거나' '덜 유사하게' 보일 수 있을 뿐인 것들을 동일자의 기준에 따라 '같은 것'으로 포섭하거나 '같지 않은 것'으로 배제한다. 동일성이 포섭과 배제의 기준이 되는 것이다. 이러한 '동일성'은 법에서 '개념의 동일화 행위'로 나타난다. 이때 '동일화'에는 동일자의 결단, 즉 힘이 작용하지만 법은

15) 이영록, "타자법철학을 위한 시론: 레비나스와 법", 150쪽.
16) 강영안, 『타인의 얼굴: 레비나스의 철학』(문학과 지성사, 2005), 173-174쪽.
17) 이국운, "현대 헌법이론에서 타자(他者)의 복권: 자유주의와 공동체주의의 맥락에서", 『법철학연구』 제6권 제2호(2003), 336쪽.
18) 이는 독일 프랑크푸르트학파로 유명한 아도르노(Theodor Adorno)가 제시한 개념이다. 이에 관해서는 이상돈, 『법의 춤』(법문사, 2012), 24-25쪽 참고.

이를 은폐하고 '동일성'이라는 객관적 사실로 정당화한다.[19]

주체중심적 사고에서 시작하여 동일성 사유로 이어지는 서양철학의 존재론은 존재 자체를 '실체화'한다. 이를 통해 ≪존재=주체=동일자=실체≫라는 도식이 완성된다. 이에 따라 존재론은 실체로서 변하지 않는 존재를 추구하는 사유방식이 된다. 이때 존재는 결국 주체로 귀결된다. 이 때문에 레비나스에게 '존재론'이란 세계의 주인인 나의 욕구에 따라 세계를 향유하는 존재양식 또는 나 자신에게 몰두하여 계속해서 나의 세계로 되돌아가는 사유방식을 의미할 뿐이다. 이로 인해 레비나스는 서양철학은 결코 존재사건을 넘어서지 못했다고 분석한다.[20] 레비나스는 존재론이 가진 주체중심적인 내향성을 다음과 같이 설명한다.[21]

> "나를 특징짓는 'A는 A다.'라는 말은 'A를 염려하는 A' 또는 'A를 즐기는 A' 그리고 항상 'A를 위해 애쓰는 A'를 의미한다. 나의 외부는 나를 위한 것이다. 그러나 자아의 동어반복은 이기주의일 뿐이다."

레비나스는 이러한 주체중심적 존재론에 따르면 인간은 독립된 절대적 주체성을 획득하지 못한다고 지적한다. 내가 향유하는 대상인 동시에 나를 떠받치는 기반인 '요소 세계'에 내가 의존하게 되고 이로 인해 나는 취약해질 뿐이기 때문이다.[22] 뿐만 아니라 레비나스는 전통적인 존재론에서 강조하는 동일화 사유는 주체를 중심으로 하는 전체성을 형성하는데, 이렇게 자기화 과정에서 비롯하는 전체성은 구체적인 개인성이나 개체성을 말살한다고 본다. 이러한 맥락에서 레비나스는 고대 그리스의 파르메니데스 이래 하이데거에 이르기까지 일관되게 나타나는 철학적 흐름을 '일원론적 전통' 또는 '전체성'으로 규정하면서 이러한 일원론적 전통이 야기할 수 있는 폭력성을 경고한다. 전체적 사유에

---

19) 아르투어 카우프만, 김영환 (역), 『법철학』(나남, 2007), 339쪽.
20) 엠마누엘 레비나스, 김동규 (역), 『탈출에 관해서』(지만지, 2009), 25쪽.
21) Emmanuel Levinas, "the Trace of the Other", in: *Deconstruction in Context* (University of Chicago Press, 1986), 345쪽.
22) 강영안, 앞의 책, 134쪽.

사로잡히면 인간은 이질적인 존재에 적대적·억압적으로 반응하게 되고 그 결과는 폭력과 전쟁으로 이어진다는 것이다.[23] 여기에서 눈에 띄는 점은 레비나스가 '현존재'(Dasein) 개념을 제창한 하이데거의 존재론 역시 전체성의 위험을 가진 존재론으로 비판한다는 것이다.[24]

> "현상학적 사고는 또 다른 길을 따라가는데 여기서 '존재론적 제국주의'가 더 뚜렷하게 드러난다. 존재는 진리의 매개자이고, 존재자에 관한 진리는 (존재자) 이전에 존재의 개방성을 전제로 한다. (…) 존재자에 대한 존재의 우위를 확언하는 것은 (…) 한 존재자인 어떤 사람과의 관계, (윤리적 관계)를 (…) 존재자들의 존재에 대한 관계에 굴복시키는 것이다."

레비나스는 하이데거 철학에서 많은 영향을 받았다. 잘 알려진 것처럼 레비나스는 초기에는 후설(Edmund Husserl)과 하이데거 연구가로 이름을 날릴 정도였다. 하지만 타자철학을 정립하면서 하이데거의 철학, 특히 현존재 중심의 철학을 비판하는 데 많은 노력을 기울인다.[25] 레비나스는 다음과 같이 하이데거의 철학을 비판한다. '존재'에 대한 하이데거의 관심은 익명성을 넘어서지 못하면서 결국 서양철학의 오랜 특성인 자기 확장 시도로 귀착되고 있다는 것이다. 왜냐하면 하이데거의 철학은 인간을 존재라는 주체로 환원시켜 존재에 봉사하게 하거나 존재의 부분 또는 수호자로 만들기 때문이다.[26] 뿐만 아니라 하이데거는 실존을 '존재사건'으로 만들어 윤리를 피해 가는데 이 때문에 그의 존재론에는 '사귐'이나 '관계'가 결여되어 있다.[27] 이러한 이유에서 레비나스는 하이데거의 존재 개념에서 벗어나기 위하여 '존재에서 존재자로'(De L'existence a

---

23) 김연숙, 『레비나스 타자윤리학』(인간사랑, 2001), 95－98쪽 참고.

24) Emmanuel Levinas, A. Lingis (trans.), *Totality and Infinity: An Essay on Exteriority* (Duquesne University Press, 1961), 44－45쪽.

25) 하이데거의 현상학이 레비나스 철학에 미친 영향과 이에 대한 레비나스의 비판에 관해서는 Emmanuel Levinas, Seán Hand (trans.), "Heidegger, Gagarin and Us", in: *Difficult Freedom: Essays on Judaism* (The Johns Hopkins University Press, 1997), 231－234쪽 참고.

26) Emmanuel Levinas, *God, Death, and Time* (Stanford University Press, 2000), 58쪽.

27) 엠마누엘 레비나스, 양명수 (역), 『윤리와 무한』(다산글방, 2005), 17쪽, 71쪽.

L'existant)를 외친다. 이는 익명적 존재인 '있음'에서 명사적 존재자인 '주체'로 나아가야 한다는 점을 보여준다.

그러나 하이데거의 존재론을 비판하는 레비나스의 주장은 신중하게 검토할 필요가 있다. 레비나스가 존재론이 전체론적 성격을 가진다고 한 이유는 주체중심의 존재론에서는 타자가 인식주체와 관계를 맺을 때 주체의 체계에 구속되어 존재론의 대상으로, 주체의 객체로 전락하기 때문이다. 이러한 비판은 많은 서양철학, 대표적으로 데카르트나 칸트, 헤겔의 철학에 대해서는 대체로 유효하다. 그렇지만 하이데거의 존재론을 포함하는 모든 존재론을 '전체성'으로 규정하는 것은 적절하지 않다.[28] 예를 들어 하이데거는 존재는 결코 사유의 산물이 아니며 인간은 존재의 주인이 아니라 존재의 목동 또는 존재의 이웃임을 강조하였다.[29] '로서의 존재'(Alssein)라는 개념이 시사하는 것처럼, 하이데거의 존재론에서는 실체가 아닌 관계가 부각된다. 나아가 독일의 법철학자 마이호퍼(Werner Maihofer)나 아르투어 카우프만(Arthur Kaufmann)은 전통적인 존재론에 실존주의 철학을 받아들여 '로서의 존재와 현존재', '본질과 실존'이 상호 보완되는 관계존재론을 제시하였다.[30] 마이호퍼와 카우프만의 관계존재론은 모든 존재론이 '전체성'만을 강조하는 것은 아님을, 존재론에서도 '다원성'이 관철될 수 있음을 보여준다. 이는 모든 존재론이 논리필연적으로 '전체주의'로 귀결되는 것은 아니라는 점도 시사한다.

### (2) 윤리학

그러나 레비나스는 서양철학의 전통인 존재론 그리고 여기에 담겨 있는 주

28) 레비나스는 헤겔 철학이 서양철학의 근원적인 문제를 대표적으로 보여준다고 말한다. Emmanuel Levinas, "the Trace of the Other", in: *Deconstruction in Context* (University of Chicago Press, 1986), 347쪽. 이와 유사하게 "헤겔 철학은 동일성 철학"이라고 평하는 아르투어 카우프만, 앞의 책, 87–88쪽 참고.

29) Martin Heidegger, *Über den Humanismus* (Frankfurt/M., 1946), 24–29쪽. 이에 관해 데리다(Jacques Derrida)는 레비나스가 하이데거의 존재론을 잘못 이해했다고 지적한다. 데리다에 의하면 레비나스의 이해와는 달리 하이데거의 현상학에서 존재에 대한 관계는 지배나 지식의 관계가 아니며 타자는 존재의 범주에 포섭되지 않는다. Jacques Derrida, *Writing and Difference* (University of Chicago Press, 1978), 201–218쪽.

30) 베르너 마이호퍼, 심재우 (역), 『법과 존재』(삼영사, 1996); Arthur Kaufmann, *Das Schuldprinzip*, 2. Aufl. (Heidelberg, 1976), 43쪽 등 참고.

체중심적 사유, 동일자 사유, 실체중심적 사유가 전체주의 철학을 내포한다고 본다. 이에 대항하여 레비나스는 주체로 환원되지 않는 타자 그 자체의 인격적 가치 및 그에 대한 책임을 근거 짓는 철학을 구축한다. 이를 위해 레비나스는 두 가지 방법을 사용한다. 첫째는 윤리학이고, 둘째는 형이상학이다.

먼저 레비나스는 윤리가 존재에 우선하고 더욱 근원적인 것임을 드러내 보임으로써 플라톤 이후 이어져온 존재론 중심의 사유방식을 전복하고 타자의 지위를 복권한다.[31] 이러한 기획을 잘 보여주는 것이 바로 '제1철학은 윤리학'이라는 레비나스의 모토이다. 여기서 제1철학(the first philosophy)이란 가장 궁극적인 원리, 원인을 탐구하는 학문이자 학문체계의 가장 높은 자리에 있는 학문을 말한다. 따라서 윤리학이 제1철학이라는 주장은 윤리학의 근원성과 중요성을 강조하는 것인 동시에 윤리학이 존재론보다 기원적으로 앞서 있다는 것을, 다시 말해 "존재론보다 나이가 많은 윤리학"을 뜻한다.[32] 나와 타자의 윤리적 관계는 어떠한 앎의 형태보다도 우선하기에 이 관계를 다루는 윤리학은 존재론을 비롯한 모든 철학에 앞선다는 것이다.

(3) 형이상학

다음으로 레비나스는 형이상학을 정면에서 수용한다. 레비나스는 나의 세계를 넘어 무한한 타자를 바라보는 것, 나의 세계를 떠나 나의 바깥 또는 세계 저편의 낯선 이에게 가고자 하는 사유를 '형이상학'(metaphysics)이라고 말한다.[33]

> "형이상학적 욕망은 완전히 다른 무언가, 전적인 타자로 향하는 경향이 있다. (…) 그 이유는 형이상학적 욕망이 우리의 조국이 아니며 우리가 절대 갈 수 없는, 우리의 탄생지가 아닌 땅, 모든 본성(nature)에 이질적인 땅을 향한 욕망이기 때문이다."

---

31) 이영록, "타자법철학을 위한 시론: 레비나스와 법", 146쪽.
32) 엠마누엘 레비나스, 서동욱 (역), 『존재에서 존재자로』(민음사, 2014), 14쪽.
33) Emmanuel Levinas, A. Lingis (trans.), *Totality and Infinity: An Essay on Exteriority* (Duquesne University Press, 1961), 33－34쪽.

여기서 레비나스가 사용하는 형이상학은 “현상계 밖에서 현상계의 궁극적 원인을 탐구한다.”는 기존의 의미와 다르다는 것을 알 수 있다. 전통적인 형이상학과는 달리 레비나스가 받아들이는 형이상학은 타자의 세계에 몰두하면서 ‘다른 곳’을, ‘다르게’를, ‘타자’를 향하는 사유방식이다. 레비나스는 이러한 형이상학을 수용하여 타자 그 자체에 대한 무한한 책임을 찾는다.

레비나스에 따르면 우리에게는 나의 존재를 유지하기 위해 대상을 소유하려는 ‘욕구’와는 다른 ‘욕망’(desire), 즉 ‘초월’하고자 하는 욕망이 있다. 이때 ‘초월’은 ‘벗어남’ 또는 ‘넘어감’을 뜻한다. 이는 내가 (다르게 존재하는 것이 아니라) 존재와 다르게 되는 것, 자아가 자신과 관계를 끊고 존재의 타자에게 가는 것을 말한다. 레비나스에 의하면 존재자는 존재론이 아니라 오직 윤리학을 통해서만 이러한 ‘초월’을 실현할 수 있다.[34] 구체적으로 말하면 절대적인 타자의 호소에 응답함으로써 초월이 가능해진다. 레비나스는 나의 세계를 떠나 낯선 자에게 나아가는 이러한 ‘초월’의 가능성, 세계 저편으로 나아가는 형이상학의 가능성을 숙고한다.

## 2. 타자

레비나스는 타자철학을 근거 짓기 위해 세 가지 핵심 개념을 이용한다. ‘타자’와 ‘책임’ 그리고 ‘규범성’이다.

### (1) 무한한 타자

‘타자’란 무엇일까? 레비나스에 의하면 “타자란 자아 바깥에 존재하는, 아직 존재하지 않는 또는 이미 존재하지 않는 모든 것을 총칭한다.”[35] 여기서 타자는 일차적으로는 자아 밖에 있다는 것, 즉 ‘외재성’(l'exteriorite)에서 그 의미를 찾을 수 있다. 이러한 외재성 개념에는 물질세계에 속하는 대상이 되는 타자, 인간존재인 타자 그리고 신으로서 타자가 포함된다. 레비나스는 이를 총칭하여 ‘타자’(autre)라고 부른다. 물질세계에 속하는 타자는 ‘향유되는 타자성’을 말한

34) 엠마누엘 레비나스, 서동욱 (역), 『존재에서 존재자로』(민음사, 2014), 210－219쪽.
35) 김연숙, 앞의 책, 69쪽. 아래에서 전개하는 타자성에 관한 설명은 같은 책, 103－105쪽을 바탕으로 한다.

다. 이때 향유란 자아가 물질세계의 환경 안에 젖어 누리는 관계를 말한다. 이러한 타자성은 형식적이다. 왜냐하면 물질세계는 자아에게 동화되고 통합될 수 있기 때문이다. 향유적 자아는 타자를 자기 안으로 흡수하는데 이것이 바로 동일자가 타자를 환원하는 과정, 즉 자기 동일화의 과정이다.[36]

향유되는 타자성을 뜻하는 물질세계와 달리 '타인'(the human other)과 '신'(the most–high, God)은 '열망되는 타자성'을 뜻한다.[37] 열망은 타자를 향한 초월이 구체화되는 방법이다. 이는 타인이 지닌 무한한 타자성을 존중하는 방식이다. 열망되는 타자로서 인간 존재를 의미하는 '타인'(autrui)은 자아로 환원되거나 자아의 지배 안으로 들어올 수 없는 절대적 타자성을 지닌다.[38] 절대적 타자성은 동일자의 모든 주도성과 패권주의에 앞선다. 절대적 타자성은 동일성을 단순히 반복하는 것이 아니다. 동일자에 대한 저항에서 형성되는 것도 아니다.[39] 레비나스는 이를 다음과 같이 말한다.[40]

> "타자는 나와 더불어 공동의 존재에 참여하고 있는 다른 자아 자체가 결코 아니다. 나와 타자의 관계는 공동체에 대한 전원적이고 조화로운 관계도 아니며 우리가 타자의 입장에서 봄으로써 우리 자신이 그와 유사하다고 인식하도록 하는 공감도 아니다. 타자에 대한 관계는 우리에 대해 외재적이다. 타자에 대한 관계는 하나의 신비에 대한 관계이다. 그것은 타자의 외재성이다."

레비나스에 따르면 이러한 타자는 조작되지도 지배되지도 않는다. 하이데거가 강조하는 이해나 존재의 지평에 갇히지도 않는다. 어떠한 범주 아래에도 있지 않은 것이 바로 타자이다. 뿐만 아니라 타자의 외재성 역시 공간적인 것도 개념적인 것도 아니다.[41] 따라서 타자를 이해의 주제로 삼으려는 나의 시도는

---

36) 김연숙, 앞의 책, 91–93쪽.
37) 열망되는 타자 개념에 관해서는 김연숙, 앞의 책, 105–112쪽을 바탕으로 한다.
38) Adriaan Peperzak, *To The Other: An Introduction to the Philosophy of Emmanuel Levinas* (Purdue University Press, 1993), 105쪽.
39) 김연숙, 앞의 책, 102쪽.
40) 엠마누엘 레비나스, 강영안 (역), 『시간과 타자』(문예출판사, 2014), 85쪽.
41) 엠마누엘 레비나스, 『시간과 타자』, 101쪽.

타자의 낯섦 및 자유와 충돌한다.[42] 여기서 알 수 있듯이 레비나스의 주된 철학적 관심은 이렇게 이해의 주제로 삼는 것이 애초에 불가능한 타자성을 그 자체로 보존하는 것이다.

레비나스는 서양철학의 일원론적 자아, 동일자가 내포하는 전체성에 대항하기 위해 타자의 '무한성'을 제시한다. 여기서 타자의 무한성은 모든 실재들이 가지는 '근본적인 다름'을 뜻한다. 이는 존재라는 추상적 개념으로 전체화되거나 동일자로 환원될 수 없는 '절대적 외재성'을 뜻한다. 이렇게 무한성을 지닌 타자는 유한한 자아의 인식과 능력의 테두리 안에 가둘 수 없기에 주체성을 초월하여 추구되어야 한다. 레비나스는 이러한 타자 개념으로 자아 중심의 일원론을 다원론으로 전환한다.[43]

"나의 응답을 요청 또는 명령하는 무한은 철저하게 모호하고 수수께끼 같으며 불분명하다."[44] 레비나스에 따르면 타자의 요구에 대한 나의 이해는 나의 관점에서 재구성되는 '재현'에 불과하다. 따라서 나는 결코 타자의 요구에 완벽하게 응답할 수 없다. 타자와 나의 조우는 "나의 의식이 담을 수 없는 무한에 대한 초월적 관계의 사건"이기 때문이다.[45] 진정한 타자는 동일자가 전체성과 단절됨으로써 생성되는 '낯섦' 그 자체를 뜻한다. 이는 무엇으로도 환원되지 않는 무한성이다.[46] 이렇게 레비나스가 강조하는 타자의 무한성은 자아 중심적 사유의 한계, 즉 전체성의 위험에서 벗어날 수 있게 해준다. 유한한 나보다 우위에 있는 무한한 타자를 강조함으로써 근대철학의 주체중심적 사유방식을 전복한다.

### (2) 얼굴

나와 구별되는 타자는 어떻게 존재하는가? 나는 어떻게 타자와 만날 수 있는가? 레비나스에 따르면 타자는 '현현'(manifestation: 顯現), 즉 '나타남'으로 존재

42) Emmanuel Levinas, *Totality and Infinity: An Essay on Exteriority*, 69–73쪽.
43) 김연숙, 앞의 책, 98–108쪽.
44) Diane Perpich, "Getting down to the cases: can Levinasian Ethics generate Norms?", in: *Essays on Levinas and Law: A Mosaic* (Springer, 2009), 24쪽.
45) 이영록, "타자법철학을 위한 시론: 레비나스와 법", 150쪽.
46) 윤대선, 『레비나스의 타자철학: 소통과 초월의 윤리를 찾아서』(문예출판사, 2009), 131–132쪽.

한다. 이때 타자는 '다른 사람의 존재를 단적으로 보여주는' 얼굴을 통해 나타난다. 여기서 얼굴은 어떠한 표정이나 윤곽을 뜻하는 것이 아니다. 얼굴은 무한성이 어른거리는 것으로서 여기에는 무한한 타자성이 함축적으로 담겨 있다.[47] 타자의 현현은 자아가 의식하는 대상인 '현상'과 구분된다. 레비나스는 다음과 같이 말한다.[48]

> "현현은 나타남인 것으로서 주체의 능동성에 기인하는 의식의 지향적 대상으로서 등장하는 것이 아니라 그 스스로 나의 감성에 작용하면서 호소하면서 계시하면서 출현한다."

레비나스는 이러한 타자의 얼굴로 나아가는 것이 곧 윤리라고 본다. 레비나스에 따르면 선과 윤리는 만인의 얼굴에서 나온다. 얼굴은 윤리의 기원이다. 그 수많은 얼굴은 그저 낯선 얼굴이 아니라, 무한과 계시의 얼굴이고 신과 우주의 얼굴이며 사회의 얼굴이고 나의 얼굴이다.[49] 주체는 이러한 얼굴을 경외하고 희생할 것을 요구받는다. 레비나스에 따르면 타자의 얼굴이 현현하여 주체가 그 얼굴을 보는 것은 얼굴의 주인, 즉 타자를 향한 의무이자 책임이다.[50]

레비나스에 따르면 얼굴은 정직하다. 얼굴은 방어막 없이 곧바로 노출되기에 얼굴의 피부는 대부분 가장 발가벗고 궁핍한 상태를 유지한다. 이로 인해 얼굴은 외부의 위협에 노출된다. 타자의 얼굴은 이렇게 노출되고 위협받지만 동시에 우리에게 "당신은 타자를 죽일 수 없소."라고 말한다.[51] 그 헐벗음으로 호소하고 명령한다. 사형을 집행할 때 사형수의 얼굴이나 눈을 가리는 것은 이러한 호소의 힘을 박탈하려는 의도일 것이다. 레비나스는 타인의 얼굴에서 나오는 도덕적 힘은 타인 자신이 상처받을 가능성, 외부의 힘을 막아낼 수 없는 무

---

47) 신명아, "라깡의 정신분석 윤리학과 이마뉴엘 레비나스의 타자의 윤리학 비교 분석 연구: 타자개념을 중심으로", 『영미문학연구』 제9호(2005), 103-144쪽 참고.
48) 김연숙, 앞의 책, 14쪽.
49) 윤대선, 앞의 책, 15쪽.
50) Emmanuel Levinas, Annette Aronowicz (trans.), *Nine Talmudic Readings* (Indiana University Press, 1994), 47쪽.
51) 엠마누엘 레비나스, 『윤리와 무한』, 110-111쪽.

저항에 근거를 둔다고 본다. 나의 소유와 권력에 타자의 얼굴이 행하는 저항은 역설적으로 그 어떤 저항도 하지 않는다는 것을 뜻한다. 이를 '윤리적 저항'이라고 부른다.[52] 타자의 얼굴은 '동정'을 유발하는 것이 아니라 내가 정의로워야 함을 '요구'한다. 동정을 받는다는 것은 타자가 주체의 선의나 자선에 종속된다는 것을 의미하기 때문이다.[53] 얼굴의 저항은 그런 식으로 작동하지 않는다. 스스로 방어할 수 없는 무력함을 담은 눈길로 살인하지 말라고 명령하고 도움을 요구한다. 바로 이 점에서 타자의 얼굴에는 계명과 명령이 담겨 있다.

(3) 근접성

이렇게 얼굴이 내리는 명령은 주체로서 내가 가진 의식이 작동하기 이전에 발생하는 사건이다. 이는 얼굴의 명령이 나의 인식이 아닌 몸의 감성으로 받아들여진다는 것을 보여준다. 타자의 얼굴은 내 의식이 작동하기 이전에 나에게 호소한다. 이에 반해 타자의 얼굴을 인식하는 것은 타자의 얼굴을 '재현'하는 것에 불과할 뿐이다. 여기서 레비나스가 강조하는 '근접성'이 도출된다. 타자의 얼굴이 내 의식이 작동하기 전에 이미 나에게 호소할 수 있는 이유는 내가 타자를 인식하고 "대상화하기 위해 회상할 시간과 거리를 가질 수 없는" '근접'(proximity)관계에 있기 때문이다.[54] 이러한 근접관계는 주체의 의식으로 환원될 수 없다.[55] 타자와 나의 근접관계는 의식보다 앞서 존재하기에 나는 타자를 의식적으로 인식하고 주제화하기 전에 이미 신체적 감성으로 타자의 호소에 영향을 받는다. 이는 타자를 외면할 수 없다는 필연적인 수용성의 구조를 보여준다. 타자와 근접관계에 있을 때 이성보다 감성이 우선하는 것이다. 그 이유는 타자를 주제화의 대상으로 삼는 이성은 타자에 무관심하고 냉담할 수 있지만, 타자를 직접 접하는 감성은 타자로 인해 불편함과 부담을 느낄 수밖에 없기 때

52) Emmanuel Levinas, *Totality and Infinity: An Essay on Exteriority*, 199쪽.
53) 엠마누엘 레비나스, 『시간과 타자』, 137쪽.
54) 이영록, "타자법철학을 위한 시론: 레비나스와 법", 151쪽. 이영록 교수는 'proximity'를 '직근' 또는 '직근성'으로 번역한다. 좋은 번역이라고 생각한다. 다만 이 책에서는 우리에게 좀 더 익숙한 '근접' 또는 '근접성'이라는 번역어를 사용한다.
55) Marinos Diamantides, "To judge a Vegetable: Levinasian Ethics and the Morality of Law", in: *Essays on Levinas and Law: A Mosaic* (Springer, 2009), 137쪽.

문이다.[56] 데리다(Jacques Derrida)는 이에 주목하여 레비나스를 '환대'와 '환원 불가능한 윤리'의 사상가라고 평하기도 하였다.[57] 타자의 근접성에 관해 레비나스는 이렇게 말한다.

> "타자의 근접성은 지식이 우리를 객체와 연관 짓는 의도적 관계와는 전혀 닮지 않은 구조를 보여준다. 근접성은 이러한 의도성으로 되돌아가지 않으며, 특히 이것은 타자가 나에게 알려져 있다는 사실로 돌아가지 않는다."[58]

> "얼굴의 나타남은 의식의 가능성 중단을 요구하는 거부할 수 없는 명령을 의미한다. (…) 절대적인 타자는 의식에 반영되지 않는다. (…) 타자의 명령 앞에서 나는 휴식으로부터 추방당하는데 이러한 영예로운 추방은 의식에 의한 것이 아니다."[59]

여기서 명확히 확인할 수 있는 것처럼 레비나스는 근접성과 의식을 명확하게 단절시킨다. 근접성은 나라는 주체가 합리적·이성적으로 수행하는 의식과 단절되어 있다.

## 3. 책임

### (1) 타자에 대한 책임

레비나스에 따르면 이러한 타자, 타자의 얼굴, 나와 타자의 근접관계에서 책임이 도출된다. 레비나스는 책임을 주체의 본질적·근본적인 구조이자 주체성의 조건으로 본다. 여기서 책임이란 타자, 즉 나와 상관없는 자, 나를 보지 않는 자에 대한 책임을 말한다. 또한 그것은 내가 한 일, 즉 나의 행위를 넘어서는 책임이다. 타자의 책임을 내가 지는 것이다. 이 점에서 레비나스가 말하는 책임

56) 김연숙, 앞의 책, 15쪽.
57) Jacques Derrida, *Adieu to Emmanuel Levinas* (Stanford University Press, 1999), 147쪽.
58) Emmanuel Levinas, Richard A. Cohen (trans.), *Ethics and Infinity: Conversations with Philippe Nemo* (Duquense University Press, 1985), 96－97쪽.
59) Emmanuel Levinas, "the Trace of the Other", 346－353쪽.

은 법에서 기본으로 삼는 자기책임 또는 행위책임과 명확하게 구별된다. 이때 타자는 무엇보다도 약한 사람, 가난한 사람, 과부와 고아를 말한다. 이러한 타자에 대해 나는 빚을 지고 있다. 나는 '제일인자'(the first person)로서 타자의 요청에 응답해야 한다.[60] 여기서 주목해야 할 점은 레비나스에 따르면 내가 타자에게 지는 책임은 무한책임이라는 것이다. 이 점에서 타자에 대한 책임은 관용과 다르다. 관용은 동일자에서 출발하는 것으로 기껏해야 유한책임을 말할 뿐이다. 그러나 타자의 얼굴은 무한책임을 호소한다.[61]

우리 몸은 외부에 노출되어 직접 외부의 영향을 받는다. 몸은 수용성을 지닌다. 이로 인해 몸으로 이루어진 존재인 자아는 타자의 호소에 노출되고 지명된다. 이러한 수용성 때문에 자아는 타자가 요구하는 책임의 무게에 고통을 받으면서도 타자에 응답하고 책임을 진다. 레비나스는 이렇게 나와 상관없어 보이는 타자에 대해 책임을 지는 원인을 '시간의 통시성'으로 논증한다. 레비나스에 따르면 시간은 비가역적이고 회복할 수 없는 통시성을 가진다. 나와 무관해 보이는 타자의 불행은 과거의 통시성에 묶여 있다. 나 역시 이러한 과거의 통시성에서 자유롭지 않다. 그 때문에 이러한 통시성 안에서 우리는 타자와 만나 그의 불행에 책임을 진다.[62]

#### (2) 제3자와 책임의 확장

타자의 얼굴은 제3자, 즉 다른 타자의 존재를 계시한다. 주체는 타자와 조우함으로써 자신이 책임을 져야 하는 또 다른 타자, 즉 제3자가 무한히 존재한다는 사실을 발견한다. 이때 제3자는 타자가 아닌 모든 자를 말한다. 제3자는 지금 나와 얼굴을 직접 마주하는 이웃은 아니지만 나의 "또 다른 이웃이며 타자의 이웃이기도 한 자"이다.[63] 나와 마주한 너는 무한성을 지닌 타자로서 '지금 여기에 있지 않은' 다른 모든 사람과도 결속되어 있다. 따라서 타자인 너는 또한 제3자의 존재를 암시한다. 이를 통해 타자에 대한 나의 책임은 확장된다.

---

60) 엠마누엘 레비나스, 『윤리와 무한』, 9쪽, 114쪽, 124쪽.
61) 이국운, "현대 헌법이론에서 타자(他者)의 복권: 자유주의와 공동체주의의 맥락에서", 338쪽.
62) 김연숙, 앞의 책, 17–18쪽.
63) Emmanuel Levinas, *Otherwise than Being or Beyond Essence* (Duquense University Press, 1998), 157쪽.

그 이유는 다음과 같다.

레비나스에 의하면 나는 타자에 대해 무한한 책임을 진다. 이때 내가 지는 책임에는 타자가 부담해야 하는 책임까지 포함된다. 그런데 내가 책임지는 타자는 이미 타자의 타자, 즉 제3자를 책임지고 그에게 봉사한다. 이로 인해 타자는 나에게 자신을 책임지라고 요구하면서 동시에 자신이 책임지는 제3자도 내가 책임지라고 명령한다.64) 이에 따라 타자에 대한 책임은 내가 얼굴을 마주하는 타자에서 전 인류로 확대된다. 결국 타자의 얼굴은 나에게 보편적인 인간성을 열어준다. 타자의 얼굴과 마주함으로써 나는 지역적·시간적·세대적 제약을 뛰어넘어 모든 사람을 만나기 때문이다. 이를 통해 나는 보편적 결속과 평등의 차원으로 들어간다.65)

(3) 책임과 주체의 탄생

이미 언급한 것처럼 레비나스의 타자철학에서 윤리적 관계를 논하지 않으면서 존재를 말하는 것은 불가능하다. 그 이유는 레비나스에 따르면 주체라는 존재가 성립하기 이전에 타자가 먼저 있기 때문이다. 그리고 주체는 바로 이러한 타자에 의해 비로소 탄생할 수 있기 때문이다. 타자에 대한 책임 역시 주체가 탄생하기 이전에 이미 자리 잡고 있다.66) 타자의 얼굴이 요구하는 것은 시원적이어서 주체보다 우선한다. 이러한 타자에 대한 책임에서 비로소 자아의 주체성이 탄생한다. 타자에 대한 책임으로 나 자신을 위치시키며 타자의 얼굴에서 나 자신을 주체로서 확인한다.67)

레비나스에 따르면 애초에 주체는 윤리적 주체로서 존재한다. 이때 윤리적 주체의 핵심은 타자가 던지는 윤리적 요청으로 고통을 받으면서 타자에 대한 책임을 짊어지는 것에서 찾을 수 있다. 이때 근접관계가 핵심적인 역할을 한다. 타자에 대한 근접관계에서 나는 타자와 몸과 감성으로 소통한다. 나의 신체가 '노출'되면서 나는 타자의 요청을 '인식'하기 전에 이미 타자를 느끼고 응답한다.

---

64) Emmanuel Levinas, *Totality and Infinity: An Essay on Exteriority*, 187-188쪽.
65) 엠마누엘 레비나스, 『시간과 타자』, 140쪽.
66) Emmanuel Levinas, *Otherwise than Being or Beyond Essence*, 10쪽.
67) Emmanuel Levinas, *Totality and Infinity: An Essay on Exteriority*, 215쪽.

이때 응답은 나의 감성이 영향을 받는다는 사실 그 자체를 뜻한다.[68] 타자에 직면하여 나는 "내가 여기 있습니다."라고 외치면서 자기 안에 타자의 흔적을 간직한 새로운 자기로, 자기와 타자 사이에서 양면성을 갖는 자아로 다시 태어난다.[69] 이러한 맥락에서 레비나스는 타자의 예측불가능성과 비가시성을 주체가 '깨어 있게' 하는 조건으로 내세운다.[70] 자신 안에서 자아와 타자를 동시에 간직함으로써 나와 타자의 상호적 관계가 형성되고 이를 통해 비로소 나에 대한 인식이 가능해진다는 것이다. 이처럼 타자에 대한 책임은 주체가 '대체될 수 없는' '고유한' 존재로 탄생하는 계기가 된다. 레비나스는 이를 다음과 같이 말한다.

"모든 게 내 책임이다. (…) 원칙적으로 볼 때 나는 제일인자이다. 내가 세상을 받치고 있다. (…) 다른 사람을 떠받치고 그를 책임지는 것은 나다. 거기서 주체가 생기고 그런 주체 안에서 (…) 나는 제일인자로 탄생한다. 내 책임은 끝없고 아무도 나를 대체할 수 없다. (…) 나는 둘도 없는 자다. 다른 무엇으로도 바꿀 수 없다. (…) 책임에서 나는 다른 모든 사람을 대신할 수 있지만 아무도 나를 대신할 수는 없다."[71]

"(…) 무관심하지 않음, 말함, 책임, 다가섬은 책임질 수 있는 유일한 자, 자아를 되찾는다는 것을 뜻한다. (…) 책임의 말함은 (…) 자신의 유일성을 드러내는 유일한 방식이다. (…) 근접성은 이처럼 주체의 잠재적인 탄생을 의미한다."[72]

레비나스에 따르면 자아는 책임자가 됨으로써 주체가 된다. 둘도 없는 자로, 제일인자로, 무엇에도 휘둘리지 않는 존재로 우뚝 선다. 나는 이러한 책임을 거부할 수 없다. 그 이유는 이러한 부담은 둘도 없는 자가 누리는 최고로 존

68) 레비나스는 타자의 요청을 실천하지 않기로 결정하는 것 역시 타자에 반응하는 것으로 본다.
69) 이영록, "타자법철학을 위한 시론: 레비나스와 법", 153쪽.
70) Emmanuel Levinas, *Nine Talmudic Readings*, 168쪽.
71) 엠마누엘 레비나스, 『윤리와 무한』, 128－132쪽.
72) Emmanuel Levinas, *Otherwise than Being or Beyond Essence*, 139쪽.

엄한 것이기 때문이다.[73] 타자에 책임을 짐으로써 자아는 진정한 주체가 되는 데 필요한 정체성을 찾는다. 레비나스는 이렇게 윤리적 주체성이 확립되어야 비로소 사회의 다원성이 이성의 조건이 되어 남을 수 있다고 한다.[74]

(4) 책임을 통한 자유

한편 책임지는 주체는 역설적으로 책임을 통해 자유와 권리를 획득한다. 이영록 교수의 분석에 따르면 이는 다음과 같이 논증할 수 있다. 타자에 대한 책임은 끊임없이 자기로 되돌아가는 존재론의 세계에서 벗어나 타자로 향한 형이상학의 세계라는 새로운 가능성을 열어준다. 이를 통해 내가 타자에게 어떻게 책임을 담당할 것인지의 자유, 즉 '타자를 위한 자유'로서 내게 자유를 부여해준다. 또한 제3자에 대한 책임을 지기 위해 타자의 무한책임 요구로부터 나 자신을 보호할 의무를 지게 된다. 이를 통해 나는 나의 권리를 주장할 수 있다.[75] 이렇게 볼 때 타자에 대한 나의 윤리와 책임 그리고 나 자신의 자유와 권리는 서로 대립하지 않는다. 오히려 서로 보완한다. 이를 레비나스는 다음과 같이 말한다.[76]

"자유가 발현되면서 의무를 지고 있는 자의 권리가 확증된다. (…) 그의 책임에 호소하는 타자에 대하여 그가 가지는 의무는 그 자신에게 자유를 부여한다. (…) 나의 자유와 권리들은 다른 사람들의 자유와 권리들에 대립하기보다는 인류의 우애 안에서 다른 사람들에 대한 책임으로 나타난다."

## 4. 규범성

### (1) 타자철학의 목적으로서 윤리의 의미 발견

이러한 타자에 대한 책임에서 규범이 도출된다. 다만 일단 지적해야 할 점

73) 엠마누엘 레비나스, 『윤리와 무한』, 15쪽, 131-132쪽.
74) Emmanuel Levinas, *Totality and Infinity: An Essay on Exteriority*, 208쪽.
75) 이영록, "타자법철학을 위한 시론: 레비나스와 법", 157-158쪽.
76) Emmanuel Levinas, M. B. Smith (trans.), "The rights of man and the rights of the other", in: *Outside the subject* (Stanford University Press, 2008), 98쪽.

은 레비나스는 자신의 철학이 추구하는 목적에 관해 "나의 임무는 윤리를 구성하는 데 있는 것이 아니라 오직 윤리의 의미를 찾으려 하는 데에 있다"고 말한다는 것이다.[77] 이는 레비나스의 타자철학이 구체적인 규범을 제시하는 실천적인 도덕철학을 구축하지는 않는다는 점을 보여준다. 실용주의 윤리처럼 무엇이 옳고 그른지를 구별하는 원칙이나 알고리즘을 구체적으로 제공하지는 않는 것이다. 또한 우리가 어떻게 살아야 하는지를 구체화하는 규칙과 원칙의 체계를 구성하는 작업도 수반하지 않는다.[78] 레비나스가 제시하는 타자윤리는 오히려 "무질서하고 카오스이며, 정의를 체계적으로 예시화하는 모든 것들에 대한 도전"을 뜻한다."[79]

(2) 규범성의 핵심으로서 나와 타자의 관계

그렇다고 해서 레비나스 철학이 규범적 차원을 전혀 갖지 않은 것은 아니다. 레비나스는 자신의 철학이 규범적인 영역에서 완전히 벗어나 있다고 생각하지는 않는다. 레비나스의 철학은 구체적인 규범을 제시하지는 않지만 이미 그 자체로서 피할 수 없는 규범성을 지니고 있다. 왜냐하면 우리가 자신이나 상황을 이해하는 방식에 실천적인 영향을 미치기 때문이다. 구체적으로 말하면 타자철학의 규범성은 타자에 대한 책임에서 도출된다. 이미 언급한 것처럼 레비나스에 의하면 '나'는 타자와 조우하는 윤리적 경험을 통해 타자에 대한 책임을 지게 된다. 이때 책임이란 내가 타자를 위해 존재한다는 태도로서 이는 피할 수 없는 무한한 의무이다. '나'는 타자에 책임을 짐으로써 비로소 주체로 거듭난다. 타자에 대한 책임이 나의 정체성을 구현한다.

여기서 알 수 있듯이 레비나스의 철학이 갖는 규범성의 핵심은 타자와 나의 관계에서 찾을 수 있다. 타자가 나에게 요구를 하고 나는 그 요구를 받아들여야 하는 의무를 가진다는 관계가 바로 규범성의 핵심이다. "레비나스주의자가 볼 때 모든 규범은 다툴 수 있지만 타자가 내게 전적으로 무관심할 수 없는

---

77) Emmanuel Levinas, *Ethics and Infinity: Conversations with Philippe Nemo*, 90쪽.
78) Diane Perpich, "Getting down to the cases: can Levinasian Ethics generate Norms?", 22-34쪽.
79) Jill Stauffer, "Productive Ambivalence: Levinasian Subjectivity, Justice, and the rule of Law", in: *Essays on Levinas and Law: A Mosaic* (Springer, 2009), 77쪽.

요구를 하는 규범성의 순간은 다툴 수 없다."[80] 다시 말하면 윤리의 시원이 되는 타자와 책임지는 주체인 나 사이의 관계가 바로 규범이다. 이를 "규범 없는 규범성"으로 말할 수 있다.[81] 이는 타자철학에서 말하는 규범은 구체적인 내용을 갖는 것이 아니라, (타자를 위해 존재함이라는) 태도 그 자체가 규범이라는 것을 보여준다.

(3) 타자의 세계개시성

그러면 왜 레비나스는 우리가 타자의 요구에 전적으로 무관심할 수 없다고 보는가? 그 이유는 타자가 나의 주체성이 형성되는 데 꼭 필요한 조건이기 때문이다. 나는 내가 아닌 것과 나를 구별하지 않는 한 나를 온전한 주체로 만들 수 없다. 레비나스에 따르면 내가 누구인가, 라는 의문은 윤리적인 문제일 수밖에 없다. 내가 누구인가는 항상 나 밖에 있는 것에 영향을 받기 때문이다.[82] 나는 타자와 조우하여 그에게 응답함으로써 비로소 타자의 흔적을 내 안에 간직한 자아로서, 고유한 주체로서 바로 설 수 있다. 또한 타자와 직면하면서 제3자의 존재를 깨닫는다. 이를 통해 오직 감성에만 자극을 주는 근접관계에서 벗어나 '의식'이 형성된다. 제3자가 출현하면서 탄생하는 의식은 언어, 이성, 학문, 사회, 국가, 법 등의 기원이 되는 최초의 원칙이다.[83] 그러므로 레비나스의 철학에서 세계는 타자가 나에게 열어주거나 나와 함께 여는 것이다. 이미 존재하는 세계에서 타자를 만나는 것이 아니라 타자와 조우하면서 비로소 세계가 형성된다.[84] '언어의 세계개시성'이라는 비트겐슈타인(Ludwig Wittgenstein)의 표현을 원용하여 말하면 이는 '타자의 세계개시성'이라고 부를 수 있다.[85] 비트겐슈타인의 철학에서 언어가 그렇게 했던 것처럼 레비나스의 철학에서는 타자가 세계를 구성하고 열어준다. 이러한 관점에 따르면 타자 없이는 세계도 없고 '내가 세계

---

80) Diane Perpich, "Getting down to the cases: can Levinasian Ethics generate Norms?", 34쪽.
81) Diane Perpich, "Getting down to the cases: can Levinasian Ethics generate Norms?", 21쪽.
82) Sarah E. Robert Cady, "Rethinking justice with Levinas", in: *Essays on Levinas and Law: A Mosaic* (Springer, 2009), 240-241쪽.
83) 이영록, "타자법철학을 위한 시론: 레비나스와 법", 155쪽.
84) Diane Perpich, "Getting down to the cases: can Levinasian Ethics generate Norms?", 26쪽.
85) '언어의 세계개시성'에 관해서는 이상돈, 『기초법학』(법문사, 2010), 427-428쪽 참고.

에 존재하는 것'도 불가능하다. 또한 타자에 대한 책임을 짐으로써 탄생하는 주체 역시 존재할 수 없게 된다. 그러므로 타자는 세계와 주체성의 조건이며 그 둘보다 기원적으로 앞선다. 이를 통해 나는 타자와 그의 요구에 무관심할 수 없다는 규범적 명제가 도출된다. 타자는 주체가 될 '나'의 가능성을 구성하는 존재이기에 우리는 타자에 대해 모종의 민감성 또는 취약성을 가질 수밖에 없다.[86)]

(4) 타자의 규범개시성

이뿐만 아니라 타자는 법을 비롯한 규범을 간접적·소극적으로 개시한다. 이는 두 가지 측면에서 설명될 수 있다. 첫째, 타자 없이는 법의 필수적 요소가 되는 주체를 구성하는 것이 불가능하다. 둘째, 타자가 주체성을 구성한다는 것은 내가 주체로서 의식적인 주제화를 진행하기 이전에 이미 나는 타자에게 영향을 받는다는 것이다. 이에 따라 내가 타자와 형성하는 윤리적 관계는 우리 안에 존재하는 이성의 가능성보다 앞서 존재하게 된다. 레비나스에 따르면 이성은 주체성과 같이 타자와 조우하면서 비로소 등장하는 사회적 산물이다. 이성은 나만의 것이 아니다. 왜냐하면 나는 타자와 조우하여 제3자의 존재를 깨달음으로써 몸의 감성에만 영향을 미치는 근접관계에서 벗어나 의식 활동을 시작하기 때문이다. 이렇게 의식 활동이 시작되면서 비로소 법의 규율대상이 되는 사회나 국가, 법을 나르는 수레인 언어, 법을 가능하게 하는 이성이 탄생한다. 여기서 다시 강조하면 타자에 대한 책임은 이성적 성찰이 가능하기 전에, 사회 및 언어가 등장하기 전에 형성된다. 이러한 맥락에서 레비나스는 정의, 사회, 국가 및 제도들은 윤리를 바탕으로 해서만 알려질 수 있다고 말한다.[87)] 법은 이러한 과정을 통해 비로소 등장할 수 있기 때문이다. 따라서 타자에 대한 책임은 법이 성립하기 이전에 존재한다. 형이상학적인 '타자'라는 인식론적·존재론적 범주 없이는 법 또는 규범은 형성되거나 인식될 수 없다. 타자의 얼굴은 어떠한 법규나 법원의 결정보다 선행하기 때문이다. 법규나 법원의 명령이라는 개념이 존재하기 전에 합법이나 불법, 권리 또는 부정 개념이 존재

86) Diane Perpich, "Getting down to the cases: can Levinasian Ethics generate Norms?", 35쪽.
87) Emmanuel Levinas, *Otherwise than Being or Beyond Essence*, 159쪽.

하기 전에 이미 얼굴이 있었던 것이다. 얼굴은 느껴지고 경험되며 생각되는 경험세계를 정돈한다.[88] 결국 타자와 그에 대한 책임은 법을 준수하고 수행하는 주체가 탄생하기 이전에 말하며 존재한다. 이러한 의미에서 타자는 법규범을 직접 생성하지는 않지만 법의 시원적(pre−original) 조건이 되며 소극적으로 법을 개시한다.[89]

## Ⅳ. 레비나스 책임이론에 대한 논평

지금까지 책임에 관해 상당히 독창적인 사유를 전개한 레비나스의 타자철학을 살펴보았다. 레비나스의 타자철학에서 가장 핵심이 되는 개념을 몇 가지 꼽으면 '타자', '얼굴', '근접성', '제3자' 등이라 할 수 있다. 이러한 개념들을 형이상학적 이론으로 연결함으로써 레비나스는 독자적인 책임윤리를 구축한다. 그러면 이러한 레비나스의 시도를 어떻게 평가할 수 있을까? 이를 어떻게 법학에 수용할 수 있을까? 이에 관해서는 주목할 만한 선행연구가 있으므로 아래에서는 이 책의 맥락에 관해 중요한 몇 가지를 선별하여 논평하도록 한다.[90]

### 1. 타자에 근거를 두는 책임이론

우선 언급해야 할 것으로 레비나스의 책임이론은 타자에 근거를 두는 책임이라는 점이다. 이 점에서 레비나스의 책임이론은 신이나 주체 또는 절차에 근거를 두는 기존의 책임이론과 구별된다. 그 점에서 독창적이다. 다른 한편으로 레비나스의 책임이론은 형이상학을 거부하지 않고 이를 정면에서 수용한다는 점에서 형이상학적 책임이론에 속한다. 그 점에서 형이상학을 거부하면서 타자에 대한 책임을 강조하는 요나스의 책임이론과도 구별된다. 내용으로서 타자를,

---

88) Marie A Failinger, "The lesser violence than murder, and the face−to−face: Illegal immigrants stand over American Law", in: *Essays on Levinas and Law: A Mosaic* (Springer, 2009), 164쪽.

89) 레비나스는 'original'이라는 단어가 존재 및 앎의 담론과 밀접한 연관이 있다고 생각했기에 'pre−original'이라는 표현을 사용한다. 이에 관해서는 Louis Wolcher, "Ethics, Justice, and Suffering in the Thought of Levinas: The problem of the passage", Costas Douzinas and Colin Perrin (ed.), *Critical legal theory: critical concepts in law*, Vol.2 (Routledge, 2011), 120쪽 참고.

90) 이영록, "타자법철학을 위한 시론: 레비나스와 법", 161쪽 아래 참고.

방법론으로서 형이상학을 수용하고 있는 것이 레비나스의 책임이론인 것이다.

사실 타자라는 개념을 넓게 보면 타자에 근거를 두는 책임이론으로 레비나스의 이론만을 언급해야 하는 것은 아니다. 넓게 보면 신 역시 타자 개념에 포함되기 때문이다.[91] 이렇게 보면 신에 근거를 두는 전통적인 책임이론도 (넓은 의미의) 타자에 근거를 두는 책임이론이라 말할 수 있다. 그렇지만 레비나스가 말하는 타자와 신은 여러모로 구별된다. 이를 다음과 같이 말할 수 있다. 먼저 신은 타자인 동시에 나를 포함하는 절대적인 존재라면, 레비나스가 말하는 타자는 나와 '구별'되는 존재, 내가 아닌 존재이다. 다음으로 신은 동일성과 절대성이 강조되는 완전한 존재라면, 타자는 나와 구별되는 이질적인 존재이다. 나아가 신은 보기 어려운 또는 볼 수 없는 추상적인 존재라면, 타자는 얼굴을 지닌 구체적인 존재이다. 바로 이 점에서 레비나스는 구체적인 타자와 추상적인 제3자를 구별하는 것이다. 마지막으로 그 거리를 가늠할 수 없는 신과 달리 타자는 나와 근접관계를 맺는 존재이다. 이 점에서 신과 타자는 구별된다.

레비나스는 이러한 타자의 얼굴, 나와 타자의 근접성에서 타자에 대한 의무와 책임을 이끌어낸다는 점에서 책임의 근거에 관해 요나스의 책임이론보다 더욱 명확한 근거를 제공한다. 요나스는 그 유명한 책임원칙을 논증하기 위해 '책임감정'을 활용하지만 왜 주체가 책임감정을 느껴야 하는지를 설득력 있게 논증하지는 않는다. 요컨대 모든 존재의 자기목적성에서 책임감정을 도출하는 과정에 논증의 비약이 있는 것이다. 이와 달리 레비나스는 나와 구별되면서 나와 가까이 있는 타자의 얼굴에서 타자에 대한 책임을 근거 짓는다는 점에서 요나스의 책임원칙보다 명확하다. 물론 여전히 형이상학적인 면이 있기는 하지만 오히려 레비나스는 이러한 형이상학을 적극 수용한다.

## 2. 탈주체철학

이외에도 눈에 띄는 것은 레비나스가 근대 이후 확고하게 형성된 주체철학을 비판하고 있다는 것이다. 레비나스가 비판대상으로 삼는 주체철학은 다시

---

91) 앞의 Ⅲ.2.(1) 참고.

두 가지로 구별할 수 있다. 첫째는 플라톤 이래 면면히 이어진 본질 중심의 '동일성 철학'이다. 둘째는 데카르트 이후 확립된 주체중심 철학이다. 주체철학이 정립되기 이전에는 신이 곧 동일성의 핵심을 이루었는데 근대 이후에는 신의 자리를 주체가 대신한다. 이에 따라 주체가 동일성의 핵심이 된다. 레비나스는 이러한 ≪주체=동일성≫ 도식을 비판하면서 '타자'를 활용해 '탈주체' 및 '탈동일성'을 추구한다.

물론 이러한 탈주체철학이 레비나스에서만 고유한 것은 아니다. 푸코(Michel Foucault)나 데리다처럼 이른바 포스트모더니즘 철학으로 분류되는 철학자 대부분이 탈주체철학을 추구하였기 때문이다.[92] 앞에서 언급한 것처럼 모더니즘을 새롭게 복원하고자 한 하버마스 역시 탈주체철학을 모색하였다. 이 점에서 보면 레비나스의 시도를 독창적인 것으로 평가하기는 어렵다. 그렇지만 레비나스는 나와 구별되는 타자를 통해 동일성 지향의 주체철학을 해체한다는 점에서 고유성을 인정할 수는 있을 것이다.

한편 레비나스는 타자와 소통함으로써 비로소 내가 구성된다고 말한다. 나라는 주체가 선험적으로 결정되어 있는 것이 아니라 나와 구별되는 타자와 내가 소통함으로써 비로소 진정한 내가 만들어진다는 것이다. 이 점에서 레비나스의 탈주체철학은 '연고적 자아'(encumbered self)를 강조하는 공동체주의자들의 자아론과 유사하다.[93] 그러나 나 자신을 포함하는 공동체의 의미를 강조하는 공동체주의와는 달리, 레비나스가 말하는 타자는 나와 구별되면서 나를 포함하는 존재는 아니라는 점에서 차이가 있다.

다른 한편 레비나스는 나와 '구별'되는 타자, 내가 아닌 타자를 윤리의 원천으로 삼는다는 점에서 '구별과 차이'를 강조하는 철학자로 평가할 수 있다. 요컨대 레비나스는 구별에 의해 발생하는 나와 타자의 차이를 이용하여 동일성 지향의 주체철학을 해체한다는 점에서 '차이'를 수용한 철학자로 볼 수 있다. 이 점에서 '구별과 차이'를 이론의 출발점으로 삼는, 이에 따라 체계와 환경의 구별

92) 푸코의 탈주체철학에 관해서는 양운덕, 『미셸 푸코』(살림출판사, 2019) 참고.
93) 이에 관해서는 Michael J. Sandel, "The Procedural Republic and the Unencumbered Self", *Political Theory*, Vol. 12, No. 1 (1984), 81–96쪽 참고.

과 차이를 이론의 출발점으로 삼는 루만(Niklas Luhmann)의 체계이론과 유사하다.[94] 그렇지만 체계와 환경을 구별하면서 양자의 직접적 연결을 거부하는 루만과는 달리 레비나스는 타자로부터 직접적으로 나의 의무와 책임을 도출한다는 점에서 양자는 구별된다.

## 3. 의무론

의무론 역시 레비나스 철학에서 눈에 띄는 부분이다. 책임원칙을 제시한 요나스는 칸트가 정립한 의무론을 "해야 하기 때문에 할 수 있다."라는 명제로 정리하면서, 이에 반대되는 자신의 목적론은 "할 수 있기 때문에 해야 한다."라는 명제를 제시한다고 말한다. 칸트의 의무론이 의무에서 자유를 이끌어낸다면 요나스의 목적론은 자유와 권한에서 책임에 대한 의무를 도출하는 것이다. 이 점에서 요나스의 책임이론은 형이하학적이다. 반면 레비나스의 책임이론에서는 의무론이 다시 부각된다. 레비나스 역시 칸트처럼 의무에서 자유를 이끌어낸다. 레비나스에 따르면 나는 타자에 대한 무한한 의무를 부담하는데 이러한 타율성은 나를 노예로 만드는 것이 아니라 오히려 나를 자유로운 존재로 만들기 때문이다.[95] 그러나 이러한 형이상학적인 주장이 실제로도 원활하게 작동할 수 있을지에는 의문이 없지 않다. 이러한 책임윤리는 서로에 대한 의무로서 상호적으로 제대로 보장되지 않으면 자칫 착취이론으로 전락할 수 있기 때문이다. 내가 타자에게 무한한 책임을 지고 그 타자가 나에게 무한한 책임을 질 때야 비로소 타자에 대한 의무가 나의 자유를 만든다고 말할 수 있기 때문이다.

## 4. 얼굴과 근접성

### (1) 얼굴

레비나스는 타자에 대한 책임을 근거 짓기 위해 나와 구별되는 타자를 끌고 온다. 이때 두 가지 근거를 추가한다. 타자의 얼굴과 근접성이다. 먼저 타자

94) 이를 보여주는 니클라스 루만, 윤재왕 (옮김), 『체계이론 입문』(새물결, 2014), 86쪽 아래 참고.
95) 이영록, "인권의 도덕적 기초에 대한 타자철학적 탐색", 『법학연구』(충남대) 제26권 제1호(2015), 25쪽.

의 얼굴에서 타자에 대한 책임을 근거 짓는다. 여기서 얼굴은 나의 관점에서 보면 '이미지'에 해당한다. 그것은 주체 및 동일성과 함께 서양철학을 지배한 '이성중심주의'의 성격에서 벗어나 있다. 애써 구별하라면 이성보다는 감성에 가깝다. 우리는 이성으로 타자의 얼굴을 인식하기보다는 몸으로 체험한다. 이처럼 감성 영역에 속하는 타자의 얼굴에서 타자에 대한 책임을 논증한다는 점에서 타자에 대한 '공감'을 강조하는 아렌트(Hannah Arendt)나 누스바움(Martha Nussbaum)의 이론적 흐름과 맥을 같이한다.[96] 다만 이들과는 달리 레비나스 철학에서는 공감이 전면에 등장하지는 않는다. 물론 타자의 얼굴에 대한 공감을 추가하는 것이 책임이론의 설득력을 높이는 것일 수도 있다. 하지만 그렇게 하면 다시 주체중심적 철학으로 되돌아갈 우려도 있다. 공감은 주체가 의식적으로 행하는 감성적 작업이기 때문이다.

타자의 얼굴에 이토록 큰 의미를 부여하는 것은 경험적 사고에 익숙한 이들에게는 납득이 되지 않을 수 있다. 우리의 현실 세계에서 얼굴은 이중적인 의미가 있기 때문이다. 한편으로 얼굴은 우리에게 호감과 공감을 불러일으키는 매체가 되기도 하지만, 다른 한편으로는 혐오를 야기하는 원인이 된다. 현실 세계에서 우리는 타자의 얼굴에서 '적과 동지'라는 두 모습을 발견한다. 더불어 최근 "인스타그램"과 같은 SNS가 예증하는 것처럼 오늘날 사이버 세계에서는 타자의 얼굴 자체가 손쉽게 조작될 수 있다. 이러한 상황에서 레비나스의 주장을 어떻게 변호할 수 있을지 의문이 든다.

(2) 근접성

우리가 타자의 얼굴을 체험할 수 있는 것은 타자가 우리와 근접해 있기 때문이다. 이 때문에 근접성은 레비나스의 철학에서 중요한 지위를 차지한다. 나는 타자와 근접해 있기에 타자의 얼굴을 체험할 수 있고 이에 반응할 수 있으며 이로 인해 타자에 대한 무한책임을 질 수 있다. 어찌 보면 맹자의 '측은지심'(惻隱之心)을 떠올리게 하는 것처럼 단순해 보이지만, 근접성 개념은 이를 어

---

96) 이에 관해서는 임미원, "아렌트의 정치철학: 칸트에 대한 비판과 수용의 시도", 『법학논총』(한양대) 제35집 제1호(2018), 139-158쪽; 마사 누스바움, 박용준 (옮김), 『시적 정의: 문학적 상상력과 공적인 삶』(궁리, 2013) 등 참고.

떻게 수용하는가에 따라 또 다른 이론적 생산성을 낳기도 한다. 이를 잘 보여주는 것이 이영록 교수의 작업이다.

이영록 교수는 근접성(직근성) 개념을 토대로 하여 민사책임, 그중에서도 불법행위책임의 이론적 토대를 새롭게 설계한다. 이영록 교수는 책임을 '응답'으로 이해하면서 불법행위책임을 직접적인 연대책임으로 파악한다.[97] 이때 토대가 되는 것이 근접성이다. 나와 타자 사이에 존재하는 근접성을 토대로 삼아 이를 또 다른 타자에게 연대적으로 확장하는 것이다. 이로 인해 나는 그 범위가 확장된 타자에 대해 무과실책임까지 부담해야 한다. 이러한 시도는 상당히 독창적이다. 전통적으로 법철학은 공법이나 형사법 영역에 주로 관심을 기울인 반면, 민사법에는 관심을 소홀히 하여 민사법을 지탱하는 주요 제도들을 법철학적으로 분석하는 경우가 많지 않았다. 이는 독일이나 영국 등과 비교된다.[98] 이러한 상황에서 이영록 교수는 타자철학을 활용하여 민법상 불법행위책임을 새롭게 이해하는 시도를 하는 것이다.

다만 과실책임이 적용되는 영역과는 달리 무과실책임 또는 위험책임이 적용되는 영역은 친밀성이나 공감과 같은 매체가 작동하기 어렵다. 이러한 영역은 매우 기능화된 영역이기에 주로 '자본'과 같은 매체가 작동한다. 이러한 영역에서는 나와 타자의 근접성을 찾기 어렵다. 기능화된 소통으로 나와 타자가 연결되고 이때 친밀성이 아닌 다른 기능화된 매체가 소통매체로 작용하기 때문이다.[99] 그 때문에 이를테면 퇴니스(Ferdinand Tönnies)는 두 영역을 '공동사회와 이익사회'로, 하버마스는 '생활세계와 체계'로 구분한 것이다.[100] 이러한 상황에서 근접성에 바탕을 둔 직접적인 연대책임이 제대로 작동할 수 있을지 의문이

---

97) 이영록, "민사책임에 대한 타자철학적 기초 놓기: 민사법, 직근성(proximity), 책임", 『법철학연구』 제22권 제1호(2019), 116쪽.

98) 예를 들어 루만의 체계이론을 선구적으로 법학에 수용한 토이브너(Gunther Teubner)가 실정법학의 측면에서는 민사법학자라는 점을 상기할 필요가 있다.

99) 사랑으로 대변되는 친밀성은 소규모 사회적 체계에서는 여전히 강력한 소통매체로 기능을 수행할 수 있지만, 법체계나 경제체계와 같은 사회의 기능체계에서는 힘을 발휘하기 어렵다. 사랑을 소통매체로 파악하는 경우로는 니클라스 루만, 정성훈·권기돈·조형준, 『열정으로서의 사랑: 친밀성의 코드화』(새물결, 2009) 참고.

100) Ferdinand Tönnies, *Gemeinschaft und Gesellschaft* (Berlin, 1887); 위르겐 하버마스, 장춘익 (옮김), 『의사소통행위이론 2: 기능주의적 이성 비판을 위하여』(나남, 2006) 참고.

없지 않다.[101]

## Ⅴ. 맺음말

지금까지 레비나스의 타자철학을 원용하여 타자에 대한 책임을 어떻게 근거 지을 것인가를 살펴보았다. 앞에서 상세하게 분석한 것처럼 레비나스의 타자철학은 나와 구별되는 타자에서, 나와 타자의 근접관계에서, 타자의 얼굴에서 타자에 대한 무한한 책임을 이끌어낸다. 이러한 시도는 나라는 주체, 나 자신의 자율적인 판단 및 행위에서 책임을 도출하는 전통적인 법적 책임과 비교할 때 상당히 이질적일 뿐만 아니라 때로는 곤혹스럽기까지 한다. 이로 인해 레비나스의 타자철학을 있는 그대로 정면에서 접근하기가 쉽지 않다. 주체중심적인 선이해가 강하게 작용하기 때문이다. 그러나 레비나스의 철학에 빠져들면 예상치 못한 새로운 생산성을 낳기도 한다. 아마도 그 때문에 2000년 이후 많은 인문학자들이 레비나스에 열광한 것인지도 모른다. 이 책은 이러한 맥락에서 레비나스의 타자철학에 가급적 주체철학적인 선이해와 거리를 두면서 접근하고자 하였다. 그러나 레비나스 철학이 안고 있는 난해함 때문에 이 책의 시도는 아직 미완성인 채 끝나고 말았다. 레비나스 철학에 대한 본격적인 탐구는 장래의 과제로 남겨 놓기로 한다.

---

101) 물론 이러한 의문은 아직 레비나스를 완전하게 파악하지 못한 필자의 오해에서 비롯하는 것일 수도 있다.

제6장

# 법존재론과 책임

## Ⅰ. 서론

제5장에서 살펴본 것처럼 책임은 철학적 사유와 같은 본질적 사유와 밀접하게 연결된다. 그 점에서 책임을 정확하게 그리고 깊이 있게 이해하려면 책임과 관련을 맺는 철학적·법철학적 성과에 주목할 필요가 있다. 제6장은 그중 하나로 법존재론, 특히 독일의 법철학자 마이호퍼(Werner Maihofer)가 전개한 법존재론을 살펴본다.

흔히 고전은 바로 고전이라는 점에서 많은 사람들의 숭앙을 받으면서도 또한 바로 고전이라는 점 때문에 현실과는 조금 거리가 있는 그 무엇으로 평가되어 점차 사람들의 관심에서 멀어진다.[1] 그러나 고전이 고전인 이유는 그것이 현재라는 지평에서도 여전히 생명력을 발휘할 부분이 있기 때문일 것이다.[2] 독

1) 이에 관해 민법학자인 양창수 교수가 유명한 메인의 『고대법』에 관한 서평을 쓰면서 언급한 지적은 음미할 필요가 있다. 양창수, 『민법산고』(박영사, 1998), 24쪽. "헨리 섬너 메인(Henry Sumner Maine)의 『古代法』(Ancient Law)은 1861년에 출간되었는데, 프레데릭 폴록이 말한 대로, 이미 고전의 반열에 올라 있다. 그리고 고전이 항용 그러한 대로, 별로 읽히지 않게 되었다. / 그러나 이 책을 읽어 보면, 역시 고전이 항용 그러한 대로, 오늘날에도 그 효력을 잃지 않는 예리한 통찰과 식견이 생생하게 살아 있어, 학문하는 것의 즐거움과 또한 무서움을 알게 한다."(/는 단락이 바뀜을 표시한 것이다)

2) 이러한 측면에서 칼 빈딩(Karl Binding)의 규범이론을 분석하는 신동일, 『Binding의 규범이론』(고려대 법학박사 학위논문, 1997) 참고.

일의 능력 있는 형법학자 중에서 많이 이들이 여전히 독일 고전철학에 집중하면서 이를 통해 현대 형법에 도움이 될 만한 그 무엇을 찾으려고 시도하는 이유는 바로 고전이 담고 있는 그런 생명력 때문이리라.[3] 이는 제2차 세계대전 직후 독일 법철학 영역에서 한 시대를 풍미했던 베르너 마이호퍼의 작품들에도 그대로 타당하다고 생각한다. 마이호퍼의 저작들과 이론은 독일에서 그랬던 것처럼 한때 우리나라의 법학계에도 풍미하던 시절이 있었다. 그러나 법학의 실무지향성이 강조되는 법학전문대학원 체제가 자리 잡은 요즘 시점에서 볼 때 마이호퍼의 법철학은 점점 우리에게 잊히는 고전으로 인식되고 있다는 느낌이 강한 게 사실이다. 그러나 마이호퍼가 전후 독일을 재건하는 과정에서 부르짖었던 법철학적·형법학적 주장들에는 여전히 우리가 곰곰이 음미해야 할 점이 많이 남아있다.

제6장에서는 마이호퍼가 제시하고 정립한 법존재론과 그의 형법이론, 특히 사회적 행위론을 다시 음미하고자 한다. 무엇보다도 마이호퍼가 제시한 법존재론과 사회적 행위론 사이에 존재하는 일정한 이론적 연관성을 밝힘으로써 법철학이 형법학, 특히 책임이론에 무엇을 전해줄 수 있는지에 한 가지 예를 찾고자 한다. 마이호퍼는 법존재론 이외에도 질서론, 인간존엄에 관한 것 등 법철학과 국가철학 영역에서 많은 업적을 남겼다. 그러나 이런 주제들에 대한 업적은 주변적으로 언급하는 데 그치고자 한다. 또한 형법이론 가운데서도 과실범 체계 등에 관해서는 여기서 다루지 않겠다.

## Ⅱ. 행위론-존재론-질서론

논의의 출발점으로 마이호퍼가 정립한 법철학·형법철학의 전개 과정을 간단하게 개관한다. 마이호퍼가 걸어온 학문적 역정을 검토하면 학문을 하기 시작한 초기부터 형법 및 법학의 근본문제와 씨름해 왔음을 알 수 있다. 이를 크게 '행위론-존재론-질서론'으로 요약해서 말할 수 있을 것 같다. 주지하다시

3) 예를 들어 독일 관념론, 무엇보다도 헤겔 철학에 바탕을 두어 정당화적 긴급피난을 분석한 M. Pawlik, *Der rechtfertigende Notstand* (Köln usw., 2002) 참고.

피 행위론·존재론·질서론은 모두 법철학과 형법학의 기초 혹은 근본문제에 해당한다. 마이호퍼가 학문적 작업의 시작이라 할 수 있는 박사학위논문의 주제로 다룬 것은 "범죄체계에서 본 행위개념"(Der Handlungsbegriff im Verbrechenssystem)이었다.[4] 여기서 마이호퍼는 형법체계에서 행위론이 수행하는 기능을 검토하면서 결론적으로는 사회적 행위론을 옹호하고 이를 근거 짓는다. 나아가 마이호퍼가 교수자격취득 논문으로 다룬 것은 그 유명한 『법과 존재』(1954)였다.[5] 여기서 마이호퍼는 하이데거의 기초존재론과 헤겔의 법철학을 원용하여 관계존재론을 정립하고 제도적 자연법을 근거 짓는다. 또한 마이호퍼가 교수자격을 취득한 이후 독일 프라이부르크 대학에서 교수자격취득 기념강연(Antrittsvorlesung)으로 다룬 주제는 "인간질서의 의미"에 관한 것이었다.[6] 이 강연문에서 마이호퍼는 인간질서의 의미를 밝히기 위해 주관성의 철학(주체철학)에서 바라보는 질서의 의미와 객관성의 철학에서 이해하는 질서의 의미를 분석적·비판적으로 검토한다. 그러면서 마이호퍼는 자신이 『법과 존재』에서 정립한 관계존재론과 제도적 자연법론에 상응하게 질서를 "'로서의 존재'의 위치지움"으로 규정한다.[7]

이렇게 마이호퍼의 학문적 방향을 결정한 초창기 업적은 행위론·존재론·질서론에 관한 것이었다. 아래에서는 이 세 가지 영역 중에서 행위론과 존재론에 논의를 집중한다. 이를 통해 법철학과 형법학의 연관관계에 대한 한 가지 예를 밝히고자 한다.

---

4) 이는 1953년에 공간되었다. 그런데 마이호퍼의 약력을 보면 마이호퍼는 1952년에 박사학위를 취득한 것으로 되어있다. 이에 관해서는 베르너 마이호퍼, 심재우 (역), 『법치국가와 인간의 존엄』(삼영사, 1994), 저자약력 참고.

5) W. Maihofer, *Recht und Sein* (Frankfurt/M., 1954).

6) W. Maihofer, *Vom Sinn menschlicher Ordnung* (Frankfurt/M., 1956).

7) 이 번역은 베르너 마이호퍼, 윤재왕 (옮김), 『인간질서의 의미에 관하여』(지산, 2003), 86쪽 참고.

# Ⅲ. 마이호퍼의 법존재론

## 1. 자연법 르네상스

마이호퍼가 법존재론을 정립하고 제시했던 1954년 당시는 '자연법 르네상스'가 법철학의 학문적 분위기를 지배하던 시절이었다.[8] 제2차 세계대전이 종전한 이후 당시 남아있던 나치 불법국가의 법적 문제를 취급하기 위해 등장한 자연법 르네상스는 "법률과 명령의 형식으로" 정부와 군부를 장악하고 이러한 실정법의 형식으로 불법을 저질렀던 나치의 법률적 불법을 처리하고자 골몰하였다. 그 유명한 '라드브루흐 공식'은 이러한 문제 상황에 대한 해결책으로 제시된 것이었고 동시에 자연법 르네상스를 촉발시키는 결정적인 계기가 되기도 하였다. 그러나 서구의 긴 역사적·철학적 전통과 밀접한 관련을 맺고 있던 자연법이었기에 같은 자연법 이름 아래 다양한 자연법이론들이 각축을 벌이고 있었다. 이런 상황에서 마이호퍼는 당시 제기된 자연법이론과는 사뭇 구별되는 독자적인 자연법이론을 전개한다. 마이호퍼의 자연법이론이 독자적인 이유는 그것이 하이데거의 기초존재론에 바탕을 둔 것이기도 하면서 동시에 구체적인 현실 안에 내재한 존재론적 구조에 바탕을 두어 자연법의 근거를 설정하려 했기 때문이다. 다시 말해 기존의 (추상적) 자연법론이 구체적인 현실을 초월하는 시대불변의 자연법 개념을 찾으려 했다면, 마이호퍼의 제도적 자연법론은 구체적인 현실 속에서 자연법의 근거를 찾으려 한 것이다. 이 점에서 마이호퍼의 자연법이론은 고유한 의미를 가진다.

## 2. 독자적인 영역존재론으로서 법존재론

마이호퍼는 하이데거가 초기 저작인 『존재와 시간』에서 펼친 기초존재론에 바탕을 두어 자신의 법존재론을 전개한다. 그러나 마이호퍼는 당시 실존주의, 특히 사르트르가 강조한 극단적인 주관성 철학을 배격한다.[9] 또한 법을 비

---

8) 이에 관해서는 울프리드 노이만, 윤재왕 (역), "1945년 이후 독일의 법철학", 『현대 법철학의 흐름』 (법문사, 1996) 참고.

9) 베르너 마이호퍼, 심재우 (역), 『법과 존재』(삼영사, 1996), 35-38쪽.

본래적인 것으로 파악한 하이데거의 견해 역시 비판한다.[10] 대신 마이호퍼는 주관적인 실존과 객관적인 존재를 모두 강조하면서 이를 고찰한다. 마이호퍼는 주관적 존재와 객관적 존재가 양립할 수 있는 존재론적 체계를 근거 짓고자 한다. 이런 일환에서 마이호퍼는 하이데거가 비본래적인 부분존재론으로 배격한 법존재론에 고유한 영역존재론의 의미를 부여한다. 이런 마이호퍼의 시도는 다음과 같은 언명에서 확연하게 드러난다.[11]

> "법존재론은 '존재자의 존재'에 관한 이론이라는 의미에서의 존재론이다. 그러나 법존재론은 '존재 일반'에 관한 물음인 **기초존재론**(Fundamentalontologie)이 아니며, '존재자 전체의 존재', 세계('우주')의 존재에 관한 물음인 **보편존재론**(universale Ontologie)도 아니다. 법존재론은 세계 내에서 구체적으로 대할 수 있는 존재자의 특정된 존재영역, 즉 이 세계 내의 법적 영역의 존재에 관한 이론이다. 그렇기 때문에 법존재론은 **영역존재론**(regionale Ontologie)이다."

그런데 이러한 법존재론이 고유한 영역존재론으로서 성공을 거두기 위해서는 서로 모순되는 두 가지 요청을 극복해야 한다. 마이호퍼에 의하면 법존재론의 기반이 되는 실존철학을 분석하면 "너 자신이 되라"는 '실존적 준칙'(existentielle Maxime)과 "일반적이 되라"는 '정언명령'이 동시에 등장한다. 그런데 이 두 요청은 "서로 철저한 모순관계에 놓여 있는 정반대의 요청"이다. 왜냐하면 "일반적이 되라"는 요청은 "자아로부터 자신의 기준에 따른 자기입법을 박탈하고, 일반적 척도에 따라 자신의 삶을 형성하도록 요청"하기 때문이다.[12] 그러면 마이호퍼는 어떻게 이 모순을 극복하는가?

### 3. "자기존재"와 "로서의 존재"

위에서 말한 모순적인 두 요청을 충족하기 위해 마이호퍼는 인간 존재 일

---

10) 베르너 마이호퍼, 위의 책, 40-43쪽.
11) 베르너 마이호퍼, 앞의 책, 76쪽. 인용은 번역문에 의하였다. 강조는 원문에 의한 것이다.
12) 이상의 내용과 인용은 베르너 마이호퍼, 앞의 책, 35쪽.

반을 '자기존재'(Selbstsein)와 '로서의 존재'(Alssein)로 나누어 고찰하는 아주 독창적인 시도를 한다. 이 두 존재양식을 마이호퍼는 우리 세계가 가진 이중적인 면에서 이끌어낸다. 마이호퍼는 세계를 '개인적 세계'와 '사회적 세계'로 이원화한다. 이때 마이호퍼는 개인적 세계에서는 자기존재를 그리고 사회적 세계에서는 로서의 존재를 이끌어낸다. 그렇다면 개인적 세계 및 사회적 세계는 무엇이고 이를 기반으로 하는 자기존재와 로서의 존재는 또 무엇인가?

#### (1) 개인적 세계와 자기존재

##### 1) 개인적 세계

개인적 세계는 인간이라는 '현존재'(Dasein)가 마주하고 구성하는 세계를 말한다. 마이호퍼는 이 개인적 세계가 지닌 특성을 아래와 같이 설명한다.13)

> "개인적 세계에서는 세계 안에서 만나게 되는 모든 대상들은 일상적 생활에서 이루어지는 **실천적 고려**에 비추어 경험된다. 즉, 대상들은 **이론적 관점**에서처럼 단순히 일정한 **존재적 속성**(Beschaffensein)에 따라 경험되는 것이 아니라, 대상이 이를 경험하는 주체와 관련하여 갖게 되는 '**기능적 의미**'(Bewandtnis), 즉 하나의 특정한 '**도구**'로서의 '**利用性**'(Zuhandenheit) 또는 특정한 **어느 누구**로서의 **현재성**(Gegenwärtigkeit)에 따라 이해된다."

이렇게 개인이 마주하고 구성하는 개인적 세계는 마이호퍼에 따르면 '주변세계'와 '공존세계'로 구별된다. 마이호퍼에 따르면 주변세계는 인간이라는 현존재가 사물들과 맺는 관계를 통해 형성되는 세계를 말한다.14) 주변세계에서 인간은 '기능적인 관점'에서 다른 사물들과 마주한다. 이에 대해 공존세계는 인간이 다른 인간들과 맺는 관계를 통해 구성되는 세계를 말한다.15) 공존세계에서 인간은 한 인격체(Person)로서 다른 인간들과 관계를 형성한다. 이렇게 개인적인 인간이 주변세계와 공존세계로 구성되는 개인적 세계와 마주하고 구성하는

---

13) 베르너 마이호퍼, 앞의 책, 116쪽.
14) 베르너 마이호퍼, 앞의 책, 120-125쪽.
15) 베르너 마이호퍼, 앞의 책, 125-131쪽.

방식을 마이호퍼는 다음과 같이 요약해서 말한다.[16)]

"인간의 세계구성을 고찰하는 우리들의 지금까지의 관점, 즉 개인의 개인적 관점에서 보면 세계는 개인적 삶의 실현 및 형성영역, 즉 각자 자신의 주변세계와 공존세계로 나타난다. 이러한 관점에 의한 세계는 자기존재가능의 수단인 가능성의 영역으로 파악되며, 그리고 그 속에서 스스로 '세계'를 창조하고 세계-내-존재를 형성하는 인간에 의해 충족되고 충만되어 있다. 따라서 이렇게 파악된 세계는 각자의 자기세계로서 이해되며, 그리고 개인은 이 세계 속에서 자신의 가장 고유한 존재가능성을 추구하고 실현하는 존재로서 '규정'된다."

이런 마이호퍼의 언명에서 우리는 두 가지 관점을 얻을 수 있다. 첫째, 주변세계나 공존세계는 개인적 인간의 밖에 존재하는 외부적 세계가 아니라는 것이다. 개인적 인간, 즉 현존재는 이미 '세계-내-존재'로서 이 세계 안에서 존재한다. 둘째, 세계-내-존재로서 인간은 단순히 세계 안에 수동적으로 자리잡고 있는 것이 아니라 인간 자신이 자신의 세계를 창조하는 능동적 존재라고 하는 점이다. 여기서 두 번째 관점은 아래에서 보겠지만 '사회적 세계'를 이해하는 데 중요한 기초가 된다.

2) 자기존재

개인적 인간은 이 개인적 세계에서 어떤 존재형식으로 존재하는가? 마이호퍼는 개인적 세계에서 인간은 자기존재(Selbstsein)의 형식으로 존재한다고 말한다. 그러면 자기존재는 무엇을 뜻하는가? 마이호퍼는 다음과 같이 말한다.[17)]

"**자기성**(Selbstheit)이란 자신의 존재의 유일성과 고유성에로 자신이 열려져 있다는 것, 즉 자신의 존재를 '역사 속으로 변화시키고 역사 속에서 자신을 완성시킨다'는 것을 의미한다.

그러므로 **자기존재**는 단순히 스스로 있는 존재(Selbstischsein)가 아니라, '각자

16) 베르너 마이호퍼, 앞의 책, 131쪽.
17) 베르너 마이호퍼, 앞의 책, 133쪽.

의 나의' 삶의 유일성과 고유성이 파악·포착되었음을 의미한다. 즉, 자기존재란 내가 '내 속에서' 그리고 '나의 바깥에서' 일회적이고, 반복불가능하며 또한 비교불가능한 한 주체로서 그러한 존재로 '던져져 있음'(geworfen)을 의미한다."

이상의 언명에서 보면 자기존재는 유일성과 고유성을 가진 '나'라는 현존재 자신이 파악되고 포착된 것, 다시 말해 개념화된 것이라고 말할 수 있다. 이 자기존재는 '유일성', '고유성', '일회성', '비반복성', '비비교성'을 특징으로 한다.[18] 이러한 자기존재는 절대적 자유를 가진다.[19] 그런 점에서 볼 때 자기존재는 사르트르(Jean-Paul Sartre)가 강조한 실존적 준칙, 즉 "너 자신이 되라"는 요청에 상응하는 존재양식이라 말할 수 있다. 이렇게 마이호퍼는 개인적 세계와 자기존재라는 개념을 통해 "너 자신이 되라"는 실존철학적 요청을 자신의 법존재론에 끌어들인다.

(2) 사회적 세계와 로서의 존재

1) 사회적 세계

사회적 세계는 개인적 세계와 대별되는 곳으로 개인적 존재인 자기존재가 '외면화'되는 세계,[20] 즉 "외적 현실의 세계"를 말한다.[21] 달리 말해 사회적 세계는 외면화·객관화된 주변세계·공존세계라고 말할 수 있다. 마이호퍼에 따르면 개인적 세계로서 주변세계 및 공존세계는 각각의 고유한 자기존재가 개별적·실존적으로 마주하고 구성하는 세계로, 엄격히 말하면 그것은 아직 객관화되지 않은 주관적 세계이다. 그런데 각각의 주관적 세계로서 의미를 가지는 주변세계와 공존세계는 객관화 과정을 거쳐, 더욱 정확하게 말하면 '상호주관적 과정'을 거쳐 사회적 세계로 변모한다. 마이호퍼는 이러한 상호주관적 과정은 '자기활동'을 통해 이루어진다고 말한다.[22]

---

18) 베르너 마이호퍼, 앞의 책, 역자서문, 5쪽.
19) 베르너 마이호퍼, 앞의 책, 134쪽.
20) 베르너 마이호퍼, 앞의 책, 144쪽.
21) 베르너 마이호퍼, 앞의 책, 143쪽.
22) 베르너 마이호퍼, 앞의 책, 142쪽.

"개인적 존재가 개별세계의 자기재화와 자기관련 속에 '뿌리박고 있는' 두 가지 길을 통하여 내면성의 세계영역으로부터 외면성의 세계영역으로 '전환'하기 위해서는 반드시 자기활동이 필요하며, 세계 내에서의 자기실현은 오로지 이 자기활동을 통해서만 가능하다.

자기활동은 '주관성'의 '세계'와 '객관성'의 '세계'를 서로 결합시키고 '두 영역의 상호교차'라는 비밀에 가득 찬 현상을 '야기'할 수 있는 작용(Wirken)의 다리를 거쳐 이루어진다. 모든 생생한 작용과 반작용, 즉 인간과 세계의 모든 대응관계는 세계-내-존재의 원래적 상태로서 바로 그러한 작용의 바탕이 되어 있다."

마이호퍼는 이 사회적 세계를 세 가지 차원에서 설명한다. 그리고 이 과정을 통해 마이호퍼는 사회적 세계에서 현존재는 '로서의 존재'로서 자리 잡을 수밖에 없음을 논증한다. 우선 사회적 세계 안에서 개인은 '객관화'된다.[23] 달리 말해 사회적 세계 속에서 개인은 자신을 표출하고 외부세계를 구성화(Entäußerung)한다. 그런데 이때 주의해야 할 점은 개인이 객관화된다고 할 때 개인 자신이 자율적으로 객관화 과정을 선택하고 결정할 수 있기보다는 오히려 타율적으로 선택되고 규정된다는 점이다.[24] 이런 이유에서 개인 현존재는 사회적 세계 속에서 자신의 주관적인 관점이 아닌 타인의 관점에 의해 선택되고 규정된다. 이를 통해 현존재는 일정한 사회적 역할을 수행하는 존재, 즉 '로서의 존재'로 이해된다.[25] 마이호퍼는 이렇게 객관화 현상을 거쳐 등장하는 '로서의 존재'는 일회적 속성을 가진 자기존재와는 달리 반복되는 속성을 가진다고 말한다.[26]

---

23) 베르너 마이호퍼, 앞의 책, 144-148쪽.
24) 베르너 마이호퍼, 앞의 책, 146쪽.
25) 베르너 마이호퍼, 앞의 책, 147쪽. "현존재 '자신의 관점에서 보면', 객관화와 더불어(mit) 현존재는 '외부에서' 규정할 수 없는, 세계 내의 외면적 자기존재에 이르러 간다. 이러한 관점에서 자기존재는 타인과 비교불가능하며, 따라서 자기 자신에게는 하나의 사건이다. 그러나 현존재는 또한 그의 '객관화'를 통해(durch) '타인과' 비교할 수 있는, 세계 내에서의 한 '위치'에 자리 잡게 되며, 이 위치에서 현존재에게는 '타인들 가운데 한 사람'이라는 하나의 새로운 존재가 부가된다. 이 새로운 존재는 '다른 모든 사람들'과 관련된 공동세계 내에서의 현존재의 존재, 즉 '로서의 존재'(Alssein)를 '규정'한다."
26) 베르너 마이호퍼, 앞의 책, 147-148쪽.

나아가 사회적 세계에서 현존재는 '위치지움' 현상을 거친다.[27] 따라서 현존재는 시간과 공간이라는 축에 자리 잡는다. 그리고 현존재는 이 시간과 공간 속에서 자신이 마음대로 처분할 수 없는 '존재위치'와 '의미위치'를 획득한다. 그런데 마이호퍼에 따르면 현존재는 사회적 세계에서 '로서의 존재'로 등장하므로 앞의 말은 곧 '로서의 존재'가 위치지움 현상을 통해 존재위치와 의미위치를 얻게 된다는 점을 보여준다.

마지막으로 사회적 세계에서 진행되는 '구체화' 현상을 통해 법의 세계가 밝혀진다.[28] 이는 사회적 세계는 법의 세계와 밀접하게 관련되고 있음을 보여준다. 이렇게 법의 세계로서 속성을 가지는 사회적 세계는 현존재에게는 자신의 세계가 아닌 '타인의 세계'로 다가온다. 현존재는 이 사회적 세계에 속하는 물적·인적 자원을 자기 마음대로 처분할 수 없다. 현존재는 오직 "타인들 가운데 한 사람"으로, 즉 '로서의 존재'로서 자신에게 귀속되는 인적·물적 자원을 처분할 수 있을 뿐이다.

이상의 논의를 통해 보면 우리는 인간이라는 현존재가 사회적 세계에서는 '객관화', '위치지움', '구체화' 현상을 거쳐 '로서의 존재'라는 존재양식으로만 자리 잡을 수밖에 없음을 알 수 있다. 그래서 마이호퍼는 인간 존재는 세계－내－존재로서 오직 "로서의 존재라는 모습을 갖춘 자기존재"로서만 존재할 수 있을 뿐이라고 말한다.[29]

2) 로서의 존재

그렇다면 '로서의 존재'는 구체적으로 무엇을 말하는 것일까? 마이호퍼는 말한다.[30]

> "현존재가 세계 내에서 존재할 수 있는 모든 형태는 '로서의 존재'의 형태로, 즉 세계에 의해 미리 지시되어 있는, '내용이 아직 채워지지 않은 형식'(Leerform)으로 이미 마련되어 있다. 즉, 모든 삶의 표현을 세계의 포괄적 의미연관에 의해 미

27) 베르너 마이호퍼, 앞의 책, 148－155쪽.
28) 베르너 마이호퍼, 앞의 책, 155－160쪽.
29) 베르너 마이호퍼, 앞의 책, 161쪽.
30) 베르너 마이호퍼, 앞의 책, 162쪽.

리 지시되어 있는 위치(Topos)에서 붙잡을 수 있게끔 이미 준비되어 있다. 그리고 이 위치에서 인간존재의 우주에서 그러한 삶의 표현에 특정한 자리(Ort)가 '주어지며', 따라서 타인과 비교할 수도 있고 구별할 수도 있게 된다."

이러한 마이호퍼의 언명은 '로서의 존재'가 가진 특징적인 모습을 잘 시사한다. 이에 따르면 첫째, '로서의 존재'는 세계에 미리 지시되어 있는 그 무엇이다. 이렇게 미리 지시되어 있다는 점에서 '로서의 존재'가 자리 잡은 위치나 자리는 그 누군가가 함부로 처분할 수 없다. 둘째, '로서의 존재'는 "세계의 포괄적 의미연관"과 연결되어 있다. 여기서 우리가 '세계의 포괄적 의미연관'을 사회적 현실성으로 재해석할 수 있다면, '로서의 존재'는 구체적인 사회적 현실을 초월하는, 즉 시간과 공간을 초월하는 그 무엇이 아니라 오히려 사회적 현실 안에 내재하는 그 무엇이라는 점을 알 수 있다. 마지막으로 그러나 가장 중요한 점이라 할 수 있는 것으로 '로서의 존재'는 그 "내용이 아직 채워지지 않은 형식"으로 존재한다는 점이다. 이는 '로서의 존재'가 지닌 형식은 사회적 연관관계 속에서 이미 지시되어 있고 고정되어 있는 것으로, 자의적으로 처분할 수 없는 그 무엇이지만 그 내용은 아직 규정되거나 확정되지 않은 것으로, 사회적 연관관계의 변화에 따라 '바뀔 수 있음'을 함의한다. 이는 아래에서 다시 보겠지만 마이호퍼가 주장하는 '제도적 자연법'이 가진 독특한 속성이라고 말할 수 있다.

여하간 '로서의 존재'는 그 형식이 미리 지시되어 있다는 점에서 일반적이고 보편적이라 말할 수 있다. 바로 그런 점에서 마이호퍼는 '로서의 존재'에 힘입어 "일반적이 되라"는 정언명령의 요청을 이행한다.

### 4. 실존적 자연권과 제도적 자연법

지금까지 우리는 마이호퍼가 '자기존재'를 통해서는 '실존적 준칙'을 그리고 '로서의 존재'를 통해서는 '정언명령'을 실현하려고 하고 있음을 파악하였다. 그러면 마이호퍼는 어떻게 이렇게 서로 모순되는 두 가지 요청을 자신의 법존재론에서 조화시킬까?

마이호퍼에 따르면 '자기존재'와 '로서의 존재'로부터 각기 상이한 법적 의미가 도출된다. 먼저 자기존재로부터는 실존적 자연권이 도출된다.[31] 마이호퍼에 따르면 실존적 자연권은 주관적이면서 예외적인 성격을 띤다.[32] 이에 대해 '로서의 존재'로부터는 제도적 자연법이 도출된다.[33] 제도적 자연법은 '대응질서'(Zuordnung)와 '동등질서'(Gleichordnung)를 규율한다.[34] 정의론의 관점에서 말하면 대응질서는 배분적 정의에, 동등질서는 평균적 정의에 상응한다.[35] 마이호퍼에 따르면 이러한 제도적 자연법은 객관적인 성격을 가지는 '규칙'의 자연법이다.[36] 그런데 마이호퍼에 따르면 실존적 자연권과 제도적 자연법은 실존적 준칙과 정언명령이 그런 것처럼 서로 모순되는 대립적인 것이다. 실존적 자연권이 자율적이라면 제도적 자연법은 타율적이다. 그러나 마이호퍼는 이 두 가지 법적 의미가 가진 양극단의 성격을 지양하고자 한다. 마이호퍼는 이 두 극단, 즉 자기존재와 로서의 존재 사이에 그리고 실존적 자연권과 제도적 자연법 사이에 존재하는 긴장관계를 변증적으로 지양하고 상응시킴으로써 서로 모순되는 두 요청을 동시에 충족하고자 한다.[37] 그러나 마이호퍼 자신도 인정하는 것처럼 이 긴장관계를 완벽하게 근본적으로 해소할 수는 없다.[38] 그런데도 마이호퍼는 자신의 법존재론을 통해 이 긴장관계를 의식하면서 이를 해소할 수 있는 (차선의) 방안을 모색하는 것이다.

---

31) 베르너 마이호퍼, 앞의 책, 171쪽.
32) 베르너 마이호퍼, 앞의 책, 177쪽 각주(128).
33) 베르너 마이호퍼, 앞의 책, 162쪽.
34) 베르너 마이호퍼, 앞의 책, 169쪽.
35) 베르너 마이호퍼, 앞의 책, 170쪽.
36) 베르너 마이호퍼, 앞의 책, 177쪽 각주(128).
37) 베르너 마이호퍼, 윤재왕 (옮김), 『인간질서의 의미에 관하여』(지산, 2003), 95쪽 아래.
38) 베르너 마이호퍼, 심재우 (역), 『법과 존재』(삼영사, 1996), 175쪽. "따라서 모든 세계-내-현존재는 삶의 형성의 **자율성**과 **타율성**이라는 긴장관계에 놓여 있다. 즉, 아주 단순한 삶의 상황에서도 **자기존재**의 고유성과 '**로서의 존재**'의 고유성을 동시에 자신의 삶에서 '완성'시켜야 한다는 모순되는 요청을 받고 있다. 이러한 대립에 대한 '완벽한' 해결방법은 존재하지 않으며, 우리 인간존재 자체가 안고 있는 근원적 **이율배반**에 비추어 볼 때, 이러한 대립이 '근본적'으로 '해소'될 수는 없다."

## 5. 법존재론이 가지는 의미

마이호퍼의 법존재론은 법철학의 관점에서 볼 때 여러 가지 음미할 부분이 많다. 그러나 이 책은 마이호퍼의 법존재론이 가지는 의미를 집중적으로 분석하는 것을 목적으로 하지는 않는다. 오히려 법존재론이 형법상 행위론과 어떤 연관성을 가지는지 밝히는 것이 주된 목적이라 할 수 있다. 그러므로 법존재론이 가지는 의미는 간단하게 요약해서 말하는 데 그치고자 한다.

우선 마이호퍼의 법존재론은 '존재론'을 원용하여 새로운 자연법적 기초를 마련했다는 점에서 의미가 있다. 분명 마이호퍼의 자연법이론은 그 이전까지 존재했던 '추상적 자연법' 이론과는 다르다. 또한 슈탐러(Rudolf Stammler)가 제시했던 "변화하는 내용을 가진 자연법" 이론과 비교하면 '사회적 현실'이라는 구체적인 측면을 고려했다는 점에서는 공통점을 가지긴 하지만, 마이호퍼의 자연법이론은 존재론적인 측면에서 '제도적 자연법'을 도출하고 있다는 점에서 차이가 있다.

나아가 마이호퍼가 제안하는 자연법이론은 바로 위에서 언급한 것처럼 '사회적 현실' 혹은 '사회적 변화가능성'을 수용하고 있다는 점에서 의미가 있다. 종전의 추상적 자연법이론이 시간과 공간을 초월하는 '초월적 자연법' 개념을 강조하는 반면, 마이호퍼가 정초한 '제도적 자연법' 이론은 '로서의 존재'를 통해 사회적 변화가능성을 수용하고 있는 것이다. 이는 다음과 같은 마이호퍼의 언명에서 읽을 수 있다.[39]

> "사회적 세계의 의미연관에 따라 지시되어 있는 사회적 형태의 존재는 '사물의 본성'(Natur der Sache)에 기초하고 있다. 이러한 존재는 규칙을 통해 비로소 그 역사적 본래성이 확인되며 또한 법질서로 化하게 된다. 법질서는 하나의 위치지움(Ortung)으로서 '존재적 역사'의 배후에서 이루어지는 '존재론적 역사'의 끝없는 '본질변화'에 따르게 된다. 그렇기 때문에 법질서는 오로지 '지금 여기'라는 역사적 위치에서 그 실질이 파악될 수 있다. 따라서 현행법에 따르는 단순한 '도그마틱'이

39) 베르너 마이호퍼, 위의 책, 171－172쪽.

> 아니라, 법적 소재 자체의 '사물논리적 구조'에 의해 미리 주어져 있는 타당한 법에 대해 물음을 제기하는 모든 진정한 법이론은 이러한 존재론적, 역사적 의미의 법질서를 대상으로 한다."

이를 통해 마이호퍼는 한편으로는 자연법의 실정법 규제기능을 유지하면서도 동시에 자연법의 시대적응성을 추구한다고 말할 수 있다.

그런데 이러한 마이호퍼의 자연법이론을 면밀하게 검토하면 일종의 모순 또는 패러독스가 존재함을 알 수 있다. 마이호퍼에 따르면 법질서의 '위치지움'은 역사적 맥락에 의해 결정되고 구체화된다. 그런데 이렇게 '구성된' 법질서의 존재론적 위치지움이 실정법의 타당성과 정당성을 규제한다는 것이다. 짧게 말하면 역사적으로 구성되어야 하는 개념이 '지금 여기서 실정화된 실정법'을 규제한다는 것이다. 이는 일종의 패러독스이자 순환논법이라고 말할 수 있다. 물론 이러한 패러독스와 순환은 '시간'이라는 차원을 끌어들이면 어느 정도 해결할 수 있다. 왜냐하면 제도적 자연법이 구성된 시간적 차원은 실정법이 실정화된 시간적 차원에 비해 분명 앞서 있기 때문이다. 그러나 이렇게 설명한다 하더라도 마이호퍼의 법존재론은 다시 시간적으로 먼저 구성된 제도적 자연법과 나중에 구성된 제도적 자연법 사이에 발생할 수 있는 갈등 문제를 해결할 수 있어야 한다. 그러나 이 문제는 여기서 상론하지는 않기로 한다.

이 책에서 집중하려 하는 점은 이러한 마이호퍼의 법존재론적 관점이 형사책임, 특히 형사책임에서 가장 기초가 되는 문제 중의 하나인 '행위론'에 어떤 영향을 주는지, 이를 통해 양자 사이에 어떤 연관관계가 존재하는지 하는 것이다. 아래에서는 마이호퍼가 제시한 '사회적 행위론'을 살펴봄으로써 이 문제에 약간의 대답을 제시하고자 한다.

# Ⅳ. 마이호퍼의 사회적 행위론

## 1. 인과적 행위론과 목적적 행위론

마이호퍼의 사회적 행위론, 더욱 넓게 말해 '사회적 행위론' 일반이 형법학에서 어떤 의미와 위상을 차지하는지 알기 위해서는 그 전에 인과적 행위론과 목적적 행위론을 간단하게 검토할 필요가 있다. 그 이유는 사회적 행위론은 인과적 행위론과 목적적 행위론이 지닌 난점을 해결하기 위해 등장했기 때문이다.

### (1) 인과적 행위론

인과적 행위론은 '고전적 범죄체계론'을 정립한 리스트(Franz von Liszt), 라드브루흐(Gustav Radbruch), 벨링(Ernst von Beling) 등에 의해 제창되었다. 무엇보다도 인과적 행위론은 '총체적 형법사상'을 전개한 리스트에 의해 정초되었다. 이후 인과적 '행위론'은 리스트의 제자 가운데 한 사람인 라드브루흐에 의해 형법철학적 기초로 자리 잡는다. 여기서는 논의를 간단하게 하기 위해 리스트의 인과적 행위론에 집중해서 글을 전개한다.

리스트는 자연과학적 실증주의에 바탕을 두어 자신의 형법학을 전개하였다.[40] 한스 벨첼(Hans Welzel)에 따르면 리스트는 실증주의로부터 자기 학문의 결정적인 자극을 얻었다.[41] 인과적 행위론 역시 이러한 자연과학적 실증주의에 바탕을 둔다.[42] 리스트가 자연과학적 실증주의에 바탕을 두어 자신의 형법학과 행위론을 정립한 것은 당시 급속하게 발전하던 자연과학의 '객관성'에 토대를 두어 형법학 역시 일종의 '객관적인 과학'으로 근거 짓고자 했기 때문으로 이해할 수 있다. 이는 무엇보다도 리스트의 유명한 "마부르크 강령"에서 읽어낼 수 있다.[43]

---

40) 이를 '사회학적 실증주의'로 이해하는 경우로는 P. Sina, *Die Dogmengeschichte des strafrechtlichen Begriffs "Rechtsgut"* (Basel, 1962), 40쪽.

41) H. Welzel, "Naturalismus und Wertphilosophie im Strafrecht – Untersuchung über die ideologischen Grundlagen der Strafrechtswissenschaft", in: ders., *Abhandlungen zum Strafrecht und zur Rechtsphilosophie* (Berlin/Boston, 1973), 51쪽.

42) H. Welzel, 위의 논문, 93쪽.

43) F. v. Liszt, *Der Zweckgedanke im Strafrecht* (1883), Nachdruck (Baden-Baden, 2002).

이러한 이유에서 인과적 행위론은 자연과학적 관점에서 인간의 행위를 정의한다. 이 때문에 인과적 행위론을 '자연주의적 행위론'으로 지칭하기도 한다.[44] 물론 리스트가 그의 유명한 『독일형법 교과서』(Lehrbuch des Deutschen Strafrechts)에서 인과적 행위론을 정의한 것을 보면 약간의 이론적 변화가 있었음을 확인할 수 있다. 예를 들어 1891년에 출간한 제4판에서 리스트는 행위를 "외부세계에서 이루어진 변화작용으로 인간의 의욕에 기초를 둔 것"(die auf menschliches Wollen zurückführbare Bewirkung einer Veränderung in der Außenwelt)으로 정의한다.[45] 그런데 그 후 리스트는 1919년에 출간한 21/22판에서 행위를 다음과 같이 정의한다.[46]

> "행위는 외부세계를 향한 자의적인 행태(Verhalten)이다. 더욱 정확하게 말하면 변화(Veränderung), 즉 자의적인 행태로 외부세계에 어떤 결과를 부여하여 변화를 야기하거나 혹은 **막지 않은** 것을 뜻한다."

이렇게 리스트가 행위 개념에 대한 정의를 바꾼 것은 초기 인과적 행위론 개념에 제기된 비판, 즉 행위 개념이 '부작위'를 포함하지 못한다는 비판을 수용했기 때문이라고 말할 수 있다. 이는 리스트가 후기에 정의한 행위 개념에 "막지 않은 것"(Nichthinderung)이 포함된 것으로 알 수 있다. 여하간 리스트가 전기와 후기에 걸쳐 정의한 행위 개념에서 우리는 두 가지 핵심적인 표지를 추출할 수 있다. 첫째, '외부세계 지향성'과 둘째, '자의성'이 그것이다. 여기서 첫째 표지는 행위의 외부적 측면, 즉 '물리적인 측면'을 반영한다. 나아가 둘째 표지는 행위의 내부적 측면, 즉 '심리적인 측면'을 반영한다. 이때 주의해야 할 점은 '자의성'이라는 심리적인 측면은 '정신과학'에서 강조하는 '정신' 개념과는 달리 자연과학적·생물학적 관점에 연결된다는 것이다. 이를 통해 인과적 행위 개념의 자연과학적 실증주의 성격이 확연하게 드러난다.

---

44) 심재우, "사회적 행위론", 『법조』 제24권 제7호(1975), 59쪽.

45) C. Roxin, *Strafrecht AT*, 3. Aufl. (München, 1997), 187쪽에서 다시 인용.

46) F. v. Liszt, *Lehrbuch des Deutschen Strafrechts*, 21/22. Aufl. (Berlin/Leipzig, 1919), 116쪽. 강조는 인용자가 추가한 것이다.

위에서 말한 것처럼 리스트가 제창한 인과적 행위론은 행위 개념의 객관성과 과학성을 추구한다는 점에서 긍정적인 평가를 할 수 있다. 그러나 인과적 행위 개념은 한편으로는 행위 개념을 지나치게 확장할 수 있고 다른 한편으로는 과실범이나 특히 부작위범을 적절하게 설명하지 못한다는 점에서 비판을 받는다(한계기능 결여). 나아가 가령 록신은 인과적 행위론은 행위 개념을 생물학적으로 정의하여 결합기능을 적절하게 수행하지 못한다고 비판한다. 이러한 록신의 비판을 달리 이해하면 인과적 행위론은 너무 자연과학에 의존하여 행위론의 독자성을 확보하지 못하고 있다고 비판할 수 있을 것이다.

(2) 목적적 행위론

한스 벨첼에 의해 제창된 목적적 행위론은 인과적 행위론에 대한 대안으로 등장하였다. 벨첼은 교수자격취득 논문인 『형법에서 본 자연주의와 가치철학』에서 리스트의 실증주의적 관점, 벨첼의 용어로 말하면 리스트의 '자연주의적 관점'을 비판한다. 그러면서 벨첼은 철학자 하르트만(Nicolai Hartmann)이 제시한 실질적 가치론을 수용하여 '형법학의 학문적 독자성'을 추구하고자 한다. 무엇보다도 벨첼은 '사물논리적 구조'에 주목하여 이로부터 '목적주의'를 보편적인 사물논리적 구조로서 이끌어낸다.[47] 목적적 행위론은 이러한 사물논리적 구조를 행위론에 적용한 것이라 말할 수 있다.

벨첼은 행위에 관해 다음과 같이 말한다. "인간 행위는 목적활동을 실현하는 것이다."[48] 여기서 볼 수 있듯이 목적적 행위 개념에서 가장 핵심적인 표지로 등장하는 것이 '목적성'(Zweckhaftigkeit od. Finalität)이다. 이러한 점에서 록신은 목적적 행위론에서 말하는 행위 개념은 헤겔의 행위 개념과 유사한 점을 가진다고 말한다.[49] 다만 헤겔은 행위론과 귀속론을 동일하게 파악하였다는 점에서 헤겔의 행위 개념과 벨첼의 행위 개념 사이에는 차이점이 존재한다.[50]

---

47) 이러한 벨첼의 사고에 관해서는 H. J. Hirsch, "Zum 100. Geburtstag von Hans Welzel", in: *ZStW* 116 (2004), 1쪽 아래.

48) H. Welzel, *Das Deutsche Strafrecht*, 11. Aufl. (Berlin, 1969), 33쪽. "Menschliche Handlung ist Ausübung der Zwecktätigkeit."

49) C. Roxin, 앞의 책, 190쪽.

50) C. Roxin, 앞의 책, 186쪽.

벨첼의 목적적 행위론은 독일 형법학사에서 큰 족적을 남겼다. 무엇보다도 목적적 행위론을 통해 기존의 고전적 범죄체계론에서는 책임요소로 파악되었던 '고의' 개념을 구성요건요소로 이해할 수 있게 되었다. 또한 '결과반가치'의 측면에서 범죄의 불법을 파악한 인과적 행위론과는 달리 목적적 행위론은 '행위반가치'라는 또 다른 요소에 눈을 돌리게 하였다. 나아가 필자의 관점에서 보았을 때 가장 근본적인 업적으로 꼽을 수 있는 것은 목적적 행위론은 사물논리적 구조에 입각한 목적주의를 통해 자연과학과는 구별되는 형법학의 학문적 독자성을 구축하려고 했다는 점이다. 이는 곧 자연과학적 종속성으로부터 정신과학인 형법학을 해방시킨다는 점을 의미한다.

그러나 목적적 행위론은 실천적인 측면에서 난점에 부딪힌다. 인과적 행위론과 마찬가지로 목적적 행위론은 부작위범과 과실범을 적절하게 설명하지 못한다는 것이다. 물론 벨첼 자신은 이러한 난점을 극복하려고 했지만 그리 성공적인 것은 아니었다. 그 때문에 벨첼의 제자 가운데 한 사람인 아르민 카우프만(Armin Kaufmann)은 벨첼의 목적적 행위론이 기본요소, 한계요소, 결합요소라는 행위론의 중요기능을 제대로 수행하지 못한다고 비판하기도 하였다.[51] 또한 다른 제자인 슈트라텐베르트(Günter Stratenwerth)는 목적적 행위론을 수용하면서도 부작위 개념을 행위 개념에서 제외함으로써 목적적 행위 개념을 수정한다.[52]

그러나 필자의 관점에서 보았을 때 목적적 행위론이 가진 가장 큰 문제는 바로 철학적·인식론적인 차원에서 찾아볼 수 있다. 인식론의 차원에서 보았을 때 목적적 행위론은 '주체/객체 인식모델'에 바탕을 둔다. 행위자라는 주체가 행위라는 객체를 목적성의 관점에서 지배할 수 있다는 전제를 깔고 있다. 나아가 목적적 행위론은 주체인 행위자가 목적성을 지배하고 조종할 수 있다는 것을 염두에 둔다. 이는 곧 '목적성'이 인간의 정신영역에 객관적으로 '실재'하고 있음을 시사한다. 목적성은 사물논리적 구조이기 때문이다. 이러한 사고는 철학사의 관점에서 보았을 때 데카르트 이후 여전히 유력하게 자리 잡은 '심신 이원론' 혹은 '존재론적 이원론'(ontologischer Dualismus)에 연결된다. 그러나 이렇게 목적

---

51) Arm. Kaufmann, in: *Welzel-FS* (1974), 393쪽 아래.
52) G. Stratenwerth, *Strafrecht Allgemeiner Teil I*, 4. Aufl. (Köln usw., 2000), 79쪽.

성이 존재론적으로 실재하는가 하는 문제는 인간의 자유의지가 과연 경험적으로 존재하는가 하는 문제처럼 이론적·경험적으로 근거 짓기 쉽지 않다.[53] 이렇게 목적적 행위론은 그 기초가 그리 튼튼하지 않은 존재론적 이원론과 주체/객체 모델에 바탕을 두고 있어 이론적인 설득력을 잃고 있다.

## 2. 사회적 행위론의 전개 과정과 내용

행위의 인과성 또는 행위의 물리적 객관성과 심리적 자의성에 기반을 두어 행위 개념을 파악하는 인과적 행위론, 목적성에 따라 행위를 이해하는 목적적 행위론과는 달리 사회적 행위론은 행위 개념이 지닌 사회적 속성에 주목한다.[54] 사회적 행위론은 사회적인 관점에서 행위를 파악한다. 이는 곧 행위는 사회 속에서 '구성되는 그 무엇'이라는 시각을 전제로 한다. 이렇게 보면 사회적 행위론은 목적적 행위론처럼 형법의 행위 개념을 자연과학적 시각에서 해방시켜 형법학의 독자성을 추구하려는 것이라고 말할 수 있다.

사회적 행위론은 리스트의 제자로서 리스트의 교과서를 이어받아 쓴 에버하르트 슈미트(Eberhard Schmidt)에 의해 제시되었다. 슈미트는 1932년에 출간한 『독일형법 교과서』 제26판에서 처음으로 자신의 스승인 리스트가 정의한 행위 개념, 즉 "행위란 외부세계를 향한 자의적인 행태"라는 개념 정의에 "사회적"이라는 표지를 추가한다.[55] 따라서 슈미트에 따르면 "행위란 사회적 외부세계를 향한 자의적인 행태"로 정의할 수 있다. 마이호퍼에 따르면 이러한 슈미트의 행위 개념에는 '자의적'이라는 경험적 표지(deskriptives Merkmal)와 '사회적'이라는 규범적 표지가 함께 포함되어 있다.[56] 이런 이유에서 슈미트의 행위 개념은 한편으로는 리스트의 자연주의적인 행위 개념을 여전히 고수하면서도 다른 한편으로는 사회적 행위론으로 나아가는 출입구를 마련했다고 이해할 수 있다.

이어서 사회적 행위론의 기초를 마련한 학자는 칼 엥기쉬(Karl Engisch)이다.

---

53) 이런 맥락에서 데카르트의 심신이원론을 비판하는 G. Ryle, *Der Begriff des Geistes* (Stuttgart, 1969), 7쪽 아래 참고.

54) 사회적 행위론에 관해서는 심재우, 앞의 논문, 55쪽 아래 참고.

55) 이에 관해서는 W. Maihofer, *Der Handlungsbegriff im Verbrechenssytem* (Tübingen, 1953), 62쪽.

56) W. Maihofer, 위의 책, 62쪽.

엥기쉬는 1944년에 공간된 콜라우쉬(Eduard Kohlrausch) 기념논문집에 발표한 논문 "목적적 행위 개념"(Der finale Handlungsbegriff)에서 행위 개념을 "목적으로 삼을 수 있는 결과를 자의적으로 실행된 행동으로 일으키는 작용"(Bewirken bezweckbarer Folgen durch einen willkürlich vollzogenen Akt)으로 정의한다.[57] 엥기쉬는 이러한 행위 개념을 '객관적·목적적' 또는 '사회적' 행위 개념이라고 이해한다. 말하자면 얼핏 보았을 때 벨첼이 주장한 목적적 행위 개념과 같은 행위 개념을 말하는 것 같지만, 벨첼의 행위 개념은 주관적인 목적적 행위 개념인 데 반해 엥기쉬의 행위 개념은 객관적인 목적적 행위 개념이라는 점에서 차이가 있다. 바로 이런 이유에서 엥기쉬의 행위 개념은 주관성의 차원을 넘어 객관적·사회적인 차원으로 확장된다.

마이호퍼는 이렇게 슈미트와 엥기쉬에 의해 그 기초가 마련된 사회적 행위론을 다듬고 더욱 체계화한다. 사회적 행위론을 정면에서 다루는 마이호퍼의 문헌으로 우리는 그의 박사학위논문인 "범죄체계에서 본 행위개념"(Der Handlungsbegriff im Verbrechenssystem)(1953)과 에버하르트 슈미트 기념논문집에 발표한 논문 "사회적 행위 개념"(Der soziale Handlungsbegriff)(1961)을 꼽을 수 있다.[58] 마이호퍼는 자신의 박사학위논문에서 그 당시까지 전개된 행위론의 의미를 비판적으로 평가하면서 사회적 행위론의 타당성을 검증하기 위한 일환으로 행위 개념이 형법체계에서 어떤 의미를 가지는지 종합적으로 체계화한다. 마이호퍼의 작업에 따르면 행위 개념은 "근본요소라는 기능"과 "결합요소라는 기능" 및 "한계요소라는 기능"을 수행한다.[59] 마이호퍼에 따르면 근본요소 기능은 "행위 개념의 논리적 의미"를 보여준다. 나아가 결합요소 기능은 "행위 개념의 체계적 의미"를, 한계요소 기능은 "행위 개념의 실천적 의미"를 보여준다. 마이호퍼는 이렇게 정리한 행위 개념의 기능을 토대로 삼아 자연적(인과적) 행위론과 목적적 행위론을 비판적으로 분석한다. 그러나 마이호퍼의 시각에서 보면 이 두 행위론은 행위 개념의 세 가지 기능을 완벽하게 충족하지 못하고 있

57) W. Maihofer, 앞의 책, 62쪽.
58) W. Maihofer, "Der soziale Handlungsbegriff", in: *Festschrift für E. Schmidt* (1961), 156쪽 아래.
59) W. Maihofer, 앞의 책, 6−10쪽.

다. 때문에 마이호퍼는 두 행위론에 대한 대안으로 그 당시 슈미트와 엥기쉬에 의해 제시된 사회적 행위론에 주목한다. 마이호퍼는 사회적 행위 개념이 행위 개념의 세 가지 기능인 근본요소, 결합요소, 한계요소적 기능을 모두 충족할 수 있음을 발견한다. 그러나 마이호퍼는 가령 슈미트가 제시한 행위 개념인 "사회적 외부세계를 향한 자의적 행태"를 그대로 수용하지는 않는다. 그 이유는 '자의성'이라는 표지 때문이다. 마이호퍼는 만약 인과적 행위론에서 기원하는 '자의성'이라는 심리적인 표지를 고수하면 사회적 행위 개념 역시 근본요소적 기능을 수행할 수 없다고 말한다.[60] 이런 이유에서 마이호퍼는 '자의성' 표지를 제외한 채 사회적 행위 개념을 "사회적인 인간의 행태"라고 규정한다.[61] 이렇게 사회적 행위 개념을 수정하고 다듬음으로써 마이호퍼는 근본요소, 결합요소, 한계요소를 모두 충족할 수 있는 사회적 행위 개념을 정립한다.

그러나 마이호퍼는 박사학위논문에서 사회적 행위 개념을 "사회적인 인간의 행태" 이상으로 더욱 섬세하게 정의하지는 않았다. 마이호퍼는 이 작업을 1961년에 발표한 논문에서 수행한다. 이 논문에서 마이호퍼는 크게 네 가지 쟁점을 다룬다. 먼저 그 당시까지 제시된 행위론에서 어떤 자연주의적 고찰방식이 남아있는지 밝힌다. 마이호퍼에 따르면 '자의성' 표지가 곧 이에 대한 답이 된다. 나아가 이 자의성 개념이 행위 개념을 파악할 때 여전히 유용한지 비판적으로 고찰한다. 결론은 자의성 표지를 행위 개념에서 제외하는 것이다. 이어서 마이호퍼는 사회적 행위 개념이 일종의 '소조 개념'(Leistungsbegriff)임을 밝히면서 사회적 행위 개념을 더욱 섬세하게 정의한다.[62] 여기서 마이호퍼는 사회적 행위 개념을 다음과 같이 정의한다. 행위란 "객관적으로 예견할 수 있는 사회적 결과를 지향하는 모든 행태로서 객관적으로 지배가능한 것"이라는 것이다.[63] 이때 마이호퍼가 정의한 사회적 행위 개념을 보면 '자의성'이라는 자연주의적 표지가 빠져 있음을 알 수 있다.

마이호퍼는 이러한 행위 개념이 "지성적인 요소"(Das intellektuelle Element),

60) 이 점은 특히 W. Maihofer, 앞의 논문, 163쪽 아래.
61) W. Maihofer, 앞의 책, 69쪽.
62) 이 개념의 번역은 심재우, 앞의 논문, 78쪽.
63) W. Maihofer, 앞의 논문, 178쪽.

"의지적인 요소"(Das voluntative Element), "객관적인 요소"(Das objektive Element) 및 "사회적인 요소"(Das soziale Element)를 담고 있다고 말한다.[64] 그중에서 지성적인 요소는 "행위결과에 대한 예견가능성", 즉 "객관적인 목적 관련성"을 뜻한다고 한다. 그리고 의지적인 요소는 "행위과정의 지배가능성"(Beherrschbarkeit des Handlungsgeschehens), 즉 "잠재적인 목적 관련성"을 가리킨다. 그런데 이러한 주장을 보면 마이호퍼가 마치 목적적 행위론에서 말하는 목적성을 강조하는 것처럼 보인다. 그러나 주의해야 할 점은 마이호퍼가 강조하는 목적성은 '주관적인' 목적성이 아니라 '객관적인' 목적성이라는 점이다. 더불어 덧붙이고 싶은 말은 이때 마이호퍼가 언급하는 의지적인 요소는 자연주의적인, 다시 말해 '심리학적' 측면에서 본 '자의성'을 지칭하는 것이 아니라 규범적인 관점에서 이해한 의지적인 요소라는 점이다. '지배가능성'이라는 표지가 이를 잘 반영한다. 여기서는 의지적인 요소가 '실재'로서 '존재'하는지 여부가 문제가 되는 것이 아니라 단지 행위지배의 '가능성'이 존재하는지가 문제된다. 이러한 차이를 우리는 '심리적 책임 개념'과 '규범적 책임 개념' 사이에 존재하는 차이를 통해서도 알아차릴 수 있다.

한편 객관적인 요소는 "(객관적인) 인간의 객관성 기준", 즉 "인격적 객관성 관련성"을 의미한다고 한다. 이는 곧 인간의 객관적 측면에서 본 행태만을 형법상 행위 개념으로 파악할 수 있음을 보여준다. 마지막으로 사회적인 요소는 "타인의 관점에서 본 (사회적) 결과 기준"(Maßstab der (sozialen) Folgen für Andere), 즉 "사회적 외부세계 관련성"을 지칭한다고 한다. 여기서 말하고자 하는 점은 행위 결과는 행위자 자신의 관점에서 파악할 수 있는 것이 아니라 다른 이의 관점에서 파악되어야 함을 보여준다.

지금까지 우리는 사회적 행위론의 전개 과정과 특히 마이호퍼가 사회적 행위 개념을 어떻게 이해하는지 알아보았다. 그렇다면 이제 우리가 검토해야 할 쟁점은 마이호퍼의 사회적 행위 개념이 그의 법존재론과 어떤 연관성을 맺는지 하는 점이다. 이 점을 아래에서 살펴본다.

64) W. Maihofer, 앞의 논문, 179-180쪽.

## V. 법존재론과 사회적 행위론 사이의 연관성

### 1. 출발점

마이호퍼 자신이 법존재론과 사회적 행위론 사이의 연관성을 직접적·본격적으로 다룬 문헌은 찾아보기 쉽지 않다. 그러나 마이호퍼는 여러 저작을 통해 이 양자 사이의 관련성을 '간접적으로' 드러내 보였다. 아래서는 이렇게 마이호퍼가 간접적으로 드러낸 흔적을 추적하여 법존재론과 사회적 행위론 사이의 연관성을 조명하고자 한다.

한편 마이호퍼의 사회적 행위론을 가장 열정적으로 국내에 소개한 심재우 선생은 초기 저작에서 (마이호퍼의) 사회적 행위론이 지닌 특징을 "사회적 행위개념의 사회적 요소", "사회적 행위개념의 목적적 요소", "사회적 행위개념의 객관적 요소"로 정리하였다. 여기서 사회적 행위개념의 사회적 요소는 "사회적 의미성"을 뜻하고, 사회적 행위개념의 목적적 요소는 "사회적 소조성"을 뜻하며, 사회적 행위개념의 객관적 요소는 "행위귀속의 객관성"을 뜻한다고 한다.[65] 이러한 심재우 선생의 체계화는 법존재론과 사회적 행위론 사이의 연관성을 밝히는 데 중요한 시사점을 제공한다. 아래서는 심재우 선생의 작업을 출발점으로 삼아 양자 사이의 관련성을 밝히고자 한다.

### 2. 행위와 존재의 사회적 의미성

어떤 행위가 이루어지려면 특정한 행위자를 전제로 해야 한다. 이때 행위자는 존재자, 더욱 정확하게 말해 존재자의 존재양식을 뜻한다.[66] 그렇다면 이는 곧 행위는 존재를 전제로 할 수밖에 없음을 보여준다. 여기서 행위와 존재 사이의 강한 연관성이 도출된다.

형법의 근본요소가 되는 행위 개념은 에버하르트 슈미트가 예로 언급하는

---

65) 이상에 관해서는 심재우, 앞의 논문, 69쪽 아래 참고.

66) 하이데거는 존재자와 존재를 엄격하게 구별하는데 여기서는 이러한 엄격한 구별을 다소 완화하기로 한다. 하이데거의 구별에 관해서는 M. Heidegger, 이기상 (옮김), 『존재와 시간』(까치, 1998), 15쪽 아래 참고.

것처럼 사회적 공동사회를 전제로 한다.[67] 로빈슨 크루소처럼 무인도에서 혼자 행하는 행태는 형법에서 문제 삼을 수 있는 행위 개념에서 제외된다.[68] 바로 이런 점에서 형법상 행위 개념은 사회적 의미를 가질 수밖에 없다. 그렇다면 행위가 사회적 의미를 가진다고 하는 것은 무슨 뜻일까? 마이호퍼의 언명을 원용해 답한다면 행위의 사회적 의미란 다른 사람의 관점을 고려하여 행위 개념을 파악해야 함을 뜻한다고 말할 수 있다. 그러나 여기서 주의해야 할 점은 그렇다고 해서 행위 개념을 사회적으로 파악할 때 나의 관점을 전적으로 배제하고 타인의 관점만을 원용해야 함을 뜻하는 것은 아니라는 점이다. 이미 마이호퍼가 언급하고 있듯이 행위 개념에는 행위자인 나와 관련을 맺는 '지성적 요소'와 '의지적 요소'가 포함되어 있기 때문이다. 이런 측면에서 보면 행위가 사회적 의미를 가진다는 것은 행위가 '상호주관적'임을 뜻한다고 말할 수 있다.

이 점은 마이호퍼의 법존재론에서도 마찬가지로 나타난다. 마이호퍼에 따르면 (형)법의 세계와 관련을 맺는 것은 곧 사회적 세계이고 이 사회적 세계에서 등장하는 존재양식은 '로서의 존재'가 된다. 마이호퍼에 따르면 '로서의 존재'는 사회적 세계 안에서 미리 지시되어 있는 사회적인 존재이며 내가 아닌 타인의 관점에 따라 규정되는 객관적인 존재이다. 물론 여기서도 주의해야 할 점은 그렇다고 해서 '로서의 존재'가 전적으로 타인에 의해서만 구성된다고 말할 수는 없다는 점이다. 왜냐하면 '로서의 존재'는 나라고 하는 '자기존재'가 사회적 세계 안에서 다른 '로서의 존재'들과 관계를 맺으며 비로소 구체화되는 것이기 때문이다. 그런 점에서 '로서의 존재' 역시 '상호주관적'이라고 말할 수 있다.[69]

67) 이에 관해서는 심재우, 앞의 논문, 68-69쪽.

68) 다만 중세 교회법이 강조하는 것처럼 '자살' 역시 범죄가 된다고 한다면 무인도에서 스스로 목숨을 끊는 것도 형법에서 의미 있는 행위가 될 가능성이 있다.

69) 마이호퍼가 그의 법철학 체계에서 단순히 전통적인 의미의 객관성을 강조하기보다는 상호주관성, 다시 말해 '간주관성'을 강조한다는 점은 그의 후기 저작인 『법치국가와 인간의 존엄』(1968)에서 분명하게 표현된다. 베르너 마이호퍼, 심재우 (역), 『법치국가와 인간의 존엄』(삼영사, 1994), 151-152쪽. "현대의 세속적이고 다원적인 법치국가에서 타인의 안전을 위해 개인의 자유를 법적으로 제한하기 위한 가치합리적 근거를, 형이상학적 또는 신화적 전제와 같은 비합리적 전제에 따른 객관적 윤리법칙에서 찾을 수는 없다. 만일 그러한 객관적 윤리법칙이 존재한다면, 인간은 그 가치질서를 단지 '받아들이고', 또한 그 당위법칙들이 외부(상부)로부터 이 세계를 '지배'하게 될 것이다. 그러나 그러한 객관적 윤리법칙은 존재하지 않는다. 따라서 자유제한의 가치합리적 근거는 오로지 간주관적 가치평가라는 실천적으로 확실한 가치언명에 기초한 가치들에서

바꿔 말해 '로서의 존재'에는 내가 바라는 의지적 측면과 타인이 내게 요구하는 의무적 측면이 결합되어 병존한다.

여기서 우리는 존재와 행위 사이의 일정한 연관성을 확인할 수 있다. 형법에서 문제되는 존재는 '로서의 존재'로서 사회적으로 규정되는 상호주관적인 것이다. 한편 이러한 '로서의 존재'에서 비롯하는 행위 역시 사회적 의미를 가지는 상호주관적인 것이다. 달리 말하면 사회적 행위 개념은 사회적인 관계망 속에서 구성되는 일종의 구성 개념인 셈이다. 바로 이러한 점에서 법존재론과 사회적 행위론이 서로 접점을 찾고 있음을 확인할 수 있다.

### 3. 이원적 존재론과 형법상 불법/책임의 분리

나아가 마이호퍼가 법존재론에서 제시하는 '로서의 존재'와 '자기존재'라는 이원적 존재론은 독일 형법에서 기본 전제로 삼는 불법과 책임의 분리에 상응한다. 일반적으로 형법학에서는 불법을 객관적인 것으로, 책임은 주관적인 것으로 이해한다. 이런 이유에서 불법귀속을 '객관적 귀속'으로 그리고 책임귀속을 '주관적 귀속'으로 부르기도 한다. 그 이유는 불법귀속은 '객관적 행위에 대한 귀속'을 문제 삼는 데 반해 책임귀속은 '주관적인 행위자에 대한 귀속'을 문제 삼기 때문이다.

그러면 이렇게 불법귀속과 책임귀속을 분리하는 것이 어떻게 법존재론에 연결되는가? 이미 언급하였듯이 법존재론은 '로서의 존재'와 '자기존재'를 구별한다. 전자는 객관적인 것인 데 반해 후자는 주관적이다. 그렇다면 불법귀속이란 행위자가 '로서의 존재'로서 사회에서 있어야 할 자리 그리고 그 자리에 부여되는 객관적 또는 상호주관적인 법적 의무를 위반했을 경우 이루어지는 귀속을 뜻한다. 이에 대해 책임귀속이란 이렇게 '로서의 존재'에 입각하여 사회적으로 평가된 불법귀속이 '자기존재'인 행위자에 과연 귀속될 수 있는지, 다시 말해 '자기존재'인 행위자에 비난을 할 수 있는지 묻는 것이라고 말할 수 있다. 한 마디로 말하면 불법귀속은 '로서의 존재'를 향하는 귀속과정이고 책임귀속은 '자

---

합리적으로 찾아져야 한다." (인용은 번역문을 따르되 한자는 모두 한글로 바꾸었다. 강조는 원문에 의한 것이다)

기존재'를 향하는 귀속과정이다. 바로 여기서 우리는 법존재론과 행위귀속 사이에 강한 연관성이 존재함을 확인한다. 마이호퍼 자신도 『법과 존재』에서 이러한 구조적 연관성을 명시적으로 언급한다.[70)]

> "이러한 사실로부터 우리는 모든 인간행태의 존재구조에 관한 四元的 基礎構造를 도출하게 된다. 1) 행태의 **물적** 및 **인적 내면성**의 구조: 이 구조의 의미와 존재는 **개인의 개별적 관점**에서 밝혀진다. 2) 행태의 **물적** 및 **인적 외면성**의 구조: 이 구조의 의미와 존재는 **타인의 사회적 관점**에 의해 규정된다. 이러한 기초구조는 '사물논리적 구조' 속에 미리 지시되어 있으며, 바로 그렇기 때문에 법적 **행위**개념에서도 그대로 반영된다."

위의 언명에서 우리는 행태의 물적 및 인적 내면성의 구조란 곧 책임귀속과 관련을 맺고 있으며 행태의 물적 및 인적 외면성의 구조는 불법귀속과 관련되어 있음을 알 수 있다.

### 4. 존재론-행위론-질서론의 관점에서 본 형법의 임무

이상에서 본 것처럼 법존재론과 형법상 행위론은 일정한 연관성을 맺는다. 그런데 이러한 연관성은 마이호퍼가 정립한 질서론에서도 마찬가지로 드러난다. 마이호퍼에 따르면 질서의 의미는 '위치지움'이라는 것에 있다.[71)] 더 정확하게 말하면 질서는 "'로서의 존재'의 상응관계 가운데서 '자기존재의 위치를 정하는 것'"을 그 의미와 목표로 삼는다.[72)] 그런데 형법 역시 법적 질서 가운데 하나이다. 따라서 위의 언명을 형법적인 관점에서 다시 해석하면 형법이라는 질서의 임무는 불법귀속과 책임귀속을 통해 자기존재인 각 개별 수범자들이 사회가 규정하는 '로서의 존재' 자리에 상응할 수 있도록 하는 것이다. 만약 수범자가 '로서의 존재'에서 일탈하면 이 일탈행위에는 불법귀속이 이루어지고, 나아

---

70) 베르너 마이호퍼, 앞의 책, 159쪽(강조는 원문에 의한 것임).
71) 베르너 마이호퍼, 윤재왕 (옮김), 『인간질서의 의미에 관하여』(지산, 2003), 95쪽 아래 참고.
72) 베르너 마이호퍼, 위의 책, 105－106쪽.

가 수범자가 '자기존재'로서도 비난가능하게 이러한 일탈행위를 행했다면 그는 책임귀속을 감수해야 한다. 이처럼 존재론－행위론－질서론은 형법이라는 차원 안에서 서로 밀접한 연관성을 확보한다.

## Ⅵ. 맺음말

지금까지 마이호퍼의 법존재론과 사회적 행위론이 어떻게 연관관계를 맺을 수 있는지 살펴보았다. 여기서 분명한 점은 법존재론과 사회적 행위론은 서로가 무관하게 전개된 것은 아니라는 점이다. 법존재론은 형법의 기초 개념인 행위 개념에 풍성한 철학적 자양분을 공급했고 이를 통해 형법학은 굳건한 토대 위에서 형법 도그마틱을 세울 수 있었다. 사실 이 점은 리스트의 인과적 행위론이나 벨첼의 목적적 행위론에서도 확인할 수 있다. 리스트는 자연과학적 실증주의라는 과학적 토대 위에서 인과적 행위론, 더 나아가 자신의 '총체적 형법학'을 구축하였다. 벨첼은 '사물논리적 구조' 및 여기서 추론한 '목적주의'에 토대를 두어 목적적 행위론과 목적적 범죄체계론을 정초하였다. 바로 이러한 점에서 우리는 어떻게 형법철학이 가능할 수 있는지 그리고 형법철학과 형법 도그마틱이 어떤 연관관계를 맺을 수 있는지 이해할 수 있다.

그러나 형법의 실천지향성이 강조되는 요즘 시점에서 형법철학을 강조하는 것은 시대에 뒤떨어진 주장을 한다는 느낌을 주는 게 사실이다. 대신 경험과학에 바탕을 둔 형사정책이나 결과지향적인 형법 도그마틱 또는 형사정책과 형법 도그마틱을 통합한 형법정책을 강조하는 것이 더 시대에 부응하는 것처럼 보인다. 실제로 독일 형법학에서도 1970년대에 들어서면서 그 전까지 지배적이던 형법학 방법론을 '정신과학적 형법학 방법론'이라고 비판적으로 규정하면서 새롭게 경험적 사회과학에 준거점을 둔 사회과학적 형법학이 붐을 일으키기도 했다.[73] 이러한 사회과학적 형법학 방법론이 형법학을 풍성하게 하고 더욱 현실에 적합한 형법 도그마틱을 개발하는 데 도움을 준다는 것은 부인할 수 없다.

---

73) 이에 관해서는 빈프리트 하쎄머, 배종대 (역), "독일의 형법학", 배종대·이상돈 (편역), 『형법정책』(세창출판사, 1998), 12쪽 아래.

그러나 역시 간과해서는 안 되는 점은 형법 도그마틱은 여전히 명시적이든 묵시적이든 형법철학적인 근본 개념을 많이 원용하고 있다는 것이다. 예를 들어 이미 언급한 행위 개념이나 인간의 내적·정신적 영역과 깊은 관련을 맺는 '고의' 개념 및 규범적 책임 개념의 핵심이 되는 '자유의지'가 바로 형법철학적 성찰을 필요로 하는 기초 개념들이다. 최근 로스쿨 시대를 맞아 우리 법학의 일부에서는 영미법학에 열렬한 관심을 보이고 있는 것 같다. 그러나 바로 그러한 영미법학, 아니 더욱 정확하게 말해 영미 (법)철학은 오히려 이러한 근본 개념들에 많이 천착해 왔다는 점은 어찌 보면 아이러니가 될 수도 있을 것이다.[74] 결론적으로 말하면 형법학은 ≪형법철학-형법이론-형법 도그마틱-형법정책≫이라는 구조적 연관 속에서만 더욱 튼튼해질 수 있고 이런 점에서 형법철학과 같은 이른바 '기초형법학'에 관심을 기울이는 것은 여전히 의미가 있을 뿐만 아니라 필요하다는 것이다.[75]

---

74) 이를 잘 보여주는 한 예로 미국의 대표적인 분석철학자 도날드 데이빗슨의 작업을 거론할 수 있다. D. Davidson, *Handlung und Ereignis* (독일어 번역판), 2. Aufl. (Frankfurt/M., 1998).

75) 이러한 사고를 보여주는 빈프리트 하쎄머, 조천수 (역), "법철학, 법학, 법정책: 형법에 있어서", 배종대·이상돈 (편역), 『형법정책』(세창출판사, 1998), 139쪽 아래.

제7장

# 자유의지와 책임

## Ⅰ. 서론

인간이 과연 자유로운가 하는 문제는 인류의 지성사에서, 특히 철학과 신학에서 많은 논란이 되었다. 이 문제는 이미 고대 그리스 시대부터 논쟁의 대상이 되었다.[1] 그렇지만 이 문제는 경험적으로 검증하는 것이 매우 어렵다는 점에서 각 시대가 처한 시대정신에 따라 그에 대한 대답이 달라졌다. 이러한 상황은 신이 모든 것을 지배한 중세시대에도 비슷하게 전개되었다. 가령 성서 '창세기'의 이른바 '선악과' 사건을 강조하는 진영에서 보면, 인간 존재는 단순한 피조물이 아니라 모든 만물의 영장으로 신의 명령을 자율적으로 준수할 수 있는 '자유의지'(Willensfreiheit)를 가진 존재로 이해할 수 있다.[2] 이에 반해 인간의 '원죄'나 '구원예정설' 등을 강조하는 진영에서 보면 인간의 운명은 이미 신에 의해서 결정되어 있을 뿐이다. 이러한 상황은 근대로 접어들면서 '인간은 자유롭다.'는 명제를 긍정하는 쪽으로 정리된다. 예를 들어 프랑스의 합리주의자 데카르트는 인간의 '정신'을 '육체'와는 구별되는 '실체'(Substanz)로 승인함으로써(심신이원론) 인간의 정신영역이 그 자체 독자적인 세계가 될 수 있다는 점을 철학적

1) M. Pauen/G. Roth, *Freiheit, Schuld und Verantwortung. Grundzüge einer naturalistischen Theorie der Willensfreiheit* (Frankfurt/M., 2008), 21쪽.
2) 여기서는 '자유의지'와 '의사의 자유'를 동일한 의미로 경우에 따라 혼용해서 사용한다.

으로 근거 지었다.[3] 나아가 근대 계몽주의 철학을 집대성한 칸트는 인간의 존엄성(Menschenwürde) 근거를 '인간이 자율적으로 도덕법칙을 준수할 수 있다.'는 점에서, 다시 말해 인간의 '자율성'(Autonomie)에서 찾음으로써 인간이 경험적인 세계와는 상관없이 실천이성의 차원에서 자유롭다는 명제를 확립하였다. 따라서 자유로운 인간을 그 자체 목적이 아닌 철저한 '수단'으로 다루는 것은 인간의 존엄성을 침해하는 행위로서 금지된다.[4]

이렇게 근대 계몽주의 철학은 인간의 자유 혹은 자율성을 가장 핵심적인 요소로 한다. '인간은 자유롭다.'는 명제가 부정되면 권리도 인권도 기본적으로 성립할 수 없다.[5] 이는 법적 책임에도 마찬가지이다. 민사책임이든 아니면 형사책임이든 상관없이 법적 책임은 원칙적으로 '책임능력'을 필수적인 요건으로 한다. 그리고 이러한 책임능력에서 가장 핵심적인 역할을 하는 기준이 바로 '자율성', 즉 '자유의지'라고 할 수 있다. 칸트의 유산이 강하게 배어 있는 법적 책임구조는 만약 '인간은 자유롭다.'는 명제가 부정되면 제대로 작동할 수 없다. 이는 특히 형벌을 법적 효과로 삼는 형사책임 영역에서 두드러진다.

그러나 자연과학이 성장하면서 이번에는 신학을 대신해서 자연과학이 인간의 자율성 명제를 위협한다. 모든 것은 마치 기계처럼 자연법칙에 따라 운동한다는 그래서 예측가능하다는 주장은 이미 뉴턴 물리학이 확립된 시점부터 제기되기 시작하였다. 그러나 이미 언급한 것처럼 그 당시 데카르트와 칸트는 '세계'(Welt)와 '이성'(Vernunft)을 이분화함으로써 자연과학의 도전을 물리치고자 노력하였다. 하지만 19세기에 접어들어 생물학이 급성장하면서 그리고 이에 발맞추어 '실증주의'(Positivismus)가 새로운 사회과학의 흐름으로 등장하면서 인간의 자율성 명제는 새로운 위협에 직면하였다. 물론 이러한 '생물학적 환원주의'의 도전은 한편으로는 '신칸트학파'(Neukantianismus) 등이 강조한 '방법이원론'(Methodendualismus) 전통을 통해, 다른 한편으로는 두 번의 세계대전이 낳

---

3) G. Ryle, *Der Begriff des Geistes* (Stuttgart, 1997), 7쪽 아래.
4) 이른바 '목적/수단 공식', 즉 '뒤리히 공식'은 바로 여기서 도출된다. 이에 대한 소개와 비판으로는 N. Hoerster, *Ethik des Embryonenschutzes: Ein rechtsphilosophischer Essay* (Stuttgart, 2002), 11쪽 아래 참고.
5) 이에 대한 상세한 논증은 아래 Ⅱ.2. 참고.

은 끔찍한 경험을 통해 어느 정도 극복되었다.[6] 전후 인간의 자율성 명제는 '실존주의' 등을 통해 다시 한 번 강하게 부각되었다.

그렇지만 1980년대 이후 이번에는 '뇌연구'가 새롭게 발전하면서 인간의 자율성 명제는 다시 한 번 도전을 받는다.[7] 가령 뇌연구자인 로트(Gerhard Roth)나 징어(Wolf Singer) 등은 뇌연구의 성과를 반영하여 인간은 생물학적으로 이미 결정되어 있다는 급진적인 주장을 하였다.[8] 이는 특히 독일에서 형법학자, 철학자, 뇌연구자 등이 다양하게 참여하는 장기 논쟁으로 발전하였는데 이 논쟁을 통해 은연중 우리가 당연한 것으로 전제하였던 인간의 자유의지에 관해 자연스럽게 다시 한 번 성찰할 수 있는 기회가 마련되었다.[9] 인간의 자율성 명제는 책임의 본질과 밀접하게 관련을 맺는다는 점에서 이를 다룰 필요가 있다. 다만 필자가 지닌 역량의 한계로 제7장에서는 아주 불완전한 '시론(試論)'의 형태로 이 문제를 다루는 데 만족하고자 한다.

## Ⅱ. 자유의지와 책임 및 인권

### 1. 자유의지와 책임

인간의 자율성 명제, 즉 '인간은 의사의 자유(Willensfreiheit)를 가진다.'는 명제가 어떻게 법적 책임의 근간이 되는지를 알아보기 위해 아래에서는 형사책임을 중심으로 하여 의사의 자유와 책임의 관계를 고찰하도록 한다. 현재의 지배

6) 방법이원론 전통에 관해서는 우선 K.-O. Apel, *Die Erklären: Verstehen – Kontroverse in transzendentalpragmatischer Sicht* (Frankfurt/M., 1979) 참고. 두 차례의 세계대전 가운데 제2차 세계대전이 낳은 범죄 및 이에 대해 이루어진 뉘른베르크 국제전범재판에 관해서는 양천수, "뉘른베르크 국제전범재판의 역사적·법적 문제와 그 의미", 『군사』 제60호(2006), 167-197쪽 참고.

7) 이 논쟁을 정리한 문헌으로서 C. Geyer (Hrsg.), *Hirnforschung und Willensfreiheit: Zur Deutung der neuesten Experimente* (Frankfurt/M., 2004).

8) 가령 G. Roth, "Wir sind determiniert. Die Hirnforschung befreit von Illusionen", in: C. Geyer (Hrsg.), *Hirnforschung und Willensfreiheit: Zur Deutung der neuesten Experimente* (Frankfurt/M., 2004), 218-222쪽; W. Singer, "Verschaltungen legen uns fest: Wir sollten aufhören, von Freiheit zu sprechen", in: C. Geyer (Hrsg.), *Hirnforschung und Willensfreiheit: Zur Deutung der neuesten Experimente* (Frankfurt/M., 2004), 30-65쪽.

9) 이 문제에 관한 입문서로는 마르틴 후베르트, 원석영 (옮김), 『의식의 재발견: 현대 뇌과학과 철학의 대화』(프로네시스, 2006) 참고.

적인 형법 도그마틱은 ≪구성요건 해당성⇒위법성⇒책임≫으로 이어지는 3단계 범죄체계론에 기반을 두면서 책임 판단을 '형식적' 범죄 개념을 판단하는 데 필요한 마지막 단계로 이해한다.[10] 아울러 지배적인 형법 도그마틱은 '규범적 책임론'에 따라 형법상 책임의 본질을 파악한다. 규범적 책임론은 범죄행위자가 형사책임을 부담해야 하는 이유를 그가 위법행위가 아닌 적법행위로 나아갈 수 있는 가능성, 달리 말해 '타행위가능성'(Andershandelnkönnen)을 가졌는데도 그렇게 하지 않았고 바로 그 때문에 '비난을 받을 수 있다는 점'에서 찾는다. 규범적 책임론은 '비난가능성'(Vorwerfbarkeit)을 책임의 핵심 개념으로 이해하는 것이다.[11] 여기서 알 수 있듯이 규범적 책임론에 따르면 타행위가능성의 전제로서 행위자에게 '의사의 자유'가 존재해야 한다. 만약 행위자가 적법행위를 선택할 수 있는 의사능력, 즉 자율적인 의지를 가지고 있지 않다면 행위자는 자신이 저지른 위법행위로 인해 비난을 받을 수 없고 결국 형사책임 역시 부담할 수 없다. 이렇게 규범적 책임론에 따르면 의사의 자유는 형사책임이 성립하는 데 꼭 필요한 전제조건이라고 말할 수 있다.[12] 이를 시사하듯이 예를 들어 현행 형법은 행위자가 "저항할 수 없는 폭력이나 자기 또는 친족의 생명, 신체에 대한 위해를 방어할 방법이 없는 협박에 의하여" 행위를 한 경우에는 의사의 자유가 결여된 강요된 행위로 보아 책임을 탈락시킨다(형법 제12조). 그리고 아직 자율적인 결정을 할 수 없는, 칸트 식으로 말하면, 아직 계몽되지 않은 행위주체는 책임능력이 결여된 존재로 보아 이러한 행위주체가 저지른 행위에는 책임을 조각하거나 감경한다(형법 제9조–제11조). 이와 유사한 맥락에서 가령 타고난 생물학적·심리학적 조건 때문에 자율적으로 적법행위를 할 수 없는 행위주체를 '사이코패스'(psychopath)로 규정하면서 이들에는 책임능력을 인정할 수

10) 범죄체계론에 관한 상세한 분석으로는 우선 김일수, "체계적 범죄론에 관한 방법론적 일고찰", C. Roxin, 김일수 (역), 『형사정책과 형법체계』(박영사, 1996), 267쪽 아래.

11) 배종대, 『형법총론』 제8전정판(홍문사, 2006), 434쪽.

12) 규범적 책임 개념은 다음과 같은 독일 연방대법원 형사판결에서 전형적으로 찾아볼 수 있다. BGHSt 2, 194(200): "형벌은 책임을 전제로 한다. 책임은 비난가능성이다. (…) 책임비난에 대한 내적인 근거는 인간은 스스로 책임을 질 수 있는 윤리적인 결정을 자유롭게 할 수 있다는 점 그리고 바로 이 때문에 법에 합치하는 결정을 할 수 있는 능력을 갖추고 있다는 점에서 찾을 수 있다."

없다는 견해가 제기되기도 한다.[13] 이처럼 자율적인 판단을 할 수 있는 능력, 즉 의사의 자유는 형법상 책임 개념의 필수불가결한 요소가 된다. 물론 학자들 가운데는 경험적으로 검증하기 어려운 의사의 자유를 국가가 설정한 픽션으로 이해하거나 일종의 '건강한 거짓말'(salutary lie)로 파악하기도 한다.[14] 그런데도 의사의 자유를 전제로 하는 규범적 책임론은 여전히 다수 학자들로부터 지지를 받는다. 그것은 아마도 이렇게 자율적인 주체를 전제로 하는 책임구상만이 국가를 통해 진행되는 책임귀속을 가장 설득력 있게 근거 지을 수 있기 때문이지 않나 생각한다.[15]

## 2. 자유의지와 인권

그런데 만약 일단의 뇌연구자들이 주장하는 것처럼 실제로 인간은 자유의사를 지니고 있지 않고 모든 것이 이미 결정되어 있다고 한다면, 규범적 책임론에 따른 형법상 책임 개념은 더 이상 지탱하기 쉽지 않다. 이는 단순히 이론적 차원의 문제에 그치는 것이 아니다. 이는 실제적으로도, 특히 행위주체의 인권과 관련해서 적지 않은 문제를 야기한다. 우선 '책임원칙'(Schuldprinzip)을 관철하기 어렵게 된다. 책임원칙은 흔히 '책임 없으면 범죄도 형벌도 없다.'는 명제로 대변되는데 이러한 책임원칙은 국가가 독점하는 형벌권 및 국가에 의해 독점적으로 이루어지는 형사책임귀속을 정당화한다. 그런데 만약 행위자에게 자유의지가 존재하지 않아 형법상 책임 개념이 온전하게 성립하지 못하면 책임원칙 역시 성립할 수 없게 된다. 책임원칙의 전제가 되는 정당한 책임 개념이 존재하지 않기 때문이다. 그렇게 되면 행위주체를 대상으로 하여 이루어지는 책임귀속이나 형벌부과는 모두 정당성을 주장하기 어렵게 된다. 이는 바꿔 말하면 행위주체가 합리적 근거 없이 (외부적 행동의) 자유를 박탈당하는, 경우에 따

13) 안성조, "사이코패스의 형사책임능력", 『형사법연구』 제20권 제4호(2008), 167-196쪽.
14) T. Honoré, *Being Responsible and being a Victim of Circumstance*, in: Responsibility and Fault (Oxford and Portland, 1999), 136쪽. 이를 소개하는 문헌으로 양천수, "책임과 정의의 상호연관성: 법철학적 시론", 『원광법학』 제24권 제2호(2008), 82-88쪽 및 이 책 제3장 참고.
15) 이러한 맥락에 서있는 견해로는 아르투어 카우프만, 김영환 (역), "형법상 책임원칙에 관한 시대불변의 성찰들", 심재우 (편역), 『책임형법론: 형법상 책임원칙에 관한 논쟁』(홍문사, 1995), 9-45쪽 참고.

라서는 생명까지 박탈당하는 형벌부과를 감수해야 한다는 것을 뜻한다. 그렇게 되면 행위주체는 납득할 만한 이유 없이 사형, 자유형, 벌금형 등을 통해 생명권, (외부적 행동의) 자유권, 재산권 등과 같은 인권을 박탈당해야 하는 결과를 감수해야 한다. 그러나 이는 사회계약이론가들이 막고자 했던 국가에 의해 자행되는 전형적인 인권침해라고 할 수 있다. 이렇게 보면 결국 의사의 자유는 홉스(Thomas Hobbes)가 '리바이어던'(Leviathan)으로 명명했던 국가로부터 행위주체가 가진 기본적 인권을 보장하는 데 꼭 필요한 전제조건이라고 말할 수 있다.[16)]

그러나 더욱 근본적인 시각에서 보면 의사의 자유는 단순히 형사책임과 인권의 관계에서만 문제가 되는 것은 아니다. 의사의 자유는 형사책임이라는 영역을 넘어 인권 전반의 기초가 된다고 말할 수 있기 때문이다. 잘 알려져 있는 것처럼 국제인권규약은 '시민적·정치적 권리'와 '경제·사회·문화적 권리'를 국제인권규범으로 인정한다.[17)] 여기서 '시민적·정치적 권리'가 근대 자유주의가 낳은 산물이라고 한다면 '경제·사회·문화적 권리'는 현대 사회국가 원리와 밀접한 관련을 맺는다. 정치적 민주화를 통해 자유주의의 기본 토대가 상당 부분 확보된 오늘날에는 후자의 인권이 더욱 중요할 것이다. 그렇지만 모든 인권의 기초는 바로 '시민적·정치적 권리'라고 할 수 있을 것이다. 만약 이 인권이 보장되지 않으면 인권의 주체인 모든 인간은 그저 국가의 보호와 후견이라는 우산 아래 놓여 있는 무기력한 '객체'로 전락할 것이기 때문이다. 그런데 칸트가 시사하는 것처럼 '시민적·정치적 권리'는 자율성을 토대로 해서만 성립할 수 있다. 물론 '시민적·정치적 권리'를 일종의 법적 권리, 즉 인권'법'상의 권리로 파악하면 도덕과 법을 구분한 칸트의 경우처럼 '시민적·정치적 권리'는 굳이 의사의 자유와 같은 자율성을 전제로 할 필요 없이 외부적 행동의 자유가 존재하는 것만으로 충분할 수 있을지 모른다.[18)] 그러나 법은 정당성을 획득하기 위하여

16) 이러한 사회계약이론에 관해서는 심재우, "T. Hobbes의 죄형법정주의사상과 목적형사상", 『법률행정논집』(고려대) 제17집(1979), 119-142쪽; 심재우, "칸트의 법철학에 대한 현대적 조명: 칸트의 법철학", 『법철학연구』 제8권 제2호(2005), 7-26쪽; 임재홍, "근대 인권의 확립", 인권법교재발간위원회 (편저), 『인권법』(아카넷, 2006), 20쪽 아래 등 참고.

17) 이에 관해서는 최철영, "인권의 국제적 보호", 인권법교재발간위원회 (편저), 『인권법』(아카넷, 2006), 51-64쪽 참고.

18) 이에 관해서는 이상영·이재승, 『법사상사』(한국방송통신대학교출판부, 2005), 191-193쪽.

도덕과 내적인 상호연관 관계를 맺을 수밖에 없고,[19] '시민적·정치적 권리'가 인권으로서 보편성을 주장할 수 있으려면 인간 주체가 자유롭다는 것을 전제로 할 수밖에 없을 것이다.[20] 사실이 그렇다면 자유의지, 즉 의사의 자유는 형사책임의 범위를 넘어 모든 인권의 근간을 이루는 중요한 요소가 된다. 따라서 만약 이러한 의사의 자유가 사실은 존재하지 않는다면 인권 역시 자신의 존립 기반을 상실할 것이다.

## Ⅲ. 자유의지에 대한 도전

### 1. 결정주의 전통

인간이 과연 자유의지를 가지는지에는 이론사적으로 논란이 되어왔다. '결정주의 대 비결정주의' 논쟁으로 알려진 이 싸움에서 '결정주의'(Determinismus)로 불리는 진영은 인간 존재 자체가 무엇을 할 것인지 여부가 이미 결정되어 있고, 따라서 '비결정주의' 진영에서 말하는 의사의 자유란 존재하지 않는다고 말한다. 이러한 결정주의 전통은 오랜 전통을 가지며 오늘날에도 일련의 뇌연구자들을 통해 여전히 생명력을 유지한다.[21] 결정주의 전통은 크게 두 가지 흐름으로 유형화할 수 있다. 첫째는 신학적 결정주의 흐름이고 둘째는 생물학적(과학적) 결정주의 흐름이다.

신학적 결정주의는 인간은 신이 이미 결정한 세계 안에서 살아가고 있기 때문에 결국 신이 예정한 질서를 벗어날 수 없다고 말한다. '구원예정설'이 가장 대표적으로 이러한 태도를 반영한다. 물론 이러한 진영에서도 '선악과' 문제, '악'의 문제 등과 관련하여 인간에게 자유의지가 있는지 여부가 논란이 되기도 한다. 그러나 인간이 아닌 신이 모든 것을 결정한다고 보는 태도에 따르면 인간의 자유의지는 부차적인 것으로 인식될 수밖에 없을 것이다.

19) 이를 치밀하게 분석한 로버트 알렉시, 이준일 (옮김), 『법의 개념과 효력』(지산, 2000) 참고.
20) 이러한 맥락에서 인권의 보편성을 논하는 양천수, "인권의 보편성에 대한 철학적 논증 가능성", 『인권이론과 실천』 제1호(2007), 23-35쪽 참고.
21) 사실 이러한 관념은 우리 일상생활에도 뿌리 깊게 남아 있다. 성격결정론, 혈액형 결정론, B형 남자 등등이 이를 잘 예증한다.

이에 대해 생물학적 결정주의는 신이 차지하던 자리를 과학, 특히 생물학으로 대체한다. 생물학적 결정주의는 근대 과학의 성과를 토대로 하여 인간의 정신·의지·행동 등은 이미 생물학적으로 조건 지어져 있다고 한다. 인간이 행하는 모든 현상을 생물학적으로 환원하여 설명하고자 한다. 여기서 '생물학적'이라는 말은 다른 자연과학처럼 '인과성'(Kausalität)에 기반을 두어 인간의 생명현상뿐만 아니라 정신, 의지, 행동 등을 '설명'(Erklären)하고자 하는 것을 뜻한다. 신학적 결정주의와는 달리 생물학적 결정주의는 모든 것을 물질적으로 파악하기에 이에 따르면 정신적인 영역이 독자적인 실체로서 자리 잡기 힘들다. 그러므로 자유의지 역시 독자적인 실체로 인정되기 어렵다. 생물학적 결정주의는 '과학'이라는 매우 객관적이고 논리적인 방법론을 무기로 하기 때문에 이론적으로 이를 반박하는 것이 쉽지 않았다. 그래서 이미 언급한 것처럼 데카르트는 '심신이원론'이라는 존재론적 이원론을 제시하여 인간 정신의 고유성을 남겨놓고자 했다. 더불어 칸트는 인간을 '물리적 인간'(homo phaenomenon)과 '도덕적 인간'(homo noumenon)으로 이원화하면서 도덕적 인간으로서 인간은 물리적인 인과성에 지배되지 않고 자율적으로 '정언명령'을 준수할 수 있다고 파악하였다.[22)]

## 2. 19세기 생물학의 성장과 리스트

그러나 관념론 중심의 근대 계몽주의 철학이 쇠퇴하고 자연과학, 그중에서도 생물학이 비약적으로 발전하던 19세기가 들어서면서 자유의지는 새로운 도전을 맞는다. 헤겔 사후 관념론 철학이 쇠퇴하고 그 자리를 대신해 '실증주의'와 '유물론'(Materialismus)이 득세하면서 그리고 유전학이나 진화론과 같은 혁신적인 생물학적 성과가 등장하면서 '인간상'(Menschenbild) 자체도 변한다. 이를 대변하는 것이 롬브로조(Cesare Lombroso)를 중심으로 하는 이탈리아의 실증주의 범죄학파이다. 가령 롬브로조는 '생래적 범죄인설'을 제시하면서 범죄자가 생물학적으로 이미 결정되어 있다고 주장한다.[23)] 이에 따르면 생래적 범죄자는 달

22) 이러한 칸트의 구상에 관해서는 심재우, "인간의 존엄과 법질서: 특히 칸트의 질서사상을 중심으로", 『법률행정논집』 제12집(1974), 108－109쪽.
23) 롬브로조에 관해서는 배종대, 『형사정책』(홍문사, 1998), 29－30쪽.

리 행위할 가능성도, 이것의 전제가 되는 자유의지도 가질 수 없다. 이러한 관념은 이른바 '총체적 형법학'(gesamte Strafrechtswissenschaft)을 정립한 독일의 형법학자 리스트(Franz von Liszt)에게 수용된다. 한편으로는 예링(Rudolf von Jhering)으로부터 목적사상을, 다른 한편으로는 자연과학적 실증주의를 수용한 리스트는 형법학의 초점을 행위에서 행위자로 옮긴다.24) 리스트에 따르면 처벌받아야 하는 것은 행위가 아니라 행위자이다. 이에 따라 리스트는 범죄자를 "개선될 수 있는 또는 개선이 필요한 범죄자"와 "개선이 필요하지 않은 범죄자" 그리고 "개선할 수 없는 범죄자"로 유형화한다. 그러면서 첫 번째 유형의 범죄자는 "개선"(Besserung)을, 두 번째 유형의 범죄자는 "위하"(Abschreckung)를, 세 번째 유형의 범죄자는 "무해화"(Unschädlichmachung)를 형벌의 목적으로 삼아야 한다고 말한다.25) 이를 통해 리스트는 목적사상과 결합된 특별예방이론을 구축한다. 그러나 더욱 중요한 것은 리스트는 범죄는 생물학적·사회적 여건에 따라 이미 결정된다는 사고에 기초를 두어 책임 개념 대신 위험성 개념을 가벌성 귀속의 근거로 삼았다는 점이다. 이는 종전의 책임구상이 자유의지를 전제로 할 수밖에 없다는 점을 의식하고 이러한 문제를 피하기 위해 리스트가 내놓은 해결방안으로 이해할 수 있다. 더 나아가 리스트는 책임에 기초를 두어 부과되는 형벌 대신 위험성에 기초를 두어 부과되는 제재수단으로 '보안처분'을 근거 짓기도 하였다.26)

---

24) 예링의 목적사상에 관해서는 우선 R. v. Jhering, *Der Zweck im Recht*, Bd. I−II, 2. Aufl. (Leipzig 1884−86) 참고. 이 유명한 저작에서 예링은 자신의 모토를 다음과 같이 설정한다. "목적은 전체 법의 창조자이다." 또한 R. v. Jhering, "Vertrauliche Briefe über die heutige Jurisprudenz von einem unbekannten", in: G. Ellscheid/W. Hassemer (Hrsg.), *Interessenjurisprudenz* (Darmstadt, 1974), 14−23쪽. 이러한 목적사상을 표현하는 리스트의 구상에 관해서는 F. v. Liszt, "Der Zweckgedanke im Strafrecht", in: *ZStW* 3 (1883) = F. v. Liszt, *Der Zweckgedanke im Strafrecht* (mit Einführung von M. Köhler)(Baden−Baden, 2000). 여기서는 후자의 문헌으로 인용한다. 한편 인과적 행위론은 형법학이 자연과학적 실증주의를 수용하여 내놓은 산물이라고 평가할 수 있다. H. Welzel, "Naturalismus und Wertphilosophie im Strafrecht − Untersuchung über die ideologischen Grundlagen der Strafrechtswissenschaft", in: ders., *Abhandlungen zum Strafrecht und zur Rechtsphilosophie* (Berlin/New York, 1975), 93쪽.

25) F. v. Liszt, *Der Zweckgedanke im Strafrecht* (mit Einführung von M. Köhler)(Baden−Baden, 2000), 42쪽.

26) '보안처분'에 대한 상세한 분석은 심재우, "보안처분제도에 관한 고찰", 『법학논집』(고려대) 제22집(1984), 145−192쪽.

## 3. 신생물학주의

19세기에 서구 지성사를 지배했던 실증주의 경향은 20세기에 접어들면서 한편으로는 방법이원론을 통해 그리고 다른 한편으로는 두 차례의 세계대전 경험을 통해 잠시 쇠퇴한다. 실증주의가 강조했던 과학주의는 '프랑크푸르트학파'를 중심으로 한 '비판이론'(kritische Theorie) 진영에 의해 비판된다.[27] 그렇지만 20세기 중반을 넘어서면서 자연과학은 다시 사회과학에 영향력을 행사하기 시작한다. 자연과학이 이론적 논증을 위해 즐겨 사용하는 '수학적 방법론'은 경제학과 같은 사회과학의 중심적인 방법론으로 정착한다. 물론 수학은 아직 법학에서는 힘을 발휘하지 못하고 있다. 한때 수학과 유사한 기호논리학으로 법을 설명하고자 하는 법논리학이 등장하기는 했지만 법학이라는 규범학이 지닌 고유한 특성으로 법학에서는 힘을 얻지 못했다.[28] 그렇지만 최근에는 생물학의 성과가 법학을 포함한 사회과학에 영향을 미치기 시작하였다. 이른바 '신생물학주의'라고 일컬을 만한 이러한 경향에 관해 여기서는 크게 세 가지 영역을 예로 하여 살펴보도록 한다.

우선 '진화심리학'의 성과를 거론할 수 있다. 진화심리학이란 진화론에 기초를 두어 인간의 심리나 행동을 설명하려는 학문을 말한다.[29] 여기서 알 수 있듯이 진화심리학은 진화론이라는 생물학에 기반을 두어 인간의 심리나 행동을 '설명'하고자 한다. 진화심리학은 '자연선택'을 진화의 핵심 메커니즘으로 파악한 다윈의 진화론처럼 어떻게 인간이 더 강한 유전자를 확보해 자연선택에서 승리하기 위해 생각하고 행동하는지를 밝히고자 한다. 진화심리학은 특히 남녀관계나 가족관계를 설명하는 데 흥미로운 이론적 근거를 제공한다. 이러한 이유에서 진화심리학을 원용하여 가족법을 설명하고자 하는 시도가 이루어지기도 한다.[30]

---

27) 이를 전형적으로 보여주는 J. Habermas, *Erkenntnis und Interesse*, 2. Aufl. (Frankfurt/M., 1973) 참고.

28) 법논리학에 관해서는 U. Klug, *Juristische Logik*, 4. Aufl. (Berlin, 1982) 참고. 독일의 법철학자이자 공법학자인 알렉시(Robert Alexy)는 이에 대한 예외로 여전히 법논리학적 논증을 구사한다.

29) 윤진수, "진화심리학과 가족법", 서울대학교 기술과 법 센터 (편), 『과학기술과 법』(박영사, 2007), 153쪽.

30) 윤진수, 위의 논문 참고.

다음으로 생물학에서 등장한 '자기생산'(Autopoiesis) 개념이 어떻게 사회과학에 영향을 미쳤는지 살펴볼 필요가 있다. 자기생산 개념은 생명체의 존재방식 및 인식방식을 해명하는 과정에서 제시된 개념으로, 이에 따르면 생명체는 오직 자신을 근거로 해서만 외부세계를 인식하고 작동하며 자기를 재생산한다. 다시 말해 자기생산 개념에 따르면 생명체는 작동(Operation)의 측면에서 원인인 동시에 결과가 된다. 이러한 자기생산 개념은 칠레의 생물학자 마투라나(Humberto Maturana)가 제안한 개념이다.[31] 잘 알려진 것처럼 독일의 사회학자 루만(Niklas Luhmann)은 자기생산 개념을 수용하여 독자적인 체계이론(Systemtheorie)을 정립한다.[32]

세 번째 이 책과 관련하여 중요한 것으로 뇌과학의 성과를 거론할 수 있다. 이미 언급한 것처럼 유력한 뇌연구자들은 인간은 이미 생물학적으로 뇌에 의해 결정되고 있으며 우리가 막연하게 존재할 것이라고 믿어왔던 자유의지는 사실 뇌가 결정한 것을 사후적으로 정당화하기 위한 도구에 지나지 않는다고 말한다. 이러한 뇌연구자들의 주장은 1980년대 초반에 진행되었던 유명한 리벳(Benjamin Libet) 실험에 기반을 둔다.[33] 데카르트와 같은 이원론자였던 미국의 신경생리학자 리벳은 자유의지가 존재한다는 점을 증명하기 위해 간단한 실험을 실시하였다. 특정한 피험자들에게 전기적 자극을 주고 피험자들이 이 자극을 느꼈을 때 버튼을 누르도록 한 것이다. 그리고 실험자들은 이러한 피험자들의 행동을 시간적으로 체크하였다. 그러나 흥미롭게도 결과는 리벳이 희망한 것과는 오히려 정반대로 나왔다. 뇌가 전기적 자극을 인지하고 버튼을 누르도록 한 시점과 피험자가 이를 '의식한 시점' 사이에 미세한 시간적 격차가 있다는 것을 밝혀낸 것이다. 이에 따르면 피험자가 버튼을 누르는 데 결정적인

31) 마투라나는 자기생산 개념을 다음과 같이 정의한다. "자기생산적 조직화는 일정한 구성요소들의 네트워크를 통해 구성되는 통일체로 정의내릴 수 있다. 여기서 통일체를 구성하는 요소들이란 1. 이 구성요소들의 네트워크로서 이 구성요소들 자체를 생산하는 네트워크에 재귀적으로 협력하고, 2. 이 구성요소들이 자리 잡은 공간 속에서 이 생산의 네트워크를 일정한 통일체로 실현하는 것을 말한다." 인용은 G. Teubner, "Verrechtlichung: Begriffe, Merkmale, Grenzen, Auswege", in: Kübler (Hrsg.), *Verrechtlichung von Wirtschaft, Arbeit und sozialer Solidarität* (Frankfurt/M., 1985), 314쪽.

32) N. Luhmann, *Soziale Systeme: Grundriß einer allgemeinen Theorie* (Frankfurt/M., 1984) 참고.

33) 이에 대한 소개는 M. Pauen/G. Roth, 앞의 책, 72쪽 아래.

역할을 한 것은 피험자의 '의지'가 아니라 뇌의 '준비전위'(readiness potential: Bereitschaftspotential)였다. 의지라는 정신적 존재가 아닌 준비전위라는 생물학적 존재가 피험자의 행동을 결정한 것이다. 이러한 리벳의 실험에는 논란이 없지 않았다. 그렇지만 그 후 뇌연구자들은 리벳 실험의 성과를 더욱 발전시켜 인간의 행동을 결정하는 것은 정신적인 자유의지가 아니라 생물학적인 뇌라는 결론을 이끌어냈다. 철학자들이 지탱하고 있었던 자유의지의 기반 자체가 뇌과학을 통해 흔들리게 된 것이다. 만약 이러한 주장이 사실이라면 자유의지에 기반을 두었던 법적 책임이나 인권 등은 정당성 기초를 상실하고 말 것이다.

## Ⅳ. 자유의지의 재구성 가능성

### 1. 개관

자유의지를 향한 이러한 도전에 법학을 포함한 정신과학은 어떻게 대응할 수 있을까? 의사의 자유가 가진 기획을 우리는 어떻게 재구성할 수 있을까? 이 책은 일종의 '시론'에 해당하므로 이 자리에서 이 문제를 상세하게 다룰 수는 없다. 그러므로 현재 필자가 이 문제에 관해 가진 생각을 기반으로 하여 의사의 자유를 어떻게 이론적으로 재구성할 수 있는지, 뇌과학의 도전에 대응하여 형사책임과 인권의 기초를 어떻게 다시 확보할 수 있는지를 간략하게 개관하는 것으로 만족하고자 한다. 필자는 의사의 자유를 향한 뇌과학의 도전에는 크게 세 가지 방향에서 대응할 수 있다고 생각한다. 첫째는 자유 개념을 새롭게 구성하는 것이고, 둘째는 형법상 책임 개념을 재구성하는 것이며, 셋째는 인간의 주체성 또는 의식 개념을 새로운 이론적 틀 위에서 재확인하는 방안이다.

### 2. 자유 개념의 세분화 및 재구성

자유 개념을 세분화하고 재구성함으로써 의사의 자유에 대한 도전에 대응하는 것을 생각할 수 있다. 지금까지 많은 철학자들은 의사의 자유, 즉 자유의지를 가장 근본적인 자유로 여겼다. 그러나 철학적인 차원에서 볼 때 자유 개념은 이보다 더욱 세분화해서 파악할 수 있다. 다양한 유형을 모색해 볼 수 있겠지만 필자는 크게 세 가지 유형의 자유로 세분화할 수 있다고 생각한다. '의사의 자유', '행위의 자유', '의사소통적 자유'가 그것이다. 한 행위주체를 상정할 때 의사의 자유(Willensfreiheit)는 이 주체의 '내부 활동에 관한 자유'라 말할 수 있다. 이에 대해 행위의 자유(Handlungsfreiheit)는 한 행위주체의 외부 활동에 관한 자유라고 할 수 있다. 이러한 행위의 자유는 의사의 자유에 비해 경험적으로 검증하기 용이하다는 장점을 지닌다. 우리는 현실적으로 한 행위주체가 '실제로' 행위의 자유를 가지는지 여부를 의사의 자유보다 더욱 손쉽게 확인할 수 있다. 마지막으로 의사소통적 자유(kommunikative Freiheit)는 둘 이상의 행위주체를 염두에 둔 자유 개념으로, 복수의 행위주체 사이에서 진행되는 의사소통에 참여할 수 있는 자유를 의미한다. 의사소통적 자유는 독일의 사회철학자 하버마스(Jürgen Habermas)와 클라우스 귄터(Klaus Günther)가 제안한 개념으로, 이 자유 개념은 '의사소통행위 이론'(Theorie des kommunikativen Handelns)이라는 거대이론과 관련을 맺는다.[34] 의사의 자유나 행위의 자유가 '주체/객체 모델'(Subjekt/Objekt Modell)에 기반을 둔다면 의사소통적 자유는 '상호주관성 모델'(Intersubjektivität Modell)에 기반을 둔다. 자유를 행사하는 주체에 대한 모습을 달리 이해하는 것이다. 의사의 자유나 행위의 자유가 자유의 주체를 사회와는 무관하게 독립해서 존재하는 실체로 이해하는 데 반해 의사소통적 자유는 자유의 주체가 사회에서 이루어지는 의사소통적 과정을 통해 비로소 구성된다고 본다. 여하간 이러한 의사소통적 자유 역시 행위의 자유와 마찬가지로 경험적으로 확인하기 용이하다는 장점을 지닌다.

우리가 무게중심을 의사의 자유에서 행위의 자유 또는 의사소통적 자유로 옮기면 의사의 자유를 향해 가해지는 비판을 어느 정도 넘어설 수 있다. 왜냐하면 우리는 최소한 일정한 조건 아래에서 특정한 행위주체가 행위의 자유를 가지는지 또는 의사소통적 자유를 지니는지는 확인할 수 있기 때문이다. 만약 특정한 행위주체가 외부적 압력으로 행위를 하지 못하고 있다면, 자본과 권력의

---

34) K. Günther, "Die Freiheit der Stellungnahme als politisches Grundrecht", in: P. Koller/G. Varga/O. Weinberger (Hrsg.), *Theoretische Grundlage der Rechtspolitik* (Stuttgart, 1992), 60쪽.

힘 때문에 특정한 논증대화 과정에 참여하지 못하고 있다면 우리는 이 행위주체가 행위의 자유 또는 의사소통적 자유를 가진다고 말할 수 없을 것이다. 물론 이러한 자유 역시 궁극적으로 의사의 자유에 기반을 둔다고 반박하면 위에서 언급한 대안의 설득력이 떨어지는 것도 어느 정도 사실이다. 그렇지만 최소한 법영역에 한정해 본다면 행위의 자유나 의사소통적 자유만으로도 우리는 법적 책임을 근거 지을 수 있지 않을까? 왜냐하면 기본적으로 법은 칸트가 강조하였듯이 행위자의 '외면적' 자유를 보장하는 것을 목적으로 하기 때문이다.[35] 이를 예증하듯 가령 독일의 형법학자 귄터 야콥스(Günther Jakobs)는 행위의 자유를 통해 그리고 클라우스 귄터는 의사소통적 자유를 통해 형법상 책임을 근거 짓는다. 이는 책임 개념의 재구성과도 관련을 맺으므로 아래에서 더욱 상세하게 다룬다.

### 3. 형법상 책임 개념의 재구성

형법상 책임 개념에 대한 도전은 책임 개념을 재구성함으로써 대응할 수 있을 것이다. 물론 이러한 시도는 위에서 언급한 자유 개념의 재구성과도 관련을 맺는다. 이미 언급한 것처럼 규범적 책임론은 자유의지를 책임의 본질적인 전제로 이해한다. 하지만 만약 우리가 다른 시각에서 책임을 구상한다면 이러한 문제를 해소할 수도 있을 것이다. 사실 책임 개념은 절대적으로 변하지 않는 고정된 것은 아니다. 각 시대의 사회구성원들은 그때그때 자신들에게 적합한 책임구상을 선택해 결정한다. 예를 들어 클라우스 귄터는 책임구상의 가변성을 다음과 같이 말한다.[36]

> "특이한 사정의 선택 그리고 책임을 배제하거나 줄이는 데 이 사정이 가지는 중요성 비중은 결정해야 할 대상이다. 물론 이런 결정은 다시 근거지을 수 있다.

---

35) 칸트에 따르면 "법이란 한 사람의 자연적 자유가 다른 사람의 자연적 자유와 자유의 일반법칙에 따라 양립할 수 있는 조건의 총체"이다. I. Kant, *Metaphysik der Sitten* (1797), *Einleitung in die Rechtslehre*, § B, 337쪽.

36) K. Günther, 양천수 (역), "이해에 기초를 둔 형사책임 부과", 이상돈 (엮음), 『대화이론과 법』(법문사, 2003), 263쪽. 약간의 수정을 가하였다.

근거지음은 배제규칙의 타당성을 결정하는 사람들이 가진 책임구상에 따라 이루어진다. (…) 물론 그때그때의 타당하고 지배적인 **책임구상도 역사적으로 변하며** 원인, 근거 그리고 결정들에 의해 그 자체가 규정된다. 따라서 개인의 외부적인 행동의 자유가 그때그때 타당한 책임구상의 전제가 된다고 하는 점이 **모든 문화와 사회 안에서 또는 모든 시대 속에서 자명한 것은 아니다**."(강조는 인용자)

이러한 주장이 타당하다면 어떻게 책임을 재구성함으로써 의사의 자유에 대한 비판을 해소할 수 있을까? 이에 관해 예를 들어 야콥스는 책임과 예방목적을 결합함으로써 규범적 책임론의 난점을 넘어서려 한다. 책임의 본질은 비난가능성에 있는 것이 아니라 범죄 '예방'에 있다고 파악한다. 따라서 책임은 굳이 의사의 자유를 전제로 할 필요는 없고 행위의 자유만으로 충분하다고 이론화하는 것이다. 이를 논증하기 위해 야콥스는 이론 전반기에는 루만의 초기 체계이론을, 후반기에는 헤겔의 철학을 원용한다. 다만 야콥스의 책임구상은 많은 논란을 야기했다는 점에서 이를 따르는 것은 쉽지 않다.[37] 물론 야콥스가 강조한 '예방'이라는 관점 그 자체는 부분적으로 설득력을 인정받아 가령 독일의 형법학자 록신(Claus Roxin)은 이러한 예방 관점을 자신의 책임구상에 부분적으로 수용한다.[38] 다른 한편 클라우스 귄터는 '법의 대화이론'(Diskurstheorie des Rechts)이라는 기초 위에서 책임구상을 재구성하기도 한다. 이에 따르면 책임은 의사의 자유가 아니라 의사소통적 자유를 필요로 한다.[39] 이렇게 책임구상을 재구성하면 의사의 자유를 향한 비판에서 어느 정도 자유로울 수 있지 않을까 생각한다.

---

37) 이 문제에 관해서는 우선 김성돈, 『책임개념의 기능화와 적극적 일반예방이론: 독일에서의 논의를 대상으로』(성균관대 법학박사 학위논문, 1993) 참고.

38) 이를 정리하는 연구로는 김일수, "형법상 책임과 예방과의 관계", 『법학논집』(고려대) 제22집(1984), 193-252쪽; 이상돈, 『형법상 책임범주의 탈형이상학화·합리화』(고려대 법학석사 학위논문, 1985) 등 참고.

39) K. Günther, *Schuld und kommunikative Freiheit* (Frankfurt/M., 2005).

## 4. 인권의 기초 재구성

인권 역시 그 기초를 재구성함으로써 의사의 자유에 대한 비판으로 흔들리는 인권의 기초를 다시 공고하게 할 수 있다. 인권은 말 그대로 '인간의 권리'로서 '인간의 존엄성'을 유지하기 위해 필요한 조건이라 할 수 있다. 칸트는 인간의 존엄성에 대한 본질을 자유의지에 기반을 둔 자율성에서 찾음으로써 인권과 자율성의 연결고리를 강하게 하였다. 하지만 바로 이 때문에 자유의지가 허물어지면 인권의 기초 역시 흔들리는 문제점이 있다. 이러한 문제를 극복하려면 새로운 기초 위에서 인권을 근거 짓는 것을 생각해 볼 필요가 있다. 이에 대한 한 방안으로 필자는 '대화이론'(Diskurstheorie)의 기초 위에서 인권을 근거 짓는 것을 제시할 수 있다고 생각한다.[40] 이에 따르면 인권은 행위주체가 합리적 논증대화에 참여하는 데 필요한 일체의 조건이라 말할 수 있다. 이러한 이해방식에 따르면 인간의 존엄성은 주체/객체 모델에 바탕을 둔 자율성이 아니라 상호주관성 모델에 바탕을 둔 의사소통적 자유를 본질적인 요소로 삼는다. 그렇게 되면 의사의 자유를 향한 비판으로부터 인간의 존엄성 및 인권의 기초 역시 어느 정도 보장할 수 있다고 생각한다.

## 5. 의식 개념의 복원

그러나 위에서 제시한 방안들은 모두 일정한 한계를 지닐 수밖에 없다. 왜냐하면 이러한 방안들은 의사의 자유에 대한 비판을 근원적으로 해결하는 것은 아니기 때문이다. 어찌 보면 '잠정적인' 해결책에 불과할 수도 있다. 이 때문에 의사의 자유에 관한 문제를 근본적으로 해결하고자 주체 개념을 새롭게 복원하려는 시도가 이루어지기도 한다. 예를 들어 독일 관념론 철학의 전통을 계승하는 독일의 철학자 프랑크(Manfred Frank)는 철학적 방법을 통해 주체(Subjekt)를 새롭게 복원하려 한다.[41] 주체는 자율성을 전제로 하므로 주체성을 복원하면 자연스럽게 자유의지 역시 복원할 수 있을 것이다. 그러나 이러한 시도는 철학

---

40) 이에 관해서는 이상돈, 『인권법』(세창출판사, 2005); 양천수, "인권의 보편성에 대한 철학적 논증가능성", 『인권이론과 실천』 제1호(2007), 23－35쪽 참고.

41) M. Frank, *Die Unhintergehbarkeit von Individualität* (Frankfurt/M., 1986).

적인, 좀 더 정확하게 말하면 형이상학적인 방법을 취하고 있어 뇌과학의 도전을 설득력 있게 반박한 것이라고 말할 수 없다. 오히려 서로 전제를 달리 하면서 평행선을 걷는다고 말할 수 있을 것이다.

이 때문에 필자는 오히려 루만의 체계이론에서 해결의 실마리를 찾을 수 있지 않을까 생각한다. 잘 알려진 것처럼 1980년대를 전후로 하여 루만의 체계이론은 일종의 패러다임 전환을 거친다. '투입/산출 모델'에 따라 체계이론을 구축하던 종전과는 달리 루만은 생물학에서 성장한 '자기생산' 개념을 수용하여 체계이론을 재정비한다. 이제 기계를 제외한 체계들은 '자기생산체계'(autopoietisches System)로 재정립된다. 루만은 체계들을 다음과 같이 구별한다. '기계'(Maschinen), '유기체'(Organismen), '심리체계'(psychische Systeme), '사회적 체계'(soziale Systeme)가 그것이다. 더불어 '사회적 체계'는 다시 '상호작용'(Interaktionen), '조직'(Organisationen), '사회'(Gesellschaften)로 구별된다.[42] 이때 필자가 주목하고 싶은 부분은 루만이 '유기체'와 '심리체계'를 각기 독자적인 자기생산체계로 파악한다는 점이다. 물론 이러한 전제 자체는 비판할 수도 있겠지만, 만약 이러한 전제가 타당하다면 우리는 루만의 체계이론에 힘입어 뇌과학의 도전을 효과적으로 물리칠 수 있다. 그 이유를 다음과 같이 말할 수 있다.

루만에 따르면 뇌를 포함한 인간의 육체는 유기체에 속한다. 인간의 육체는 독자적인 체계, 즉 생명체계로서 자기생산적 구조를 지닌다. 그리고 자유의지가 소속되는 인간의 '의식'(Bewußtsein)은 심리체계로서 역시 독자적인 자기생산구조를 이룬다. 그런데 루만에 따르면 각각의 자기생산체계는 자신의 환경에 속하는 다른 체계들과 '직접적으로' '소통'(Kommunikation)을 할 수 없다. 이른바 '작동적 폐쇄성'(operative Geschlossenheit)으로 인해 한 체계는 오직 '구조적 결합'(strukturelle Kopplung)이라는 방식을 통해 간접적이고 우연적으로만 다른 체계들과 소통할 수 있을 뿐이다. 이러한 루만의 주장에 따르면 뇌를 포함한 인간의 육체는 직접적으로 인간의 심리를 조종할 수 없다. 비록 인간의 육체는 뇌의 명령으로 움직일지 모르지만 인간의 심리는 그 자체 자기생산체계로서 독자적

42) N. Luhmann, 앞의 책, 16쪽.

으로 작동할 뿐이다. 만약 이러한 명제가 타당한 것이라면 여기서 우리는 체계이론에 의지하여 자유의지의 기획을 새롭게 복원하는 가능성을 찾아볼 수 있다. 인간의 심리는 독자적인 자기생산적 체계로서 자율적으로 작동하면서 인간의 육체와 구조적으로 결합하여 서로가 인간이라는 주체 안에서 '상호진화'(Ko-evolution)를 모색할 수 있을 것이다.

## V. 맺음말

영화 "매트릭스"가 보여주는 것처럼 '자유'를 향한 우리 인간의 갈망은 무한하면서도 가장 원초적인 것처럼 보인다. 그 이유는 아마도 프랑스의 사회계약론자인 루소가 부르짖은 것처럼 본래 인간은 자유롭게 태어난 존재이기 때문일지도 모른다. 그러나 자연과학적 엄밀성과 객관성으로 무장한 현대 뇌과학은 이러한 자유가 사실은 뇌가 그려낸 '허상'이라고 말한다. 물론 뇌과학은 아직 발전 중인 상태에 있으므로 그 결론이 어떻게 나올지는 좀 더 두고 봐야 할 것이다. 그렇지만 급진적인 뇌연구자들이 주장하는 것처럼 인간 존재는 이미 생물학적으로 결정되어 있는 존재라면, 도대체 우리 인간이 만물의 영장일 수 있는 이유는 어디에 있을까? 그동안 우리 인류가 쌓아놓은 문화적 성과는 모두 유전자가 원한 것에 불과하고 "질풍노도"(Sturm und Drang) 시기를 수놓았던 낭만적 사랑, 허무, 절망 등의 감정은 모두 뇌가 구성해낸 이미지에 지나지 않는 것일까? 현대 뇌과학이 우리 인류에게 어떤 미래를 선사할지 자못 궁금해진다.

제8장

# 대화이론과 책임

## Ⅰ. 서론

제7장에서 살펴본 것처럼 현대 뇌과학이 자유의지에 던진 도전에는 자유 개념을, 책임 개념을 새롭게 구성함으로써 대응할 수 있다. 이 과정에서 필자는 독일의 법철학자 클라우스 귄터(Klaus Günther)가 전개한 의사소통적 자유와 이에 기반을 둔 대화이론적 책임구상을 간략하게 언급하였다. 그런데 이 구상은 그 자체 여러 이론적 생산성을 가지기에 이를 정면에서 살펴볼 필요가 있다.

클라우스 귄터는 법철학 및 형법을 전공으로 하는 독일의 법학자이다. 그는 독일 프랑크푸르트대학교에서 형법학자 클라우스 뤼더센(Klaus Lüderssen)에게서 형법학을, 사회철학자 위르겐 하버마스(Jürgen Habermas)로부터 대화이론(Diskurstheorie)을 사사하였다. 귄터는 이런 학문적 이력을 바탕으로 하버마스의 대화이론을 수용하여 법을 대화이론으로 재구성하는 작업을 여러 방면에 걸쳐 시도하였다. 그의 학문적인 성과는 이미 하버마스의 법이론서인 『사실성과 타당성』(Faktizität und Geltung)에 고스란히 드러난다.[1] 가령 『사실성과 타당성』에서 하버마스가 원용하는 규범적용대화 이론의 원형은 귄터에서 비롯된 것이다.[2]

1) J. Habermas, *Faktizität und Geltung* (Frankfurt/M., 1992).

2) J. Habermas, 위의 책, 264쪽 아래 참고. 클라우스 귄터가 제안한 규범적용대화에 관해서는 우선 K. Günther, *Der Sinn für Angemessenheit: Anwendungsdiskurse in Moral und Recht* (Frankfurt/M.,

그 때문에 클라우스 귄터는 공법학자 알렉시(Robert Alexy)와 더불어 하버마스의 철학적 대화이론을 법학에 수용한 대표적인 학자로 평가된다.[3)]

하버마스의 이론을 수용하여 법학을 새롭게 구성하려는 시도는 독일과 같은 외국에서만 이루어진 현상은 아니다. 이미 우리나라에서도 이상돈, 변종필, 이준일 교수 등을 중심으로 하여 법적 대화이론을 근거 짓는 연구가 진행되었기 때문이다.[4)] 그 가운데서도 이상돈 교수는 법이론, 법사회학, 형법학, 형사소송법학, 의료법학 등과 같은 다양한 영역에서 하버마스의 대화이론을 독창적으로 수용하였다.[5)] 이런 상황에서 볼 때 대화이론으로 법을 재구성하려는 시도, 즉 법적 대화이론을 정초하고자 하는 시도는 우리와는 상관없는 남의 일이라고만 말할 수는 없다. 이러한 맥락에서 클라우스 귄터의 법이론적 작업을 소개하는 것은 의미가 없지 않다. 특히 귄터는 제7장에서 살펴본 것처럼 현대 뇌과학에 의해 자유의지가 비판에 직면한 상황에서 대화이론을 원용하여 형법상 책임을 새롭게 근거 짓는다. 의사의 자유를 의사소통적 자유로 대체해 책임이 처한 이론적 위기를 극복하고자 한다. 이러한 맥락에서 제8장에서는 귄터가 전개한 대화이론적 법이론과 책임이론을 검토한다.

## Ⅱ. 이론적 기초

클라우스 귄터는 기본적으로 하버마스의 의사소통행위 이론에 바탕을 두고 이론을 전개한다. 그중에서도 특히 하버마스의 진리이론, 합리적 대화와 대화원칙, 보편화가능성 원칙 및 대화윤리 등은 귄터가 자신의 대화이론적 법이론을 구성하는 데 중요한 이론적 기초로 작용한다. 아울러 하버마스의 체계/생

---

1988) 참고.

3) 대화이론을 수용한 알렉시의 이론에 관해서는 우선 R. Alexy, *Theorie der juristischen Argumentation* (Frankfurt/M., 1978) 참고.

4) 예를 들어 변종필, 『형사소송에서 진실개념』(고려대 법학박사 학위논문, 1996); 이준일, “이성, 민주주의, 기본권”, 『법철학연구』 제2권(1999), 131쪽 아래; 이준일, “법학에서의 대화이론”, 『법철학연구』 제3권 제2호(2000) 등 참고.

5) 이상돈, 『법이론』(박영사, 1996); 이상돈·홍성수, 『법사회학』(박영사, 2000); 이상돈, 『형법의 근대성과 대화이론』(홍문사, 1994); 이상돈, 『형법학』(법문사, 1999); 이상돈, 『형사소송원론』(법문사, 1998); 이상돈, 『의료체계와 법』(고려대학교출판부, 2000) 등 참고.

활세계의 이원적 사회이론과 대화원칙(Diskursprinzip)으로서 민주주의 이론은 귄터가 형법상 책임 등을 대화이론으로 재구성하는 데 중심적인 역할을 한다.[6] 여기서는 그중에서 진리이론과 보편가능성 원칙 및 대화윤리를 간략하게 검토한다.

## 1. 진리합의이론

귄터가 제안한 대화이론적 법이론의 이론적 기초로 우선 진리합의이론을 언급할 수 있다.[7] 여기서 진리합의이론이란 전통적인 진리상응이론이나 칼 포퍼(Karl Popper), 아르투어 카우프만(Arthur Kaufmann) 등이 제안한 진리수렴이론과는 달리 특정한 진리 주장자와 그 상대방의 합의로 진리가 구성된다고 보는 이론을 말한다. 진리합의이론에 따르면 특정한 진리주장이 그 지시대상인 실체와 상응하는지 여부는 진리의 타당성을 형성하는 데 중요하지 않다. 오히려 진리주장을 합의하는 과정에 참여하는 모든 이들이 외부적인 강제를 받지 않으면서 자율적·합리적으로 이 과정에 참여했는지가 중요하다.

클라우스 귄터는 이러한 진리합의이론을 대화이론적 법이론의 이론적 기초로 수용한다. 이는 그의 저작 곳곳에서 찾을 수 있다. 예를 들어 클라우스 귄터는 1998년에 공간한 "이해에 기초를 둔 형사책임 부과"(Die Zuschreibung strafrechtlicher Verantwortlichkeit auf der Grundlage des Verstehens)에서 진리합의이론에 입각하여 진실한 책임부과와 진실하지 않은(거짓의) 책임부과를 구별한

---

6) 이원적 사회이론에 관해서는 J. Habermas, *Theorie des kommunikativen Handelns*, Bd. 2 (Frankfurt/M., 1985), 171쪽 아래 참고. 이원적 사회이론을 잘 소개하는 문헌으로는 선우현, 『사회비판과 정치적 실천: 하버마스의 비판적 사회이론』(백의, 1999), 155쪽 아래 참고. 한편 이원적 사회이론을 토대로 하여 법발전의 삼단계 모델을 정립한 경우로는 B. Peters, *Rationalität, Recht und Gesellschaft* (Frankfurt/M., 1991) 참고. 또한 이러한 관점에 따라 현대 국가의 임무와 조종법의 위기를 분석하는 연구로는 K. Günther, "Der Wandel der Staatsaufgaben und die Krise des regulativen Rechts", in: D. Grimm (Hrsg.), *Wachsende Staatsaufgaben – sinkende Steuerungsfähigkeit des Rechts* (Baden–Baden, 1990), 51–68쪽 참고. 민주주의를 대화원칙으로 파악하는 경우로는 J. Habermas, *Faktizität und Geltung*, 349쪽 아래 참고.

7) 하버마스의 진리합의이론에 관해서는 J. Habermas, "Wahrheitstheorie", in: *Vorstudien und Ergänzungen zur Theorie des kommunikativen Handelns* (Frankfurt/M., 1984) 참고. 우리말 번역으로는 변종필 (역), "하버마스의 진리론", 『안암법학』 제3집(1995) 참고.

다.[8] 또한 1996년에 발표한 "책임과 기억의 정치"(Schuld und Erinnerungspolitik)에서는 형사절차에서 문제되는 사태(Tatsache)를 확정하는 것과 관련하여 다음과 같이 말한다.[9]

> "물론 사태는 절대적 진리를 통해 확인되는 것이 아니라 특정한 규칙에 따라 구성되고 귀속된다. 뿐만 아니라 사태는 먼저 확인된 후 법적으로 평가되는 것이 아니라 항상 법적인 평가 관점을 통해 선별되고 서술된다."

물론 이런 주장이 진리합의이론만을 반영하는 것이라고 이해할 수는 없다. 오히려 해석학적 관점을 반영한 것으로도 볼 수 있기 때문이다.[10] 그렇지만 귄터는 전통적인 진리상응이론(절대적 진리이론)에서 벗어나 형사절차에서 사태는 확인되는 것이 아니라 구성되는 것이라고 말하고 있다는 점을 고려하면 여기에도 진리합의이론의 관점이 스며있다고 말할 여지가 있다.

### 2. 보편화가능성 원칙과 대화윤리

귄터는 진리합의이론과 더불어 하버마스의 보편화가능성 원칙과 대화윤리를 수용한다. 이때 보편화가능성 원칙이란 모든 타당한 규범은 이 규범을 준수함으로써 모든 개인의 이해관계 충족에 미칠 수 있는 결과와 부작용들이 모든 관련자들에 의해 비강제적으로 수용될 수 있는 조건을 충족해야 한다는 원칙을 말한다.[11] 보편화가능성 원칙은 진리주장과 마찬가지로 도덕적·규범적 주장도 관련 당사자들의 합의를 통해서만 보편성과 타당성을 획득할 수 있음을 보여준다. 그러므로 보편화가능성 원칙은 진리합의이론을 실천이성 영역에 맞게 달리

---

8) K. Günther, "Die Zuschreibung strafrechtlicher Verantwortlichkeit auf der Grundlage des Verstehens", in: K. Lüderssen (Hrsg.), *Aufgeklärte Kriminalpolitik oder Kampf gegen das Böse?*, Bd. 1 (Baden-Baden, 1998), 342쪽 아래.

9) K. Günther, "'Schuld' und Erinnerungspolitik", in: *Universitat* (1996), 1164쪽.

10) 이러한 주장은 하쎄머(Winfried Hassemer)가 제창한 장면적 이해(szenisches Verstehen)와도 상통하는 점이 있다. 하쎄머의 장면적 이해에 관해서는 우선 W. Hassemer, *Einführung in die Grundlagen des Strafrechts* (München, 1990), 124쪽 참고.

11) J. Habermas, *Erläuterungen zur Diskursethik* (Frankfurt/M., 1991), 32쪽.

표현한 것으로 볼 수 있다. 동시에 보편화가능성 원칙은 궁극적으로 이론이성과 실천이성이 합의를 매개로 하여 서로 분리되지 않고 연결될 수 있음을 시사한다.[12)]

한편 하버마스는 이런 보편화가능성 원칙에서 대화윤리를 도출한다. 대화윤리(Diskursethik)는 특정한 규범은 실천적 대화에 참여하는 모든 관련 당사자들의 동의를 얻을 수 있을 때에만 타당한 규범이 될 수 있다고 본다.[13)] 이런 대화윤리는 어떤 도덕 혹은 규범적 주장의 타당성을 논하는 규범적 대화과정에도 대화원칙이 준수되어야 함을 보여준다. 다시 말해 특정한 규범의 타당성주장(Geltungsanspruch) 역시 관련 당사자들의 합리적 대화를 통해서만 타당성과 보편성을 획득할 수 있음을 시사한다.[14)]

클라우스 귄터는 이런 보편화가능성 원칙과 대화윤리를 자신의 법이론 곳곳에서 수용한다. 가령 1988년에 공간한 박사학위논문 『적절성의 의미: 도덕과 법에서 적용대화』(Der Sinn für Angemessenheit: Anwendungsdiskurse in Moral und Recht)에서 귄터는 하버마스가 제안한 보편화가능성 원칙에서 출발하면서 이 원칙에 '규범창설'(Normbegründung)과 '규범적용'(Normanwendung)이라는 두 가지 차원이 있음을 논증한다.[15)] 물론 이때 귄터가 하버마스의 보편화가능성 원칙을 그대로 받아들인 것만은 아니다. 오히려 귄터는 하버마스의 보편화가능성 원칙이 간과하는 단수적인 상황적 측면을 놓치지 않았고 그 결과 보편화가능성 원칙에 규범창설뿐만 아니라 규범적용이라는 측면이 있음을 밝힐 수 있었다. 나아가 1991년에 발표한 "형법의 대화윤리적 근거지음 가능성"(Möglichkeit einer diskursethischen Begründung des Strafrechts)에서는 이런 보편화가능성 원칙과 대화윤리에 입각하여 형법의 대화이론적 재구성을 시도한다.[16)]

---

12) 이론이성과 실천이성의 구별문제에 관해서는 J. Habermas, 위의 책, 119쪽 아래 참고.
13) J. Habermas, 앞의 책, 32쪽 참고.
14) 여기서 합리적 대화란 대화 참여자가 외부의 권력이나 자본의 압력이 없는 대화 상황(합리적 대화 상황)에서 자유롭게 자신 또는 상대방의 진리주장에 대한 타당성을 토론하거나 근거 짓는 일련의 대화과정을 말한다. J. Habermas, *Faktizität und Geltung*, 138쪽 참고.
15) K. Günther, *Der Sinn für Angemessenheit: Anwendungsdiskurse in Moral und Recht*, 23쪽 아래.
16) K. Günther, "Möglichkeiten einer diskursethischen Begründung des Strafrechts", in: H. Jung/H. Müller-Dietz/U. Neumann (Hrsg.), *Recht und Moral* (Baden-Baden, 1991), 205-218쪽 참고.

## Ⅲ. 규범적용대화

### 1. 규범적용대화의 두 가지 의미

위와 같은 이론적 기초를 토대로 하여 전개된 클라우스 귄터의 대화이론적 법이론 가운데 가장 핵심이 되는 것을 꼽으라면 우선적으로 규범적용대화이론을 언급할 수 있다. 귄터가 박사학위논문에서 제시한 규범적용대화이론은 그만큼 법철학뿐만 아니라 사회철학에서도 많은 주목을 받았다.17) 이런 귄터의 규범적용대화이론에는 두 가지 의미를 부여할 수 있다. 첫째, 규범적용대화이론은 종래 보편화가능성 원칙이 가지고 있던 한계를 보완하였다. 둘째, 규범적용대화이론은 법적용이론 가운데 한 이론으로, 전통적인 삼단논법과 급진적인 해석학적 법이론을 적절하게 종합한다. 아래에서는 이런 규범적용대화이론의 두 가지 의미를 검토한 후 규범적용대화이론에서 핵심적인 내용인 규범창설대화와 규범적용대화를 차례로 살펴본다.

### 2. 보편화가능성 원칙과 규범적용대화

규범적용대화이론은 보편화가능성 원칙을 보완하였다는 점에서 의미가 있다. 하버마스가 제시한 보편화가능성 원칙은 특정한 규범적 주장 역시 모든 관련 당사자들의 동의를 얻는 한에서 보편적인 것이 될 수 있음을 긍정한다. 물론 이때 보편화가 이루어지려면 그 과정에서 합리적 대화에 입각한 대화윤리가 보장되어야 한다. 이런 보편화가능성 원칙에 힘입어 어떤 규범적 주장도 다른 비규범적 주장과 마찬가지로 보편적인 진리로서 관련 당사자를 구속할 수 있다. 그러나 이런 보편화가능성 원칙에는 여러 반론이 제기되었다. 가령 이론(순수)이성과 실천이성을 분리하는 칸트의 태도에 충실하게 보편화가능성 원칙을 비판하는 경우가 보인다.18) 또한 보편화가능성 원칙이 바탕으로 삼는 절차주의

---

17) 귄터의 박사학위논문은 1993년에 영역되었다. K. Günther, *The Sense of Appropriateness: Application Discourses in Morality and Law*, John Farrell (Trans.) (SUNY-Press, 1993).
18) 독일의 철학자이자 칸트 전문가인 회페(Otfried Höffe)가 이런 태도를 견지한다. O. Höffe, *Ethik und Politik, Grundmodell und -probleme der praktischen Philosophie* (Frankfurt/M., 1979) 참고.

자체를 비판하는 반론도 있다.[19] 이런 비판 가운데서 알브레히트 벨머(Albrecht Wellmer)는 보편화가능성 원칙에 주목할 만한 비판을 가한다.[20] 그의 비판은 특히 대화윤리에 초점을 둔다. 벨머에 따르면 대화윤리를 준수하는 한 보편화가능성 원칙이 적용되기 어렵다. 그 이유는 다음과 같다. 앞에서도 언급하였듯이 대화윤리는 어떤 규범의 타당성은 실천적인 대화 속에서 관련 당사자들의 합의를 통해 주어진다고 말한다. 그런데 벨머에 따르면 실천적인 대화는 개별적으로 주어진 각각의 단수적인 상황 속에서 이루어진다. 그 때문에 대화윤리는 각 상황 속에서 고유하게 부여된 상황논리를 고려해야 하고, 따라서 규범이 상황관련성으로 인해 보편성을 획득하는 것이 무척 어려워진다. 이를 벨머는 아래와 같이 말한다.[21]

> "모든 개인에 대한 일반적인 규범준수의 결과와 부작용을 규정하고 또 모든 개개인에게 생겨날 이 결과와 부작용들은 모든 사람이 비강제적으로 수용할 수 있는가를 알아내는 과제의 (만약 과제가 이것이라고 전제한다면) 어려움은 엄청나게 증폭된다."

이 같은 이유에서 벨머는 보편화가능성 원칙은 규범의 일반적 타당성을 검증하는 창설대화(Begründungsdiskurs)에서만 인정될 수 있다고 말한다.[22]

하지만 벨머의 비판에 대해 귄터는 적용대화이론을 제시함으로써 각 개별상황을 전제로 하는 규범적용에서도 보편성을 언급할 수 있음을 논증한다. 이를 위해 귄터는 헤어(R.M. Hare)가 제시한 '일반적 규범/특수한 규범', '보편적 규범/개별적 규범'이라는 규범의 네 범주에 주목한다.[23] 그러면서 귄터는 헤어를

19) 절차주의에 대한 일련의 비판은 O. Weinberger, "Logische Analyse als Basis der juristischen Argumentation", in: W. Krawietz/R. Alexy (Hrsg.), *Methatheorie juristischer Argumentation* (Berlin, 1983), 188쪽 아래; E. Hilgendorf, *Argumentation in der Jurisprudenz* (Berlin, 1991), 215쪽 아래 등 참고.

20) A. Wellmer, *Ethik und Dialog* (Frankfurt/M., 1986); J. Habermas, *Erläuterungen zur Diskursethik*, 137쪽 아래 참고.

21) A. Wellemr, 위의 책, 64쪽; J. Habermas, 위의 책, 137쪽. 여기서는 이진우 교수의 번역을 인용하였다. 이진우 (옮김), 『담론윤리의 해명』(문예출판사, 1997), 169쪽.

22) 이를 이진우 교수는 '정당화담론'으로 번역한다. 이진우 (옮김), 위의 책, 169쪽.

23) R.M. Hare, *Die Sprache der Moral* (Frankfurt/M., 1972); ders., *Freiheit und Vernunft* (Düsseldorf,

좇아 어떤 규범이 일반적 규범인가 아니면 특수한 규범인가는 단계적인 차이에 불과하다고 말한다.[24] 이는 일반적 규범에도 그리고 특수한 규범에도 보편성이라는 범주가 연결될 수 있다는 것을 뜻한다. 보편적 규범이라는 속성이 반드시 일반적 규범에만 연결되는 것은 아니기 때문이다. 따라서 귄터는 특수한 것이라는 범주와 보편적이라는 범주는 서로 양립할 수 있다고 한다.[25] 그러므로 결국 항상 상황적인 규범적용(구체화)도 규범의 정당화와 마찬가지로 보편성을 획득할 수 있다고 한다.[26]

이처럼 귄터는 한편으로는 가다머(Hans-Georg Gadamer)나 벨머의 주장을 받아들여 규범적용의 상황관련성을 인정하지만,[27] 다른 한편으로 상황관련적인, 다시 말해 특수한 규범적용 역시 보편성을 획득할 수 있다고 하면서 벨머의 비판을 설득력 있게 물리친다.[28] 요컨대 귄터에 따르면 규범창설뿐만 아니라 규범적용에도 보편화가능성 원칙이 적용된다. 이를 통해 하버마스의 대화윤리는 더욱 완전한 모습을 갖추게 된다.

### 3. 법적용이론으로서 규범적용대화

나아가 규범적용대화이론은 법적용이론의 한 이론으로서 그 의미가 있다. 특히 기존에 대립하던 극단적인 두 가지 모델, 즉 '전송벨트모델'로 일컬을 수 있는 연역적인 근거지음이론과 '당구공모델'로 지칭할 수 있는 극단적인 해석학적 견해를 변증적으로 종합한다는 점에서 그 의의를 찾을 수 있다.

#### (1) 법적용에 대한 두 가지 시각

1995년에 영문으로 발표한 논문 "법적용과 민주주의"(Legal Adjudication and Democracy: Some Remaks on Dworkin and Habermas)에서 귄터는 독일 연방헌법재

---

1973); ders., *Moral Thinking* (Clarendon Press, 1981); K. Günther, *Der Sinn für Angemessenheit: Anwendungsdiskurse in Moral und Recht*, 28쪽 아래 등 참고.

24) K. Günther, 위의 책, 29쪽.

25) 이런 귄터의 논리에 따른다면 일반적인 것과 개별적인 것도 양립할 여지가 있다.

26) K. Günther, 앞의 책, 30쪽.

27) 귄터는 『진리와 방법』(Wahrheit und Methode)에서 가다머가 펼친 해석학적인 사고를 수용한다. 가령 K. Günther, 앞의 책, 15쪽, 28쪽 등 참고.

28) 이렇게 평가하는 J. Habermas, *Erläuterungen zur Diskursethik*, 138쪽.

판소의 지위에 대한 뵈켄페르데(Ernst-Wolfgang Böckenförde)의 논평을 언급하면서 법적용을 바라보는 두 가지 상이한 시각을 지적한다.[29] 이른바 '전송벨트모델'(transmission belt model)과 '당구공모델'(billiard ball model)이 바로 그것이다.[30] 여기서 전송벨트모델에 따르면 법적용은 입법자가 제정한 법을 그대로 법적용과정에 마치 전송벨트처럼 전송하는 과정이다. 따라서 이런 전송벨트모델에 따르면 법을 적용하는 과정에 법적용자의 자유가 인정될 여지가 없다. 이에 반해 당구공모델에 따르면 법적용과정은 법제정절차에서 독립된 고유한 의미를 가진다. 법적용과정은 마치 어디로 튈지 모르는 당구공처럼 제정법과는 무관하게 법이 구체적으로 재창조되는 과정이다.[31] 이런 당구공모델에 의하면 법을 적용하는 과정에서 법관에 의한 법창조가 인정된다.

권터에 따르면 전송벨트모델을 가장 충실하게 대변한 사상가로 루소를 들 수 있다.[32] 권터에 따르면 루소는 '일반의지'라는 개념으로 직접 민주주의를 실현하려 하였고 더불어 법적용자의 자의를 방지하려 하였다. 한편 권터는 당구공모델의 대표적인 경우로 드워킨(Ronald Dworkin)을 인용하면서 실용주의(Pragmatism)를 거론한다.[33] 실용주의에 따르면 법적용은 과거와는 무관한 그 무엇이고, 공동선을 실현하기 위한 사회정책을 근거로 하여 선례를 무시할 수 있다.

(2) 법적용이론으로서 규범적용대화

그러나 권터는 이런 극단적인 두 시각을 모두 거부한다. 대신 양 시각을 절충적으로 보완하려 한다. 이를 위한 대안으로 제안한 것이 곧 규범적용대화이론

29) E.-W. Böckenförde, *Zur Lage der Grundrechtsdogmatik nach 40 Jahren Grundgesetz* (München: Carl Friedrich von Siemens Stiftung - Themen XLVII, 1989), 10-62쪽. 여기서 뵈켄페르데는 독일 연방헌법재판소의 지위를 입법권과 사법권을 모두 갖춘, 말하자면 재치권(jurisdictio)을 가진 국가기관으로 묘사한다. 이를 지적하는 K. Günther, "Legal Adjudication and Democracy. Some Remarks on Dworkin and Habermas", in: *European Jounal of Philosophy*, vol. 3, H. 1 (1995), 36쪽.
30) K. Günther, 위의 논문, 37쪽.
31) K. Günther, 앞의 논문, 37쪽.
32) K. Günther, 앞의 논문, 38쪽 아래. 한편 19세기 독일 법학을 지배한 전통적인 연역적 삼단논법도 이런 전송벨트모델을 충실하게 반영한 것이라 일컬을 수 있다.
33) R. Dworkin, *Law's Empire* (Havard University Press, 1986), 151쪽; K. Günther, 앞의 논문, 44쪽. 물론 이때 주의해야 할 점은 드워킨이 실용주의를 주장한다는 것은 아니라는 점이다.

이다. 권터는 "법적용과 민주주의"에서 전송벨트모델을 적절하게 수정하려는 시도로 드워킨의 견해와 하버마스의 견해를 소개한다.[34] 하지만 결과적으로 드워킨의 이론은 여전히 주체중심적 사고에서 벗어나지 못하고 있다고 평가한다.[35] 그래서 권터는 전송벨트모델을 만족스럽게 수정한 이론으로, 하버마스가 『사실성과 타당성』에서 펼친 법적용이론을 언급한다. 그런데 하버마스가 『사실성과 타당성』에서 전개하는 법적용이론은 곧 권터의 규범적용대화이론에 바탕을 둔 것이라 할 수 있다. 그러므로 권터의 규범적용대화이론은 전송벨트모델과 당구공모델이라는 두 극단적인 시각을 만족스럽게 절충한 견해로서 의미를 가진다.

그런데 사실 규범적용대화이론이 가지는 이 같은 의미는 "법적용과 민주주의"에서 비로소 드러난 것은 아니다. 이미 권터는 자신의 박사학위논문에서 이런 규범적용대화이론의 의미를 시사하였고 1991년에 발표한 "법과 도덕에서 보편적인 규범창설과 규범적용"(Universalistische Normberündung und Normanwendung in Recht und Moral)에서 전송벨트모델과 당구공모델을 보완하는 규범적용대화이론의 지위를 분명히 하였다.[36]

이 논문에서 클라우스 권터는 규범적용대화이론의 의미를 밝히기 위해 우선 "상위명제와 생활사안 사이에서 시선의 오고감"(Hin- und Herwandern des Blicks zwischen Obersatz und Lebensverhalt)이라는 유명한 칼 엥기쉬(Karl Engisch)의 시선은유(Blickmetapher)에서 논의를 출발한다.[37] 한편으로 권터는 자신이 엥기쉬의 통찰을 넘어서려는 것이 아니라 단지 보완하려는 것일 뿐이라 하면서, 규범적용이란 전통적인 연역적 삼단논법처럼 규범을 연역적으로 해석하는 것이 아님을 시사한다.[38] 그렇지만 다른 한편으로 삼단논법과 같은 연역적인 규범근거지음이론이 전혀 무용한 것이라고 말하지도 않는다.[39] 요컨대 권터는 전송벨

34) K. Günther, 앞의 논문, 44쪽 아래.
35) K. Günther, 앞의 논문, 46쪽.
36) K. Günther, "Universalistische Normbegründung und Normanwendung in Recht und Moral", in: M. Herberger/U. Neumann/H. Rüßmann (Hrsg.), *Generalisierung und Individualisierung im Rechtsdenken*, ARSP Beiheft Nr. 45 (1992), 36-76쪽.
37) K. Engisch, *Logische Studien zur Gesetzesanwendung*, 3. Aufl. (Heidelberg, 1963), 15쪽.
38) K. Günther, "Universalistische Normbegründung und Normanwendung in Recht und Moral", 36쪽.
39) K. Günther, 위의 논문, 37쪽.

트모델에 대응하는 연역적 근거지음이론과 당구공모델에 대응하는 실용주의와 법해석학, 논증이론이라는 두 극단을 모두 지양하면서 양자의 관점을 모두 흡수하는 새로운 법적용이론을 시도하는 것이다.[40]

## 4. 규범창설대화

이제 권터가 제안한 규범적용대화이론이 어떤 내용을 담고 있는지 알아보자.[41] 권터에 따르면 규범에 관한 대화에는 규범창설과 규범적용이라는 두 가지 측면이 존재한다. 이때 규범창설대화는 규범적 주장이 지닌 명제적 내용의 타당성(Gültigkeit)을 심사하는 과정으로 작동한다.[42] 규범창설대화는 벨머가 비판한 것처럼 본래 보편화가능성 원칙이 적용되는 중심적인 영역이었다. 이러한 규범창설대화에 관해 몇 가지 의문이 떠오른다. 규범창설대화는 규범에 관한 대화에서 어떤 위상을 가지는가? 규범창설대화는 단순히 어떤 규범을 정립하는 과정에만 머무는 것일까 아니면 규범을 구체화하는 과정에도 필요한 것일까? 만약 규범을 구체화하는 과정에도 규범창설대화가 필요하다면 과연 어떻게 규범창설대화는 그 역할을 수행할 수 있는 것일까?

하버마스가 제시한 보편화가능성 원칙이 잘 보여주는 것처럼 규범창설대화는 특정한 규범의 타당성이나 정당성을 심사하는 과정이다. 그러므로 규범창설대화는 보통 규범적 주장의 타당성을 인정하여 이 주장에 보편성을 부여하기 위해 이루어진다. 다시 말해 규범창설대화는 규범을 정립해 가는 과정이라 할 수 있다. 그러나 권터는 규범창설대화를 단지 규범을 정립하는 과정에만 머물게 하지 않는다. 위에서 본 것처럼 전통적인 연역적 근거지음이론과 논증이론을 종합하기 위해 권터는 규범창설대화가 가진 보편화원리를 규범구체화(적용) 과정까지 확장한다. 그렇다면 왜 규범적용과정에서 규범창설대화 및 보편화원리가 필요한 것일까?

---

40) K. Günther, 앞의 논문, 40쪽 아래 참고.
41) 권터의 규범적용대화이론을 소개하는 국내문헌으로 이상돈, 『법이론』, 제3장 제2절 "정합성의 대화이론적 재구성" 참고.
42) 규범창설대화에 관해서는 기본적으로 K. Günther, 앞의 논문, 43쪽 아래 참고.

규범적용과정이란 구체적인 개별 분쟁 상황이 발생했을 때 이에 적절한 규범을 찾아 적용하는 과정을 뜻한다. 그런데 이때 규범적용과정은 마치 철학적 해석학이나 당구공모델이 주장하는 것처럼 규범창설대화로 정립된 규범과 논리적으로 무관하게 진행되는 것은 아니다.[43] 오히려 규범적용과정은 규범창설대화로써 그 정당성이 인정된 규범을 전제로 해서 진행된다. 이 점을 귄터는 다음과 같이 말한다.[44]

> "따라서 우리는 요약해서 다음과 같이 말할 수 있다. 규범창설대화는 적용대화 상황에서 어떤 규범들이 최종적으로 고려되어야 하는지를 확정한다는 것이다. 그렇게 되면 '도덕적으로 타당한 규범' 아래서 적용대화의 참여자들이 다른 참여자들에 대해 정당하게 원용할 수 있거나 원용해야 하는 그런 근거들이 이해될 수 있다."

이렇게 규범창설대화는 보통 규범을 정당하게 정립하고 근거 짓는 과정에서 사용되지만 그렇다고 여기에만 머무는 것은 아님을 알 수 있다. 귄터에 의하면 규범창설대화는 규범적용과정, 즉 규범적용대화가 작동하는 과정에서 어떤 규범들이 잠정적으로 타당한 규범으로 고려되어야 하는지를 확정한다. 그렇지만 어떤 규범이 구체적인 개별 상황에서 최종적인 타당성을 얻으려면 다시 규범적용대화에 의해 규범창설대화가 보완되어야 한다.

## 5. 규범적용대화

### (1) 규범적용대화의 필요성

그렇다면 왜 규범창설대화는 규범적용대화에 의해 보완되어야 하는가? 왜 규범적용대화가 필요한 것일까? 이에 귄터는 다음과 같은 예로 의문을 해명한

---

43) 가다머가 정립한 철학적 해석학에 따르면 규범적용에 필요한 텍스트를 이해하는 과정은 텍스트에 담긴 과거의 지평과 이해자가 처한 현대의 지평이 융합하여 이루어지는 재창조 과정이다. 이에 관해서는 H.-G. Gadamer, *Wahrheit und Methode* (Tübingen, 1975), 289쪽 참고. 철학적 해석학 및 법해석 전반에 관해서는 양천수, 『법해석학』(한국문화사, 2017) 참고.

44) K. Günther, 앞의 논문, 48쪽.

다.[45] 가령 "약속은 지켜야 한다."는 규범과 "곤궁에 처한 이웃을 도와야 한다."는 규범은 모두 규범창설대화를 통해 그 정당성이 인정된다. 하지만 구체적인 상황에서는 두 규범이 서로 충돌하는 경우가 발생한다. 예컨대 내가 친구와 만날 약속을 해서 약속 장소로 가야 할 순간에 이웃이 곤궁한 처지에 놓이게 되었다고 하자. 이런 경우에는 "약속은 지켜야 한다."는 규범과 "곤궁에 처한 이웃을 도와야 한다."는 규범은 서로 충돌한다.[46] 왜냐하면 친구와 한 약속을 지키려 하면 곤궁에 처한 이웃을 도울 수 없다. 반대로 이웃을 돕게 되면 친구에 대한 약속을 지킬 수 없기 때문이다. 그래서 이런 구체적인 상황에서는 각각 적용될 규범이 과연 정당한지가 문제되는 것이 아니라 각 규범이 과연 '적절하게' 적용되었는지가 문제된다. 이때 규범적용의 적절성(Angemessenheit)을 판단해 주는 것이 곧 규범적용대화이다. 이런 이유에서 규범창설대화는 규범적용대화를 통해 보완되어야 한다.

### (2) 규범적용대화의 단계

권터에 따르면 규범적용은 크게 다음 네 단계로 이루어진다. 우선 사안서술이 이루어질 수 있어야 하고 이 사안서술에 상응하는 규범이 존재해야 한다. 물론 이때 규범은 규범창설대화를 통해 그 타당성이 잠정적으로 인정된 것이어야 한다. 나아가 이러한 규범은 각 사안서술에서 이루어지는 단수적인(singular) 판단을 통해 선택된다. 마지막으로 여기서 선택된 규범은 위에서 언급한 사안서술과 의미론적으로 동등하게 해석된다.[47] 이런 과정을 모두 거쳤을 때 규범적용은 일단 올바른 것으로 평가될 수 있다.

### (3) 사안서술과 상황해석의 구별

이처럼 규범적용대화가 진행되려면 우선적으로 사안서술이 이루어져야 한

---

45) 이 예는 K. Günther, *Der Sinn für Angemessenheit: Anwendungsdiskurse in Moral und Recht*, 261쪽 아래 참고.

46) 권터는 이를 규범의 내부적 효력은 건드리지 않고 서로 충돌하는 '외부적 충돌'이라고 한다. 이에 반해 규범창설대화에서는 어떤 규범의 내부적 또는 명제적 효력 자체가 문제되는 충돌이 발생하는데 이를 '내부적 충돌'이라고 한다.

47) K. Günther, "Universalistische Normbegründung und Normanwendung in Recht und Moral", 48쪽.

다. 이때 사안서술은 진실해야 한다. 그런데 귄터에 따르면 사안서술은 진실한 것일 수는 있지만 그렇다고 항상 완전할 수 있는 것은 아니다. 왜냐하면 사안서술은 현재 나타난 사태(Tatsache)만을 대상으로 하기 때문이다. 그렇지만 귄터에 의하면 현재의 사태 그 자체는 항상 다른 상황 요소를 빠뜨릴 여지를 안고 있다. 예를 들어 "A가 B의 신체에 상해를 가했다."는 사안서술은 이에 대응할 만한 사태가 존재하는 한 진실한 사안서술이 될 수 있다. 하지만 만약 사실은 "A가 B에게 임박해 온 위험을 막기 위해 B의 신체를 상해하였다면" "A가 B의 신체에 상해를 가했다."라는 사안서술은 완전한 것이 될 수 없다고 한다.[48]

그 때문에 귄터는 '사안서술'(Sachverhaltsbeschreibung)과 '상황해석'(Situationsdeutung)을 구별할 것을 제안한다.[49] 여기서 사안서술이란 위에서 말한 것처럼 현재 또는 과거에 발생한 일정한 사태를 기술하는 것을 뜻한다. 이에 반해 상황해석은 그 사태 안에 담긴 다양한 상황 요소를 고려하여 상황을 해석하는 것을 말한다. 귄터에 따르면 적절한 규범적용을 하기 위해서는 사안서술을 진실하게 하는 것보다 상황해석을 완전하게 하는 것이 더욱 중요하다.[50]

(4) 사안서술과 규범해석의 착종

그러나 사실 사안서술을 토대로 하여 어떤 상황해석이 규범을 적절하게 적용하는 데 중요한지를 밝히는 것은 어렵다. 왜냐하면 어떤 상황 요소를 더욱 중요한 것으로 고려할지는 각 규범해석자마다 달라질 수 있기 때문이다. 그래서 귄터는 각 사안에 담긴 상황의 중요성 평가는 각 규범해석자가 가진 규범이해에 달려있다고 한다.[51] 이는 곧 상황해석은 사안서술과 규범해석이 순환적으로 착종함으로써 주어질 수 있음을 뜻한다. 각 해석자가 지닌 규범이해를 통해 사안서술로부터 의미 있는 상황 요소가 선택되고 이렇게 선택된 상황 요소에 의해 적절한 규범이 선택되고 해석되기 때문이다.

한편 사안서술과 규범해석이 순환적으로 착종함으로써 결국 당해 사안에

---

48) 이 예는 K. Günther, 위의 논문, 49쪽.
49) K. Günther, 앞의 논문, 49쪽.
50) K. Günther, 앞의 논문, 53-54쪽.
51) K. Günther, 앞의 논문, 49쪽.

의미 있는 단수적인(개별적인) 절대명령이 도출된다. 예를 들어 위에서 언급한 규범충돌의 경우에는 "지금 여기서는 친구와 한 약속을 지키는 것보다 이웃을 돕는 것이 더욱 중요하다."는 절대명령이 적절한 것으로 도출될 수 있다. 나아가 이런 단수적인 절대명령은 이와 관련된 규범에 의해 뒷받침된다.

(5) 상황해석과 단수적인 절대명령의 선별성

그렇지만 권터에 따르면 특정한 사안서술에 대한 상황해석 그리고 이런 상황해석으로 도출된 단수적인 절대명령은 기본적으로 선별성이라는 속성에서 벗어나기 어렵다.[52] 그 이유를 다음과 같이 말할 수 있다. 우선 특정한 사안서술에서 어떤 상황적 요소가 중요한지, 달리 말해 무엇이 의미 있는 것인지는 상황이해자에 따라 달라진다. 권터에 따르면 중요성이라는 표지는 관계적이기 때문이다.[53] 또한 권터에 의하면 사안서술에 대한 중요성 판단은 전적으로 일반적인 언어체계에 의존한다. 예를 들어 동일한 사태에 관해서도 물리학자가 행한 사안서술은 민속학자가 한 것과도 다르고, 동시대에 도덕적으로 권위 있는 사람이 수행한 사안서술과도 다르다. 마찬가지로 법률가가 진행한 사안서술과 이러한 물리학자 등이 수행한 서술 역시 차이가 있다고 한다.[54] 이처럼 이해자는 각각 고유한 언어체계에 따라 사태를 바라보기 때문에 이로써 이루어지는 사안서술의 중요성 판단도 각기 고유한 선별성을 가지게 된다. 이 때문에 사안서술에서 출발하는 상황해석 또한 선별성을 띨 수밖에 없다.

이처럼 상황해석은 선별성을 가지기에 이런 상황해석을 바탕으로 하여 각 상황에 부여되는 단수적인 절대명령도 선별성을 가진다. 권터에 의하면 단수적인 절대명령 및 이러한 절대명령이 지닌 특수성은 각 상황에서 이루어지는 행동 방식 및 개별적인 수범자와 관련을 맺는다. 이러한 관련은 다른 상황들보다 '이' 상황을 더욱 강조하는 단수적인 용어(Termini)를 사용함으로써 형성된다.[55] 그런데 이때 다른 상황들보다 '이' 상황을 더욱 강조하는 것 자체가 선별적일

52) K. Günther, 앞의 논문, 52쪽 아래 참고.
53) K. Günther, 앞의 논문, 49쪽.
54) K. Günther, 앞의 논문, 49쪽.
55) K. Günther, 앞의 논문, 52쪽.

수밖에 없다. 만약 이런 선별성이 존재하지 않는다면 '이' 상황과 다른 모든 상황들은 동등한 상황이 될 것이기 때문이다. 그러므로 이런 선별적인 상황성으로 인해 단수적인 절대명령도 선별성을 갖게 된다. 이를 귄터는 다음과 같이 말한다.[56]

> "'이' 상황과 다른 상황을 구별하는 관점은 단수적인 절대명령을 정당화하는 가능성에서 주어진다. 단수적인 절대명령을 정당화할 때 그 상황이 갖게 되는 의미성이 구별기준이 된다. '이 상황'으로써 화자가 언급하는 것은 단수적인 절대명령을 정당화하는 데 의미 있는 그리고 화자에 의해 의미 없는 것으로 인정된 것과 구별되는 모든 상황서술의 전체성이다. 이로써 화자는 의미 없는 상황서술이 담고 있는 여타의 상황들에 대해 '이 상황'을 두드러지게 한다. 화자가 의미 있는 것으로 두드러지게 한 '이 상황'과 그 서술이 중요하지 않은 다른 상황 사이에서 나타나는 지시들의 전체성이 화자의 상황해석을 구성한다. 그리고 의미 있는 상황서술과 의미 없는 상황서술 사이에는 단수적인 절대명령을 정당화하기 위해 화자가 끌어들인 선별성이 분명 존재한다."

이와 같이 귄터에 따르면 적용대화의 전제가 되는 상황해석 그리고 이 상황해석에서 비롯되는 단수적인 절대명령은 선별성을 가진다. 그런데 이런 선별성은 귄터가 한편으로 수용하는 철학적 해석학의 관점에서 볼 때 오히려 당연한 것이라 말할 수도 있다.[57] 그 이유는, 철학적 해석학에 따르면, 모든 이해와 해석에는 이해자의 선이해가 개입하기 때문이다.[58] 따라서 일정한 사안서술로부터 비롯되는 상황해석이나 이런 상황해석에 바탕을 둔 단수적인 절대명령 역시 선이해에 입각하여 이루어지게 된다. 이때 선이해 그 자체는 모종의 선별성을 지시하므로 상황해석이나 단수적인 절대명령 모두 선별적일 수밖에 없다.

---

56) K. Günther, 앞의 논문, 53쪽.
57) K. Günther, *Der Sinn für Angemessenheit: Anwendungsdiskurse in Moral und Recht*, 340쪽 아래.
58) H.－G. Gadamer, 앞의 책, 250쪽 아래 참고.

(6) 단수적인 절대명령의 정당화

이제 문제는 선별성을 띠는 상황해석 및 단수적인 절대명령을 어떻게 적절한 것으로 정당화할 수 있는지이다. 이에 관해 귄터는 두 가지 정당화 방안을 제시한다. 완전한 상황해석과 정합성이 그것이다.[59]

1) 완전한 상황해석

먼저 귄터에 따르면 왜 '이' 상황해석이 다른 모든 상황해석에 대해 의미 있는 것인지를 올바른 것으로 드러내려면 '이' 상황해석만이 유일하게 의미 있는, 달리 말해 '이' 상황해석만이 완전한 것이라고 말할 수 있어야 한다. 이를 귄터는 아래와 같이 말한다.[60]

> "우선적으로 상황해석의 완전성이 단수적인 절대명령을 충분하게 정당화할 수 있다. 모든 사람들 가운데서 그 누구도 가능할 수 있는 진실한 상황서술만을 고려할 수 있는 것은 아니기에 상황해석의 완전성은 사실상 도달될 수 있지는 않다. 그렇지만 바로 그 때문에 자신의 상황해석이 완전하다고 말하는 화자의 주장만이 상황해석을 정당화하는 데 기초가 되는 근거들의 선별성을 비판하는 유일한 방법이 된다."

이처럼 상황해석과 이에 입각한 단수적인 절대명령은 일차적으로 상황해석의 완전성을 통해 확보될 수 있다. 그러나 이때 주의해야 할 점이 몇 가지 있다. 우선 완전한 상황해석이라는 요구는 위에서 귄터가 언급하듯이 현실적인 것이 아니라 이상적인 것이라는 점이다. 이는 하버마스가 제안한 '이상적 대화상황'이 말 그대로 현실적인 것이 아니라 이상적이라는 점과 유사하다. 그러나 상황해석의 완전성이 현실적인 것이 아니라고 해서 실제적인 의미가 없는 것은

59) K. Günther, *Der Sinn für Angemessenheit: Anwendungsdiskurse in Moral und Recht*, 287－307쪽; K. Günther, "Universalistische Normbegründung und Normanwendung in Recht und Moral", 53－58쪽 참고. 다만 여기서 한 가지 지적할 만한 점은 박사학위논문인 『적절성의 의미』에서 귄터는 '상황서술의 완전성'이라는 표현을 쓰는 반면 논문 "법과 도덕에서 보편적인 규범창설과 규범적용"에서는 '상황해석의 완전성'이라는 용어를 쓰고 있다는 점이다.

60) K. Günther, 위의 논문, 53쪽.

아니다. 왜냐하면 상황해석의 완전성이야말로 상황해석과 단수적인 절대명령의 선별성을 비판하는 데 유일한 근거가 되기 때문이다.

다음으로 상황해석의 완전성은 고정되어 있는 실체로서 해석자인 주체가 객관적으로 발견하는 것은 아니라는 것이다. 그 대신 상황해석의 완전성은 대화윤리를 통해 이루어지는 각 해석자의 상호이해로 부여된다. 그래서 귄터는 "적용대화의 참여자들이 상황해석의 완전성 요구로 얻으려는 태도는 객관적이고 전체적인 해석을 가능케 하는 태도가 아니라 공통된 태도일 뿐"이라고 말한다.[61] 따라서 귄터에 따르면 적용대화의 모든 참여자들이 상황해석을 공유하게 될 때 그 상황해석은 완전한 것이 된다.[62]

2) 정합성

나아가 귄터는 해석의 '정합성'(Kohärenz)을 단수적인 절대명령을 정당화하는 기초로 제안한다.[63] 본래 정합성은 미국의 법철학자인 드워킨이 제안한 개념이다.[64] 드워킨은 한편으로는 해석학적 사고를 수용하여 법관의 법해석을 근거 지으면서도 다른 한편으로는 정합성 개념으로 법관의 법해석을 정당화한다. 이러한 정합성 개념은 독일의 공법학자 알렉시에 수용되어 법원칙 사이의 충돌을 최적적으로 정당화하기 위한 논증 개념으로 사용된다. 귄터는 이렇게 드워킨에 의해 제안되고 알렉시가 발전시킨 정합성을 단수적인 절대명령을 정당화하기 위해, 바꿔 말해 규범적용대화의 적절성을 확보하기 위해 사용한다.

그러나 상황해석의 '완전성'과 마찬가지로 귄터는 정합성을 알렉시처럼 의미론적으로만, 달리 말해 외부적 정당화를 위한 논증 개념으로만 사용하지는 않는다. 대신 귄터는 화용론의 관점에서, 즉 대화이론의 관점에서 정합성을 재구성한다.[65] 그래서 귄터에 따르면 정합성은 의미론적으로 고정된 것이 아니라

---

61) K. Günther, 앞의 논문, 78쪽.

62) K. Günther, 앞의 논문, 78쪽.

63) 귄터의 정합성 개념에 관해서는 우선 K. Günther, *Der Sinn für Angemessenheit: Anwendungsdiskurse in Moral und Recht*, 299쪽 아래; K. Günther, 앞의 논문, 55–56쪽; K. Günther, "Ein normativer Begriff der Kohärenz für eine Theorie der juristischen Argumentation", in: *Rechtstheorie* (1989), 163–190쪽 참고.

64) R. Dworkin, 앞의 책 참고.

65) 국내에서 이런 작업을 수행한 경우로는 이상돈, 『법이론』, 제3장 제2절 "정합성의 대화이론적

상황관련적인 개념이다. 그 때문에 귄터는 “정합적인 연관성은 항상 그때그때의 상황에서 비로소 만들어질 수 있을 것”이라고 말한다.[66]

이처럼 정합성 역시 대화이론적으로 그때그때의 상황에서 재구성되는 것이므로 정합성에 바탕을 둔 단수적인 절대명령의 적절한 정당화도 각 상황에서 이루어지는 관련 당사자의 대화에 의존하게 된다. 그래서 귄터는 말한다.[67] “각 참여자들이 자신의 상황해석에 근거해 원용할 수 있는 근거들을 모든 관련자들이 받아들이는 정합적인 해석으로 정당화할 수 있다면 단수적인 절대명령은 정당한 것이 될 수 있다.”

## 6. 규범적용대화이론에 대한 비판과 방어

귄터가 1988년에 출간된 『적절성의 의미』에서 ‘규범적용대화이론’을 제안한 이후 규범적용대화이론은 몇 가지 비판에 직면하였다. 이에 귄터는 1991년에 공간된 논문 “법과 도덕에서 보편적인 규범창설과 규범적용”에서 이런 비판에 맞서 자신의 규범적용대화이론을 방어한다.[68]

### (1) 규범적용대화이론의 독자성에 대한 비판 및 방어

먼저 규범적용대화이론을 따로 인정하는 것에 반대하는 비판이 제기되었다. 이 비판은 다시 두 유형으로 나누어진다. 우선 정합성을 통해 규범적용대화의 적절성을 꾀하려는 시도는 주어진 규칙을 준수하는 것과 새 규칙을 창조하는 것 사이에 존재하는 아포리아(Aporia)를 피할 수 없다는 비판이 제시되었다. 이 비판은 다음과 같이 말한다. 만약 정합적인 규범적용대화를 통해 그때그때 상황에 적절한 새로운 규범해석이 형성된다면, 이것은 엄격히 말해 규범‘적용’이 아니라 규범‘창설’이 된다고 한다.[69] 반대로 만약 정합적인 규범적용대화가 새로운 규범(해석)을 형성하지 않는다면, 정합적인 대화는 규범적용대화가 아니

---

재구성” 참고.

66) K. Günther, “Universalistische Normbegründung und Normanwendung in Recht und Moral”, 56쪽.

67) K. Günther, 위의 논문, 57쪽.

68) K. Günther, 앞의 논문, 59쪽 아래.

69) 이런 취지의 비판을 제기한 A. Somek, “Rechtswissenschaft interdisziplinär,” in: B. Möller (Hrsg.), *Logik der Pädagogik* (Oldenburg, 1991), 29쪽 아래; K. Günther, 앞의 논문, 59쪽에서 다시 인용.

라 규범창설대화에서만 이루어질 수 있다고 한다.70) 그 때문에 규범창설대화 이외에 규범적용대화를 별도로 인정할 필요는 없다고 한다.

하지만 이런 비판에 귄터는 규범창설대화와 규범적용대화는 그 논증방식에 차이가 있을 수밖에 없다고 재반박한다. 물론 귄터 역시 적용대화에서 새로운 규범해석 및 이에 의한 규범의 새로운 의미부여가 이루어짐을 인정한다. 하지만 규범의 '의미'가 사물처럼 고정된 것이 아닌 한 규범창설대화에서만 새로운 의미가 형성되는 것은 아니고 따라서 위 반론들이 내놓은 아포리아에서 벗어날 수 있다고 한다.71) 뿐만 아니라 귄터에 따르면 규범창설대화와 규범적용대화에서 각각 사용하는 논증의 수준에는 차이가 있다고 한다. 가령 규범창설대화에서도 상황해석을 사용하지만, 규범적용대화에 비해 더욱 추상적이고 일반화된 상황해석을 원용한다고 한다. 규범창설대화는 일반적인 상황 또는 맥락 및 이에 관련된 일반화 가능한 이익을 고려할 뿐이다. 이와 달리 규범적용대화에서는 더욱 구체화되고 개별화된 상황해석을 원용한다고 한다. 따라서 논의되는 이익 역시 구체적일 수밖에 없다. 이로써 규범창설대화와 규범적용대화는 구별된다고 한다.72)

한편 규범적용대화는 수정된 규범창설대화에 불과하다는 비판이 제기되었다.73) 이 비판에 따르면 규범적용대화란 사례규범(Fallnorm) 또는 결정규범(Entscheidungsnorm)을 창설하는 것에 지나지 않는다. 그러나 귄터는 이런 비판에 두 가지 상이한 반론을 제기할 수 있다고 반박한다.74) 한편으로 이런 비판이 성립하려면 이미 적용대화가 이루어졌거나 또는 이 적용대화를 통해 위 결정규범이 정당화되었음을 전제해야 한다는 것이다. 다른 한편으로 여기서 원용되는 결정규범은 일반적으로 타당성을 얻을 수 있어야 한다고 말한다. 그런데

70) 이런 비판을 제시하는 경우로는 I. Dwars, "Application Discourse and the Special Case－ Thesis. On a Discussion between Robert Alexy and Klaus Günther," in: *Ratio Juris* (1991/92); K. Günther, 앞의 논문, 59쪽에서 다시 인용.

71) 이와 관련하여 귄터는 비트겐슈타인(Ludwig Wittgenstein)의 저서 『철학적 탐구』(Philosophische Untersuchungen)를 인용한다. K. Günther, 앞의 논문, 60쪽.

72) K. Günther, 앞의 논문, 60－61쪽.

73) K. Günther, 앞의 논문, 61쪽.

74) K. Günther, 앞의 논문, 62쪽.

이런 두 반론은 서로 성질을 달리 하는 것이므로 구별할 수밖에 없다고 한다. 이런 권터의 반비판은 규범창설대화와 규범적용대화가 동시에 이루어지는 것은 아님을 암시한다.

(2) 규범창설대화의 독자성에 대한 비판 및 방어

이와 달리 규범창설대화는 필요 없다는 비판이 전개되기도 한다.[75] 왜냐하면 규범의 타당성을 검증하는 작업은 필연적으로 상황해석을 필요로 하기 때문이다. 하지만 위에서도 소개하였듯이 권터는 규범창설대화에서 필요로 하는 상황해석과 규범적용대화에서 요구하는 상황해석은 그 수준이 다르므로 양자는 구별된다고 반박한다.[76]

(3) 적용대화이론의 실현 가능성에 대한 비판 및 방어

마지막으로 정합적인 적용대화이론이 실제로 이루어질 수 있는가에 비판이 제기된다.[77] 이 비판에 따르면 규범적용대화에서 말하는 정합적인 해석은 인지적·시간적 한계에 부딪힌다. 따라서 정합적인 해석은 실제로 이루어질 수 없다고 비판한다. 하지만 이런 비판에 권터는 패러다임적 법이해로 이런 인지적·시간적 한계를 극복할 수 있다고 반박한다.[78]

권터에 따르면 우리는 규범해석과 상황해석에 일반화된 패러다임을 형성함으로써 규범적용대화가 안고 있는 인적·물적·시간적 한계를 어느 정도 극복할 수 있다. 규범적용자가 일반화된 패러다임을 원용하여 상황을 해석하고 규범을 적용하면 일단 잠정적으로 적절성을 인정받을 수 있기 때문이다. 하지만 권터는 그렇다고 해서 이런 패러다임을 절대화해서 다른 새로운 패러다임이 형성되는 것을 막아서는 안 된다고 한다. 바꿔 말해 패러다임은 다른 새 패러다임에 닫혀있어서는 안 된다. 기존의 패러다임이 새로운 패러다임에 의해 대체될 가능성을 열어놓은 상태에서만 독점적인 해석을 막을 수 있다고 한다.[79]

---

75) K. Günther, 앞의 논문, 62쪽.
76) K. Günther, 앞의 논문, 62쪽.
77) K. Günther, 앞의 논문, 62-63쪽.
78) 자세한 내용은 K. Günther, 앞의 논문, 63쪽 아래.
79) K. Günther, 앞의 논문, 65쪽.

## 7. 도덕적인 적용대화와 법적인 적용대화

규범적용대화와 관련하여 귄터는 도덕적인 적용대화와 법적인 적용대화를 구별한다.[80] 귄터는 전통적인 자연법이론처럼 법과 도덕을 동일하게 파악하는 동일성 테제를 거부한다. 귄터에 따르면 법과 도덕 사이에는 다음과 같은 차이가 있기 때문이다.[81] 첫째, 도덕규범과는 달리 모든 법규범이 보편적인 성격을 가지는 것은 아니다. 둘째, 법적인 효력은 효력에 관한 권한을 부여받은 결정기관에 의존한다는 점에서 도덕적 대화에 의존하는 도덕적 타당성과는 구별된다. 법적인 '효력'(Geltung)은 결정을 근거 지을 수 있다는 점에서 도출되는 것이 아니라 국가기관이 '허가'하였다는 점에서 인정되기 때문이다. 셋째, 도덕과 달리 법은 강제가능성을 가진다. 이런 이유에서 법과 도덕은 동일한 것이 아니다.

하지만 그렇다고 해서 귄터가 엄격한 법실증주의처럼 법과 도덕의 분리테제를 옹호하는 것도 아니다.[82] 왜냐하면 귄터에 따르면 법적 효력 역시 도덕적으로 근거 지을 수 있기 때문이다. 그러므로 귄터의 시각에서 볼 때 법과 도덕을 동일하게 보는 동일성 테제나 양자가 완전히 분리되어 있다는 분리테제 모두 설득력이 부족하다.

그렇다면 귄터는 법과 도덕의 관계를 어떻게 바라보는가? 귄터는 도덕과 법 사이에 일정한 연관관계가 있음을 인정한다. 그 때문에 귄터는 법적인 논증, 즉 법적 적용대화를 도덕적인 적용대화의 특수한 경우(특수사례)(Sonderfall)라고 한다.[83] 귄터에 의하면 법적으로 제도화된 메커니즘은 도덕적인 적용대화를 어느 정도 제한한다. 이것은 법적 적용대화가 현실적으로 인적·물적·시간적 자원의 측면에서 한계를 안고 있기에 불가피하게 나타나는 현상이다. 하지만 이런 한계는 일차적으로 패러다임적 법이해가 보충을 한다. 이와 아울러 귄터는 법적인 적용대화 역시 도덕적인 적용대화에 의해 정당화될 여지를 안고 있다고 한다. 바꿔 말해 귄터에 따르면 법적 적용대화가 도덕적인 적용대화를 제도적

---

80) K. Günther, 앞의 논문, 68쪽 아래.
81) K. Günther, 앞의 논문, 68–69쪽.
82) K. Günther, 앞의 논문, 70쪽.
83) 이에 관해서는 무엇보다도 K. Günther, 앞의 논문, 188쪽 아래; 이상돈, 『법이론』, 334쪽 참고.

으로 제한한다고 해서 대화적인 구조가 완전히 파괴되는 것은 아니다. 법적 적용대화는 여전히 도덕적으로 정당화될 수 있다. 특히 귄터는 제도화되지 않은 민주적 법치국가의 공론영역에 힘입어 법적인 적용대화는 도덕적·대화적으로 정당화될 수 있다고 한다.[84]

## Ⅳ. 대화이론적 형사책임

박사학위논문을 통해 규범적용대화이론을 제시한 귄터는 이후 대화이론으로 형법을 재구성하는 데 관심을 쏟는다. 무엇보다도 귄터는 형법상 책임원칙을 대화이론으로 재구성하는 데 집중적인 연구를 한다. 이는 1997년에 통과된 교수자격취득논문 『책임과 의사소통적 자유』(Schuld und kommunikative Freiheit)로 집대성된다.[85] 여기서는 형법상 법익론과 책임원칙을 중심으로 하여 어떻게 귄터가 형법을 대화이론으로 재구성하고 있는지를 살펴본다.

### 1. 의사소통적 법익론

대화이론을 통한 형법의 재구성을 대략적으로 스케치하는 1991년의 논문 "형법의 대화윤리적 근거지음의 가능성"(Möglichkeiten einer diskursethischen Begründung des Strafrechts)에서 귄터는 형법상 법익을 대화이론으로 재구성하는 시도를 한다. 여기서 귄터는 형법의 임무가 무엇인지, 형법이 보호해야 할 이익이 무엇인지에 관해 간략하게나마 숙고한다.[86] 그러면서 귄터는 "형법의 임무는 참여자의 역할을 보호하는 것"이라고 말한다.[87] 다시 말해 형법의 임무는 전통적인 의미의 주관적 권리를 보호하는 것이 아니라 상호주관적으로 재구성된 주관적 권리를 보호하는 것이라고 한다. 따라서 귄터에 의하면 형법상 법익

84) K. Günther, 앞의 논문, 73쪽 아래 참고.

85) 이는 2005년에 공간되었다. K. Günther, *Schuld und kommunikative Freiheit* (Frankfurt/M., 2005) 참고.

86) 형법상 법익론의 역사에 관한 귄터의 본격적인 논의는 K. Günther, "Von der Rechts- zur Pflichtverletzung. Ein „Paradigmawechsel" im Strafrecht?," in: *Vom unmöglichen Zustand des Strafrechts* (Frankfurt/M., 1995), 445-460쪽에서 이루어진다.

87) K. Günther, "Möglichkeiten einer diskursethischen Begründung des Strafrechts", 210쪽.

은 상호주관적 권리가 된다. 나아가 귄터는 형법상 법익을 이렇게 상호주관적으로 재구성된 주관적 권리로 파악하면, '주체성'(Subjektivität)의 의미도 개인주의적으로가 아니라 상호주관적으로 파악해야 한다고 말한다. 그리고 이렇게 주체성을 이해하면 "개인적인 자율성과 상호주관성은 서로 배척하는 것이 아니라 서로의 조건이 된"다고 한다. 나아가 "개인의 자유는 집단적인 것에 의해 희생되지 않"으며 결국 "개인적 법익과 보편적 법익 사이의 대립도 약화될 것"이라고 한다.[88]

### 2. 책임원칙의 재구성

이와 같이 귄터는 형법상 법익을 대화이론으로 재구성한다. 그렇지만 아무래도 그의 주된 작업은 형법상 책임원칙을 대화이론으로 다시 정립하는 데 그 초점이 놓여있다고 말할 수 있다.

#### (1) 사회적 귀속과 법적 귀속

귄터에 따르면 책임귀속에는 크게 사회적 귀속과 법적 귀속이라는 두 가지 양상이 있다.[89] 사회적 귀속은 사회적 의사소통을 통해 이루어지는 책임귀속을 뜻한다. 가령 어떤 정치적인 사건이 발생했을 때 일반 대중들이 엄밀한 논리적 근거 없이 집단적으로 그 어떤 정치가에게 책임을 돌리는 것이나(집단적 귀속), 아니면 역사가들이 지나간 역사적 사실에 관해 그 누구에게 책임이 있다고 평가하는 것(역사적 귀속) 등을 사회적 귀속으로 일컬을 수 있다. 이에 반해 법적 귀속은 법적 평가를 바탕으로 하여 이루어지는 책임귀속을 말한다. 물론 이 가운데서 귄터가 주된 관심을 가지는 것은 법적 책임귀속이다.

#### (2) 법적 책임귀속의 특성

클라우스 귄터에 따르면 법적 제도 및 법적 평가에 입각하여 이루어지는 법적 책임귀속은 다음과 같은 속성을 가진다.

---

88) K. Günther, 위의 논문, 211쪽.

89) K. Günther, "'Schuld' und Erinnerungspolitik", 1164쪽 아래 참고.

1) 이원적 코드화

첫째, 권터는 법적 책임귀속이 이원적으로 코드화된다고 말한다.[90] 이때 이원적 코드화란 특정한 법적 사건이 발생했을 때 그 사건의 결과가 이 사건의 행위자와 행위 상황 가운데 어느 한 쪽으로 귀속됨을 뜻한다. 바꿔 말해 법적 책임귀속은 행위자 또는 행위 상황을 대상으로 이원화되어 이루어진다는 것이다. 따라서 법적 책임귀속에서 볼 때 어떤 결과는 행위자의 책임이 되든지 그게 아니면 상황의 탓으로 돌려진다. 행위자나 상황 모두에게 책임이 이중적으로 귀속되는 경우는 법적 책임귀속에서는 존재하지 않는다.

2) 의사소통적 현상

둘째, 권터는 법적 책임귀속도 사회적 의사소통의 결과물에 속한다고 말한다.[91] 따라서 법적 책임귀속의 구조도 각각의 사회가 법적 책임에 관해 어떻게 의사소통을 하는가에 따라 달라진다. 예를 들어 권터에 따르면 (형법적) 책임귀속은 각 사회가 지닌 책임구상, 배제규칙, 인격개념에 따라 달라지는데, 이런 책임구상이나 배제규칙 및 인격개념도 다시 각 사회가 처한 시대적 상황에 따라 그때그때 결정된다.[92]

(3) 법적 책임귀속의 정당화와 책임론 논쟁

1) 책임론 논쟁

그러면 법적 책임귀속은 어떻게 정당화되는가? 다시 말해 왜 행위자는 자신이 한 행위에 법적으로, 특히 형법적으로 책임을 져야 하는가? 이 문제는 형법상 책임원칙에서 가장 어려운 문제에 속한다. 이런 책임의 정당화와 관련해 독일에서는 치열한 논쟁이 전개되었다(책임론 논쟁).[93] 이 논쟁은 주로 과연 인

---

90) 가령 K. Günther, "Die Zuschreibung strafrechtlicher Verantwortlichkeit auf der Grundlage des Verstehens", 324쪽.

91) K. Günther, "Strafrechtliche Verantwortlichkeit in der Zivilgesellschaft", (Antrittsvorlesung, 1998), III. 참고.

92) K. Günther, "Die Zuschreibung strafrechtlicher Verantwortlichkeit auf der Grundlage des Verstehens", 328쪽 아래 참고.

93) 책임론 논쟁을 정리한 국내 문헌으로 심재우 (편역), 『책임형법론』(홍문사, 1995) 참고. 또한 독일의 책임론 논쟁을 정리하는 문헌으로는 이상돈, 『형법상 책임범주의 탈형이상학화, 합리화』(고려대 법학석사 학위논문, 1985) 등 참고.

간이 자유로운가라는 물음과 관련하여 진행되었다.[94] 귄터는 이런 책임론 논쟁을 아래와 같이 내부적 정당화와 외부적 정당화라는 두 가지 정당화 방식으로 접근한다.[95]

2) 내부적 정당화

우선 책임을 내부적으로 정당화하려는 접근방식이 있다.[96] 책임에 관한 내부적 정당화는 책임귀속을 정당화하기 위해 인간에게 자유가 있다고 전제한다. 이에 따르면 인간은 구체적인 상황에서 달리 행동할 가능성(타행위가능성)이 있었는데도 이를 무시하고 범죄적인 결과를 야기한 것이다. 다시 말해 행위자는 "할 수 있었는데도 하지 않은 것"이다. 따라서 행위자는 자신의 행위와 그 결과에 책임을 져야 한다고 말한다. 이런 내부적 정당화에 따르면 책임은 각 행위자에게 '귀속'(Zurechnung)되는 것이다.[97]

3) 외부적 정당화

행위자의 자유를 책임귀속의 정당화 근거로 삼는 내부적 정당화와는 달리 책임에 대한 외부적 정당화는 다른 근거, 무엇보다도 적극적 일반예방과 같은 형벌목적을 통해 책임귀속을 정당화한다.[98] 외부적 정당화에 따르면 행위자는 달리 행위할 가능성이 있었기 때문에 책임을 져야 하는 것이 아니라 적극적(통

94) 의사의 자유 문제에 관해서는 이 책 제7장 참고.

95) K. Günther, "Freiheit und Schuld in den Theorien der positiven Generalprävention: Ein Beitrag zur normativen Kritik", in: Schünemann/von Hirsch/Jareborg (Hrsg.), *Positive Generalprävention: Kritische Analysen im deutsch-englischen Dialog* (Heidelberg, 1998), 153쪽 아래 참고.

96) 여전히 내부적 정당화를 고수하는 경우로는 Arth. Kaufmann, *Das Schuldprinzip*, 2. Aufl. (Heidelberg, 1976); Arth. Kaufmann, 김영환 (역), "형법상 책임원칙에 관한 시대불변의 성찰들", 심재우 (편역), 『책임형법론』(홍문사, 1995), 9-45쪽 등 참고.

97) 귄터는 책임'귀속'(Zurechnung)과 책임'부과'(Zuschreibung)를 구별한다. 이런 구별에 관해서는 K. Günther, "Die Zuschreibung strafrechtlicher Verantwortlichkeit auf der Grundlage des Verstehens", 329쪽.

98) 이런 외부적 정당화를 시도한 대표적인 형법학자로 록신(Claus Roxin)과 야콥스(Günther Jakobs)를 거론할 수 있다. C. Roxin, "Zur jüngsten Diskussion über Schuld, Prävention und Verantwortlichkeit im Strafrecht", in: Arth. Kaufmann (Hrsg.), *Festschrift für Paul Bockelmann* (München, 1979); G. Jakobs, *Das Schuldprinzip* (Opladen, 1993); G. Jakobs, 조상제 (역), "책임과 예방," 심재우 (편역), 『책임형법론』(홍문사, 1995), 153-201쪽 참고. 아울러 귄터는 하쎄머 역시 책임을 외부적으로 정당화하는 형법학자로 소개한다. K. Günther, "Freiheit und Schuld in den Theorien der positiven Generalprävention: Ein Beitrag zur normativen Kritik", 155쪽.

합) 예방이라는 일정한 형벌목적을 충족시키기 위해 책임을 져야 한다. 한 마디로 말해 책임은 특정한 형벌목적을 위해 각 행위자에게 '부과'(Zuschreibung)되는 것이다.

물론 이렇게 책임을 외부적으로 정당화한다고 해서 외부적 정당화가 행위자의 자유 문제를 전혀 도외시하는 것은 아니다. 가령 책임의 필요성과 정당성을 구별하여 책임의 필요성은 형벌목적에서, 책임의 정당성은 인간이 지닌 의사의 자유에서 찾는 경우도 있다.[99] 이에 반해 귄터의 이해에 따르면 야콥스는 다른 근거에서 책임부과와 통합예방을 연결한다. 시민이 가진 사적 자율성(Privatautonomie)이 바로 그것이다. 귄터의 독해에 따르면 야콥스가 행위자에게 책임부과를 인정하는 것은 다음과 같은 이유 때문이다.[100]

귄터에 의하면 야콥스는 통합예방이라는 형벌목적을 달성하기 위해 책임을 부과한다. 그런데 야콥스가 강조하는 통합예방이론은 책임부과를 통해 규범에 대한 신뢰 및 규범안정화를 도모하는 형벌이론이다. 따라서 책임부과는 규범에 대한 신뢰를 보장하기 위해 인정된다. 이로부터 야콥스는 형식적 책임과 실질적 책임을 이끌어낸다. 형식적 책임은 행위자가 자신이 신뢰해야 할 규범의 형식적인 합법성을 침해함으로써 부과되는 것을 말한다. 이에 반해 실질적 책임은 규범의 실질적인 내용, 즉 규범의 정당성을 침해하였기 때문에 부과된다. 이때 야콥스는 규범의 실질적인 내용으로 사적 자율성을 언급한다. 야콥스에 따르면 형법이 보호해야 하는 규범을 통해 시민의 사적 자율성이 보장된다. 달리 말해 규범은 시민이 사적으로 자유롭게 행위할 자유, 즉 행위의 자유를 보장한다. 이는 곧 인간이 법규범을 통해 사적 행위의 자유를 부여받았음을 뜻한다.[101] 이런 이유에서 법규범은 정당한 것이 된다. 그런데 행위자는 이런 정당한 법규범을 범죄로 침해하였기에 실질적으로 책임을 부과 받게 된다는 것이다.

---

99) 록신과 쉬네만(Bernd Schünemann)이 그 대표적인 경우라 할 수 있다.

100) 야콥스의 이론을 상세하게 분석하는 귄터의 문헌으로는 K. Günther, "Freiheit und Schuld in den Theorien der positiven Generalprävention: Ein Beitrag zur normativen Kritik", 156쪽 아래 참고. 또한 K. Günther, "Individuelle Zurechnung im demokratischen Verfassungsstaat", in: *Jahrbuch für Recht und Ethik 2* (1994), 152쪽 아래 참고.

101) 그러나 그가 실제로 구체적인 상황에서 달리 행위할 자유, 특히 의사의 자유를 갖고 있었는지를 뜻하는 것은 아니다.

### (4) 의사소통적 자유를 통한 책임의 정당화

#### 1) 행해지지 않은 관점교환에 대한 통찰로서 책임

이렇게 사적 자율성과 책임부과를 연결하는 야콥스와 달리 귄터는 정치적 자유, 더욱 정확하게 말해 의사소통적 자유를 통해 책임귀속을 정당화한다. 귄터에 따르면 시민(Bürger)이자 국민(Staatsbürger)이라는 이중적인 지위를 가지는 개별 인격들이 정치적 자유, 다시 말해 의사소통적 자유를 활용하여 민주적 법치국가의 제도화되지 않은 공론영역에서 자유롭고 평등하게 책임에 대한 관점을 자유롭게 교환할 수 있을 때에만 책임은 정당화될 수 있다. 귄터의 대화이론적 시각에서 볼 때 책임은 행해지지 않은 관점교환에 대한 통찰이기 때문이다.[102] 각 인격들이 한편으로는 자유롭게 평등하게 (형)법제정 절차에 참여하고 다른 한편으로는 법적용 절차에서 진행되는 (형법적) 책임대화에 참여할 수 있음을 전제로 해서만 책임은 정당하게 각 행위자에게 귀속될 수 있다.

#### 2) 법제정자의 역할과 수범자의 역할 사이의 모순

그러나 이때 한 가지 주의해야 할 점이 있다. 귄터가 의사소통적 자유라는 정치적 자유권에 힘입어 책임을 정당화한다고 해서 곧 그가 루소와 같이 법제정자의 역할과 수범자의 역할을 동일하게 보는 것은 아니라는 점이다. 오히려 귄터는 "입법자는 신성하다."는 칸트의 언명을 인용하면서 한 인격체는 법제정자의 역할과 수범자의 역할을 동시에 지닐 수 없다고 한다.[103] 따라서 귄터에 의할 때 어떤 행위자가 책임을 부담해야 하는 것은 그가 곧 제정자로서 스스로 제정한 법을 수범자로서 준수하지 않았기 때문은 아니다.

#### 3) 제정자의 역할과 수범자의 역할 사이의 관점교환

그렇다면 어떻게 위와 같은 모순에 빠지지 않으면서 정치적 자유권을 통해 책임귀속을 정당화할 수 있는가? 그 해답은 관점교환에 있다.[104] 형사재판 절차

---

102) K. Günther, "Möglichkeiten einer diskursethischen Begründung des Strafrechts", 215쪽.

103) K. Günther, "Individuelle Zurechnung im demokratischen Verfassungsstaat", 146쪽. 여기서 귄터는 I. Kant, *Metaphysik der Sitten* (Rechtslehre), Weischedel (ed.), in: *Werke* Bd. VI (Darmstadt, 1975), A203, 457쪽을 인용한다.

104) K. Günther, 위의 논문, 156쪽.

에서 이루어지는 구체적인 책임대화 과정에서 수범자의 역할을 부담해야 하는 피고인에게 법제정자의 역할을 통찰할 수 있도록 하는 것이다. 이렇게 하면 피고인은 법제정자의 역할과 수범자의 역할을 이중적으로 부담하지 않고도 책임을 정당하게 부담할 수 있다. 따라서 이제 귄터에 의할 때 형사책임 귀속은 다음과 같이 정당화된다. 먼저 각 인격들은 의사소통적 자유라는 정치적 자유를 가지고 제도화되지 않은 공론영역을 이용하여 법제정 절차에 참여할 수 있다. 나아가 범죄를 저지른 행위자는 구체적인 책임대화 절차에 참여자의 한 사람으로 참여할 수 있다. 여기서 행위자는 자기에게 부과되는 책임판단의 근거를 통해 수범자의 역할과 법제정자의 역할이 교환될 가능성을 보장받는다. 만약 이때 행위자가 실제로 수범자의 역할과 법제정자의 역할을 교환하려 한다면 그 행위자에게 부과되는 형사책임은 정당한 것으로 인정된다.

## Ⅴ. 민주주의론과 기본권론

대화이론적 법이론 가운데서 세 번째로 언급할 수 있는 것은 국가철학 영역에 속하는 민주주의론과 기본권론이다. 대화적 민주주의론과 절차적 기본권론으로 특징지을 수 있는 이 국가철학은 다른 이론과 마찬가지로 하버마스의 영향 아래 또는 하버마스와 공동 작업을 하면서 이루어진 것이다. 아래에서는 이를 간략하게 언급한다.

### 1. 대화원칙으로서 민주주의

먼저 귄터는 하버마스와 마찬가지로 헌법의 기본원리로 인정되는 민주주의를 대화원칙으로 이해한다. 다시 말해 대화원칙이 법적으로 구체화된 것으로 민주주의를 바라본다. 본래 공법학 영역에서는 민주주의 자체에 관해 다양한 스펙트럼이 전개된다. 예를 들어 민주주의를 동일성의 관점에서 접근하는 견해가 있기도 하고 이와는 달리 대의제라는 간접 민주주의의 시각에서 민주주의를 바라보기도 한다. 그런데 전통적인 민주주의 이해와는 달리 하버마스는 『사실성과 타당성』에서 민주주의를 법의 대화원칙으로 이해한다.[105] 그래서 하버마스에 따르면 민주주의는 어떤 실질적인 내용을 담는 것이라기보다는 법적 대화를 가능케 하는 절차적 조건으로 이해된다.

이렇게 대화원칙으로 재구성된 민주주의 이해에 따라 국민주권 역시 의사소통적 권력으로 재구성되고, 특히 제도화되지 않은 공론영역이 민주적 법치국가에서 절차적 민주주의를 실현하는 중요한 공간으로 대두한다.

클라우스 귄터는 이런 하버마스의 민주주의 이해를 수용한다. 그래서 귄터는 하버마스와 마찬가지로 의사소통적 권력이라는 개념을 인정하고 제도화되지 않은 공론영역에서 이루어지는 자유롭고 평등한 대화를 강조한다. 그 때문에 귄터는 가령 위기에 빠진 조종법이 헤쳐 나갈 길을 제도화되지 않은 공론영역에서 찾기도 하고 대화원칙으로 재구성된 민주주의를 통해 형법상 책임귀속을 정당화하기도 한다.[106] 뿐만 아니라 귄터는 이런 절차적 민주주의 이해에 힘입어 민주적 법치국가에서 법적용 절차가 겪는 딜레마를 해결하려 한다.[107] 귄터는 아래와 같이 말한다.[108]

> "법관은 자신의 결정을 소송 당사자 그리고 공중과 관련해서 정당화할 의무를 갖고 있다. 절차주의적 법패러다임에서 제4의 당사자인 공중은 법적용에서 중요한 역할을 수행한다. 법관의 결정을 공적으로 비판함으로써 공중은 법관으로 하여금, 그가 관련되지 않은 모든 당사자에게 원래 속했던 법적용에서 해야 하는 역할을 단순히 대행할 뿐이라는 점을 영원히 상기시킨다. 확실히 공중은 구체적 사안에 직접 참여할 수는 없다. 그러나 특별히 법관이 정합적인 해석을 통해 법을 변화시킬 수밖에 없을 때 근거에 대한 공적인 비판은 필수적이다. 만약 다수 견해가 바뀐다면 민주적 공중은 정당화의 민주적 절차를 시작해야 하며 이는 법제정

---

105) J. Habermas, *Faktizität und Geltung*, 349쪽 아래 참고.

106) K. Günther, "Der Wandel der Staatsaufgaben und die Krise des regulativen Rechts", 67쪽.

107) 2001년 9월 21일 고려대학교 법과대학에서 개최된 "법과 언어" 심포지엄에서 귄터는 "법의 매개체로서 언어: 해석의 문제"를 다루면서도 민주주의를 강조하였다. K. Günther, "Recht und Sprache" ("법과 언어" 심포지엄 강연문)(2001. 9. 21), 17쪽 아래 참고.

108) K. Günther, "Legal Adjudication and Democracy. Some Remarks on Dworkin and Habermas", 52-53쪽.

으로 나아가게 된다. 따라서 절차주의적 법패러다임에서 법관은 드워킨이 제안한 것처럼 공동체에 대한 법체계를 '인격화'할 수 없다. 정의와 공중의 구상 안에서 법관 자신의 정합적 관점에 따라 법을 해석하는 대신에 법체계의 대표자인 법관은 민주적 공중 앞에서 근거를 제시함으로써 자신의 정합적 해석을 정당화해야 한다."

## 2. 절차주의적으로 이해된 기본권

공법학의 이론사를 보면 전통적으로 기본권(Grundrechte)은 국가에 대한 방어권, 즉 주관적 공권으로 이해되었다. 그 후 기본권은 공법학 도그마틱과 독일 연방헌법재판소 판례를 통해 사법질서에 방사효를 미치는 객관적 가치질서로 확장되었다(기본권의 이중성). 하지만 여전히 기본권은 실질적 내용, 즉 규범적 명제를 담는 권리로 인정되었다. 이와 달리 하버마스는『사실성과 타당성』에서 기본권을 대화이론으로 재구성한다. 법적 대화원칙이라는 민주주의를 실현하기 위한 절차적 조건으로 기본권이 재해석된 것이다. 이로써 기본권은 실질적인 내용을 가진 실체적인 권리라기보다는 법적 대화를 가능케 하는 절차적 조건으로 자리 매김한다.

클라우스 귄터는 하버마스의 기본권 이해를 자신의 대화이론적 법이론에 수용한다.[109] 따라서 귄터에 따르면 기본권은 제도화되지 않은 공론영역에서 의사소통적 권력을 창출하기 위한 전제로 작동한다. 기본권이 법적으로 보장되지 않으면 시민들은 제도화되지 않은 공론영역에 자유롭고 평등하게 참여할 수 없고 이로 인해 의사소통적 권력은 형성될 수 없으며, 결국 법적 대화원칙인 민주주의는 실현될 수 없게 된다. 이런 근거에서 기본권은 현대 민주적 법치국가에서 그 무엇보다도 중요한 역할을 한다. 특히 귄터는 정치적 권리를 의사소통적 권리로 파악하여 이로써 대화원칙인 민주주의를 실현하려 한다. 더불어 귄터는 정치적 권리에 힘입어 형사책임 귀속을 정당화한다는 것은 앞에서 살펴본 바와 같다.

---

109) K. Günther, "Die Freiheit der Stellungnahme als politisches Grundrechts" 참고.

## Ⅵ. 맺음말

지금까지 독일의 법철학자이자 형법학자인 클라우스 귄터가 어떻게 대화이론적 법이론을 전개하는지 살펴보았다. 특히 어떻게 대화이론으로 형사책임을 새롭게 정초하는지 규명하였다. 앞에서 소개한 것처럼 귄터는 전통적인 자유의지를 대신하여 의사소통적 자유 및 정치적 기본권을 형사책임을 근거 짓는 데 필수적인 요소로 규정한다. 이러한 귄터의 시도는 오늘날 책임론이 직면하는 문제 및 한계를 해소하는 데 적지 않은 기여를 할 수 있다.

제9장

# 헤겔 법철학과 형사책임

## Ⅰ. 서론

헤겔(Georg Wilhelm Friedrich Hegel: 1770－1831)의 법철학은 칸트(Immanuel Kant)의 법철학과 더불어 근대 법학이 정립되는 데 중요한 기여를 하였다. 예를 들어 칸트가 제시한 인간의 존엄과 자율성, 인격, 권리 개념은 역사법학과 판덱텐 법학의 선구자인 사비니(Friedrich Carl von Savigny)를 통해 근대법의 전형인 민법의 기본 골격이 마련되는 데 결정적인 기여를 하였다.[1] 헤겔의 국가철학과 법철학 역시 근대 공법학 및 형법학이 자리매김하는 데 중요한 역할을 하였다. 예를 들어 형법학에서 인과관계와 더불어 객관적 구성요건을 판단하는 데 핵심적인 역할을 하는 '객관적 귀속'(objektive Zurechnung)은 헤겔의 귀속 개념을 형법학에 수용한 것이다.[2] 이외에도 헤겔의 법철학은 법학에 많은 영향을 미쳤다. 제9장은 그중에서 형벌이론을 예로 하여 헤겔의 법철학이 실정법학에 어떤

---

1) 이에 관해서는 임미원, "칸트와 역사법학", 『법사학연구』 제38호(2008), 49－71쪽 참고. 칸트가 정립한 인간의 존엄과 법질서의 관계에 관해서는 심재우, "인간의 존엄과 법질서: 특히 칸트의 질서사상을 중심으로", 『열정으로서의 법철학』(박영사, 2020), 175－210쪽 참고.

2) 이에 관해서는 K. Larenz, *Hegels Zurechnungslehre und der Begriff der objektiven Zurechnung* (Leipzig, 1927); Richard Honig, 이용식 (역), "인과관계와 객관적 귀속", 이재상 (편역), 『인과관계와 객관적 귀속』(박영사, 1995), 11쪽 아래; 양천수, "객관적 귀속 재검토: 형법철학의 관점에서", 『성균관법학』 제30권 제4호(2018), 319－346쪽 및 이 책 제15장 참고.

영향을 미쳤는지, 어떤 이론적 성과를 냈는지를 규명한다. 특히 여러 이론적·실천적 장벽에 부딪힌 현대 형벌이론을 새롭게 정초하는 데 필요한 이론적 자원을 헤겔의 법철학에서 끌어오는 이론적 시도를 검토한다. 이를 통해 우리 형벌이론을 정립하는 데 유익한 시사점을 얻고자 한다.

## Ⅱ. 헤겔 법철학과 법학

### 1. 개관

법철학의 역사가 잘 보여주는 것처럼 철학 또는 법철학은 법학에 많은 영향을 미친다.[3] 실정법학이 이론적·실천적 장벽에서 헤어나지 못할 때 일급의 법학자들은 철학에서 돌파구를 찾고는 하였다. 개인의 자유를 강조하는 근대법이 형성되는 과정에서도 철학은 중요한 이론적 자양분을 제공하였다. 근대 민법학의 토대를 구축한 독일의 로마법학자 사비니가 칸트의 철학을 수용하여 인격이나 권리, 법률행위와 같은 민법 총칙의 주요 개념을 설계한 것은 널리 알려진 사실이다. 근대 형법학의 초석을 놓은 포이어바흐(Paul Johann Anselm von Feuerbach)가 칸트주의자로서 칸트의 권리 개념을 수용하여 범죄 개념을 파악한 것 역시 유명하다.[4] 이에 따르면 범죄란 권리를 침해하는 행위를 뜻한다.[5] 이러한 영향은 헤겔 철학에서도 찾아볼 수 있다. 물론 현대사회에서 진행되는 학문의 분화 및 전문화 과정에서 흔히 발견되듯이 오늘날 철학이 법학의 전체 모습을 온전하게 파악하기는 쉽지 않다. 이로 인해 위대한 철학자들도 법 및 법학을 정확하지 않게 분석하는 경우를 종종 발견할 수 있다. 헤겔 법철학에도 이러한 측면이 지적되기도 한다.[6] 다만 이는 반대로 생각하면 헤겔의 법철학이 그

---

3) 칸트와 헤겔 당시 그리고 심지어 라드브루흐 당시까지도 법철학은 철학의 영역으로 취급되었다. 구스타브 라드브루흐, 최종고 (번역), 『법철학』(삼영사, 2007), 30쪽.

4) 이에 관해서는 이재승, "P.J.A 포이어바흐의 법사상", 『민주법학』 제19호(2001), 83-106쪽; 양천수, "19세기 독일 형법학에서 전개된 법익 개념: 理念史를 중심으로 하여", 『법사학연구』 제38호(2008), 77-106쪽 참고.

5) P.J.A.v. Feuerbach, *Lehrbuch des gemeinen in Deutschland gültigen peinlichen Rechts*, 2. Neudr. Der 14. Aufl. (hrsg. von *C.J.A. Mittermaier*) (Gießen, 1847, Aalen 1986), §§ 19, 21, 22.

6) 예를 들어 Michel Villey, 최병조·이호규 (공역), "헤겔의 법철학과 로마법", 『서울대학교 법학』 제

만큼 강대하게 법학에 영향을 끼쳤다는 점에 대한 반증이 된다. 어쩌면 오랫동안 법학은 가장 자기완결적인 체계를 구축한 헤겔 철학에서 한편으로는 생산적인 계기를 발견하면서도 다른 한편으로는 그 영향으로부터 벗어나고자 끊임없이 몸부림쳐왔다고 말할 수 있다.7) 이는 지금까지 전개된 헤겔 철학과 법학의 관계에서 확인할 수 있다. 이를 비유적으로 한마디로 표현하면 '변증법적 애증의 관계'로 말할 수 있지 않을까 한다.

## 2. 법학에서 헤겔 철학의 융성과 쇠락

헤겔 철학은 상투적인 표현으로 말하면 법학에서 흥망성쇠를 거듭하였다. 헤겔 철학이 전성기를 맞던 19세기 중반 헤겔 철학은 법학에도 강대한 영향을 미쳤다.8) 헤겔과 비슷한 시기에 베를린대학에 재직하던 사비니의 영향으로 민법학은 상대적으로 덜한 편이었지만 형법학은 헤겔 철학의 압도적인 지배를 받아 독자적인 학파가 형성되기도 하였다.

그렇지만 1870년대 이후 이른바 헤겔 형법학파는 쇠퇴한다. 여기에는 실증주의라는 학문적 흐름이 중요한 역할을 하였다. 헤겔 철학이라는 관념론을 대신하여 당시 급속하게 발전하던 자연과학에 바탕을 둔 실증주의가 법학 전반에 영향을 미친 것이다. 이로 인해 형법학에서는 칸트나 헤겔의 관념론에 바탕을 둔 형법학을 대신하여 자연과학과 공리주의로 무장한 형법학이 '신파' 또는 '주관주의'라는 이름으로 등장한다. 이른바 '총체적 형법학'(gesamte Strafrechtswissenschaft)을 주창한 리스트(Franz von Liszt)의 형법학이 이를 잘 보여준다.9)

---

68호(1986), 176－192쪽 참고. 더불어 헤겔 『법철학』의 번역 문제에 관해서는 최병조, "법과 철학 사이에서: 헤겔 〈법철학〉 국역본에 대한 촌평: 계약론 부분을 예증 삼아", 『서울대학교 법학』 제50권 제1호(2009), 1－37쪽 참고.

7) 헤겔 법철학을 수용하여 정당화적 긴급피난을 새롭게 파악하는 시도로는 M. Pawlik, *Der rechtfertigende Notstand. Zugleich ein Beitrag zum Problem strafrechtlicher Solidaritätspflichten* (Berlin, 2002) 참고.

8) 이에 관해서는 P. Sina, *Die Dogmengeschichte des strafrechtlichen Begriffs "Rechtsgut"* (Basel, 1962); K. Amelung, *Rechtsgüterschutz und Schutz der Gesellschaft* (Frankfurt/M., 1972); 박상기, 『독일형법사』(율곡출판사, 1993), 188쪽 아래 등 참고.

9) 이를 보여주는 F. v. Liszt, "Der Zweckgedanke im Strafrecht", in: *ZStW* 3 (1883) = F. v. Liszt, *Der Zweckgedanke im Strafrecht* (mit Einführung von M. Köhler) (Baden－Baden, 2000) 참고.

실증주의라는 도전 앞에 헤겔 철학은 법학에서 쇠락한다.

19세기에서 20세기 초반에 걸쳐 헤겔 철학은 법학에서 부활한다. 그 직전에 칸트의 방법론을 방법이원론으로 수용한 신칸트주의가 득세하고 그 뒤를 이어 공동체와 국가, 공익을 강조한 헤겔의 주장을 적극 수용한 신헤겔주의가 법학계를 지배한다.[10] 오늘날 형법학에서 견고한 지위를 차지하는 객관적 귀속이론은 신헤겔주의를 대변한 율리우스 빈더(Julius Binder)의 제자이자 그 자신 신헤겔주의자였던 민법학자 칼 라렌츠(Karl Larenz)가 헤겔 철학에서 다시 발견한 것이다.

그러나 제2차 세계대전 이후 헤겔 철학은 다시 몰락한다. 크게 두 가지 이유를 거론할 수 있다. 첫째, 신헤겔주의를 대변했던 법학자들, 특히 라렌츠 등이 나치에 협력했다는 점이다.[11] 이로 인해 그 타당성 여부와는 상관없이 헤겔 철학은 전체주의 철학이라는 혐의가 귀속된다. 둘째, 1960년대에서 70년대에 걸쳐 서구 사회와 학계를 휩쓸었던 비판이론과 분석적 실증주의의 흐름을 언급할 수 있다. 예를 들어 독일에서는 1970년을 전후로 하여 형법 개정 논의가 활발하게 진행되었다. 그 당시 자유주의와 실증주의가 형법 개정에 관한 주된 흐름으로 등장하고 이로 인해 형법 개정을 통한 범죄화보다 비범죄화가 전면에 부각된다. 예를 들어 동성애 처벌과 같은 구성요건들이 비범죄화 대상으로 주목된다. 이러한 맥락에서 법논리학과 논리적 무정부주의로 유명한 울리히 클룩(Ulrich Klug)은 이제 칸트 및 헤겔과 결별해야 한다고 주장하기도 하였다.[12] 이는 무엇보다도 헤겔이 제시한 형벌이론을 응보이론으로 규정함으로써 심화된다. 범죄자의 재사회화를 지향하는 특별예방이론이 그 당시 요청되는 형벌이론으로 주목되면서 이른바 '탈리오원칙'으로 알려진 동해보복으로 귀결되는 것처럼 보이는 헤겔의 형벌이론은 과학적이지 않다는 이유로 배격된다. 이에 따라

---

10) 신칸트주의에 관해서는 R. Alexy/L.M. Meyer/S.L. Paulson/G. Sprenger (Hrsg.) *Neukantianismus und Rechtsphilosophie* (Baden-Baden, 2002) 참고.

11) 이에 관해서는 김동훈, "칼 라렌쯔와 나찌시대의 법학", 『법과 사회』 제11호(1995), 249-272쪽 참고.

12) U. Klug, "Abschied von Kant und Hegel", in: J. Baumann (Hrsg.), *Programm für ein neues StGB* (Frankfurt/M., 1968), 41쪽 참고. 울리히 클룩에 관해서는 심헌섭, "자유민주적 법치국가와 아나키: U. Klug 교수 추모에 부쳐", 『서울대학교 법학』 제103호(1997), 20-30쪽 참고.

형법학에서 헤겔 철학을 언급하는 것은 시대착오적인 시도로 취급된다.

1970년대 중반을 넘어서면서 다시 분위기가 바뀐다. 마이어(Hellmuth Mayer)나 쉴트(Wolfgang Schild), 젤만(Kurt Seelmann), 헤어초크(Felix Herzog), 야콥스(Günther Jakobs)와 같은 일련의 법학자들은 그동안 '부정의 부정'(Negation der Negation)이라는 정식으로 단순하게 이해된 헤겔의 형벌이론 및 법철학을 새롭게 독해한다. 이러한 시도의 배경에는 다음과 같은 문제가 놓여 있다. 당시 지배적인 형벌이론으로 득세하던 특별예방이론 또는 이를 포괄하는 예방이론이 이론적·현실적 실패에 부딪히고 있었다는 점이다. 이를테면 형법학자 헤어초크는 예방이론이 범죄자나 일반 시민을 수단으로 전락시킨다고 비판한다.[13] 이러한 문제의식에서 일련의 형법학자들은 당시 한계에 직면한 예방이론의 문제를 풀기 위해 헤겔 법철학에 다시 주목한다. 아래 Ⅳ.에서는 이를 집중적으로 살펴본다.

## Ⅲ. 헤겔 법철학과 형벌이론

헤겔이 제시한 형벌이론은 전통적으로 응보이론으로 이해되었다. 그러면서 이러한 응보이론은 현대 형벌이론으로는 적절하지 않다고 비판되는 경우가 많았다. 헤겔의 형벌이론을 새롭게 독해하려는 시도는 이러한 이해 방식을 문제 삼는다. 이러한 문제제기가 타당한지를 검토하려면 먼저 형벌이론에는 무엇이 있는지, 과연 어떤 점에서 헤겔의 형벌이론이 응보이론으로 규정되는지 살펴볼 필요가 있다.

### 1. 형벌이론의 의의와 유형

형벌이론(Straftheorie)이란 말 그대로 형벌에 관한 이론을 뜻한다. 구체적으로 말하면 형벌은 왜 부과해야 하는지, 형벌의 정당성은 어디에서 찾을 수 있는

13) F. Herzog, *Prävention des Unrechts oder Manifestation des Rechts: Bausteine zur Überwindung des heteronom-präventiven Denkens in der Strafrechtstheorie der Moderne* (Frankfurt/M., 1987) 참고.

지를 다루는 이론이 형벌이론이다.[14] 독일 법철학 및 형법학에서 발전한 형벌이론에 의하면 이는 우선 두 가지로 구별할 수 있다. 절대적 형벌이론과 상대적 형벌이론이 그것이다. 이는 형벌이 추구하는 목적이 무엇인가를 기준으로 하는 구별이다. 절대적 형벌이론은 형벌 그 자체를 목적으로 본다. 다른 특정한 목적을 위해 형벌을 부과하는 것은 아니라고 본다. 그 점에서 '절대적'이라는 수식어를 붙인다. 이러한 절대적 형벌이론은 달리 응보이론으로 지칭된다. 이에 대해 상대적 형벌이론은 형벌을 다른 특정한 목적을 수행하는 데 필요한 수단으로 파악한다. 이에 따르면 형벌이 수단이 된다는 점에서 '상대적'이라는 수식어를 붙인다. 이때 상대적 형벌이론이 추구하는 목적은 '예방'이다.

상대적 형벌이론은 누구를 위한 예방을 추구하는가에 따라 두 가지로 구별된다. 일반예방이론과 특별예방이론이 그것이다. 일반예방이론은 범죄로부터 일반 시민을 보호하는 것을 목적으로 한다. 그 점에서 '일반'예방이라는 개념을 사용한다. 이에 대해 특별예방이론은 범죄자가 다시 범죄를 저지르는 것을 예방하는 것을 목적으로 한다. 특정한 범죄자를 대상으로 한다는 점에서 '특별'예방이라는 개념을 사용한다. 특별예방이론을 제창한 리스트는 형벌의 목표로 '개선'과 '무해화', 즉 재사회화라는 '포함'과 무해화라는 '배제'를 제시하였다.[15] 그 점에서 특별예방이론은 '적극적 특별예방이론'과 '소극적 특별예방이론'으로 구별된다. 그중에서 재사회화를 강조하는 적극적 특별예방이론이 오랫동안 지배적인 견해로 자리 잡았다. 다만 최근에는 실제 행형 현실에서 재사회화가 실패를 거듭하면서 소극적 특별예방이론이 점점 힘을 얻고 있다.

## 2. 헤겔의 형벌이론

이러한 형벌이론에 따르면 헤겔이 제시한 형벌이론은 절대적 형벌이론, 즉 응보이론으로 이해된다. 이에 대한 근거로 세 가지가 언급된다. 첫째, 헤겔

14) 형벌이론에 관해서는 T. Hörnle, *Straftheorien*, 2. Aufl. (Tübingen, 2017); 빈프리트 하세머, 배종대·윤재왕 (옮김), 『범죄와 형벌』(나남, 2011), 제2장 참고. 절대적 형벌이론과 상대적 형벌이론이라는 구별은 의무론과 목적론이라는 구별에 상응한다.

15) F. v. Liszt, *Der Zweckgedanke im Strafrecht* (mit Einführung von M. Köhler) (Baden-Baden, 2000), 42쪽.

이 『법철학』에서 형벌을 그 유명한 '부정의 부정'으로 규정한다는 점이다. 둘째, (소극적) 일반예방이론을 제시한 포이어바흐의 주장을 헤겔이 혹독하게 비판한다는 점이다. 셋째, 헤겔은 『법철학』 곳곳에서 형벌이 응보를 목표로 한다는 주장을 하고 있다는 점이다. 우선 헤겔은 형벌을 다음과 같이 규정한다.[16)]

> "범죄의 행위가 어떤 최초의 것, 긍정적인 것이고 여기에 대해 부정으로서의 형벌이 가해지는 그런 것이 아니라 범죄행위는 하나의 부정적인 것이며, 따라서 형벌은 부정을 다시금 부정하는 것에 다름 아닌 것(die Strafe nur Negation der Negation)이다."

여기서 유명한 '부정의 부정'이라는 (악명 높은) 정식을 발견할 수 있다. 헤겔은 법과 범죄 및 형벌 사이의 관계를 '정과 부정 및 부정의 부정'이라는 변증법적 관계로 표현한 것이다. 이후 이는 헤겔의 형벌이론 전체를 정확하게 보여주는 것이 아닌데도 헤겔의 형벌이론을 규정하는 핵심 정식으로 자리매김 한다.[17)]

다음으로 예방이론을 비판하는 『법철학』 §99 및 이에 대한 '추가'(Zusatz)에서 응보이론을 지향하는 듯한 헤겔의 시각을 발견할 수 있다.[18)]

> "포이어바흐의 형벌이론은 형벌을 위협에 근거하는 것으로 보고 만약 누가 이 위협에도 불구하고 범죄를 저지른다면 형벌이 따라야만 한다는 것인데, 왜냐하면 범죄자는 형벌을 미리 알고 있기 때문이라는 것이다.
>
> 그러나 이때 위협의 정당성은 어떤 위상을 차지하는 것일까? 위협은 인간을 자유롭지 않은 존재로 전제하여 그로 하여금 해악을 입는다는 생각을 품게 함으로써 강제력을 행사하는 것이다. 그러나 법과 정의는 그 근거를 자유와 의지 속에

---

16) G.W.F. Hegel, *Grundlinien der Philosophie des Rechts* (Frankfurt/M., 1970), 186쪽; G.W.F. 헤겔, 임석진 (옮김), 『법철학』(한길사, 2008), 205－206쪽. 이 글에서는 임석진 교수의 번역본을 기준으로 하여 인용한다.

17) 이를 비판하는 K. Seelmann, "Hegels Straftheorie in seinen "Grundlinien der Philosophie des Rechts"", in: *Anerkennungsverlust und Selbstsubsumtion: Hegels Straftheorien* (München, 1995), 12쪽.

18) G.W.F. 헤겔, 앞의 책, 206－209쪽.

두어야지, 위협당하는 상태로 내몰리는 부자유함에 두어서는 안 된다. 이런 방식으로 형벌의 근거를 내세운다면 이는 마치 개를 향해 지팡이를 휘두르는 것과 마찬가지로, 인간은 그의 명예와 자유에 걸맞게 취급되는 것이 아니라 개처럼 다루어지는 셈이 된다."

위에서 제시된 '개의 비유'는 칸트의 악명 높은 '섬의 비유'와 함께 헤겔의 형벌이론을 응보이론으로 규정하는 데 결정적인 역할을 한다. 그 때문에 예방이론을 목적합리성을 추구하는 과학이론으로 추종하는 법학자들은 칸트 및 헤겔과 결별해야 한다고 강력하게 주장한 것이다.

나아가 『법철학』 §101에서 제시되는 헤겔의 주장도 헤겔의 형벌이론은 응보이론이라는 주장에 힘을 실어준다.[19]

"범죄의 극복은 **응보**라고 할 수 있는데, 이는 응보라는 것이 개념상 침해의 침해이고 실제상 범죄라는 것이 일정한 질적·양적인 폭을 지님으로써 범죄의 부정도 실제상으로 일정한 질과 양을 지니기 때문이다."(강조는 원문)

## Ⅳ. 예방이론의 위기와 헤겔 형벌이론의 재해석

### 1. 예방이론의 위기

그러나 헤겔의 형벌이론을 단순한 응보이론으로 파악하는 기존의 견해는 1970년대 중반 이후 비판에 직면한다. 헤겔의 형벌이론은 응보이론으로만 규정하기에는 좀 더 넓고 복합적인 맥락을 포함하기 때문이다. 이는 당시의 이론적·현실적 상황과도 밀접한 관련을 맺는다. 바로 예방이론의 위기가 그것이다. 범죄자의 재사회화를 지향하는 특별예방이론 및 이에 결부된 교육이념이 행형현실의 벽에 부딪히면서 일군의 형법학자들은 특별예방이론을 대체할 수 있는 형벌이론을 모색한다. 물론 그렇다고 해서 위협을 강조하는 포이어바흐 식의

19) G.W.F. 헤겔, 앞의 책, 211쪽. 인용문에서 '보복'은 '응보'(Wiedervergeltung)로 수정하였다.

일반예방이론을 선택하지는 않았다. 헤겔이 적절하게 비판한 것처럼 일반예방이야말로 형법의 수범자인 일반 시민들의 존엄성을 침해한다고 보았기 때문이다. 이에 특별예방이론의 한계를 넘어서기 위해 두 가지 이론적 방향이 모색된다. 첫째는 새로운 일반예방이론을 모색하는 것이다. 포이어바흐로 거슬러 올라가는 이론으로 위협을 강조하는 일반예방이론을 '소극적' 일반예방이론으로 규정하면서 이와 구별되는 '적극적' 일반예방이론을 모색하는 것이다. 이러한 적극적 일반예방이론은 법규범에 대한 신뢰를 제고하여 수범자인 일반 시민이 자율적·적극적으로 법규범을 준수하도록 하고 이를 통해 범죄를 예방하고자 한다. 둘째는 절대적 형벌이론, 즉 응보이론을 새롭게 해석하는 것이다. 칸트와 헤겔이 제시한 형벌이론을 단순히 동해보복을 추구하는 응보이론으로 파악하는 대신 정의이론이나 인정이론, 자기모순이론으로 재해석하는 것이다.[20] 이는 특히 헤겔의 형벌이론을 재해석함으로써 이루어진다. 이때 주의해야 할 점은 적극적 일반예방이론을 추구하는 학자들도 헤겔의 형벌이론과 무관하지 않다는 것이다.

## 2. 적극적 일반예방이론과 헤겔 법철학

외부적인 위협이 아닌 내부적인 설득과 신뢰 및 자율성으로 규범을 준수하는 것을 목표로 삼는 적극적 일반예방이론은 크게 두 가지로 구별할 수 있다. 첫째는 야콥스가 전개한 적극적 일반예방이론이고 둘째는 하쎄머(Winfried Hassemer)가 제시한 적극적 일반예방이론이다.

### (1) 야콥스의 적극적 일반예방이론

형법상 책임과 예방을 정면에서 연결한 야콥스는 초기에는 사회학자 루만(Niklas Luhmann)의 체계이론에 힘입어, 이후에는 헤겔의 형벌이론에 의지하여 적극적 일반예방이론을 정초한다.[21] 목적적 행위론으로 유명한 벨첼(Hans Welzel)의

---

20) 이를테면 M. Köhler, *Der Begriff der Strafe* (Heidelberg, 1986) 참고.

21) G. Jakobs, *Schuld und Prävention* (Tübingen, 1976). 이에 관해서는 김성돈, "적극적 일반예방이론과 기능주의적 형법해석: 귄터 야콥스(Günther Jakobs)의 이론을 중심으로", 『형사법연구』 제10호(1998), 91−112쪽 참고. 루만의 체계이론이 야콥스에 미친 영향을 보여주는 예로는 귄터 야

제자로 형법 도그마틱 전반에 걸쳐 독창적인 사유를 제시한, 때로는 격한 논쟁을 야기한 야콥스는 형법의 임무, 책임, 형벌에 관해 독자적인 이론을 전개한다. 이를테면 법익보호를 형법의 임무로 파악하는 당시의 지배적인 견해와는 달리 법규범의 효력을 보호하는 것을 형법이 추구해야 하는 임무로 설정한다.[22] 형법상 책임의 근거 역시 형이상학적인 근거가 아닌 실증적인 예방에서 찾는다. 형법에서 진행된 책임귀속의 결과로 범죄자에게 부과되는 형벌의 존재 이유도 예방에서 찾는다. 그 점에서 야콥스는 형법상 책임과 형벌이론을 결합한다. 더불어 이를 형법의 임무와도 연결한다. 왜냐하면 야콥스가 추구하는 적극적 일반예방이론은 법규범에 대한 수범자의 신뢰를 전제로 하기 때문이다.[23] 그렇게 해야만 비로소 수범자인 일반 시민들은 자율적으로 법규범을 준수할 수 있고 이를 통해 범죄가 예방될 수 있기 때문이다. 이때 법규범에 대한 신뢰를 확보하기 위해서는 해당 법규범이 효력이 있다는 점이 전제가 되어야 한다. 바로 그 점에서 형법은 법규범의 효력을 보장하는 데 초점을 두어야 하고 법규범을 위반한 범죄자에게 형사책임 및 형벌을 부과함으로써 법규범에 대한 시민의 신뢰 및 법규범 자체의 효력을 보장할 수 있다는 것이다. 그런데 흥미로운 점은 이러한 논증방식은 헤겔의 형벌이론이 보여주는 것과 꽤 유사하다는 것이다. '정'에 해당하는 법규범을 침해하는 범죄를 '부정'으로, 이러한 범죄에 부과되는 형벌을 '부정에 대한 부정'으로 파악하는 헤겔의 형벌이론과 유사하게 야콥스 역시 법규범의 효력을 부정하는 범죄에 형벌을 부과함으로써 법규범에 대한 신뢰 및 효력을 회복하고자 하기 때문이다. 야콥스 역시 이를 긍정한다.[24] 다만 이러한 야콥스의 이론에서는 수범자들이 실제로 법규범을 신뢰하는지 여부가 중대하게 고려되지는 않는다는 점에서 이를 과연 적극적 일반예방이론으로 볼

---

콥스, 김일수·변종필 (옮김), 『규범, 인격, 사회: 법철학에 관한 프로그램적 고찰』(한국형사정책연구원, 2013), 역자 서문 참고.

22) G. Jakobs, *Strafrecht Allgemeiner Teil: die Grundlagen und die Zurechnungslehre* (Berlin/New York, 1983), 35-37쪽.

23) 이는 법은 행위기대를 안정화·일반화하는 기능을 수행한다는 루만의 주장과 연결된다. N. Luhmann, *Rechtssystem und Rechtsdogmatik* (Stuttgart/Berlin/Köln/Mainz, 1974), 24쪽.

24) G. Jakobs, *Strafrecht Allgemeiner Teil: die Grundlagen und die Zurechnungslehre*, Rdn. 1/21, 1/23 참고.

수 있는지 의문이 제기된다.[25)]

(2) 하쎄머의 적극적 일반예방이론

형법학의 프랑크푸르트학파를 대변하는 형법학자이자 독일 연방헌법재판소 부소장을 역임한 하쎄머 역시 기존 예방이론의 한계를 넘어서고자 적극적 일반예방이론을 전개한다.[26)] 한편으로는 해석학적 사유와 사회과학 방법론을 수용하면서도 다른 한편으로는 정형화 원칙 등을 통해 형법의 규범성을 확보하고자 했던 하쎄머는 작은 형법(핵심형법)이나 보충성 원칙과 같은 정형화 원칙을 강조함으로써 수범자인 시민들을 설득하는 적극적 일반예방이론을 구현하고자 한다. 이 과정에서 하쎄머는 칸트와 헤겔의 형벌이론과 일반예방이론을 결합한다. 그 이유는 다음과 같다. 하쎄머는 일반예방을 강조하면 자칫 형법이 비대해지고 형사책임이 귀속되는 영역이 확장되며 형벌이 엄벌을 지향할 수 있다는 점을 우려한다. 일반예방을 이유로 형사법이 엄벌주의의 늪으로 빠지는 위험을 고려한다. 이때 하쎄머는 형법이 최후수단이 아닌 최초수단으로 변질되는 것을 막기 위한 근거를 절대적 형벌이론에서 찾는다. 범죄와 형벌의 정확한 대응관계를 강조하는 절대적 형벌이론의 관점을 수용하여 일반예방이론이 남용되는 것을 억제한다. 이 과정에서 비례성 원칙과 같은 정형화 원칙 역시 일반예방이론이 시민들의 자율성을 존중하는 이성적인 이론으로 자리 잡는 데 한 몫을 한다. 요컨대 칸트나 헤겔의 형벌이론은 일반예방이론을 정의롭게 제한하는 원리로 원용된다. 그 결과 하쎄머는 가능한 한 범죄를 줄이는, 달리 말해 비범죄화하는 형법정책을 선택함으로써 적극적 일반예방이론을 구현하고자 한다. 왜냐하면 근본적으로 해악에 해당하는 형벌은 가능한 한 줄여야만 수범자인 시민들을 내면적으로 설득할 수 있는 적극적 일반예방이론을 실현할 수 있다고 보기 때문이다. 다만 하쎄머의 제자인 헤어초크가 설득력 있게 지적한 것처럼 사

---

25) 이 때문에 야콥스의 이론을 '통합예방이론'으로 지칭하기도 한다. 윤영철, "형법이론으로서 적극적 일반예방이론에 관한 고찰", 『비교형사법연구』 제4권 제2호(2002), 71-106쪽 참고.

26) 이에 관해서는 W. Hassemer, "Strafziele im sozialwissenschaftlich orientierten Strafrecht", in: W. Hassemer/K. Lüderssen/W. Naucke, *Fortschritte im Strafrecht durch die Sozialwissenschaften?* (Heidelberg, 1983), 39-66쪽; 홍승희, 『적극적 일반예방이론에 관한 연구』(고려대 법학석사 학위논문, 1998) 등 참고.

회과학의 실증성을 강조하는 하쎄머의 이론적 견지에서 볼 때 이러한 구상이 경험적으로 제대로 작동할 수 있는지에는 의문이 없지 않다.[27] 그 점에서 하쎄머의 적극적 일반예방이론은 미완의 기획으로 평가되기도 한다.[28]

### 3. 헤겔 형벌이론의 재해석

야콥스와 하쎄머의 적극적 일반예방이론은 헤겔의 법철학과 형벌이론을 부분적으로 원용하여 이론을 정립한다. 그렇지만 이들 이론이 헤겔의 법철학과 형벌이론을 정면에서 재해석하는 것은 아니다. 이는 다른 형법학자들에 의해 수행된다. 이를테면 하쎄머의 제자인 헤어초크 그리고 철학자 일팅(Karl-Heinz Ilting)을 사사하여 헤겔 법철학을 본격적으로 수용한 법철학자이자 형법학자인 젤만을 언급할 수 있다. 아래에서는 그중에서 젤만의 시도를 중심으로 하여 필자의 해석을 추가하면서 논의를 전개한다.[29]

#### (1) 재해석의 출발점으로서 『법철학』 § 97

이미 언급한 것처럼 헤어초크는 예방이론의 한계를 극복하기 위해, 젤만은 헤겔 법철학 및 형벌이론에 대한 편향된 이해를 바로잡기 위해 헤겔 법철학을 새롭게 독해한다. 젤만은 '부정의 부정'이라는 매우 협소한 관점으로만 헤겔 형벌이론을 파악하는 데 불만을 제기한다. 물론 헤겔 자신이 이를 주장하기는 했지만 이는 헤겔 법철학 전체에서 볼 때 일부분에 불과하기에 헤겔 법철학 및 형벌이론을 제대로 이해하는 데 적절하지 않다는 것이다.[30] 이 같은 문제의식에서 젤만은 헤겔의 법철학 전체를 고려하는 시각에서 형벌이론을 새롭게 이해

27) F. Herzog, 앞의 책, 50-51쪽.

28) 홍영기, "형벌을 통한 규범신뢰의 강화: 미완의 구상, 하쎄머의 적극적 일반예방", 『고려법학』 제77호(2015), 301-356쪽 참고.

29) 헤겔의 형벌이론을 상세하게 분석한 헤어초크 역시 젤만과 유사한 논증을 전개한다. F. Herzog, 앞의 책, 63쪽 아래.

30) K. Seelmann, "Hegels Straftheorie in seinen "Grundlinien der Philosophie des Rechts"", in: *Anerkennungsverlust und Selbstsubsumtion: Hegels Straftheorien* (München, 1995), 11-13쪽. 이 문헌에 대한 우리말 번역으로는 K. Seelmann, 서윤호 (역), "헤겔 법철학에서의 형벌이론", 『입법정책』 제4권 제2호(2010), 191-211쪽 참고. 이 글에서는 원문으로 인용한다. 헤겔의 형벌이론에 관한 최근의 연구로는 A.v. Hirsch/U. Neumann/K. Seelmann (Hrsg.), *Strafe – Warum?: Gegenwärtige Strafbegründungen im Lichte von Hegels Straftheorie* (Baden-Baden, 2011) 참고.

하고자 한다. 젤만은 그 출발점으로 『법철학』 §97을 언급한다. 여기서 헤겔은 다음과 같이 말한다.[31]

> "법 그 자체에 이루어진 침해는 **적극적·외부적으로** 존재하는 **실존**이지만 **그 자체로는** 무효인 것이다. 이러한 무효를 **선언**하는 것은 법에 대한 침해를 무효화하는 것을 실존으로 드러내는 것이다. 이것이 법의 현실성이자 법에 대한 침해를 지양함으로써 자기 자신을 회복하는 법의 필연성이다."(강조는 원문)

여기서 젤만은 다음을 문제 삼는다. 이때 말하는 법이란 무엇인가? 법에 대한 침해는 어떤 침해를 뜻하는가? 이러한 침해가 무효가 된다는 것은 무엇을 뜻하는가? 왜 이러한 무효는 선언되어야 하는가?[32] 아래에서는 이러한 의문을 젤만이 어떻게 다루고 논증하는지를 따라가면서 이에 더하여 필자의 해석을 추가하고자 한다.

(2) 헤겔의 법개념

헤겔에 의하면 형벌이란 범죄에 부과되는 부정으로 이른바 '부정에 대한 부정'이다. 그리고 범죄란 법을 부정하는, 달리 말해 법을 침해하는 것이다. 그러면 법이란 무엇인가? 헤겔은 법실증주의자가 아니기에 헤겔이 말하는 법은 국가가 제정한 실정법에 한정되지 않는다. 헤겔은 자연법 역시 법개념에 포섭한다.[33] 따라서 헤겔이 말하는 법은 국가가 제정했다는 실정성이 아닌 다른 그

---

31) G.W.F. 헤겔, 앞의 책, 205쪽의 번역을 참고하되 적절하게 수정을 가하였다. 임석진 교수의 번역은 다음과 같다. "법 그 자체의 침해가 발생하면 그것은 실제로 외면에 드러나는 존재이지만 이는 그것 자체로 허망하고 무실한 것이다. 그의 허망하고 무실함을 명시하는 것이 곧 침해의 부정이며 그 무효화가 실제로 모습을 드러내는 것이다. – 이처럼 침해를 파기하여 자기와의 매개 속에서 스스로를 회복하는 필연성을 지니는 것이 법의 현실성이다." 독일어 원문은 다음과 같다. "Die geschehene Verletzung des Rechts als Rechts ist zwar eine *positive*, äußerliche *Existenz*, die aber *in sich* nichtig ist. Die *Manifestation* dieser ihrer Nichtigkeit ist die ebenso in die Existenz tretende Vernichtung jener Verletzung – die Wirklichkeit des Rechts, als seine sich mit sich durch Aufhebung seiner Verletzung vermittelnde Notwendigkeit." 인용은 G.W.F. Hegel, *Grundlinien der Philosophie des Rechts* (Frankfurt/M., 1970), 185쪽.

32) K. Seelmann, "Hegels Straftheorie in seinen "Grundlinien der Philosophie des Rechts"", 13쪽.

33) 『법철학』의 원래 제목이 "법철학 강요 또는 자연법과 국가학 기초"(Grundlinien der Philosophie oder Naturrecht und Staatswissenschaft im Grundrisse)라는 점을 고려할 필요가 있다. 물론 그렇

무엇에서 개념요소를 찾아야 한다. 이에 관해 헤겔은 『법철학』에서 몇 가지 개념적 단서를 제시한다. 먼저 §4에서 다음과 같이 말한다.[34]

> "법의 요소를 이루는 것은 정신적인 것(das Geistige)이며, 그 구체적인 입각점과 출발점이 되는 것은 자유로운 의지(der Wille)이다. 자유야말로 법의 실체와 사명을 이루며, 또한 법의 체계(das Rechtssystem)란 실현된 자유의 왕국이며, 정신 스스로가 제2의 자연(eine zweite Natur)으로서 산출해낸 정신의 세계이다."

위에서 알 수 있듯이 헤겔이 말하는 법개념에서는 자유가 전면에 등장한다. 이는 §29에서도 확인할 수 있다. 여기서 헤겔은 "무언가의 현실존재가 자유의지를 구현하는 것으로 있는 것, 이것이 바로 법(정의·권리)"이라고 말한다.[35] 이는 자율과 자유를 강조한 칸트의 전통을 이어받은 것이다.[36] 그러나 주의해야 할 점은 헤겔은 칸트의 법개념에만 머물지는 않는다는 것이다. 각 개인의 주관적 자유를 강조한 칸트와는 달리 헤겔은 주관성과 객관성이 총체를 이룬 자유를 언급하기 때문이다.[37] 이를 젤만은 다음과 같이 이해한다. 각 개인이 지닌 자유의지의 관계 속에서 자유의지를 실현하는 것이 바로 그것이다.[38] 젤만에 따르면 각 개인의 주관적 자유들이 연결된 상호적인 관계 속에서 객관적인 자유를 구현하는 규범이 법인 것이다.

이처럼 법이란 자유의지를 구현하는 것이라면 범죄는 자유의지를 침해하는 것으로 파악할 수 있다. 그러면 이때 범죄로 침해되는 자유는 누구의 자유인가? 바로 인격의 자유를 말한다. 왜냐하면 인격이야말로 자유의지가 구체화된 것이기 때문이다.[39] 이때 인격이란 "이 사람으로서의 내가 모든 면에서 (내면적

---

다고 해서 헤겔이 실정법을 무조건적으로 폄하하는 것은 아니다. 이에 관해서는 G.W.F. 헤겔, 앞의 책, §3, 60쪽 아래 참고.

34) G.W.F. 헤겔, 앞의 책, 70쪽.

35) G.W.F. 헤겔, 앞의 책, 107쪽.

36) 칸트에 따르면 법이란 한 사람의 자연적 자유와 다른 사람의 자연적 자유가 양립할 수 있는 조건의 총체이다. 심재우, 앞의 책, 175쪽.

37) G.W.F. 헤겔, 앞의 책, 106-107쪽.

38) K. Seelmann, 앞의 논문, 14쪽.

39) G.W.F. 헤겔, 앞의 책, §35, 122쪽.

인 자의·충동·욕구에서나 직접 외면적으로 존재하는 데서도) 완전히 규정된 유한한 존재이면서 단적으로 순수하게 자기와 관계하는 가운데 유한한 자기를 오히려 무한하고 보편적이며 자유로운 존재로서 알고 있다는 것"을 뜻한다.[40)]

헤겔에 따르면 이러한 인격은 주체 또는 주관과는 구별된다. "왜냐하면 생명체란 모두가 하나의 주체라고 할 경우 이때 주체라는 것은 단지 인격성을 갖출 수 있는 가능성에 지나지 않기 때문이다. 이와 달리 인격이란 추상적인 주체성이 주체에 대하여 독자적으로 자각하게 된 그러한 주체이다. 왜냐하면 인격을 갖춤으로써 나는 단적으로 내가 나임을 자각하기 때문이다. 즉 인격이란 순수한 자각적 존재로서 있는 자유로운 개별성(die Einzelheit der Freiheit im reinen Fürsichsein)이다."[41)]

한편 §36에서 헤겔은 자연법의 근본규범으로 다음과 같은 법의 명령을 제시한다. "인격이 되어라, 그리고 타인을 인격으로서 존중하라"가 그것이다.[42)] 젤만은 여기서 인격의 인정관계(Anerkennungsbeziehung)라는 또 다른 핵심요소를 이끌어낸다.[43)] 법은 바로 인격 사이에서 형성되는 상호인정관계를 보장하는 것이라고 한다. 이로부터 법개념을 구성하는 두 가지 핵심요소를 이끌어낼 수 있다. '자유의지'와 '인정'이 그것이다. 앞에서 언급한 것처럼 자유의지는 칸트의 전통을 이어받은 것이다. 이에 반해 인정은 피히테(Johann Gottlieb Fichte)와 관련을 맺는 것으로 초기 헤겔이 관심을 기울인 개념이다.[44)] 호네트(Axel Honneth)가 제시한 '인정투쟁'은 이렇게 초기 헤겔이 관심을 가진 인정 개념에 바탕을 둔다는 점은 주지의 사실이다.[45)]

그런데 젤만이 법개념의 핵심요소로 강조하는 인정관계에는 두 가지 문제

---

40) G.W.F. 헤겔, 앞의 책, 122-123쪽.
41) G.W.F. 헤겔, 앞의 책, 124쪽.
42) G.W.F. 헤겔, 앞의 책, 124-125쪽.
43) K. Seelmann, 앞의 논문, 15쪽. 독일어 'Anerkennung'은 법학에서는 흔히 '승인'으로 번역되는데 이 글에서는 철학계에서 사용하는 '인정'으로 번역한다. 이를 '승인'으로 번역하는 경우로는 Kurt Seelmann, 윤재왕 (옮김), 『법철학』(세창출판사, 2010) 참고.
44) 이에 관해서는 서윤호, "피히테 법사상의 철학적 기초와 그 의미", 『법철학연구』 제11권 제1호 (2008), 45-64쪽 참고.
45) 악셀 호네트, 문성훈·이현재 (옮김), 『인정투쟁: 사회적 갈등의 도덕적 형식론』(사월의책, 2011) 참고.

를 제기할 수 있다. 첫째는 헤겔이 초기에 관심을 쏟은 인정 모델을 후기 작품인 『법철학』에서도 찾을 수 있는가 하는 점이다.[46] 왜냐하면 위에서 언급한 §36에서 헤겔은 타자를 인격으로 존중하라(respektieren)는 법의 명령을 제시하기는 하지만 '인정' 개념이 정면에서 나오지는 않기 때문이다. 둘째는 자유의지와 인정관계가 어떻게 연결될 수 있는가 하는 점이다. 첫째 문제에 관해 이를테면 인정 개념을 본격적으로 다룬 호네트는 예전에는 『법철학』에서는 인정 모델을 발견할 수 없다는 태도를 취하였다.[47] 이러한 시각에서 보면 §36에서 인정관계를 도출하는 젤만의 이해방식은 타당하지 않다.[48] 다만 최근에는 호네트 역시 『법철학』에서도 인정 모델을 찾을 수 있다고 본다.[49] 이렇게 보면 젤만이 논증하는 것처럼 헤겔이 초기에 다룬 인정 모델은 헤겔 철학 전체에서 연속되어 『법철학』까지 이어진다고 말할 수 있다. 둘째 문제에 젤만은 다음과 같은 답변을 제시한다. 인정관계는 인격이 서로를 상호적으로 자유로운 인격으로 인정하는 관계라는 것이다. 다시 말해 인정관계는 어느 한 쪽만이 인정받는 관계가 아니라 자유로운 인격 사이에서 형성되는 '상호인정관계'(gegenseitige Anerkennungs-beziehung)이다.[50] 바로 이 점에서 젤만은 주관적인 자유의지와 객관적인 자유의지가 상호인정관계에서 통합된다고 말한다. 주관적인 자유의지를 지닌 각 인격이 다른 인격의 자유의지를 상호적으로 인정하는 관계에서 말이다. 이를 통해 주관적인 자유의지가 객관적 자유의지로 전환되고 자유의지와 인정관계 역시 결합된다. 이에 따르면 헤겔이 말하는 법이란 자유의지의 상호인정관계라고 말할 수 있다.[51]

---

46) 『법철학』은 1821년에 출판되었다. 그 당시 헤겔(1770－1831)의 나이는 만 51세였다.

47) 악셀 호네트, 앞의 책, 34쪽.

48) K. Seelmann, 앞의 논문, 14쪽.

49) 이에 관해서는 서윤호, "사랑과 정의의 관계: 헤겔의 인정이론", 『비교문화연구』 제52집(2018. 9), 120쪽. 이 논문은 A. 호네트, 이행남 (역), 『비규정성의 고통: 헤겔의 『법철학』을 되살려내기』(그린비, 2017)을 인용한다.

50) 젤만에 따르면 헤겔은 인정투쟁을 하는 과정에서 상호인정관계에 도달한다. K. Seelmann, 앞의 논문, 15－16쪽.

51) K. Seelmann, 앞의 논문, 15쪽.

(3) 침해

헤겔에 따르면 범죄란 법을 침해하는 것이다. 이때 말하는 침해란 무엇인가? 이는 앞에서 살펴본 법개념에서 구체화할 수 있다. 젤만의 해석을 원용하면 헤겔이 말하는 법이란 상호인정관계를 뜻한다. 따라서 법을 침해한다는 것은 이러한 상호인정관계를 침해한다는 것을 뜻한다. 말을 바꾸면 범죄란 자유로운 인격 사이에서 형성되는 상호인정관계를 침해하는 현실존재이다. 그리고 이에 형법이 부과하는 형벌은 상호인정관계를 회복하는 것이다.

이때 주의해야 할 점이 있다. 법학에서 일반적으로 통용되는 것처럼 법을 침해하는 모든 행위가 범죄가 되는 것은 아니라는 점이다. 예를 들어 우리 형법은 고의가 아닌 과실로 재물을 손괴하는 행위는 설사 이러한 행위가 민법이 규정하는 소유권을 침해한다 하더라도 범죄로 파악하지 않는다. 이는 다음과 같이 설명된다. 법체계가 내적 분화 과정을 거치면서 법에서는 기본적으로 민사법과 형사법이 구별된다. 이에 따라 민사법의 불법과 형사법의 불법이 구별된다. 이를테면 민법의 불법행위책임과 형사책임은 구별된다. 헤겔 역시 이 점을 알고 있었다. 이에 헤겔은 민사법의 불법과 형사법의 불법을 다음과 같이 구별한다.[52] 형사법의 불법, 즉 범죄는 범죄 피해자가 되는 인격을 인격으로 인정하지 않는 것이다. 다시 말해 자유로운 상호인정관계를 거부하는 것이다. 이에 반해 민사법의 불법은 자유로운 인격이 물건에 갖는 청구권을 인정하지 않는 것에 불과할 뿐이다. 민사법의 불법은 물건을 소유하는 인격 자체를 거부하는 것은 아니다. 그 점에서 민사법의 불법과 형사법의 불법은 구별된다.[53] 이처럼 상호인정관계는 범죄에서 말하는 침해가 무엇인지를 밝히는 데 핵심적인 역할을 한다.

---

52) K. Seelmann, 앞의 논문, 18쪽.

53) 다만 이러한 구별이 오늘날에도 여전히 타당한지에는 의문이 없지 않다. 그에 대한 근거로 인격권을 언급할 수 있다. 19세기 당시에는 민사법학에서 인격권을 독자적인 권리로 인정하지 않았다. 따라서 인격권을 침해한다는 이유로 손해배상을 허용하지는 않았다. 이는 사비니에서 그 예를 찾아볼 수 있다. 사비니는 인격권에 대한 침해를 이유로 하여 손해배상을 인정하면 오히려 인격을 수단화하는 것이라고 비판한다. 이에 반해 오늘날 인격권은 독자적인 권리로 자리매김할 뿐만 아니라 인격권 침해를 이유로 하는 손해배상책임도 인정된다.

(4) 무효

헤겔에 의하면 법에 이루어진 침해, 즉 범죄는 "적극적 · 외부적으로 존재하는 실존"이다. 그렇지만 "그 자체로는 무효"이다. 이때 말하는 무효(ist nichtig)란 무엇을 뜻하는가? 여기서 주목해야 할 점은 '무효'는 법에서 즐겨 쓰는 개념이라는 것이다.[54] 이는 특정한 법적 행위의 효력이 없다는 것을 뜻한다. 그 점에서 법적인 평가, 달리 말해 당위적인 측면에서 이루어지는 평가를 뜻한다. 이를 범죄에 적용하면 다음과 같다. 헤겔에 따르면 특정한 범죄는 범죄자라는 인격의 행위로 구성되는 것으로 우리의 현실세계에 실존하는 그 무엇이다. 존재적인 측면에서 볼 때 범죄는 실재하는 침해행위이다. 이 점에서 헤겔은 범죄를 "적극적 · 외부적으로 존재하는 실존"으로 칭한다. 그렇지만 법의 측면, 즉 당위의 측면에서 볼 때 이는 무효로서 효력을 갖지 않는다. 다만 왜 법적으로 효력을 갖지 않는지는 더욱 살펴볼 필요가 있다.

젤만에 따르면 이때 말하는 무효가 무엇을 뜻하는지에는 두 가지 이해방식이 있다.[55] 첫째는 법의 효력은 절대적인 것이기에 범죄는 이를 부정할 수 없고 따라서 무효가 된다는 것이다. 법의 효력과 범죄의 효력은 양립할 수 없다는 것이다.[56] 둘째는 법을 침해하는, 달리 말해 범죄를 저지르는 범죄자는 범죄를 통해 타자의 인격을 부정할 뿐만 아니라 자신의 인격 역시 부정하기에 무효가 된다고 본다. 말을 바꾸면 범죄자는 범죄로 자기모순적인 행위, 즉 '수행적 모순'을 범한다는 것이다.[57] 다만 이러한 두 가지 이해방식은 별개로 보기 어렵다. 왜냐하면 모든 인격은 타자뿐만 아니라 자기 자신을 인격으로 인정해야 하는데 범죄는 이러한 의무를 부정하기 때문이다. 뿐만 아니라 법을 상호인정관계로 보면 범죄는 범죄자의 인격 자체에 대한 인정을 부정하는 것인 동시에 법

---

54) 임석진 교수는 독일어 'nichtig'를 '무실한'으로 번역한다. 다만 법학에서 'nichtig'는 '무효인'을 뜻하기에는 여기서는 '무효'라는 개념을 사용한다.

55) K. Seelmann, 앞의 논문, 20−21쪽.

56) G.W.F. 헤겔, 앞의 책, 205쪽.

57) 이를 다루는 K. Seelmann, "Versuche einer Legitimation von Strafe durch das Argument selbstwidersprüchlichen Verhaltens des Straftäters", in: *Anerkennungsverlust und Selbstsubsumtion: Hegels Straftheorien* (München, 1995), 81쪽 아래.

을 부정하는 것이기 때문이다. 그 점에서 범죄는 실존하는 존재이지만 범죄자의 인격 그 자신을 부정하는 것이기에 무효가 될 수밖에 없다.

(5) 무효의 선언

헤겔에 의하면 법을 침해하는 범죄가 그 자체 무효가 된다는 점은 '선언'(Manifestation)되어야 한다. 이렇게 무효를 선언하는 것은 범죄를 무효화하는 것을 실존으로 드러내는 것이다. 이때 말하는 선언은 범죄에 형벌을 부과하는 것을 말한다. 형벌은 공개된 재판을 통해 국가기관인 법관에 의해 판결로 부과되는 것이기에, 다시 말해 공적인 과정으로 이루어지는 것이기에 '선언'이라고 말할 수 있다. 헤겔에 따르면 형벌은 범죄가 무효임을 보여주는 선언, 다시 말해 "범죄의 선언"(Manifestation des Verbrechens)이다. 이는 "어느 한 쪽이 필연적으로 전제하는 다른 한 쪽이다." 이때 어느 한 쪽이란 범죄를 다른 한 쪽은 형벌을 뜻한다. 왜냐하면 법에 대한 부정인 범죄와 이에 대한 부정인 형벌은 내적으로 연관되어 있는 '동일성'이기 때문이다.[58]

이처럼 헤겔은 형벌을 통해 범죄가 그 자체 무효임을 선언해야 한다고 강조한다. 바로 이러한 '선언'에서 헤겔 형벌이론의 복합성이 드러난다. 이는 크게 두 가지로 해석될 수 있기 때문이다. 첫째, 이는 헤겔 자신이 말하는 것처럼 범죄로 침해된 법의 타당성(Gültigkeit)을 회복하는 과정이다.[59] 그 점에서 이는 응보이론의 맥락에서 파악할 수 있다. 둘째, 이는 야콥스나 젤만이 보여주는 것처럼 적극적 일반예방의 측면에서 이해할 수도 있다.[60] 왜냐하면 범죄는 무효가 되기에 형벌이 부과된다는 점이 공적인 영역에서 선언되면 이는 법에 대한 일반 시민들의 신뢰를 강화하는 역할을 할 수 있기 때문이다. 이 중에서 전자를 강조하면 헤겔의 형벌이론은 여전히 절대적 형벌이론, 즉 응보이론의 한 유형으로 규정된다. 이에 반해 후자를 강조하면 야콥스의 적극적 일반예방이론이 보여주는 것처럼 헤겔의 형벌이론 역시 적극적 일반예방이론으로 자리매김할 수 있다. 젤만은 이 점에 초점을 맞추어 헤겔의 형벌이론은 범죄로 침해된 상호

58) G.W.F. 헤겔, 앞의 책, 214쪽.
59) G.W.F. 헤겔, 앞의 책, 206-207쪽.
60) K. Seelmann, 앞의 논문, 22쪽.

인정관계를 형벌로 회복하는 것을 목적으로 하는 적극적 일반예방이론의 가능성도 가진다고 말한다.[61] 다만 이때 주목해야 할 점은 젤만에서는 적극적 일반예방이론보다 인정이론이 더욱 부각된다는 것이다.

(6) 법의 현실성과 필연성

§97 본문은 다음과 같이 끝난다. "이것이 법의 현실성이자 법에 대한 침해를 지양함으로써 자기 자신을 회복하는 법의 필연성이다."(die Wirklichkeit des Rechts, als seine sich mit sich durch Aufhebung seiner Verletzung vermittelnde Notwendigkeit) 사실 이 주장, 특히 독일어 원문의 주장을 정확하게 파악하는 것은 쉽지 않다. 그러나 §97에 이어지는 §98–§101에서 헤겔의 주장하는 바를 전체적으로 파악하면 §97에서 말하는 법의 현실성과 필연성은 다음과 같이 이해할 수 있다. 법철학에서 논의되는 '실효성'(Wirksamkeit)과 '효력'(Geltung) 개념을 원용하여 이해하는 것이다.[62]

우선 법의 현실성은 법의 실효성을 뜻한다. 법을 침해하는 범죄에 형벌이라는 강제력을 부과함으로써 법의 실효성을 유지하는 것이다. 형벌이라는 강력한 제재수단을 가진다는 점, 이를 통해 법의 실효성이 유지된다는 점이 바로 법의 현실성을 보여준다. 다음으로 법의 필연성은 두 가지 의미를 지닌다. 먼저 법의 필연성은 범죄와 형벌이 서로 별개의 것이 아니라 내적으로 연관되어 있는 동일한 것임을 의미한다.[63] 나아가 법은 범죄에는 필연적으로 형벌을 부과함으로써 법 자신이 '정'이라는 점을, 타당성을 지닌다는 점을 보여준다. 말을 바꾸면 범죄에 형벌을 부과함으로써 법이 효력을 지닌다는 점을 보여준다. 이러한 법의 효력으로 인해 범죄에 형벌을 부과하는 것은 법의 필연성이 된다.

---

61) K. Seelmann, 앞의 논문, 28쪽.

62) 실효성과 효력에 관해서는 U. Neumann, "Das Problem der Rechtsgeltung", in: ders., *Recht als Struktur und Argumentation* (Baden–Baden, 2008), 224쪽 아래.

63) 이를 시사하는 G.W.F. 헤겔, 앞의 책, 214쪽.

## Ⅴ. 헤겔 형벌이론에 대한 평가

### 1. 헤겔 형벌이론의 복합성

지금까지 젤만의 논증을 중심으로 하여 헤겔 형벌이론이 어떻게 재해석될 수 있는지를 살펴보았다. 그러면 이를 어떻게 평가할 수 있을까? 이는 쉽지 않은 일이다. 왜냐하면 『법철학』이 잘 보여주는 것처럼 헤겔이 제시하는 형벌이론은 복합적인 의미맥락을 지니기 때문이다.

우선 헤겔의 형벌이론은 『법철학』의 여러 지점이 예증하듯이 절대적 형벌이론, 즉 응보이론으로 이해할 수 있다. 그렇지만 헤겔 저작을 좀 더 면밀하게 분석하면 헤겔의 형벌이론을 전통적인 응보이론으로 규정하는 게 쉽지 않다는 점을 알 수 있다. 그 이유로 세 가지 근거를 제시할 수 있다. 첫째, 헤겔은 주관적·사적 보복(Rache)과 객관적·공적 응보(Wiedervergeltung)를 구별하기 때문이다. 이때 객관적·공적 응보란 범죄에 형벌이 단순히 '탈리오원칙'처럼 동해보복을 추구하는 것이 아니라 범죄의 내적 가치에 따라 정의에 합당하게 형벌을 부과해야 한다는 것을 뜻한다.[64] 둘째, 헤겔은 정의에 따라 범죄에 형벌을 부과해야 한다고 강조한다. 이를 통해 범죄가 지양되고 법이 회복된다고 말한다.[65] 이는 다음과 같이 이해할 수 있다. 범죄에 형벌을 부과하는 것은 범죄로 침해된 법이 본래 효력대로 회복되는 데 기여한다는 것이다. 그렇다면 여기서 다음과 같은 의문을 제기할 수 있다. 헤겔이 의도하는 형벌은 자기목적적인 것이 아니라 특정한 목적, 즉 법의 효력 회복을 목적으로 하는 것이 아닌가 하는 점이다. 이렇게 보면 과연 헤겔의 형벌이론을 절대적 형벌이론으로 볼 수 있을지 의문이다. 오히려 법의 효력이론으로 보아야 하지 않을까 의문이 든다. 셋째, 앞에서 젤만의 논증을 빌려 언급한 것처럼 헤겔은 형벌을 통한 범죄의 선언을 강조한다. 그 점에서 적극적 일반예방이론의 측면도 찾아볼 수 있다.

---

64) G.W.F. 헤겔, 앞의 책, 211, 216쪽.

65) G.W.F. 헤겔, 앞의 책, 207쪽. 이 점에서 젤만은 헤겔의 형벌이론을 정의이론으로 파악하기도 한다. K. Seelmann, "Wechselseitige Anerkennung und Unrecht. Strafe als Postulate der Gerechtigkeit?", in: *Anerkennungsverlust und Selbstsubsumtion: Hegels Straftheorien* (München, 1995), 63쪽 아래.

이렇게 보면 헤겔의 형벌이론은 응보이론의 측면뿐만 아니라 정의이론, 효력이론, 적극적 일반예방이론으로서 인정이론의 성격도 지닌다. 어떤 시각에서 헤겔의 언명을 관찰하는가에 따라 형벌이론의 성격이 달라진다. '부정의 부정'이나 범죄에 대한 현실적·필연적 형벌 부과를 강조하면 응보이론으로, 정의에 합치하는 형벌 부과에 초점을 맞추면 정의이론으로, 형벌을 통해 범죄로 침해된 법의 회복에 관심을 두는 경우에는 효력이론으로, 범죄에 대한 공적인 선언을 부각시키면 인정이론 또는 상호인정관계 회복을 목적으로 하는 적극적 일반예방이론으로 규정할 수 있다. 요컨대 범죄에 대한 필연적인 처벌 그 자체를 중시할 것인지, 범죄에 대한 정의로운 처벌을 중시할 것인지, 형벌로 회복되는 법의 효력을 중시할 것인지, 형벌로 법의 효력이 회복되면서 함께 회복되는 상호인정관계를 중시할 것인지에 따라 헤겔의 형벌이론은 다채롭게 규정될 수 있다.

## 2. 적극적 일반예방이론의 세 가지 유형

절대적 형벌이론과 상대적 형벌이론, 다시 말해 응보이론과 예방이론이라는 이원적 구별을 헤겔의 형벌이론에 적용하면 다음과 같은 결론을 이끌어낼 수 있다. 헤겔의 주장을 전체적·종합적으로 고찰할 때 헤겔의 형벌이론을 응보이론에 포섭할 수 없다면 이는 일반예방이론, 그중에서도 적극적 일반예방이론의 유형으로 파악할 수 있다는 것이다.

다만 야콥스나 하쎄머의 작업이 보여주는 것처럼 적극적 일반예방이론은 단일한 모습을 지니지 않았기에 헤겔의 형벌이론이 적극적 일반예방이론 중에서 어떤 유형에 속하는지 의문이 들 수 있다. 이를 위해서는 적극적 일반예방이론의 유형을 구별할 필요가 있다. 적극적 일반예방이론을 적절하게 유형화하려면 범죄에 형벌이 부과되어 법의 효력이 회복되는 과정을 도식화할 필요가 있다. 이를 도식화하면 다음과 같다.

≪도식-1≫ 형벌 부과와 법의 효력 회복 과정

범죄 ⇒ 범죄에 대한 형벌 부과 ⇒ 범죄의 무효 선언 ⇒
법의 효력 회복 ⇒ 법의 내면화 ⇒ 상호인정관계 회복

이러한 도식에서 볼 때 응보이론은 범죄에 대한 형벌 부과에만 관심을 기울인다. 이에 반해 적극적 일반예방이론은 범죄의 무효 선언부터 관심을 기울인다. 여기서 세 가지 유형을 구별할 수 있다. 첫째는 범죄가 무효라는 '선언' 그 자체에 초점을 맞추는 것이다. 예를 들어 젤만이 부분적으로 이러한 시각을 보여준다. 둘째는 형벌을 부과함으로써 법의 효력이 회복되는 것에 초점을 두는 것이다. 법규범의 효력 보장을 형법의 임무로 파악하는 야콥스의 적극적 일반예방이론이 여기에 해당한다. 셋째는 법의 효력이 회복되고 이러한 법이 수범자인 인격에게 내면화되어 인격 상호 간의 인정관계가 회복되는 것에 초점을 맞추는 것이다. 젤만이나 하쎄머의 이론이 여기에 속한다. 이 중에서 무엇이 가장 진정한 의미의 적극적 일반예방이론인지에는 논란이 제기될 수 있다. 법이 보장하는 규범적 내용이 실제로 수범자에게 내면화되었는지, 다시 말해 법에 대한 신뢰가 형성되었는지를 적극적 일반예방이론의 기준으로 강조하면 오직 세 번째 유형만이 진정한 의미의 적극적 일반예방이론에 해당한다고 말할 수 있다. 요컨대 사회과학적·법사회학적 방법론을 적용하여 적극적 일반예방이론을 규정하는 것이다. 이에 따르면 첫 번째와 두 번째 유형은 적극적 일반예방이론이 아니라 오히려 응보이론과 적극적 일반예방이론 사이에 있는 또 다른 유형으로 볼 여지가 있다. 이 점에서 야콥스가 제시한 적극적 일반예방이론은 그 주장과는 달리 별개의 이론, 즉 법의 효력이론으로 볼 수 있는 게 아닌가 한다.

### 3. 상징이론으로서 헤겔의 형벌이론

이러한 맥락에서 필자는 헤겔의 형벌이론을 응보이론도 적극적 일반예방이론도 아닌 별개의 이론으로 파악하고자 한다. 헤겔의 형벌이론은 상징이론이라는 것이다. 이때 말하는 상징이론은 독일의 법철학자 클라우스 귄터(Klaus

Günther)가 제시한 형벌의 상징적·표현적 기능을 원용한 것이다.[66] 필자는 그 근거를 '선언'에서 찾고자 한다. 필자가 볼 때 헤겔의 형벌이론은 이미 응보이론을 넘어선다. 그러나 법의 효력이론이나 실증적 의미의 적극적 일반예방이론까지는 나아가지 않는다. 일단 정의로운 기준에 따라 범죄에 형벌을 부과한다고 해서 실제로 법의 효력이 회복되는 것은 아니다. 헤겔의 인정이론을 일관되게 관철하면 법의 효력은 수범자인 인격들이 법의 규범적 주장을 실제로 인정할 때 보장 또는 회복된다. 이렇게 되려면 법이 지향하는 규범적 내용을 인격인 시민들이 신뢰하고 내면화해야 한다. 그러나 이는 범죄에 형벌을 부과하는 것만으로 자연스럽게 이루어지지는 않는다. 형벌은 본질적으로 해악의 일종이기에 형벌이라는 수단으로 시민들을 설득하는 데는 한계가 있기 때문이다. 따라서 오히려 솔직하게 형벌이 수행할 수 있는 기능에 주목해야 한다. 헤겔이 '선언'이라는 개념에서 적절하게 시사하듯이 범죄에 부과되는 형벌은 그 범죄가 법을 침해하여 무효라는 점을 상징적으로 표현하는 기능을 수행한다고 보아야 한다.[67] 물론 이를 통해 수범자가 법에 대한 신뢰를 강화할 가능성 조건이 마련되기는 한다. 그러나 실제로 그렇게 될 것인지는 확실하지 않다. 따라서 형벌에 과도한 기대를 하는 것은 적절하지 않다. 오히려 형벌로 범죄가 무효라는 점을 상징적으로 표현한다는 점에 만족하는 것이 적절하다고 생각한다. 헤겔이 제시한 형벌이론은 이를 설득력 있게 보여준다. 그 점에서 헤겔의 형벌이론은 상징이론으로 규정할 수 있다.

## Ⅵ. 맺음말

지금까지 헤겔 법철학이 법학, 그중에서도 형법학에서 어떤 생산적인 의미를 지닐 수 있는지 살펴보았다. 특히 헤겔의 형벌이론에 초점을 맞추어 헤겔의

66) K. Günther, "Die symbolisch−expressive Bedeutung der Strafe," in: *Festschrift für Klaus Lüderssen* (Frankfurt/M., 2002), 205쪽 아래. 이를 소개하는 양천수, "상징주의 형법이론: 유기천 교수의 형법철학", 『법과 사회』 제64호(2020), 103−142쪽 참고.

67) 형벌을 언어행위의 일종으로 파악하는 견해도 이러한 맥락에서 이해할 수 있다. Roman Hamel, *Strafen als Sprechakt* (Berlin, 2009) 참고.

형벌이론이 오늘날 여러 측면에서 난관에 봉착한 형벌이론에 어떤 시사점을 제공할 수 있는지 검토해 보았다. 지금까지 지배적인 견해는 헤겔의 형벌이론을 응보이론으로 규정하였다. 그렇지만 제9장에서 보여준 것처럼 헤겔의 형벌이론은 이보다 더욱 넓고 복합적인 의미를 지닌다. 따라서 어떤 관점에서 헤겔의 형벌이론을 관찰하고 독해하는가에 따라 헤겔 형벌이론의 모습이 달리 채색된다. 제9장은 그중에서도 적극적 일반예방이론의 관점에서 헤겔의 형벌이론을 재해석하려는 논의를 비판적으로 검토하였다. 그러면서 결론으로 헤겔의 형벌이론을 상징이론으로 규정한다. 다만 이는 시론에 지나지 않기에 추후 상세한 논증을 거쳐야 할 것이다.

제10장

# 문화와 민사책임

## Ⅰ. 서론

지금까지 살펴본 것처럼 책임은 철학적 사유와 밀접한 관련을 맺는다. 어떤 철학이론으로 책임을 이해하는가에 따라 책임의 구조나 구체적인 내용이 달라진다. 그런데 책임에 영향을 미치는 것은 요나스나 레비나스, 귄터, 헤겔의 철학과 같은 이론만 있는 것은 아니다. 이외에도 다양한 요소들이 책임의 구체적인 모습을 결정하는 데 영향을 미친다. 그중에는 문화도 언급할 수 있다. 특정한 공동체가 고유하게 지닌 문화는 그 공동체가 구상하는 책임에 결정적인 영향을 미친다. 독일의 법철학자 라드브루흐(Gustav Radbruch)가 언급한 것처럼 법 자체가 문화 개념인 이상 법체계에서 중요한 지위를 차지하는 책임이 문화에 영향을 받는 것은 어찌 보면 당연한 일이다. 시야를 넓혀 보면 한 공동체가 가지는 법체계 자체가 문화와 불가결하게 연결된다고 말할 수 있다. 이러한 맥락에서 책임과 법 및 법체계를 파악하면 다음과 같은 결론도 도출할 수 있다. 다른 나라의 책임제도와 법체계를 공부하는 것은 바로 그 나라의 문화를 공부한다는 것을 뜻한다는 것이다.[1]

한편 일본을 통해 서구법과 서구법학, 특히 독일을 중심으로 한 대륙법과

1) 이를 보여주는 최근의 연구로는 우치다 타카시, 정종휴 (옮김), 『법학의 탄생』(박영사, 2022) 참고.

대륙법학을 계수한 우리 법학은 오랫동안 외국법과 외국 법학을 수입해 법체계와 법학을 일구어 왔다. 그중에서도 독일법과 독일 법학은 우리 법학에 지대한 영향을 미쳐왔다. 그런 와중에서 자연스럽게 독일법과 우리 법을 비교하는 '비교법학'(Rechtsvergleichung)이 우리 법학의 중심적인 법학방법론으로 정착되었다.[2] 법학을 하게 되면 독일법을 위시한 외국법을 소개하고 분석하는 작업을 마치 당연하게 해야 하는 것처럼 수행하였다.[3] 그러나 1980년대 중반을 전후로 하여 이렇게 비교법적 작업을 하는 것에 의문을 표하는 견해가 생겨나기 시작했다. 동시에 우리 고유의 법학을 추구해야 한다는 목소리가 커지기 시작했다.[4]

법학 역시 학문인 이상 객관성과 보편성을 추구하는 것은 당연한 일이다. 이러한 맥락에서 우리보다 법체계와 법학이 발전한 선진국의 법과 법학을 수용하는 것은 어찌 보면 납득할 만한 일이라 할 수 있다. 법학이 객관성과 보편성을 가지는 이상 선진국이 도달한 수준의 법과 법학을 좇아가는 것은 '법진화'의 측면에서 볼 때 당연한 것이기 때문이다. 그러나 '자연현상'을 대상으로 하는 자연과학과는 달리 '인간의 행위'를 대상으로 하는 법학은 자연과학과 같은 엄격한 의미의 객관성과 보편성을 추구할 수 없다. 유명한 '방법이원론'에 따르면 법학을 포함하는 '정신과학'은 방법적인 측면에서 '자연과학'과 구별되기 때문이다.[5] 특히 법학을 '문화과학'의 일종으로 파악하는 진영에서 보면 자연과학에서 추구하는 그러한 객관성과 보편성을 법학은 추구할 수 없다. 왜냐하면 법학은 각기 고유한 문화가 낳은 산물이기 때문이다. 오늘날과 같은 문화다원주의 시대에는 전 세계에 통용될 수 있는 통일적인 문화가 존재할 수 없는 것처럼 만약 법학이 문화가 낳은 고유한 산물이라면 법학에서도 통일적이고 보편적인 그 무엇인가를 찾을 수 없다. 각 문화는 각자 다원적으로 자신들

---

2) 비교법 방법론에 관해서는 우선 김도균, "법철학자의 관점에서 바라본 비교법 방법론: '비교되는 법'의 중층성 및 복합성과 관련하여", 『법사학연구』 제34호(2006), 285-319쪽.

3) 예를 들어 김증한, "한국민법학의 진로", 『서울대학교 법학』 제26권 제2·3호(1985), 10쪽.

4) 민법의 예를 보면 양창수, "한국사회의 변화와 민법학의 과제", 『민법연구』 제1권(박영사, 1991), 17쪽 아래.

5) 이에 관해서는 아래 Ⅱ.2. 참고.

에게 적합한 법체계를 형성할 따름이기 때문이다. 따라서 각 법체계 사이에 존재하는 문화적 차이를 무시하고 무작정 외국의 법과 법학을 수용하려 한다면, 이는 자칫 우리의 고유한 문화적 맥락을 무시한 채 무작정 외국의 것을 수입하는 것이 될 수 있다.

제10장은 법과 법학 및 책임을 포함하는 전체 법체계가 일종의 문화적 산물이라는 주장을 검토한다. 먼저 이론적인 전제 작업으로 법체계를 문화의 맥락에서 접근하는 몇몇 시각을 검토하고 이를 통해 비교법학을 수행할 때 어떤 점들을 고려해야 하는지 살펴본다. 이러한 기본 작업에 바탕을 두어 제10장은 독일에서 성장한 '거래안전의무'를 예로 하여 비판적인 성찰 없이 외국의 법학을 수용하는 것이 어떤 문제를 가지는지 고찰한다.

## Ⅱ. 독자적인 문화로서 법체계

법체계는 한 공동체의 고유한 문화가 될 수 있는가? 오늘날의 시각에서 보면 이 질문에는 긍정적인 대답을 할 수 있다. 왜냐하면 가령 '법다원주의'는 법을 문화의 견지에서 파악하기 때문이다.[6] 그러나 실증주의가 지배하던 19세기만 하더라도 법체계를 문화와 연결하는 것은 쉽지 않았다. 그 이유는 실증주의는 자연과학과 대별되는 정신과학의 독자성을 부정하고 정신과학 역시 자연과학의 방법론으로 분석하고 설명하려 했기 때문이다. 그러나 독일의 철학자 딜타이(Wilhelm Dilthey)를 통해 자연과학과 정신과학이 방법적인 측면에서 구별되고 이러한 '방법이원론'이 남서독일의 신칸트주의에 수용되면서, 법과 법학은 문화와 연결될 수 있는 이론적인 가능성을 확보하게 되었다. 아래에서는 이론적인 전제 작업으로 19세기에 등장한 몇몇 이론을 살펴봄으로써 법체계를 독자적인 문화로 인정할 수 있는지 검토한다.

---

6) 법다원주의에 관한 기본적인 설명은 K. Günther, "Rechtspluralismus und universale Code der Legalität: Globalisierung als rechtstheoretisches Problem", in: L. Wingert/K. Günther (Hrsg.), *Die öffentlichkeit der Vernunft und die Vernunft der Öffentlichkeit* (Frankfurt/M., 2001) 참고.

## 1. 자연과학적 실증주의에 따른 부정론

자연과학적 실증주의 그리고 이러한 실증주의를 법학에 수용한 법실증주의에 따르면 법체계 자체는 독자적인 법문화로 인정할 수 없다. 그 이유를 다음과 같이 논증할 수 있다. 프랑스의 사회학자 콩트(Auguste Comte)에서 기원하는 실증주의는 자연과학의 방법론을 동원해 정신과학, 특히 사회과학을 분석하고자 하였다. 여기서 말하는 자연과학의 방법론은 경험적으로 검증하는 것, 즉 실험 혹은 실증을 뜻한다. 따라서 실증주의는 경험적으로 검증할 수 있는 것만을 대상으로 하여 사회과학을 근거 짓고 설명하려 한 방법론으로 바꿔 말할 수 있다. 이를 통해 실증주의는 인식의 엄밀함과 객관성, 더 나아가 보편성을 추구하고자 하였다. 이렇게 실증주의는 인식의 객관성과 보편성을 추구하므로 이러한 실증주의의 시각에서 볼 때 법적 현상 역시 보편적으로 설명할 수 있는 그 무엇이라 할 수 있다. 그러므로 실증주의에 따를 때 보편적인 법적 현상을 대상으로 하는 법체계 역시 객관적일 수 있는 그 무엇이다. 그렇다면 이러한 법체계를 '문화'라는 다소 모호한 개념과 연결할 수는 없다. 문화는 엄격하고 객관적으로 다룰 수 있는 그 무엇은 아니기 때문이다.

이는 실증주의의 방법론을 법학에 수용한 법실증주의에서도 마찬가지라 할 수 있다. 특히 법실증주의를 순수한 형식으로 밀고 나간 한스 켈젠(Hans Kelsen)은 국가가 제정한 실정법 또는 국가법만을 법으로 규정하면서 이러한 실정법으로부터 일체의 경험적인 요소나 비법적인 요소를 제거하여 법학의 객관성과 순수성을 추구하고자 하였다. 따라서 법실증주의, 그중에서도 '순수법학'에 따르면 법체계 자체를 독자적인 법문화로 볼 가능성이 사라진다. 켈젠이 보기에 '문화'라는 관념은 불명확하고 순수하지 않은 요소이기에 순수한 법(학)과 순수하지 않은 문화를 같은 선상에 놓을 수는 없는 것이다.

이렇게 법체계를 독자적인 문화로 파악하지 않는 태도는 마찬가지로 과학주의를 따르면서도 실증주의와는 다른 방향으로 나아갔던 '과학적 사회주의', 즉 '마르크스주의'(Marxismus)에서도 찾아볼 수 있다.[7] 마르크스주의 가운데서 유명한 '역사적 유물론'에 따르면 사회는 '토대'와 '상부구조'로 구성된다. '토대'

---

7) 마르크스주의 법이론에 관해서는 우선 양건, 『법사회학』(민음사, 1990), 46쪽 아래 참고.

는 한 사회의 성격을 결정하는 근거가 되는 것을 말한다. 이러한 토대는 생산력과 생산관계로 구성된다. 생산력과 생산관계의 조합을 생산양식으로 지칭한다. 상부구조는 토대에 의해 결정되는 것으로 토대를 유지하기 위해 존재한다. 국가, 법, 문화, 정치적·사회적 제도 등이 바로 상부구조에 해당한다. 이러한 '토대/상부구조론'에 따르면 법체계는 생산력/생산관계의 총체인 토대에 의해 결정되는 상부구조에 불과하다. 따라서 법체계는 한 사회의 토대를 이루는 생산력/생산관계가 반영된 것에 지나지 않는다. 그러므로 '토대/상부구조론'을 주장하는 역사적 유물론에 따르면 법체계를 독자적인 문화로 파악할 가능성은 그리 많지 않다. 더군다나 문화 역시 역사적 유물론에 따르면 상부구조의 한 예에 지나지 않으므로 법체계를 독자적인 문화로 취급하고자 하는 것은 큰 의미를 갖지 않는다. 중요한 것은 오직 토대인 '생산력/생산관계'뿐이기 때문이다.

## 2. 방법이원론과 문화과학의 형성

이처럼 실증주의 또는 법실증주의에 따르면 법체계는 독자적인 문화로 인정하기 쉽지 않다. 그러나 19세기 중반 독일을 중심으로 태동하기 시작한 '방법이원론'에 따르면 법체계와 이러한 법체계를 연구대상으로 하는 법학이 독자적인 학문으로서 시민권을 획득하고 이에 따라 법체계가 한 문화로 인정받을 수 있는 가능성이 열린다. '방법이원론'이란 자연과학과 정신과학을 구별하고 이에 따라 '설명'(Erklären)과 '이해'(Verstehen)를 구별하는 전통으로 거슬러 올라가는 방법론을 뜻한다. 철학자 칼 오토 아펠(Karl-Otto Apel)의 연구에 따르면 방법이원론은 독일의 역사학자 드로이젠(Johann Gustav Droysen)에서 그 단서를 발견할 수 있다.[8] 이후 방법이원론은 철학자 딜타이에 의해 본격적으로 정립된다. 칸트의 '순수이성'에 대항하여 '역사이성'의 독자성을 근거 지으려 했던 딜타이는 '자연과학'과 '정신과학'이라는 용어를 대비시키면서 그 유명한 '설명'과 '이해'를 각각의 고유한 방법으로 제안한다. 딜타이는 이를 다음과 같이 말한다.[9]

---

8) K.-O. Apel, *Die Erklären: Verstehen: Kontroverse in transzendentalpragmatischer Sicht* (Frankfurt/ M., 1979), 15쪽 아래.

9) W. Dilthey, *Ideen über eine beschreibende und zergliedernde Psychologie* (1984), 143쪽 아래.

"이제 정신과학과 자연과학은 다음과 같은 점을 통해 (…) 서로 구별된다. 자연과학은 외부적이면서 개별적으로 주어진 현상으로 우리 의식에 다가오는 사실(Tatsache)을 그 대상으로 삼는 반면, 정신과학은 실재(Realität)이자 원래의 것을 생명력 있게 연관시킨 것으로서 내부적인 것을 그 대상으로 삼는다. 이를 통해 자연과학과 관련해서는 보조적인 추론(ergänzende Schlüsse)을 통해, 즉 가설들을 서로 결합시킴으로써 자연에 대한 연관성이 자연과학에 주어진다. 이에 반해 정신과학과 관련해서는 정신적 삶(Seelenleben)의 연관성이 본래적으로 주어진 것으로서 정신과학의 도처에 기초로 자리 잡는다. 우리는 **자연은 설명하고 정신적 삶은 이해한다.** 왜냐하면 내적인 경험 속에서는 정신적인 삶의 개별 측면들을 보여주는 기능과 정신적인 삶 전체를 결합시키는 작용의 과정이 주어지기 때문이다. 여기서 이렇게 체험된 연관성이 우선적인 지위를 차지하게 되고 이러한 연관성의 개별 측면들을 구별하는 것이 그 다음 자리를 차지한다. 이러한 점들을 통해 우리가 정신적인 삶, 역사 그리고 사회를 연구할 때 원용하는 방법과 자연을 인식할 때 원용하는 방법 사이에 존재하는 매우 큰 차이가 드러난다."(강조는 인용자)

이러한 방법이원론을 통해 딜타이는 당시 급격하게 성장하던 자연과학의 도전에 대응하여 정신과학의 학문적 독자성을 세우고자 하였다.

딜타이의 방법이원론은 같은 시기에 성장하던 신칸트주의, 그중에서도 빈델반트(Wilhelm Windelband)와 리케르트(Heinrich Rickert)에 의해 주도된 '남서독일'의 신칸트주의에 의해 기본적으로 수용된다. 다만 가령 리케르트는 딜타이가 제안한 '정신과학'이 심리적인 것을 강조함으로써 정신과학이 본래 지칭하는 것을 간과하고 있다고 비판하면서 '정신과학' 대신 새롭게 '문화과학'(Kulturwissenschaft)이라는 개념을 사용한다.[10)]

이렇게 드로이젠과 딜타이 그리고 리케르트를 거치면서 자연과학과 대별되는 정신과학 또는 문화과학 영역은 독자적인 학문 영역으로 정초된다. 말하자면 자연과학적 방법론의 구속으로부터 벗어날 수 있게 된 것이다. 더 나아가 리케르트에 의해 비자연과학 영역이 문화과학으로 규정되면서 법체

10) 이에 관해서는 H. Rickert, 이상엽 (옮김), 『문화과학과 자연과학』(책세상, 2004) 참고.

계와 법학은 문화와 연결될 가능성을 확보한다. 왜냐하면 법과 법학은 분명 자연과학이 아닌 다른 영역에 속하는 분야인데, 만약 이 다른 영역이 문화과학이라는 범주에 포함되는 것이라면 법과 법학 역시 이 범주에 포함될 수 있기 때문이다. 이는 특히 독일의 법철학자 라드브루흐가 법학을 문화과학으로 규정하면서 더욱 분명해진다.

### 3. 문화과학으로서 법학

존재와 당위 그리고 자연과학과 문화과학을 구별하는 방법이원론의 전통을 계승한 신칸트주의 법학자들은 법학이 문화 개념과 밀접하게 관련을 맺을 수 있음을 보여주었다. 예를 들어 신칸트주의 형법학자였던 막스 에른스트 마이어(Max Ernst Mayer)는 한편으로는 '법규범'(Rechtsnormen)과 '문화규범'(Kulturnormen)을 구별하면서도 다른 한편으로는 형법이 수행해야 하는 임무는 문화규범을 보호하는 것이라고 함으로써 (형)법학과 문화의 관계를 밀접한 것으로 설정하였다. 그러나 본격적으로 법개념을 문화개념으로 규정하고 법학을 문화과학으로 정초한 학자는 그 유명한 라드브루흐라 할 수 있다.[11] 라드브루흐는 리케르트와 에밀 라스크(Emil Lask)의 전통에 따라 기본적으로 방법이원론을 수용한다. 라드브루흐에 따르면 '현실'(Wirklichkeit)과 '가치'(Wert)는 구별된다. 현실은 자연과학의 대상인 '존재'(Sein)에 상응하는 반면 가치는 '당위'(Sollen)에 상응한다. 이러한 가치는 문화의 본질을 이룬다. 나아가 라드브루흐는 현실과 가치가 서로 형성하는 관계의 방식에 따라 다음 네 가지 태도를 구별한다. '가치맹목적'·'가치평가적'·'가치관련적'·'가치초극적' 태도가 바로 그것이다.[12] 그중에서 법학은 가치관련적 태도와 관련을 맺는 것으로, '문화사실'(Kulturtatsache)을 고찰 대상으로 한다. 이를 통해 라드브루흐는 법학을 문화과학의 범주에 넣는다. 뿐만 아니라 라드브루흐는 법을 문화현상으로 이해한다. 예를 들어 라드브루흐는 법개념을 다음과 같이 이해한다.[13]

---

11) 이재승, "칸트와 라드브루흐에 있어서 법이념", 『법철학연구』 제8권 제2호(2005), 59쪽 아래.
12) 이에 관해서는 G. Radbruch, *Rechtsphilosophie* (Heidelberg, 1999), 8-11쪽.
13) G. Radbruch, 위의 책, 34쪽. 번역은 이재승, 앞의 논문, 60쪽을 기본으로 하되 약간의 수정을

"법개념은 문화개념이다. 가치관련적 현실의 개념, 즉 일정한 가치에 봉사하는 의미를 지닌 현실의 개념이다. 법은 법가치, 법이념에 봉사하는 의미를 가진 현실이다. 법개념은 법이념에 지향되어 있다. 법의 이념은 바로 정의다."

이처럼 라드브루흐는 법개념을 문화개념으로 이해하고 법학을 문화과학으로 규정한다. 이러한 라드브루흐의 이해방식에 따르면 법체계는 독자적인 문화로 파악할 수 있다. 더 나아가 '법문화'라는 관념도 인정할 수 있다. 이제 법체계와 법학은 일종의 문화현상으로서 자연과학이 요청하는 객관성과 보편성 요청에서 벗어날 수 있는 여지를 획득한다.

## Ⅲ. 법체계의 다원성과 비교법 방법론

위에서 우리는 방법이원론과 이를 법학에 수용한 라드브루흐의 이론을 원용하여 법개념과 법학을 문화의 견지에서 파악할 수 있음을 살펴보았다. 이에 따르면 법체계 자체를 문화현상으로 이해할 수 있다. 그렇다면 이러한 결론은 구체적으로 어떤 함의를 가지는가? 크게 두 가지 의미를 이끌어낼 수 있다. 첫째, 법체계 자체를 독자적인 문화로 파악할 수 있다면 이러한 법체계에 보편적인 의미를 부여할 수는 없다는 것이다. 이 주장은 현대사회를 지배하는 문화다원주의와 관련을 맺는다. 둘째, 첫 번째 주장이 타당하다면 우리는 외국법과 우리 법을 비교하는 비교법적 작업을 수행할 때 이러한 점을 고려할 필요가 있다는 것이다. 왜냐하면 외국법과 우리 법은 각기 다른 문화적 맥락에 서있을 수 있으므로 외국법을 무작정 수입하거나 추종하는 것은 문화다원주의 측면에서 문제가 될 수 있기 때문이다. 이 두 주장을 아래에서 논증한다.

### 1. 문화다원주의와 법체계의 다원성

현대사회를 보통 다원주의 시대라고 한다. 다원주의는 각기 다른 견해, 가

---

가하였다.

치, 도덕적·윤리적 주장, 문화 등이 동등한 지위를 누리면서 양립할 수 있음을 인정한다. 다원주의에 따르면 심지어 서로 대립하고 모순되는 주장이나 가치도 양립할 수 있다. 이러한 다원주의는 현대사회를 이념적으로 지탱하는 중요한 근거가 된다.

다원주의는 사회의 다양한 영역에서 등장한다. 문화 역시 예외일 수 없다. 이로 인해 문화다원주의가 대두한다. 각기 상이한 문화가 공존할 수 있음을 인정하는 문화다원주의는 우리에게 여전히 익숙하지 않은 것일지도 모른다. 그러나 기독교 문화와 이슬람 문화가 공존하는 유럽에서는 문화다원주의가 이미 현실이 되고 있다. 또한 다양한 인종이 공존하는 미국에서도 문화다원주의를 찾아볼 수 있다. 사실 우리에서도 문화다원주의를 발견할 수 있다. 전승되어온 유교 및 불교문화와 서구에서 유입된 서구 기독교 문화가 우리 사회에서 혼재하고 있기 때문이다. 그런데 다행스럽게도 아직까지는 전통문화와 서구문화가 잘 혼융된 편이어서 문화적 갈등이 그다지 크게 발생하지는 않는다.

이처럼 문화다원주의가 이미 피할 수 없는 현실이 되었다면 이는 법체계와 법학에 심중한 의미를 지닌다. 위에서 살펴본 것처럼 법체계와 법학이 문화와 피할 수 없는 관계를 맺는다면, 문화다원주의는 법체계와 법학에서도 마찬가지로 등장할 수밖에 없기 때문이다. 요컨대 법체계와 법학도 다원주의 또는 다원성이라는 범주에서 벗어날 수 없다. 사실이 그렇다면 시간과 공간을 초월해 객관성을 누릴 수 있는, 즉 보편성을 주장할 수 있는 법체계란 생각할 수 없다. 모든 법체계는 다원적인 문화의 한 부분으로, 시간과 공간이라는 변수에 의존할 수밖에 없다.

### 2. 법학의 다원성과 비교법 방법론

법학을 문화과학으로 규정하는 이상 법학 역시 다원성에서 벗어날 수 없다. 예를 들어 대륙법 나름의 법학이 있을 수 있고, 영미법 나름의 법학이 있을 수 있으며, 이슬람법 나름의 법학이 있을 수 있고, 아시아법 나름의 법학이 있을 수 있는 것이다. 아시아 법학 사이에서도 가령 한국 법학과 일본 법학 및 중국 법학이 각기 다를 수 있다. 이는 문화다원주의의 측면에서 볼 때 아주 당연한 것이라 할 수 있다. 보편적으로 타당한 완결된 법학을 말하는 것은 쉽지 않다. 이러한 결론은 특히 비교법 방법론을 원용하여 법학을 수행할 때 중대한 의미를 가진다. 왜냐하면 비교법을 수행하는 사람은 이렇게 법과 법학 사이에 존재하는 다원성을 섬세하게 고려해야 하기 때문이다. 따라서 비교법 방법론은 먼저 외국법과 우리 법 사이에 존재하는 공통점과 차이점을 분석한 후 우리 법과 법학의 맥락에서 외국법과 법학을 어떻게 수용해야 할지를 따져보아야 한다. 그렇지 않고 외국 것이 새롭고 우리 것보다 더 나아 보여 무작정 수입하고자 하는 것은 바람직한 태도라 할 수 없다. 민법학자 양창수 교수가 언급한 것처럼 이러한 무비판적인 외국법 의존증은 "새것 콤플렉스"에 지나지 않을지도 모른다.[14]

## Ⅳ. 거래안전의무와 비교법 방법론

그렇다면 구체적으로 어떻게 문화다원주의를 고려하면서 비교법학을 수행해야 할까? 아래에서는 독일 민법학에서 형성된 '거래안전의무'를 예로 하여 어떻게 비교법 방법론을 원용해야 하는지 모색한다.

### 1. 거래안전의무

'거래안전의무'는 독일 민법이 실정법으로 인정하는 개념은 아니다. 이 개념은 독일 판례가 형성한 개념이다. 원래 '거래안전의무'(Verkehrssicherungspflicht)는 토지, 도로, 다리, 공동시설, 항만시설 등을 사람들이 안전하게 교통할 수 있도록 개설자가 부담하는 주의의무를 말한다.[15] 요컨대 거래안전의무는 도

14) 양창수, 『민법입문』(박영사, 2006), 248-250쪽.

15) 여기서 독일어 'Verkehrssicherungspflicht'를 어떻게 번역해야 하는지 문제될 수 있다. 이를 '교통안전의무'로 번역하는 경우도 있다. 예를 들어 이은영, "불법행위법에서의 주의의무(상)", 『판례월보』 제190호(1986), 19쪽 아래 참고. 그러나 'Verkehr'는 단순히 일상적인 의미의 교통만을 지칭한다고 볼 수는 없고 그보다 더욱 넓은 외연을 지니기에 여기서는 '거래안전의무'라는 번역어를 사용하기로 한다.

로개설자가 부담하는 도로교통에 관한 주의의무를 지칭하는 개념이었다. 그런데 이러한 거래안전의무는 이후 판례를 통해 점차 확대되어 나중에는 '거래의무'(Verkehrspflicht)라는 더욱 일반적인 주의의무로 발전하였다.[16] 거래안전의무의 발전과정을 구체적으로 살펴보면 다음과 같다.

## 2. 거래안전의무의 발전과정

### (1) 불법행위책임에 대한 독일 민법전의 규율태도

거래안전의무의 발전과정을 검토하려면 출발점으로 불법행위책임에 대한 독일 민법의 규율태도와 기본구조를 살펴보아야 한다. 다른 근대 민법전인 프랑스 민법전(CC)이나 오스트리아 민법전(ABGB)과는 달리 독일 민법전(BGB)은 불법행위책임에 관해 '일반규정주의'가 아닌 '열거주의'를 채택하였다. 물론 독일 민법전의 입법자들이 원래부터 열거주의를 의도한 것은 아니었다.[17] 그 증거로 독일 민법 제1초안은 불법행위책임에 관해 다른 근대 민법과 마찬가지로 일반규정을 두었다. 그러나 일반규정은 자칫 불법행위의 규율범위를 지나치게 확장할 위험이 있고 그러면 당시 독일에서 성장하던 자본주의 경제활동이 위축될 수 있다는 반론이 제기되었다. 이러한 반론을 받아들여 제2초안은 열거주의를 채택하였고 그 결과 오늘날의 독일 민법전은 불법행위책임을 열거적으로 규정한다.

독일 민법은 불법행위책임을 다음과 같은 3단계 구조로 규율한다. 제1단계는 원칙규정으로 독일 민법 제823조 제1항을 언급할 수 있다.[18] 이 규정은 고의·과실로 타인의 생명, 신체, 건강, 자유, 소유권, 기타의 권리, 즉 절대권을 침해한 경우에만 불법행위 성립을 인정한다. 다만 이에 대한 예외로 다음 두 가지를 규정한다. 제2단계에 해당하는 독일 민법 제823조 제2항과 제3단계에 해당

16) 이은영 교수는 이를 "사회생활상의 의무"로 번역한다. 이은영, 위의 논문, 21쪽.

17) 독일 민법전의 제정과정에 관해서는 H. Schlosser, *Grundzüge der Neueren Privatrechtsgeschichte* (Heidelberg, 2005), 180쪽 아래 참고.

18) 제823조 제1항: "고의 또는 과실로 타인의 생명, 신체, 건강, 자유, 소유권 또는 기타의 권리를 위법하게 침해한 사람은 그 타인에 대하여 이로 인하여 발생하는 손해를 배상할 의무를 진다." 위 번역은 기본적으로 양창수 (역), 『독일민법전』(박영사, 2005)에 의하였다. 아래 같다.

하는 제826조가 그것이다.[19] 제823조 제2항은 과실로 보호법규를 위반한 때 불법행위가 성립함을 예외적으로 인정한다. 그리고 제826조는 고의에 의한 양속위반이 있을 때 불법행위책임을 긍정한다. 이것이 독일 민법이 규율하는 불법행위책임의 기본구조이다.

그러나 독일 민법전이 1900년부터 시행된 이후 독일 민법전이 여러 면에서 중대한 흠결을 갖고 있다는 점이 확인되었다. 불법행위책임의 경우에는 불법행위책임을 열거적·제한적으로만 인정하여 새롭게 등장하는 각종 행위유형을 포섭할 수 없게 되었다.[20] 이러한 흠결을 극복하기 위해 법원실무는 '법관에 의한 법형성'을 전개해 왔는데 거래안전의무가 바로 그 예가 된다.

(2) 교통개설자의 주의의무로서 거래안전의무

위에서 언급한 것처럼 거래안전의무는 원래 교통개설자에게 부과되는 주의의무였다. 거래안전의무는 이미 20세기 초반부터 독일 제국법원이 인정하였다. 여기서 그 대표적인 판결 두 개를 소개한다.[21]

먼저 1902년의 제국법원 판결을 본다.[22] 이 판결은 피고가 소유하는 나무가 쓰러져 원고의 가옥에 손해를 입힌 사건을 대상으로 한다. 이에 제국법원은 민법 제823조 제1항에 의해 피고의 위법한 부작위를 근거로 하여 피고에게 불법행위책임을 부과하였다. 나무의 소유자 및 점유자는 나무의 하자로 타인에게 손해를 입히지 않도록 사회생활상 필요한 주의의무를 진다는 것이다.

다음 1903년의 제국법원 판결을 본다.[23] 여기서 제국법원은 피고 시(市)에게 피고가 소유하는 눈 쌓인 돌계단에 미끄러져 손해를 입은 원고에게 손해배상을 할 것을 명하였다. 피고는 토지를 공공의 교통에 제공하였으므로 피고는

---

19) 제823조 제2항: "타인의 보호를 목적으로 하는 법률에 위반한 사람도 동일한 의무를 진다. 그 법률에 과책 없이도 그에 위반하는 것이 가능한 것으로 정하여진 때에는 과책 있는 경우에만 배상의무가 발생한다." 제826조: "선량한 풍속에 위반하여 타인에게 고의로 손해를 가한 사람은 그 타인에게 손해를 배상할 의무를 진다."

20) E. v. Caemmerer, "Wandlungen des Deliktsrechts", in: *Gesammelte Schriften*, Bd. I (Tübingen, 1968), 475쪽 아래.

21) 판례 인용은 이은영, "불법행위법에서의 주의의무(상)", 20쪽 아래에 소개된 것에 의하였다.

22) RGZ 52, 373쪽 아래.

23) RGZ 54, 53쪽 아래 참고.

적설로 인한 피해를 막아 교통안전을 보장할 주의의무를 진다는 것을 근거로 한다. 나아가 제국법원은 권리자가 물건에 가지는 사실상 및 법률상 관계에 바탕을 두어 권리자는 당해 물건을 처분·관리·사용하는 경우 제3자에게 주의를 기울여야 한다는 의무가 민법 제823조에 의해 인정된다고 한다. 그리고 이는 소유자에게 인정되는 배타적 권리에 대응하는 의무라고 한다.

두 판결을 검토하면 다음과 같은 점을 확인할 수 있다. 거래안전의무는 작위보다는 부작위와 더 밀접한 관련을 맺는다는 것이다. 원래 독일 민법이 제정되기 이전의 지배적인 학설과 판례는 부작위에 불법행위책임을 인정하는 것에 소극적이었다. 이러한 태도를 반영하여 독일 민법전은 부작위에 의한 손해발생을 별도로 고려하지 않는다.[24] 그래서 독일 민법전은 우리 민법 제758조가 규정하는 것과 같은 소유자에 대한 무과실책임을 인정하지 않고, 다만 제836조에서 일정한 요건 아래 점유자에게만 불법행위책임을 인정할 뿐이다.[25] 그러나 이미 지적한 것처럼 이러한 입법태도는 중대한 흠결에 해당한다. 그리고 이러한 흠결을 보충하려고 도입한 개념이 바로 형법학에서 발전한 '보증인 의무'를 원용한 '거래안전의무'이다.[26]

### (3) 일반적 주의의무로서 거래안전의무

이처럼 거래안전의무는 초기에는 주로 교통개설자에게 부과되는 일종의 작위의무로 인정되었다. 그 후 독일연방법원(BGH)은 거래안전의무를 위험원을 창출하고 이를 관리할 수 있는 사람이 부담해야 하는 안전의무의 일종으로 보아 더욱 일반적인 주의의무로 확장하였다.[27] 이렇게 확장된 거래안전의무는

---

24) 이은영, 앞의 논문, 21쪽 각주(13) 참고.

25) 第836조 제1항: "건물 또는 기타 토지에 결합된 공작물의 붕괴로 인하여 또는 건물이나 공작물의 일부 박리로 인하여 사람이 사망에 이르거나 사람의 신체 또는 건강이 침해되거나 또는 물건이 손괴되는 경우에는, 토지의 점유자는 그 붕괴가 박리가 결함있는 설치 또는 하자있는 보존의 결과인 한, 피해자에게 그로 인하여 발생하는 손해를 배상할 의무를 진다. 점유자가 위험의 방지를 위하여 거래상 요구되는 주의를 다한 때에는 배상의무는 발생하지 아니한다."

26) 이은영, 앞의 논문, 20-21쪽. 여기서 이은영 교수는 Adolf Merkel, *Kriminalistische Abhandlungen* (Breitkopf und Härtel, 1867), 76쪽을 원용한다.

27) 윤용석, "서독 불법행위법상의 이른바 Verkehrspflicht에 관하여", 『재산법연구』 제2권 제1호 (1985), 68쪽.

1980년 바(von Bar)의 저서 『거래의무』(Verkehrspflichten)가 출간되면서 더욱 확장된 개념인 '거래의무'에 포섭되었다.[28] 이를 통해 거래의무는 불법행위책임이 성립하는 데 요건이 되는 일반적 주의의무로 자리 잡았다.

한편 이렇게 일반화된 거래의무는 부동산 관리의무, 위험장치에 대한 감시의무, 대중집회에 대한 안전의무, 직업상 의무(업무상 주의의무), 상품의 생산·판매 및 쓰레기 처리에 대한 의무 등으로 유형화되었다.[29]

## Ⅴ. 독일 불법행위책임에서 거래안전의무의 지위와 평가

그러면 이렇게 판례를 통해 형성된 거래안전의무를 인정하고, 더 나아가 이의 적용영역을 확장하는 흐름에 어떤 평가를 내릴 수 있는가? 거래안전의무는 독일 불법행위책임에서 어떤 지위를 누리는가? 그리고 이를 인정함으로써 독일 불법행위책임의 기본구조는 어떻게 변경되었는가?

### 1. 불법행위책임 영역 확장

독일 판례는 거래안전의무를 인정함으로써 독일 민법전이 취하는 열거주의가 가진 문제점을 극복하였다. 종래 불법행위규범이 지닌 흠결을 보충하고 이를 통해 불법행위책임의 규율영역을 확장할 수 있었다. 구체적으로 보면 이는 두 부분에서 이루어졌다.

먼저 거래안전의무를 인정함으로써 불법행위책임 영역이 작위뿐만 아니라 이른바 부작위 유형의 행위까지 확장되었다. 이는 거래안전의무가 독일 민법 제836조가 지닌 부족한 점을 보충했다는 점에서도 확인할 수 있다. 그리고 거래안전의무를 통해 가해자의 '직접침해'뿐만 아니라 '간접침해'까지 불법행위를 인정할 수 있게 되었다.[30] 원래 독일 민법은 원칙적으로 행위자가 직접 야기한 직접침해만을 불법행위로 인정하였다. 그러나 이것만으로는 새롭게 등장하는

28) 윤용석, 위의 논문, 71쪽.
29) 자세한 내용은 이은영, 앞의 논문, 22쪽 아래.
30) 김형배, "과실개념과 불법행위책임체계", 『민법학연구』(박영사, 1989), 273쪽.

간접침해 형태의 행위들을 규율할 수 없었다. 그런데 판례가 거래안전의무를 형성함으로써 간접침해 영역에서도 그 행위가 거래안전의무를 위반하는 한 위법한 행위로서 불법행위를 구성할 수 있게 된 것이다.

다음 거래안전의무를 인정함으로써 '영업권'이나 '인격권'과 같은 불법행위책임의 보호법익을 확장했을 뿐만 아니라 불법행위책임의 보호대상까지 확장하였다.[31] 독일 민법은 거래안전의무를 통하여 그 행위형태뿐만 아니라 보호대상에 대해서까지 불법행위책임을 확장하여 결국 '일반조항'을 인정하는 것과 같은 결과를 가져왔다.

### 2. 행위불법론

나아가 거래안전의무를 수용함으로써 불법행위책임의 위법성에 관해 새로운 논의를 불러일으켰다. '행위불법론'이 바로 그것이다. 원래 독일 불법행위책임은 크게 두 부분으로 구성된다. '위법성'과 '책임'이 그것이다.[32] 여기서 위법성은 객관적인 법질서에 대한 위반을 말한다. 이에 책임은 주관적인 비난가능성을 말한다. 고의와 과실이 이러한 책임요소에 해당한다. 전통적인 결과불법론에 따르면 특정한 법익침해라는 결과가 발생하면 일단 그 행위는 위법성을 징표한다.[33] 이때 위법성 조각사유가 존재하지 않는 한 그 행위의 위법성은 확정된다. 나아가 행위자에게 고의나 과실 같은 책임요소가 존재하면 그 행위는 객관적으로 위법할 뿐만 아니라 주관적으로 비난가능한 것으로 평가된다. 따라서 이 경우 불법행위는 성립하며 행위자는 피해자에게 손해를 배상할 의무를 부담한다.[34]

그런데 거래안전의무를 불법행위책임이 성립하는 데 필요한 일반요건으로

---

31) '영업권'에 대한 불법행위책임에 관해서는 우선 안법영, "영업경영의 과실침해와 책임귀속의 인과적 표지", 『판례연구』(고려대) 제8권(1996), 175-249쪽 참고.

32) 이는 예링(Rudolf von Jhering)이 1867년에 쓴 "로마사법에서 유책요소"라는 논문을 통해 정립되었다. 이에 관해서는 최흥섭, "불법행위의 성립요건", 『이영준 박사 화갑기념논문집』(박영사, 1999), 966쪽 아래 참고.

33) '결과불법론'에 관해서는 곽윤직 (편집대표), 『민법주해(XVIII)』(박영사, 2005), 209-210쪽(이상훈 집필) 참고.

34) 이는 형법학에서 논의되는 '인과적 행위론'과 그 기본구조가 유사하다.

인정하면 거래안전의무 위반 그 자체가 위법한 행위가 된다고 해석할 수 있다. 행위의 결과 때문에 위법성이 인정되는 것이 아니라 의무위반이라는 행위 그 자체 때문에 위법성이 인정된다는 것이다. 이를 '행위불법론'이라고 한다. 요컨대 거래안전의무를 인정함으로써 전통적인 결과불법론을 벗어나 그 행태의무 위반이라는 점에서 위법성을 인정하려는 행위불법론을 야기하였다.[35]

### 3. 평가

독일 민사판례는 법관에 의한 법형성을 통해 거래안전의무을 수용함으로써 우선적으로 독일 불법행위책임 제도가 가진 문제점을 극복하였다. 이를 통해 거래안전의무는 불법행위책임이 성립하는 데 필요한 일반요건으로 승인되었고 그 결과 독일 민법 제823조 제1항은 일반규정의 성격을 갖게 되었다. 뿐만 아니라 거래안전의무는 전통적인 결과불법론을 위협하고 행위불법론이라는 위법성과 책임에 대한 새로운 관계설정을 낳았다.

이러한 결과를 어떻게 평가할 것인가? 독일의 저명한 비교사법학자인 케머러(Ernst von Caemmerer)는 법실무가 법형성으로 거래안전의무를 도입하여 독일 민법이 지닌 흠결을 보충했다는 점에서 이를 긍정적으로 평가한다.[36] 나아가 케머러는 거래안전의무를 근거로 하여 위법성과 책임의 관계에 대한 새로운 설명방식인 행위불법론을 제시한다. 그러나 우리의 상황에서 이렇게 거래안전의무를 긍정적으로 평가하는 것이 과연 타당한 이해방식인지 의문이 없지 않다. 물론 거래안전의무를 수용하여 독일 민법의 부족한 점을 보완했다는 점에서 거래안전의무에는 일단 긍정적인 평가를 내릴 수 있다. 피해자 보호의 측면에서도 마찬가지 평가를 내릴 수 있다. 그러나 우리 민법처럼 불법행위책임에 관해 일반규정을 두고 있는 상황에서 거래안전의무를 무작정 긍정적으로 바라보는 것에는 문제가 있다. 그리고 거래안전의무에 힘입어 불법행위책임을 확장하면 과책주의에 바탕을 둔 불법행위책임 제도의 기본구조를 파괴할 우려가 있다. 나아가 이는 경제적 자유를 보장하고 거래안정을 확보하여 자본주의를 발전시

---

35) 이은영, 앞의 논문, 25쪽 아래.
36) 이은영, 앞의 논문, 25쪽.

킨다는 민법의 임무를 훼손할 위험도 내포한다. 뿐만 아니라 거래안전의무를 넓게 인정하면 위험책임으로 규율해야 할 영역을 여전히 불법행위책임으로 규율하는 체계불합치 문제를 야기할 수 있다. 불법행위책임과 위험책임은 서로 독립된 별개의 책임이라는 점에서 이는 분명 문제가 될 수 있다. 아래에서는 이러한 문제점들을 더욱 상세하게 고찰한다.

## Ⅵ. 우리 민법의 불법행위책임에서 거래안전의무의 지위 및 평가

지금까지 독일에서 어떤 과정을 거쳐 거래안전의무가 형성되었는지, 이러한 거래안전의무는 독일 민법의 이론과 실무에서 어떤 역할을 수행하는지, 여기에는 어떤 문제점이 있는지 살펴보았다. 그러면 이러한 거래안전의무가 우리 민법상 불법행위책임에서 어떤 지위를 차지할 수 있는지, 어떤 역할을 수행할 수 있는지, 이를 어떻게 평가할 수 있는지 살펴본다.

### 1. 과실과 위법성에 관한 이론 전개

우리 민법 제750조는 불법행위책임에 관해 "고의 또는 과실로 인한 위법행위로 타인에게 손해를 가한 자는 그 손해를 배상할 책임이 있다."고 규정한다. 독일 민법과는 달리 우리 민법은 일반규정주의를 채택한다. 이에 따를 때 불법행위책임이 성립하려면 위법한 가해행위가 존재하고, 손해가 발생해야 하며, 가해행위와 손해 사이에 인과관계가 존재하고, 가해자에게 고의 또는 과실이 있어야 한다. 이처럼 우리 민법도 불법행위에 관해 과책주의를 채택한다. 그런데 이 요건 가운데 거래안전의무는 특히 과실 및 위법성 개념과 밀접한 관련을 맺는다. 따라서 우리 민법상 거래안전의무가 차지하는 지위 및 그 역할을 판단하려면, 과실 및 위법성에 관해 전개된 학설대립을 검토할 필요가 있다.

먼저 과실 개념에 관해 크게 문제가 되는 부분은 과연 무엇을 기준으로 하여 과실 여부를 판단해야 하는가 하는 점이다. 이에는 크게 '객관적 과실설'과 '주관적 과실설'이 대립한다. 객관적 과실설은 사회평균인을 기준으로 하여 과실을 판단한다.[37] 만약 행위자 개개인을 기준으로 하여 주관적으로 과실 여부를 판단하면 과실 기준이 불명확해질 뿐만 아니라 자칫하면 피해자를 충분히 보호하지 못할 위험이 있다는 것을 주요 논거로 내세운다. 이에 반해 주관적 과실설은 우리 민법이 과실을 책임요소로 파악하고 있다는 점에서(민법 제753-754조) 그리고 과실을 객관적으로 판단하면 자칫 평균미달의 책임능력을 가진 행위자의 경우에는 그에게 과실이 없는데도 책임을 떠안길 위험이 있다는 점에서 과실은 행위자 개개인을 기준으로 하여 판단해야 한다고 본다.[38]

한편 위법성에 관해서는 위법성의 본질을 어떻게 파악할 것인가에 관해 견해가 대립한다. 이 문제에 관해서는 독일의 경우와 마찬가지로 결과불법론과 행위불법론이 대립한다.[39] 결과불법론은 가해자의 행위에 의해 특정한 결과가 발생하면 위법성이 징표되고, 위법성 조각사유가 없는 한 가해자의 행위는 위법성이 인정된다고 한다. 이에 반해 행위불법론은 행위결과가 아닌 행위 그 자체에 초점을 맞춘다. 그래서 위무위반이라는 행태에서 위법성의 본질을 찾는다. 이러한 행위불법론은 독일에서 전개된 행위불법론의 영향을 받은 것이라 할 수 있다. 나아가 행위불법론 가운데는 거래안전의무 위반을 과실과 같은 개념으로 보고 이러한 과실이 인정되면 위법성도 인정하는, 말하자면 과실과 위법성을 동일한 개념으로 파악하는 견해도 제시된다.[40] 이러한 점에서 독일에서 형성된 거래안전의무가 우리 민법상 위법성 개념에 관한 논의에도 영향을 미치고 있음을 확인할 수 있다.

## 2. 거래안전의무의 지위와 기능

거래안전의무는 과실과 위법성 개념에서 어떤 역할을 수행하는가? 먼저 거래안전의무는 위에서 언급한 것처럼 객관적 과실설과 관련을 맺는다. 가령 객관적 과실설을 주장하는 한 가지 견해는 독일에서 형성된 거래안전의무를 우리

---

37) 객관적 과실설에 관해서는 곽윤직, 『채권각론』(박영사, 1990), 477쪽.
38) 주관적 과실설에 관해서는 김형배, 앞의 논문, 285쪽 아래.
39) 이에 관해서는 최흥섭, 앞의 논문 참고.
40) 이은영, 『채권각론』(박영사, 1992), 786-787쪽.

민법상 불법행위의 과실을 해석하는 기준으로 제시한다. 이렇게 객관적 과실설과 연결된 거래안전의무는 불법행위책임의 규율영역을 확장하여 심지어는 불법행위책임이 위험책임과 유사한 역할을 수행하는 데 기여한다.

나아가 거래안전의무는 위법성의 본질도 변모시켰다. 원래 우리 민법학에서도 위법성 개념은 인과적 행위론에 바탕을 둔 결과불법론에 의해 결과불법으로 파악되었다. 그런데 거래안전의무가 과실 개념의 바탕이 되는 주의의무에 수용되면서 주의의무 자체가 사회가 요구하는 규범의 성격을 띠게 되고, 그 결과 이를 위반한 것 자체가 위법한 것으로 평가받게 되었다. 다시 말해 거래안전의무가 과실 개념에 수용되면서 위법성의 본질을 행위불법으로 파악하는 행위불법론이 등장한 것이다. 뿐만 아니라 아예 과실과 위법성을 같은 것으로 파악하는 견해가 제시되기도 하였다.

### 3. 우리 민법상 거래안전의무의 수용에 대한 평가

거래안전의무를 수용하여 우리 민법상 불법행위책임을 해석하면 불법행위책임의 규율영역을 확장하여 피해자 구제의 범위를 넓힌다는 점에서 긍정적으로 평가할 수 있다. 그러나 우리 민법의 기본구조를 염두에 두지 않고 무작정 거래안전의무를 수용해 불법행위책임을 확장하는 태도에는 법문화론과 비교법 방법론의 측면에서 다음과 같은 비판을 제기할 수 있다.

#### (1) 과실의 객관화에 대한 비판

먼저 거래안전의무를 수용하여 우리 민법의 불법행위책임에서 요건으로 삼는 과실을 추상적·객관적으로 해석하려는 태도를 본다. 이에는 우선 우리 민법상 과실은 주관적 책임요소라는 점을 염두에 둘 필요가 있다. 원래 책임이란 행위자 개인을 기준으로 하여 평가되는 개념이다. 행위자 개인에 대한 비난가능성이 바로 과실인 것이다. 그러므로 과실을 책임요소로 본다고 전제하면 그 과실도 행위자 개인을 기준으로 하여 주관적으로 판단하는 것이 논리적이다. 따라서 한편으로는 과실을 주관적인 요소로 규정하면서 다른 한편으로는 과실을 평가할 때 객관적 과실설이 그러는 것처럼 객관적인 기준을 동원하는 것은 논리적으로 일관되지 않는다. 그렇다면 왜 과실을 주관적 책임요소로 보는 것인가? 이에 대한 한 대답으로 다음과 같은 법정책적 고려를 생각할 수 있다. 근대민법은 '의사주의'에 바탕을 두어 형성되었다. 근대민법이 의사주의를 토대로 삼은 것은 인간이 가능한 한 자유롭게 행위할 수 있도록 보장하기 위해서였다. 민법은 인간의 자유를 보장하는 외적 테두리로 머물고자 하였다. 요컨대 민법은 의사주의를 통해 자유주의를 최대한 실현하고자 한 것이다.[41]

그러면 이러한 의사주의와 자유주의가 어떻게 과실 개념과 연결되는 것일까? 만약 과실을 '사회평균인'이라는 가상 개념을 기준으로 하여 판단하면 인간 각 개개인이 가진 주의능력의 차이를 간과할 수 있다. 이렇게 되면 사회가 요구하는 기준에 미달하는 능력을 갖춘 행위자는 사회활동을 할 수 없다. 그는 언제나 자신이 유발한 불행한 결과를 억지로 떠맡아야 하는 위험을 안고 살아가야 한다. 말하자면 객관적 과실설은 이러한 행위자에게 불가능한 것을 요구하는 것이다. 바로 이러한 점이 민법이 추구하는 의사주의 및 자유주의와 합치하지 않는다. 이러한 점에서 보면 거래안전의무를 수용해 과실 개념을 구성하려는 객관적 과실설이 어떤 부작용을 낳을 수 있는지 확인할 수 있다.

(2) 불법행위책임의 위험책임화에 대한 비판

한편 거래안전의무를 수용하여 불법행위책임의 규율영역을 확장하고, 심지어는 이를 통해 사실상 위험책임을 실현하려는 태도에는 다음과 같은 문제가 있다. 먼저 위험책임과 불법행위책임은 서로 구별되는 독립된 책임이라는 점에 주의해야 한다. 불법행위책임은 독일 민법전의 표제어가 말해주는 것처럼 허용되지 않는 행위를 대상으로 한다.[42] 이에 반해 위험책임이 규율대상으로 하는 행위는 원칙적으로 허용된 행위다. 다만 허용된 행위가 위험을 안고 있기에 그 위험을 창출·관리·지배할 수 있는 주체에게 위험이 실현된 경우 책임을 부과할 뿐이다. 그리고 불법행위책임은 과책주의를 바탕으로 하여 행위자에게 고의·과실이 있을 때만 손해배상의무를 인정하는 데 반해, 위험책임

---

41) 이상의 논증에 관해서는 김형배, 앞의 논문, 285쪽 아래.
42) 독일 민법은 불법행위책임을 규율하는 민법 제823조의 표제어를 "허용되지 않는 행위"(unerlaubte Handlungen)라고 규정한다.

은 이러한 과책과는 무관하게 위험을 실현한 자에게 손해배상의무를 부과한다. 그 때문에 위험책임은 많은 경우 보험제도와 같은 손해전보제도와 결합되고 또 책임범위도 일정한 범위에서 제한되는 경우가 대부분이다. 이처럼 불법행위책임과 위험책임은 서로 구별된다. 그런데도 두 책임 사이에서 보이는 차이를 무시하고 불법행위책임을 통해 위험책임을 사실상 실현하고자 하면, 허용된 행위를 해야 하는 행위자의 행동반경을 심각하게 제한할 수 있다. 위험책임은 보험제도라는 별도의 손해전보제도가 뒷받침해 주어야만 제 기능을 수행할 수 있음에 주의해야 한다.

나아가 불법행위책임을 확대하여 위험책임에 해당하는 행위까지 불법행위책임으로 규율하면 이에 의해 사회통합이 와해되고 결국에는 불법행위책임 자체도 형해화될 수 있다. 그 이유를 의료과오소송을 예로 하여 알아보자. 불법행위책임의 규율범위를 확장하여 의사에게 과중한 업무상 주의의무를 부과하면 의사는 이러한 책임을 예방적으로 피하기 위해 방어적 진료를 하게 된다. 의사와 환자 사이에 존재해야 할 기본적인 신뢰관계가 파괴되는 것이다. 그래서 오히려 환자가 의사의 도움을 받을 수 있는 기회와 범위가 실질적으로 줄어든다. 한편 의사에게 더욱 많은 의료책임을 물어야 한다는 사회적 요청으로 인해 불법행위책임의 기본구조인 과책주의가 파괴되고 고의나 과실 같은 주관적 표지는 결국 가장적인 논거로 전락한다. 이를 통해 (민)법규범은 자신이 수행해야 하는 예방적 기능을 수행할 수 없게 되고 결국 법적 안정성은 파괴된다.[43]

(3) 행위불법론에 대한 비판

독일의 거래안전의무와 행위불법론을 수용하여 우리 민법상 불법행위책임의 위법성 표지를 행위불법론의 관점에서 파악하고, 심지어는 과실 개념과 위법성을 같은 것으로 이해하려는 태도에는 다음과 같은 문제가 있다. 우선 우리 민법 제750조에서 규정하는 위법성을 해석할 때 결과불법론이나 행위불법론 가운데서 어느 한 쪽만을 취하는 것이 과연 타당한 해법인지 의문이다. 원래 이러

43) 이를 설득력 있게 설명하는 이상돈, 『형법학』(법문사, 1999), 단락번호 [4] "의료분쟁의 법제화" 참고.

한 불법론은 독일 민법 제823조 제1항을 해석하는 과정에서 전개되었다. 제823조 제1항은 직접침해만을 그 대상으로 삼고 있었기 때문에 적용범위가 협소했고, 바로 이러한 흠결을 보충하려고 거래안전의무와 행위불법론이 등장한 것이다. 이에 반해 우리 민법은 불법행위책임에 관해 이미 일반규정을 취하고 있음에 주의할 필요가 있다.[44] 뿐만 아니라 형법과 달리 민법에서 불법행위가 빚은 '결과'라는 측면을 도외시하고 불법'행위' 그 자체만을 근거로 하여 위법성을 판단할 수 있을지 의문이다. 미수를 규정하고 있는 형법(형법 제25조에서 제27조)과는 달리 민법상 불법행위책임은 원칙적으로 결과가 발생할 것을 요건으로 삼기 때문이다(민법 제750조). 물론 독일처럼 불법행위책임의 효과로서 예방적 부작위소송을 인정할 수 있다면 민법에서도 미수와 유사한 법적 책임을 인정할 수도 있다. 그러나 우리 민법이 이러한 제도를 아직 채택하지 않는다는 점에서 행위불법만으로 불법행위책임의 위법성을 평가하는 것은 타당하지 않다. 뿐만 아니라 형법학에서도 결과만을 중요시하는 인과적 행위론이나 행위만을 중요시하는 목적적 행위론 대신, 행위와 결과 모두를 고려하는 사회적 행위론 및 이에 바탕을 둔 신고전적·목적적 범죄체계를 종합한 합일태적 범죄체계가 널리 지지를 받고 있고 이에 따라 불법을 판단할 때도 결과불법과 행위불법을 모두 고려한다는 점도 참고할 필요가 있다.[45] 요컨대 민법상 불법행위책임의 위법성을 판단할 때는 결과불법뿐만 아니라 행위불법을 다 같이 고려하는 것이 타당하다고 할 수 있다.

다음 과실과 위법성을 같은 것으로 보아 과실을 책임요소가 아닌 위법성 요소로 파악하는 견해를 검토한다. 이 견해는 독일의 형법학자 벨첼(Hans Welzel)이 주장한 목적적 행위론을 전적으로 수용한 것으로 보인다. 왜냐하면 벨첼은 목적적 행위론에 따라 고의나 과실을 책임단계에서 불법을 구성하는 구성요건단계로 옮겼기 때문이다. 그러나 목적적 행위론은 독일에서나 우리나라에서 많은 비판을 받았고 그 후 전개된 사회적 행위론이나 합일태적 범죄체계론에 따라 고의나 과실은 이중적인 지위를 가진다는 주장이 설득력을 얻고

---

44) 최홍섭, 앞의 논문, 979쪽 아래.
45) 심재우, "형법에 있어서 결과불법과 행위불법", 『법학논집』(고려대) 제20집(1982), 127-170쪽 참고.

있음에 주의할 필요가 있다. 요컨대 오늘날 형법학에서 과실 개념은 위법성 개념일 뿐만 아니라 책임 개념으로도 인정을 받고 있다. 이러한 형법학의 논의는 불법행위책임의 과실과 위법성의 관계를 판단할 때도 한 가지 시사점을 준다. 과실을 전적으로 책임요소로만 보거나 위법성 요소만으로는 볼 수 없다는 점이다.

### 4. 거래안전의무의 기능적 의의

이처럼 거래안전의무를 수용하여 불법행위책임을 확대하려는 것이나 과실과 위법성을 같은 것으로 보는 태도에는 여러 가지 문제가 있다. 그러면 거래안전의무는 우리 민법학에서 볼 때 전혀 무용한 개념인가? 그렇지는 않다고 생각한다. 만약 우리가 아래에서 논증하는 것처럼 불법행위책임을 유형화하는 시도를 받아들인다면 비록 제한적이나마 거래안전의무를 긍정적으로 수용할 수 있다고 생각한다. 이러한 주장을 논증하기 위해서는 먼저 현대사회의 구조변화를 분석할 필요가 있다.

#### (1) 위험사회로서 현대사회

현대사회를 특징짓는 표어로는 여러 가지가 있지만 불법행위책임과 관련하여 눈에 띄는 것으로 '위험사회'(Risikogesellschaft)를 언급할 수 있다. 독일의 사회학자 울리히 벡(Ulrich Beck)이 1986년에 제안한 이 개념에 따르면 현대사회는 근대민법이 성립했던 18-19세기의 초기 자본주의 사회와는 다른 구조를 보인다.[46] 왜냐하면 현대 위험사회에서는 고도로 발전한 자본주의 체계가 낳은 구조적인 위험이 증가하고 이로 인해 위험이 현실화되어 인적·물적으로 거대한 손실을 야기할 가능성이 더욱 높아졌기 때문이다. 이에 발맞추어 근대민법이 상정했던 과책주의가 지배하는 불법행위책임 영역은 점차 축소되고, 그 대신 각종 위험이 따르는 행위영역은 계속 증가한다. 이러한 사회의 구조변동으로 인해 전통적인 과책 중심의 불법행위책임을 모든 영역에 그대로 관철하는 것은 무리가 된다. 현대 위험사회에는 이미 인간 주체가 예견할 수도 회피할 수

---

46) U. Beck, *Risikogesellschaft* (Frankfurt/M., 1986).

도 없는 영역이 계속 늘어나고 있기 때문이다. 그러므로 불법행위책임이 이러한 사회의 구조변동에 적절하게 대응하기 위해서는 사회의 구조변동에 맞게 불법행위책임을 유형화해야 할 필요가 있다.[47]

(2) 불법행위책임의 유형화와 거래안전의무의 기능

그렇다면 불법행위책임은 어떻게 유형화해야 하는가? 이를 위해서는 그전에 사회구조를 적절하게 유형화할 필요가 있다. 이에 관해서는 독일의 사회철학자 하버마스의 '이원적 사회이론'을 응용하여 현대사회를 세 영역으로 구획한 이상돈 교수의 연구를 원용할 수 있다.[48] 이상돈 교수는 한편으로는 서구에서 등장한 이원적 사회이론을 수용하면서도 다른 한편으로는 이러한 서구적 이론을 한국의 사회구조에 맞게 변형하여 현대사회를 다음과 같이 세 영역으로 구획한다. 사회구조는 크게 "일상영역", "과학·기술에 의해 관리되는 전문직업적 일상영역"과 "체계"라는 세 영역으로 구별할 수 있다는 것이다. 이때 일상영역은 우리가 일상적으로 경험하고 생활하는 영역을 말한다. 다음으로 과학·기술에 의해 관리되는 전문직업적 일상영역은 의료영역이나 교통영역 같이 고도의 주의의무를 요구하는 영역을 말한다. 마지막으로 체계란 고도의 위험이 지배하는 영역으로, 환경영역이 가장 대표적인 예라 할 수 있다.

필자는 이렇게 구획된 현대사회의 영역에 따라 불법행위책임도 유형화할 수 있다고 생각한다. 먼저 일상영역에서는 전통적인 과책주의가 지배하는 불법행위책임이 적용된다. 이때 과실은 주관적인 기준에 의해 판단해야 한다. 다음 전문직업적 일상영역에서는 고도의 주의의무를 요구하는 불법행위책임이 인정

47) 민법학자인 최흥섭 교수는 우리 민법학에서 전개된 불법행위론을 정리하면서 우리나라에서 최초로 불법행위에 대한 유형 구분을 시도한 학자가 바로 김형배 교수라고 평가한다. 최흥섭 교수에 따르면 김형배 교수는 '행위자의 유책성이 귀책근거가 되는 불법행위'와 '행위의 위험성이 귀책근거가 되는 불법행위'를 구별한다고 평가한다. 이에 관해서는 최흥섭, 앞의 논문, 988쪽 아래 참고. 나아가 최흥섭 교수는 서광민 교수가 이러한 유형 구분을 발전시켜 '행위자비난형 불법행위', '행위비난형 불법행위', '위험원지배형 불법행위'로 불법행위를 유형화한다고 소개한다. 최흥섭, 앞의 논문, 988쪽 아래 참고.

48) 이상돈, 『형법학』(법문사, 1999), 단락번호 [10] "책임의 개인적 귀속과 형법적 행위영역의 유형화" 참고. 하버마스의 '이원적 사회이론'에 관해서는 J. Habermas, *Theorie des kommunikativen Handelns*, Bd. 2 (Frankfurt/M., 1981), 522쪽 아래 참고.

된다. 바로 이 영역에서는 거래안전의무를 수용할 수 있다. 따라서 이 영역에서 과실은 객관적 기준에 의해 판단된다. 마지막으로 체계영역에서는 과책주의에 기반을 둔 불법행위책임이 적용될 수 없다. 여기에서는 위험에 토대를 둔 위험책임을 적용해야 한다. 이처럼 현대사회를 유형화하고 이에 따라 불법행위책임을 유형화하면, 한편으로는 과책주의를 유지하면서도 다른 한편으로는 거래안전의무를 수용할 만한 공간을 찾을 수 있다. 뿐만 아니라 독일의 법체계가 가진 문화적 맥락에서 성장한 거래안전의무를 우리의 문화적 맥락을 고려하면서 긍정적으로 수용할 수 있다.

## Ⅶ. 맺음말

한 공동체의 법체계는 그 공동체의 문화적 맥락을 보여준다. 이는 책임도 마찬가지이다. 따라서 문화다원주의가 지배하는 오늘날에 다른 나라의 법체계와 우리나라의 법체계를 비교하고 수용하려는 작업은 이러한 점을 고려해야 하는 쉽지 않은 작업일 수밖에 없다. 우선 우리나라 법체계의 문화적 맥락을 정확하게 읽어야 하고 우리와 비교하려는 다른 나라의 법체계가 가진 문화적 맥락 또한 섬세하게 읽어내야 한다. 다음으로 다른 나라의 법체계와 우리나라의 법체계 사이에 존재하는 문화적 차이를 밝혀야 하고, 이를 통해 다른 나라의 법체계를 우리가 과연 수용할 만한 것인지 판단해야 한다. 이러한 일련의 과정은 풍부하고 심도 깊은 시각을 동원해야만 성공적으로 수행할 수 있다. 그렇다면 과연 지금까지 우리 법학이 원용한 비교법 방법론은 이러한 점을 고려하였는가? 제10장에서는 민법의 개념인 거래안전의무와 불법행위책임을 예로 하여 우리 법학의 일부 견해가 보여주었던 비교법 방법론의 태도를 비판적으로 고찰하면서 거래안전의무 개념을 어떻게 수용하는 것이 비교법 방법론의 측면에서 바람직한지 살펴보았다. 물론 이 책에서 선보인 예가 성공적이었는지는 단언할 수 없다. 올바른 비교법 방법론이 무엇인지 하는 문제는 우리 법학이 앞으로 계속 연구해야 할 쉽지 않은 문제이기 때문이다.

제11장

# 문화와 형사책임

## Ⅰ. 서론

제10장에서 민법상 거래안전의무를 예로 하여 민사책임, 즉 불법행위책임이 법문화와 밀접한 관련을 맺는다는 점을 살펴보았다. 그런데 이러한 문화와 책임의 상호연관성은 민사책임뿐만 아니라 형사책임에서도, 아니 더욱 정확하게 말하면 형사책임에서 더욱 뚜렷하게 찾아볼 수 있다. 제11장은 이를 검증한다는 차원에서 형법상 정당방위를 예로 하여 문화와 형사책임이 어떻게 서로 연결되는지 살펴본다.

우리 형법은 정당행위를 규정하는 제20조에 이어 제21조에서 정당방위를 규정한다. 형법 제21조 제1항에 따르면 "자기 또는 타인의 법익에 대한 현재의 부당한 침해를 방위하기 위한 행위는 상당한 이유가 있는 때에는 벌하지 아니한다." 이러한 정당방위는 정당행위, 긴급피난(제22조), 자구행위(제23조), 피해자의 승낙(제24조)과 더불어 위법성 조각사유로 인정된다. 그러나 이러한 형법규정 및 학설의 이해방식과는 달리 우리 판례는 실제 형사사건에서 정당방위를 좀처럼 인정하지 않는다.[1] 이 때문에 그동안 학계에서는 이에 관해 다양한 연

1) 이를 보여주는 최근의 판례로는 대법원 2016. 5. 12. 선고 2016도2794 판결 참고. 이 판결에서는 이른바 '도둑뇌사사건'이 문제가 되었는데 제1심법원과 원심법원 및 대법원 모두 정당방위를 인정하지 않았다.

구와 비판이 이루어졌다.[2] 이에 따라 판례는 몇몇 부분에서는 정당방위에 대한 엄격한 태도를 완화하면서 정당방위의 인정가능성을 확장하였다.[3]

첫째, 위법한 공권력 행사에는 정당방위를 손쉽게 인정하는 편이다. 예를 들어 경찰의 위법한 직무수행에 시민이 저항하고자 폭력을 행사한 경우 판례는 공무집행방해죄를 인정하기보다 오히려 시민의 정당방위를 인정한다. 이는 그 동안 우리 역사를 지배하였던 '국가중심적 사고'에 대한 반성으로 이루어지는 것이라고 할 수 있다.[4]

둘째, 사회적 약자에 자행되는 폭력에도 정당방위의 인정 가능성을 확장한다. 이를테면 여성이 지속적으로 자행된 남성의 폭력에 대항하는 폭력을 행사하는 경우 판례는 이를 정당방위의 관점에서 접근하는 경우가 늘고 있다. 물론 이 경우에도 판례는 여전히 정당방위를 인정하는 데 인색하다.[5] 그렇지만 예전과는 달리 정당방위의 관점을 양형에서 고려하는 경우가 많다. 이는 엄격한 의미에서 볼 때는 정당방위를 인정한 것이라고 말할 수는 없지만 예전보다 정당방위의 인정 가능성을 적극적으로 고려하는 태도라고 읽을 수는 있다.

이러한 판례의 태도는 두 가지 의미로 해석할 수 있다. 먼저 이는 '형법의 남성편향성'에 대한 반성에서 비롯한 것이라고 볼 수 있다.[6] 나아가 '사회적 약자'에 대한 사회국가적 배려가 형법해석론에 투영된 것이라고 볼 수 있다. 그렇지만 여전히 시민들이 일상생활을 영위하는 '생활세계'(Lebenswelt)에서 발생하는 정당방위 상황에 관해 법원은 정당방위를 인정하는 데 인색하다.[7] 이를테면 '싸움'에는 그 원인을 누가 제공했는가에 상관없이 원칙적으로 정당방위를 인정하지 않는다.[8] 제11장은 이러한 판례의 태도에 문제를 제기한다. 오늘날의 사

---

2) 이에 관해 최근에 진행된 체계적 연구로는 하민경 외, 『각국의 정당방위 판단기준과 국민의 법의식』(사법정책연구원, 2019); 김병수, "정당방위의 확대와 대처방안", 『형사정책연구』 제45권 제4호(2014), 45-68쪽 등 참고.

3) 이러한 판례에 대한 상세한 분석은 하민경 외, 위의 책, 22쪽 아래 참고.

4) 이를 비판적으로 바라보는 황정익, "공무집행방해죄에 있어서 정당방위이론 남용의 문제점", 『경찰학논총』 제4권 제1호(2009), 91-122쪽 참고.

5) 이를 보여주는 하민경 외, 앞의 책, 23쪽 참고.

6) '형법의 남성편향성'에 관해서는 조국, 『형법의 성편향』(박영사, 2001) 참고.

7) '생활세계'에 관해서는 위르겐 하버마스, 장춘익 (옮김), 『의사소통행위이론 2』(나남, 2006) 참고.

8) 이에 대한 비판적인 고찰로는 김병수, "싸움에서 정당방위의 확대", 『형사법연구』 제24권 제4호

회적 상황, 특히 시민사회를 지배하는 법문화와 시민들이 갖고 있는 법의식 및 법감정을 고려할 때 이제는 정당방위에 소극적인 태도를 견지할 수는 없다고 보는 것이다.

그런데 정당방위에 관해 기존의 판례와는 다른 이해방식과 해석론을 전개하기 위해서는 정당방위를 포함하는 이른바 위법성 조각사유에 관해 단순히 '체계내재적인 접근', 달리 말해 '실정형법해석론의 차원'에서만 접근해서는 안 된다. 이미 다수의 연구가 시사하는 것처럼 과연 어떤 경우에 어느 범위에서 정당방위를 인정할 것인가 하는 문제는 형법을 포함하는 실정법체계 전반, 더 나아가 법체계와 소통하는 다른 사회적 체계 및 사회적 문화와도 밀접한 관련을 맺기 때문이다.[9] 따라서 이 문제를 본격적으로 다루기 위해서는 단순히 실정법해석론이나 비교법 방법론을 원용하는 것을 넘어 기초법학 및 사회이론까지 포함하는 통합과학적 접근방법을 사용해야 한다. 이러한 맥락에서 제11장은 정당방위를 기초법학의 관점에서, 특히 법문화의 관점에서 접근하면서 오늘날 정당방위 해석론을 어떻게 전개하는 것이 바람직한지 살펴본다.

## Ⅱ. 정당방위의 인정 근거

### 1. 이원론

정당방위의 해석론, 그중에서도 정당방위의 인정범위를 어떻게 설정할 것인가 하는 문제는 우리 법체계에서 정당방위를 어떤 근거에서 인정하는가의 문제와 관련을 맺는다.[10] 이에 관해서는 '자기보호 원리'와 '법질서수호 원리'가

(2012), 47-75쪽 참고.

9) 이를 보여주는 연구로는 Seong-Cheon Kim, *Notwehrrecht und Rechtskultur: Eine Studie zur Rechtsentwicklung in Korea* (Diss.: Uni. Bielefeld, 1993); 김성천, "독일·한국·일본의 정당방위 판례의 차이점과 그의 문화적 배경", 『중앙법학』 제15권 제4호(2013), 235-254쪽; 성유리 외, "일반인의 정당방위 판단에 대한 법문화의 영향", 『한국심리학회지』 제27권 제2호(2013), 69-83쪽 등 참고.

10) 이에 관해서는 김태명, "정당방위의 본질에 관한 고찰", 『가톨릭법학』 제1호(2002), 103-147쪽; 최석윤, "정당방위의 근본사상에 관한 연구", 『형사정책연구』 제21권 제3호(2010), 259-280쪽 참고.

대립하였다. 자기보호 원리는 정당방위가 자기를 보호하는 데 기여하는 수단이기에 정당화된다고 말한다. 정당방위가 자신의 생명, 신체, 자유, 재산과 같은 개인적 법익을 보호하는 데 기여한다는 것이다. 이에 대해 법질서수호 원리는 정당방위를 인정하는 것이 전체 법질서를 수호하는 데 기여하기에 정당화된다고 말한다. 정당방위를 인정하지 않으면 불법에 대항하는 전체 법질서의 규범적 힘이 약해진다는 것이다. 그러나 현재는 이러한 두 견해를 통합하는 이원론이 지배적인 견해로 자리 잡고 있다.[11] 이원론에 따르면 정당방위는 자기보호 원리와 법질서수호 원리를 실현하기 위해 존재한다. 여기서 자기보호 원리는 개인적 법익, 법질서수호 원리는 보편적 법익과 관련을 맺는다. 따라서 이원론은 정당방위가 개인적 법익과 보편적 법익을 동시에 보장한다는 점에서 그 근거를 찾는다.

## 2. 이원론의 한계

그러나 이원론이 과연 전적으로 타당한지에는 의문이 없지 않다. 이원론이 주장하는 것처럼 정당방위를 인정하는 것이 전체 법질서를 수호하는 데 기여한다면 굳이 정당방위를 제한적으로 해석할 필요가 없기 때문이다.[12] 오히려 정당방위를 폭넓게 인정하면 근대형법체계가 지향했던 규범적 구상이 파괴될 수 있다. 왜냐하면 독일의 형법학자 하쎄머(Winfried Hassemer)가 설득력 있게 지적하는 것처럼 근대형법은 가해자와 피해자의 대립구도를 가해자와 국가의 대립구도로 전환하였기 때문이다.[13] 근대형법체계에서 피해자의 지위는 원칙적으로 사라진다. 이를 통해 보복의 악순환을 제거하고자 하였던 것이다. 이러한 상황에서 정당방위를 폭넓게 인정하면 근대형법이 끊어버리고자 했던 보복의 악순환이 재현될 수 있다. 이는 근대 형사사법질서를 혼란으로 빠트릴 수 있다. 요

11) 하민경 외, 앞의 책, 10쪽.

12) 법질서수호 원리에 대해 비판적인 견해로는 김정환, “정당방위의 기본사상으로서 법질서수호원리?: 독일에서의 논의를 중심으로”, 『비교형사법연구』 제8권 제2호(2006), 1-29쪽; 신동일, “정당방위권의 역사와 도그마틱: 중세적 출발점과 현대적 수용”, 『형사정책연구』 제24권 제3호(2013), 5-29쪽 등 참고.

13) 이에 관해서는 빈프리트 하세머, 배종대·윤재왕 (옮김), 『범죄와 형벌』(나남, 2011), 247쪽 아래 참고.

컨대 근대형법의 규범적 관점에서 볼 때 정당방위를 폭넓게 인정하는 것은 전체 법질서의 안정성을 보장하는 데 오히려 장애가 될 수 있는 것이다.

정당방위는 원칙적으로 실정법질서와 합치하지 않는다는 주장은 홉스의 사회계약이론에서도 확인할 수 있다.[14] 홉스에 따르면 정당방위의 기초가 되는 자기보존권은 우리 인간에게 자연권으로 부여된다. 자연상태에서 모든 인간은 자기보존권을 행사할 수 있다. 그렇지만 이는 결국 '만인에 대한 만인의 투쟁'으로 이어지기에 이러한 전쟁상태를 종식시키고자 모든 인간은 사회계약을 체결하고 자기보존에 대한 권리를 국가에 양도한다. 자기보존에 대한 권한을 '리바이어던'(leviathan)인 국가가 독점하는 것이다. 이러한 측면에서 보면 자기보존권에 바탕을 둔 정당방위권을 시민에게 폭넓게 인정하는 것은 사회계약의 기본목표에 반할 수 있다.

### 3. 이원론의 새로운 해석

이러한 근거에서 보면 과연 이원론이 정당방위를 근거 짓는 데 타당한 설명모델이 될 수 있는지 의문이 제기된다. 이러한 의문에 대응하기 위해서는 이원론을 새롭게 해석해야 할 필요가 있다. 현실적으로 국가가 시민에게 발생하는 모든 권리침해를 완벽하게 막을 수는 없다. 국가가 직면한 시간적·인적·물적 자원의 한계로 인해 현재 부당하게 시민에게 발생하는 권리침해 행위를 완벽하게 방어할 수는 없는 것이다. 정당방위는 바로 이러한 국가권력의 한계를 보완하는 법적 장치라고 보는 것이 설득력이 있다. 국가가 시민의 권리를 완벽하게 보장할 수는 없기에 자기보호 원리의 성격이 더 강한 정당방위가 국가의 법질서수호 임무를 보충적으로 보완하는 것이다. 이러한 한도에서 이원론은 불완전하기는 하지만 설득력을 지닌다. 다만 이원론에서 중심적인 지위를 차지해야 하는 것은 법질서수호 원리가 아닌 자기보호 원리가 되어야 한다.

이러한 설명방식에 따르면 정당방위의 근거는 다음과 같이 말할 수 있다. 정당방위는 원칙적으로 개인의 자기보존권을 보장하기 위해 존재한다. 이는 현

14) 홉스의 사회계약이론에 관해서는 윤재왕, "개인주의적 절대주의: 토마스 홉스의 국가철학과 법철학에 관하여", 『원광법학』 제28권 제2호(2012), 7-35쪽 참고.

실적으로 시간적·인적·물적 자원의 한계를 가진 국가의 형사사법체계를 보완한다. 이를 통해 정당방위는 보충적으로 법체계의 규범질서, 즉 합법은 수용되고 불법은 처벌되어야 한다는 질서를 수호할 수 있다. 다만 정당방위를 과도하게 인정하는 것은 오히려 법체계의 규범질서를 훼손할 수도 있으므로 법체계의 규범질서를 훼손하지 않으면서 정당방위를 인정할 수 있도록 최적의 지점을 찾아야 한다.15)

## Ⅲ. 법문화와 정당방위

### 1. 정당방위 해석과 법문화

정당방위를 언제, 어떤 범위에서 인정할 것인가 하는 문제는 단순히 형법도그마틱만의 문제, 달리 말해 형법체계 내재적인 문제인 것은 아니다. 이는 우리 법문화와 밀접한 관련을 맺는다. 이를테면 정당방위의 제한과 관련하여 학설에서 논의되는 '정당방위의 사회윤리적 제한'이라는 도그마틱이 정당방위와 법문화가 서로 관련된다는 점을 우회적으로 보여준다.16) 우리가 정당방위를 포함하는 법체계 전체를 어떤 법문화, 특히 어떤 법의식을 갖고 관찰하는가에 따라 정당방위의 인정범위가 달라질 수 있는 것이다. 그러므로 정당방위의 적용범위를 새롭게 설정하기 위해서는 정당방위와 법문화의 관계라는 맥락에서 이 문제에 접근할 필요가 있다.

---

15) 이에 관해 최근에는 상호주관적 승인이론으로 정당방위를 근거 짓고자 하는 시도가 제시된다. 이를 보여주는 최석윤, 앞의 논문, 269-275쪽 참고. 상호주관적 승인이론은 정당방위를 인정하는 것이 방위행위자의 '인격'을 상호주관적으로 승인하는 데 기여한다고 말한다. 이러한 상호주관적 승인이론은 이원론의 한계를 보완하기 위해 등장한 것이다. 다만 상호주관적 승인이론이 이원론의 한계를 실질적으로 보완할 수 있을지에는 의문이 없지 않다. 상호주관적 승인이론을 수용한다 하더라도 자기보호 원리와 법질서수호 원리 사이의 갈등은 여전히 해결되지 않고 있는 것으로 보이기 때문이다.

16) '정당방위의 사회윤리적 제한'에 관해서는 최석윤, "정당방위의 상당성과 사회윤리적 제한", 『비교형사법연구』 제4권 제1호(2002), 417-436쪽 참고.

## 2. 형법과 문화

정당방위를 포함하는 형법 자체가 문화와 밀접한 관련을 맺는다는 주장은 이미 오래 전부터 제시되었다. 이는 독일 법학, 그중에서도 '신칸트주의'에 속하는 법철학자와 형법학자들의 주장에서 쉽게 발견할 수 있다. 예를 들어 우리에게 잘 알려진 법철학자 라드브루흐는 법학을 문화과학의 일종으로 파악한다. 라드브루흐에 따르면 법개념은 문화개념이다.[17] 나아가 신칸트주의 형법학자인 마이어는 형법을 문화규범으로 이해한다.[18] 형법 자체가 문화규범이기에 형법을 연구대상으로 삼는 형법학 역시 문화과학일 수밖에 없다.

이러한 주장은 우리 형법학에서도 찾아볼 수 있다. 이를테면 한국 형법학의 초석을 놓은 유기천 교수는 일찍부터 우리의 형법과 형법학이 우리 문화와 밀접하게 관련되어 있다는 점을 보여주었다.[19] 유기천 교수에 따르면 형법과 문화는 크게 두 가지 측면에서 서로 연결된다. 첫째, 형사입법을 하는 과정에 문화가 영향을 미친다. 이때 '법익'(Rechtsgut)이 중요한 역할을 한다. 이를테면 문화는 법익 개념에 투영되고 이러한 법익은 형사입법에 영향을 미친다. 이에 따라 문화에 영향을 받은 개별 형법규정이 제정되어 시행된다.[20] 둘째, 실정형법을 해석하는 과정에 문화가 영향을 미친다. 이에 따라 동일한 실정법을 해석하는 과정에서도 해석자가 어떤 문화에 영향을 받는가에 따라 그 해석결과가 달라질 수 있다.

이러한 유기천 교수의 주장은 법문화와 정당방위의 관계에도 적용할 수 있다. 이에 따르면 먼저 문화의 영향을 받아 정당방위에 관한 실정법체계가 제도

---

17) 구스타브 라드브루흐, 최종고 (번역), 『법철학』 제3판(삼영사, 2007), 63쪽.

18) S. Ziemann, "Max Ernst Mayer (1875－1923): Materialien zu einer Biographie", in: Thomas Vormbaum (Hrsg.), *Jahrbuch der Juristischen Zeitgeschichte*, Bd. 4 (2002/2003) (Berlin, 2003), 395－425쪽.

19) Paul K. Ryu, *Korean Culture and Criminal Responsibility* (법문사, 2011). 이를 분석하는 양천수, "법과 문화: 유기천 교수의 형법철학을 예로 하여", 『법과 사회』 제60호(2019), 231－269쪽 참고.

20) 유기천 교수는 이를 다음과 같이 말한다. "어떤 이익이 법익으로서 보호받을 수 있는 가치인지는 그 나라의 문화가 법익에게 부여하고 있는 가치의 정도에 따라 결정된다. (…) 이와 같이, 나라에 따라서 법익이 다르고, 또 그 보호의 정도가 서로 다른 것은 결국 범죄의 각 유형이 문화와 불가분의 관계를 가지고 있기 때문이다." 유기천, 『형법학: 총론강의』(일조각, 1968), 4쪽. 원문의 한자는 모두 한글로 바꾸어 인용하였다.

화된다. 이러한 실정법체계는 정당방위에 적극적 또는 소극적인 태도를 보인다.[21] 다음으로 우리 형법 제21조가 규정하는 정당방위를 해석하는 과정에서 문화가 영향을 미친다. 이에 따라 가령 미국이나 독일, 우리나라는 모두 정당방위를 실정법에 규정하고 있지만 서로 다른 문화를 갖고 있기에 정당방위를 해석하는 과정에서 서로 다른 결과를 내놓게 된다. 이를테면 미국은 문화의 영향으로 정당방위를 널리 인정하는 데 반해 우리는 정당방위를 좁게 인정한다.[22]

### 3. 법문화

#### (1) 문화

정당방위를 해석하는 데 문화가 영향을 미친다면 현재 존재하는 우리의 법문화가 무엇인지, 이는 어떤 내용을 담고 있는지 밝힐 필요가 있다. 이를 위해서는 먼저 문화란 무엇인지 살펴보아야 한다. 문화란 무엇인가?[23] 이는 대답하기 쉽지 않은 질문이다. 물론 문화는 우리가 일상생활에서 흔히 사용하는 개념이다. 그 때문에 우리는 문화가 무엇인지 대략적이나마 알고 있다. 그렇지만 문화가 정확하게 무엇을 의미하는지 그 개념을 정의하는 것은 생각보다 쉽지 않다. 그동안 철학이나 사회학, 인류학 영역에서는 이러한 문화에 관해 다양한 개념 정의가 이루어졌다. 이를 참고하면 문화 개념은 크게 두 가지 요소로 구성된다. 첫째, 문화는 '의미의 복합체'이다. 이때 의미는 행위주체인 인간이 세계를 해석하고 행위방향을 설정하는 데 토대가 된다.[24] 둘째, 문화를 구성하는 의미는 가치중립적인 것이 아니라 가치관련적인 것이다. 의미는 특정한 가치를 지향한다. 이러한 점에서 문화는 규범과 관련을 맺는다.

그러나 이러한 문화 개념은 우리가 문화에 관해 갖고 있는 개념이나 이미지를 담아내는 데 여전히 부족하다. 이는 더욱 구체화할 필요가 있다. 이에 관

---

21) 우리 법체계의 경우에는 정당방위에 소극적인 태도를 보인다. 이에 관해서는 아래 Ⅳ.2. 참고.

22) 이를 실증적으로 분석하는 하민경 외, 앞의 책, 93쪽 아래 참고.

23) 아래에서 전개하는 문화 개념은 양천수, 앞의 논문, 234-235쪽 참고. 문화 개념이 무엇인지 개관하는 문헌으로는 김명숙 외, 『법사회학, 법과 사회의 대화』(다산출판사, 2017), 291-293쪽; 한상복·이문웅·김광억, 『문화인류학』(서울대학교출판문화원, 2011), 73쪽 아래 등 참고.

24) 체계이론의 관점에서 보면 의미는 사회적 체계를 구성하는 소통의 기반이 될 뿐만 아니라 사회적 체계와 의식체계를 구조적으로 연결하는 매체가 된다.

해 필자는 사회과학에서 자주 사용하는 '투입/산출 모델'(input/output model)을 활용하여 문화 개념을 물론 단순화의 오류를 감수하면서 다음과 같이 구체화하고자 한다.[25] 특정한 세계 안에 존재하는 주체 또는 체계를 기준으로 볼 때 문화는 '투입'(input)의 측면과 '산출'(output)의 측면에서 파악할 수 있다. 먼저 '투입'의 측면에서 문화를 파악하면 문화란 특정한 주체 또는 체계가 자신을 둘러싼 세계를 이해하고 해석하는 데, 바꿔 말해 세계를 주체 또는 체계 안으로 '투입'하는 데 기반이 되는 '의미의 복합체'를 뜻한다. 이 점에서 문화를 "의미의 직조물"로 파악하는 기어츠(Clifford Geertz)의 문화 개념은 문화를 투입의 측면에서 파악한 것이다.[26] 그러나 문화를 이렇게 투입의 측면에서만 정의할 수 있는 것은 아니다. 문화는 '산출'의 측면에서도 접근할 수 있다. 이에 따르면 문화는 특정한 주체 또는 체계가 자신을 둘러싼 세계에 '산출'하는 의미 해석, 가치 판단, 행위 양식, 규범 등과 같은 '가치 또는 규범의 총체'로 파악할 수 있다. 우리가 사회 안에서 생활하는 데 준수해야 하는 가치나 행위 양식, 규범 등이 바로 문화인 것이다.

(2) 법문화

법문화란 무엇인가? 법문화란 위에서 살펴본 문화가 법영역에 투영된 것이라 할 수 있다. 쉽게 말해 법영역에 존재하는 문화가 법문화인 것이다.[27] 법문화는 주로 '법에 대한 의식'(법의식) 또는 '법에 대한 감정'(법감정)과 유사한 맥락에서 논의된다.[28] 법과 문화의 상호연관성이 '법의식' 또는 '법감정'이라는 주제로 등장하는 것이다. 이러한 법문화는 법과 현실, 즉 국가가 제정한 실정법과 이러한 실정법이 적용되는 사회현실 사이에 괴리가 발생할 때 주로 논의되었다. 무엇보다도 비자발적으로 외국의 법을 계수함으로써 국가법과 사회현실 사

25) '투입/산출 모델'을 법학에 응용한 경우로는 N. Luhmann, *Rechtssystem und Rechtsdogmatik* (Stuttgart/Berlin/Köln/Mainz, 1974) 참고. 물론 루만은 이후 '투입/산출 모델' 대신 '자기생산 모델'을 수용한다.
26) Clifford Geertz, 문옥표 (역), 『문화의 해석』(까치, 1998). 인용은 김명숙 외, 앞의 책, 292쪽에 의하였다.
27) 법문화에 관한 연구로는 우선 김정오, 『한국의 법문화: 인식·구조·변화』(나남출판, 2006) 참고.
28) 김명숙 외, 앞의 책, 292쪽.

이에 괴리가 발생한 경우 사회현실에 영향을 미치는 고유한 법문화에 대한 관심이 제고되었다. 이와 더불어 타율적으로 제정된 국가법을 대신해 사회현실 속에서 실제로 적용되는 법에 대한 관심도 증폭되었다. 독일의 초창기 법사회학자인 에를리히(Eugen Ehrlich)는 이를 '살아 있는 법'(lebendes Recht)이라는 개념으로 지칭하였다.[29] 이러한 상황은 우리 법학에서도 찾아볼 수 있다. 예를 들어 제1세대 법철학자인 이항녕 교수는 일찍이 '풍토법사상'을 주장하였는데 이러한 풍토법사상은 법문화론으로 새겨도 무리가 없다.[30] 제1세대 법사회학자로 유명한 함병춘 교수 역시 우리의 전통적인 법문화를 분석함으로써 우리가 일본을 통해 비자발적으로 받아들인 실정법과 실제 법현실 사이에 불일치가 존재하고 있음을 논증하였다.[31] 이처럼 법문화는 그동안 주로 실정법과 법현실 사이에 괴리가 발생하는 경우 이러한 괴리에 대한 이유를 해명하는 과정에서 논의되었다. 바로 이 점에서 법문화는 우리 형법이 규정하는 정당방위의 법현실을 설명하는 데도 도움을 준다. 왜냐하면 정당방위의 법현실 역시 실정형법과 형법현실 사이에서 발생하는 괴리의 한 예가 될 수 있기 때문이다.

## Ⅳ. 전통 법문화에 의한 정당방위 제한

### 1. 우리의 전통 법문화

그러면 우리의 법영역에 영향을 미치는 문화, 즉 법문화는 무엇인가? 이는 어떤 특징을 지니고 있는가? 그러나 이 문제는 단순하게 해결하기 어렵다. 왜냐하면 그동안 우리 사회가 급격하게 변해온 것처럼 법문화 역시 역동적으로 변하고 있기 때문이다. 따라서 정당방위를 해석하는 데 영향을 미치는 우리의 법문화가 무엇인지를 규명하기 위해서는 먼저 우리의 전통적인 문화가 무엇이었

---

29) E. Ehrlich, *Grundlegung der Soziologie des Rechts*, Nachdruck 1967, 4. Aufl. (Berlin, 1989), 110쪽 아래.

30) 이에 관해서는 한국법철학회, 『한국의 법철학자』(세창출판사, 2013), 9쪽 참고. 이항녕 교수의 법사상을 '직분법학'의 견지에서 접근하는 경우로는 심재우, "이항녕선생의 직분법학과 구체적 자연법", 『법철학연구』 제8권 제1호(2005), 7-16쪽 참고.

31) Pyong-choon Hahm, *The Korean Political Tradition and Law* (Hollym, 1967) 참고.

는지를 규명할 필요가 있다.

앞에서 언급한 것처럼 우리의 전통적인 법문화가 무엇이었는지는 유기천 교수와 함병춘 교수 등에 의해 연구가 진행되었다. 유기천 교수는 우리 전통 법문화의 특징으로 '샤머니즘'과 '비개별성'(impersonality)을, 함병춘 교수는 유교문화를 제시하였다.32) 여기서 공통적으로 찾아볼 수 있는 특징은 자유주의를 지향하는 근대법에 바탕을 둔 실정형법과는 달리 우리의 전통적인 법문화는 '공동체주의·집단주의'를 지향하고 있었다는 점이다. 이는 유기천 교수의 연구에서 확인할 수 있다. 유기천 교수는 우리의 전통적인 형사책임은 다음과 같은 특징을 가진다고 말한다.33) 첫째는 신분책임이다. 행위자가 어떤 신분을 지니고 있는가에 따라 형사책임이 달라진다는 것이다. 둘째는 집단적 책임이다. 이는 우리 전통문화의 공동체주의적·집단주의적 성격에 대응한다. 셋째는 복수성이다. 범죄자에 대한 복수가 바로 형벌의 근본 목적이라는 것이다.

이처럼 우리의 전통적인 법문화는 형사법 영역에 영향을 미친다. 이는 유기천 교수가 지적한 것처럼 두 가지 방식으로 이루어진다. 첫째는 입법이고 둘째는 해석이다. 이를 정당방위에 적용하면 정당방위에 관한 형법규정을 입법하는 과정에서 그리고 이러한 형법규정을 해석하는 과정에서 우리의 전통적인 법문화가 영향을 미친다고 할 수 있다.

### 2. 입법에 의한 정당방위 제한

먼저 정당방위와 관련을 맺는 실정법의 각종 규정을 입법하는 데 전통적인 법문화가 영향을 준다. 이에 따라 이러한 실정법의 규정들이 정당방위를 해석하고 적용하는 데 영향을 미친다. 요컨대 정당방위를 인정하는 데 장애가 되고 있는 것이다. 달리 말해 실정법 자체가 정당방위 적용을 확장하는 데 장벽이 된다. 이를 '실정법에 의한 정당방위 제한'이라고 부를 수 있을 것이다. 이러한 실정법적 제한은 두 가지로 나눌 수 있다. '실체법에 의한 정당방위 제한'과 '소송

32) 유기천, "한국문화와 형사책임: 법률학의 과학적 방법의 한 적용", 유기천교수기념사업출판재단, 『자유사회의 법과 정의』(법문사, 2015), 103쪽 아래; Pyong-choon Hahm, 위의 책 참고.
33) 유기천, 위의 논문, 117쪽.

법에 의한 정당방위 제한'이 그것이다.

(1) 실체법에 의한 정당방위 제한

먼저 전통적인 법문화의 영향을 받은 우리 실체법의 규율태도가 정당방위를 확장하는 데 장애가 된다. 정당방위가 아닌 다른 위법성 조각사유를 마련함으로써 정당방위가 적용되는 것을 억제하는 것이다. 이는 크게 두 가지로 구별할 수 있다. 형법체계 내부에 마련한 위법성 조각사유와 형법체계 외부에 마련한 위법성 조각사유가 그것이다.

1) 정당행위에 의한 정당방위 제한

우리 형법의 입법자는 한편으로는 정당방위를 제도화하면서도 다른 한편으로는 이에 거부감을 가졌던 것으로 보인다. 왜냐하면 위법성 조각사유의 첫 번째 실정법적 근거로 정당방위가 아닌 정당행위를 규정하였기 때문이다(형법 제20조). 정당방위가 개인의 권리를 보호하는 데 더욱 초점을 맞추고 있다면 정당행위는 전체 법질서와 규범질서를 수호하는 데 무게중심을 둔다. 정당행위는 전통적인 공동체주의적 법문화와도 잘 어울린다. '국가권력의 사회윤리적 제한'에 대한 실정법적 근거가 정당행위이기 때문이다. 이러한 연유에서 학설 중에는 독일에서 형법규범과 사회윤리 사이의 간극을 좁히기 위해 벨첼(Hans Welzel)에 의해 제시된 '사회적 상당성 이론'을 정당행위를 설명하기 위한 이론적 틀로 수용하기도 한다.[34] 같은 맥락에서 판례는 정당방위보다는 정당행위를 즐겨 원용하여 방위행위의 위법성을 조각하였다.[35] 정당방위보다 정당행위가 전체 법질서의 안정성을 책임지는 법원의 권위를 유지하는 데 더욱 도움이 되었던 것이다. 이로 인해 정당방위는 좀처럼 인정되기 어려웠다. 이러한 근거에서 정당행위에 비판적인 견해 역시 제기되었는데 그중에는 정당행위 규정을 폐지해야 한다는 급진적인 주장도 전개되었다.[36]

---

34) 이에 관해서는 김일수, "사회적 상당성론", 『고시연구』 제140호(1985), 12-28쪽; 천진호, "사회적 상당성 이론에 대한 재고", 『법학논고』(경북대) 제13집(1997), 115-151쪽 등 참고.

35) 이를 분석하는 하태영, 『사회상규』(법문사, 2018) 참고.

36) 이에 관해서는 김영환, "형법 제20조 정당행위에 관한 비판적 고찰", 『고시계』 제411호(1991), 55-71쪽 참고.

2) 형법각칙의 위법성 조각사유에 의한 정당방위 제한

형법이 각칙에서 독자적으로 규정한 위법성 조각사유도 정당방위를 인정하는 데 걸림돌이 된다. 대표적인 경우가 형법 제310조이다. 사실적시행위에도 명예훼손죄를 인정하는 우리 법제에서는 지속적으로 자행되는 성폭행으로부터 자신의 이익을 보호하기 위해 이러한 성폭행을 폭로하는 행위도 범죄가 될 수 있다. 이러한 경우에는 형법 제310조가 적용될 수 있는지가 주로 문제가 된다.[37] 그렇지만 경우에 따라서는 이른바 '미투 폭로'에 정당방위 도그마틱을 적용할 수 있지 않을까? 그렇지만 정당행위 규정과 유사한 형법 제310조가 있는 이상 '미투 폭로'가 지속적으로 자행되는 성폭행에 저항하기 위한 정당방위로 인정되기는 어려울 것이다.

3) 다른 실체법에 의한 정당방위 제한

헌법이나 인권법, 노동관계법 등이 마련하는 위법성 조각사유도 정당방위를 확장적으로 인정하는 것을 어렵게 할 것이다. 이를테면 노동자가 사용자에 대항하기 위하여 일으키는 노동쟁의는 경우에 따라서는 형법상 업무방해죄가 될 수 있다.[38] 그러나 이러한 노동쟁의가 헌법상 기본권으로, 인권법상 인권으로 그리고 노동법상 합법적인 권리로 승인됨으로써 그 위법성은 조각된다. 물론 엄격하게 말하면 이렇게 헌법이나 인권법, 노동법 등을 통해 이루어지는 '권리화'를 위법성 조각사유라고 말하기는 어렵다. 그렇지만 이러한 권리화가 관련 행위를 정당화함으로써 결국 사실상 위법성을 조각하는 기능을 수행한다고 말할 수 있다. 다만 이러한 정당화 기능은 정당방위가 아닌 정당행위의 연장선상에서 이해할 수 있을 것이다.

(2) 소송법에 의한 정당방위 제한

소송법도 정당방위를 확장적으로 인정하는 데 장애가 된다. 대표적인 장치로 우리 형사소송법이 수용한 기소편의주의를 들 수 있다. 기소에 관해 독점권

37) 이 문제에 관해서는 우선 김성돈, "진실적시명예훼손죄 폐지론", 『형사정책연구』 제27권 제4호(2016), 1-41쪽 참고.

38) 이를 분석하는 정소영, "30년간 업무방해범죄의 변화: 쟁의행위에 대한 적용을 중심으로", 『법학연구』(연세대) 제27권 제3호(2017), 31-55쪽 참고.

한을 행사하는 검찰은 경미한 사건은 그 혐의가 인정되는 때에도 기소유예를 하는 경우가 많다. 정당방위에 해당하는 사안도 이를 자체적으로 판단하여 기소를 하지 않는 경우가 있다. 이로 인해 결과적으로 정당방위를 인정하는 판례가 적어진다.

### 3. 해석에 의한 정당방위 제한

#### (1) 전통 법문화와 정당방위 해석

전통적인 법문화는 정당방위를 해석하는 과정에도 영향을 미친다. 한 마디로 말하면 가능하면 정당방위를 인정하지 않는 쪽으로 영향을 미친다. 이를 더욱 구체적으로 말하면 우리 판례를 지배하는 법문화 역시 공동체주의·집단주의를 지향하고 있었기에 전체 법질서를 수호하는 것보다는 개인의 권리를 보호하는 데 무게중심이 쏠린 정당방위를 인정하는 것에 인색하였다는 것이다. 같은 맥락에서 우리 판례는 자유주의적 성향이 강한 정당방위보다 공동체주의적이며 윤리적 성향이 강한 정당행위를 선호하였던 것이다.

#### (2) 중용주의적 사고와 정당방위

중용주의적 사고 역시 정당방위를 인정하는 데 장애가 되는 전통적인 법문화에 속한다. 아마도 유교문화의 영향 때문인지 우리 법의식에는 중용주의적 사고가 여전히 뿌리 깊게 깔려 있다. 양쪽 다 잘못이 있기 때문에 문제가 발생했다는 것이다. 이는 싸움이나 각종 성폭력사건 그리고 교통사고에서 빈번하게 등장한다. 특히 교통사고에서 흔히 등장하는 '쌍방과실' 및 '과실상계' 주장은 우리 법문화가 그 얼마나 중용주의적 사고에 익숙한지를 잘 대변한다. 우리 법문화에서는 어느 한 쪽에 100% 과실이 있다는 것을 인정하는 데 익숙하지 않다. 이로 인해 정당방위 상황에서도 정당방위가 인정되기보다는 양쪽 모두 잘못이 있다는 결론이 도출된다.[39] 그러나 이러한 중용주의적 사고가 결과적으로 전체

---

39) 이러한 법문화를 바꾸려는 최근의 정책으로는 금융위원회, "자동차사고 과실비율 산정의 신뢰성이 제고됩니다!", 『대한민국 정책브리핑』(2019. 5. 27)(http://www.korea.kr/news/pressReleaseView.do?newsId=156333399#pressRelease) 참고.

법질서에 어떤 문제를 야기하는지는 우리의 도로교통 문화가 잘 보여준다. 서구에서는 보편적으로 인정되는 신뢰원칙이 우리의 도로교통 문화에서는 좀처럼 인정되지 않는 것이다.[40)]

## V. 법문화의 변화와 정당방위 해석

### 1. 법문화의 변화

우리 사회에서 이슈가 된 '미투 운동'(#Me Too)이 시사하듯이 우리 법문화는 지속적으로 변하고 있다. 이는 우리 시민의 법의식 및 법감정이 지속적으로 변하고 있음을 보여준다. '미투 운동'은 우리 시민들, 특히 '乙'로 지칭되는 사회적 약자들의 권리의식과 저항의식이 제고되고 있음을 예증한다. 여기서 우리는 이렇게 법의식이 변하면서 정당방위에 대한 시민의 법의식, 즉 정당방위에 대한 법문화 역시 변하고 있다는 가설을 이끌어낼 수 있을 것이다.[41)]

그러면 우리의 법문화는 어떻게 변하고 있는가? 이는 김정오 교수가 수행한 연구가 잘 보여준다.[42)] 김정오 교수에 따르면 오랫동안 전통적인 유교문화에 지배되고 있던 우리의 생활세계 및 법문화는 급격하게 변하고 있다. 이로 인해 가령 소송은 이제 우리가 피해야 할 수단이 아니라 자신의 권리를 보호하고 회복하기 위해 적극적으로 이용해야 하는 수단이자 자원이 된다. 어느덧 우리 사회도 '소송폭발'의 시대로 접어들고 있는 것이다.[43)] '미투 운동'은 이러한 생활세계의 변화과정을 상징적으로 보여준다. 양심적 병역거부 인정 판결, 낙태죄 헌법불합치 결정 역시 우리의 법문화가 예전과는 상당히 멀어졌다는 점을 보여준다.[44)]

---

40) 이에 관해서는 전보경, "도로교통에 있어서 신뢰의 원칙 확장", 『가천법학』 제6권 제4호(2013), 121-146쪽 참고.

41) 물론 이러한 가설이 사실로 인정되기 위해서는 법사회학적 방법으로 검증되어야 한다. 다만 이러한 작업은 다른 연구에 맡기고자 한다.

42) 김정오, 앞의 책 참고.

43) 김정오, 앞의 책, 157-167쪽 참고.

44) '양심적 병역거부'에 관해서는 대법원 2018. 11. 1. 선고 2016도10912 전원합의체 판결 참고. '낙태죄'에 관해서는 헌법재판소 2019. 4. 11. 자 2017헌바127 결정 참고.

법문화에 관한 이러한 연구결과가 타당하다면 이제 우리 법문화가 권리의식에 소극적이라고 말하기는 더 이상 어려울 것이다. 오늘날 우리에게는 자신의 권리를 적극적으로 주장하고 관철시키는 것이 더 이상 낯설지 않다. 이는 표현의 자유, 집회 및 시위의 자유, 각종 노동운동에 관한 자유와 같은 '공적 자율성'에 대한 권리를 강도 높게 보장하는 사법작용의 흐름과도 무관하지 않다. 또한 형법의 남성편향성을 극복하려는 여성주의 운동, 생활세계의 왜곡된 청탁 및 선물문화를 바꾸고자 하는 '김영란법' 등도 우리의 법문화를 바꾸는 데 기여하였다.

이에 따라 다음과 같은 주장을 제시할 수 있을 것이다. 우리의 법문화는 이미 의무를 중시하는 전통적인 유교적 법문화에서 권리를 중시하는 근대적 법문화로 바뀌었다는 것이다. 그러나 이때 주의해야 할 점이 있다. 전통적인 유교적 법문화에서 볼 수 있었던 공동체주의적 성향이 우리 법문화에서 완전히 사라진 것은 아니라는 점이다. 그 대신 공동체주의적 법문화가 이제는 사회국가적 법문화로 대체되고 있다는 것이다. '유교적 전통 논증'이 '사회적 약자보호 논증'으로 탈바꿈하고 있는 것이다. 이에 따라 정당방위를 사회윤리적으로 제한해야 한다는 주장은 이제는 사회적 약자를 보호할 수 있도록 정당방위를 제한해야 한다는 주장으로 바뀌고 있다.

## 2. 정당방위 해석의 변화 필요성

우리의 법문화가 자신의 권리를 주장하고 관철시키는 것을 용인하는 쪽으로 바뀌고 있다면, 다시 말해 우리의 법문화가 전통적인 유교적 공동체주의에서 권리지향적 자유주의로 변모하고 있다면 이로부터 정당방위에 대한 시민들의 법의식 역시 변하고 있다는 주장도 이끌어낼 수 있을 것이다.[45] 사실이 그렇다면 정당방위에 대한 해석정책 역시 바뀌어야 한다. 전통적인 공동체주의에 걸맞게 이를 억제하는 것이 아니라 미국처럼 이를 적극 인정하는 것이다. 이는 정당방위 상황에서 정당행위가 아닌 정당방위를 적극 원용하고 이를 인정해야

45) 물론 이러한 주장 역시 실증적으로 검증될 필요가 있다.

한다는 점을 뜻한다. 동시에 정당방위를 인정하는 데 걸림돌이 되는 각종 요건을 넓게 해석해야 할 필요가 있음을 뜻한다.[46)]

### 3. 정당방위 개념의 분화와 괴리

이와 관련하여 한 가지 주의해야 할 점이 있다. 물론 정당방위가 권리를 지향하는 자유주의에 친화적이기는 하지만 그렇다고 해서 자유주의만이 정당방위를 설명할 수 있는 것은 아니라는 점이다. 앞에서 언급한 것처럼 정당방위는 집단주의 또는 공동체주의와도 무관하지는 않다. 법질서 수호의 측면에서 정당방위를 근거 짓는 설명방식이 이를 보여준다. 또한 공동체주의적 문화 중에도 정당방위를 적극 용인하는 경우가 있다. 예를 들어 일부 이슬람 문화권에서 인정하는 '피의 보복'(Blutrache)이나 '성전' 주장을 보면 정당방위가 전적으로 자유주의에만 관련된다고 말하기는 어렵다. 물론 '피의 보복'을 정당방위로 볼 수 있는지는 문제될 수 있다. 그렇지만 국제법질서에서도 개인적 정당방위와 유사한 집단적 자위권, 즉 방위전쟁을 정당화하고 있다는 점에서 정당방위를 자유주의의 산물로만 보는 것은 타당하지 않다.

이렇게 보면 정당방위는 다음과 같이 구별할 수 있다. 개인의 권리를 보장하고자 하는 '개인적 정당방위'와 집단적 이익을 보장하고자 하는 '집단적 정당방위'가 그것이다. 이는 권리 자체를 '개인적 권리'와 '집단적 권리'로 구별하는 것에 상응한다.[47)] 사실 우리 법체계를 보면 집단적 정당방위와 유사한 법적 장치를 찾아볼 수 있다. 집회 및 시위의 자유나 각종 노동운동의 자유가 여기에 해당한다. 왜냐하면 형법적으로 보면 각종 시위나 노동쟁의 등은 교통방해나 집단적 폭행, 업무방해와 같은 범죄가 될 수 있지만 이러한 행위들이 헌법상 기본권으로 제도화되면서, 달리 말해 '권리화'가 이루어지면서 위법성이 조각되고

46) 이에 관해서는 신동일·김나경, "형법상 정당방위의 요건에 대한 비판적 이해", 『법학연구』(충북대) 제28권 제2호(2017), 445-467쪽 참고.

47) 집단적 권리에 관해서는 James Crawford, "The Rights of Peoples: "Peoples" or "Government"?", James Crawford (ed.), *The Rights of Peoples* (Oxford: Clarendon Press, 1988), 55-67쪽; Will Kymlicka, "The Good, the Bad, and the Intolerable: Minority Group Rights", *Dissent* (Summer, 1996), 22-30쪽 등 참고.

있기 때문이다. 우리 사회의 민주화가 진척되면서 집단적 정당방위에 해당하는 각종 자유와 권리는 점점 확장된다. 이는 민주주의라는 이름으로 정당화된다. 이에 반해 개인적 정당방위는 이에 발맞추지 못하고 있다. 집단적 정당방위와 개인적 정당방위 사이에 괴리가 발생하고 있는 것이다. 이제는 이러한 괴리를 좁힐 필요가 있다.

### 4. 사회적 약자보호와 정당방위 제한

그러나 오늘날 개인적 정당방위는 새로운 장벽을 만나고 있다. '사회적 약자보호 논증'이 그것이다. 사회국가원리에 바탕을 둔 사회적 약자보호 논증이 개인적 정당방위를 확장하는 데 새로운 걸림돌이 되고 있다. 자유주의적 법의식이 채 정착되기도 전에 사회국가적 법의식이 시민사회에 침투하고 있는 것이다. 이로 인해 '정당방위의 사회윤리적 제한'이 '정당방위의 사회국가적 제한'으로 탈바꿈한다. 이에 따라 사회적 약자가 자신의 이익을 위해 사회적 강자의 권리를 침해하는 경우에는 사회적 약자보호라는 논증 아래 정당방위가 쉽사리 인정되지 않는다. 사회적 강자는 자신의 권리가 다소 침해되더라도 사회적 약자에 아량을 베풀어야 한다는 것이다. 이른바 '도둑뇌사사건'에서 정당방위를 부정한 판례의 태도는 이러한 시각에서 해석할 수도 있을 것이다. 우리의 전통적인 법문화가 약해지는 오늘날의 상황에서는 오히려 이러한 사회적 약자보호 논증이 개인적 정당방위를 확장적으로 인정하는 데 중대한 도전이 되고 있는 것이다.

## Ⅵ. 정당방위 해석정책의 방향

지금까지 살펴본 것처럼 우리 형법이 위법성 조각사유로 규정하는 정당방위는 공동체를 중시하는 전통적인 법문화의 영향으로 실제 형사사건에서 좀처럼 인정되지 않았다. 그 자리를 정당행위가 대신하였다. 그렇지만 그동안 우리 사회가 급격한 구조변동을 겪으면서 전통적인 법문화 역시 변화를 맞고 있다.

전통적인 공동체주의적 법문화에서 벗어나 권리를 중시하는 자유주의적 법문화로 나아가고 있는 것이다. 그러나 동시에 우리 사회는 사회국가원리의 영향으로 사회적 약자보호를 중시하는 법문화를 폭넓게 수용하고 있다. 이때 우리가 주목해야 할 점은 전자는 정당방위를 확대하는 것에 친화적이지만 후자는 이에 새로운 걸림돌이 된다는 점이다. 우리의 법문화가 전통적인 법문화와 거리를 두면서 정당방위를 적극적으로 인정할 수 있는 계기를 마련하였지만 사회적 약자보호 법문화가 새롭게 그 자리를 채우면서 정당방위는 새로운 도전을 마주하고 있는 것이다. 이러한 상황에서 정당방위 해석정책을 어떻게 펼치는 것이 현재 존재하는 시민의 법의식에 합치하는지 문제될 수 있다.

이에는 다음과 같은 선택을 하는 것이 바람직하다. 정당방위는 불법과 합법이 충돌하는 경우이므로 자유주의에 바탕을 둔 평균적 정의와 형식적 평등이 우선적으로 적용되어야 한다. 사회적 약자보호는 형식적 합법을 가장해 사회적 약자의 권리를 침해하는 경우에 적용되어야 하는 논증이라고 생각한다. 다시 말해 사회적 약자를 합법적으로 보호하고 배려하는 경우에 사회적 약자보호 논증이 적용되어야 하는 것이다. 이에 반해 사회적 약자가 불법적으로 타인의 권리를 침해하는 경우에는 사회적 약자보호 논증보다 평균적 정의 논증이 우선적으로 적용되어야 한다. 따라서 이러한 경우에도 정당방위 요건이 충족되는 때에는 정당방위가 인정되도록 해야 한다.

제12장

# 형벌감수성과 책임

## Ⅰ. 서론

오래 전부터 양형과정은 법관의 재량영역으로 파악되었다. 이는 '양형의 조건'을 규정하는 형법 제51조 및 '작량감경'을 규정하는 제53조에서 확인할 수 있다. 양형은 ≪법정형⇒처단형⇒선고형≫이라는 과정을 통해 결정된다. 이 중에서 법정형과 선고형은 형법이 규정하고 있지만 선고형은 형법이 정한 범위 안에서 법관이 재량으로 결정해야 한다. 법정형과 처단형을 결정하는 과정이 객관적인 과정이라면 최종적인 양형과정인 선고형을 정하는 과정은 법관의 주관적인 과정에 속한다.[1] 물론 여기에는 나름의 근거가 있다. 피고인의 양형책임에 걸맞게 선고형을 정하기 위해서는 피고인이 범죄를 저지르게 된 과정과 관련된 모든 상황을 법관이 파악하여 이를 양형과정에 고려할 수 있어야 하기

---

1) 이를 지적하는 H.-J. Bruns, *Leitfaden des Strafzumessungsrechts* (Köln/Berlin, 1980), 4쪽 아래 참고. 한편 '재량'과 '판단여지'를 엄격하게 구분하는 관점에서 보면 양형은 법관의 재량이라기보다는 판단여지라고 보아야 한다. 다만 종래에는 재량과 판단여지를 엄격하게 구별하지는 않았다는 점, 독일에서 지배적인 양형이론으로 인정되는 판단여지이론의 독자적인 의미를 부각시킬 필요가 있다는 점, 행정법학의 학설 중에는 판단여지 역시 실질적으로는 재량의 일종이라고 보기도 한다는 점에서 이 책에서는 여전히 '재량'이라는 개념을 사용하고자 한다. 그렇지만 그 실질적 의미는 '판단여지'라고 새기는 것이 타당하다. 이를 지적해 주신 최석윤 교수님에게 이 자리를 빌려 감사를 드린다. 한편 재량과 판단여지를 실질적으로 구별할 수 없다는 견해로는 류지태, "재량행위론의 재고: 행정법의 기본문제연구", 『고시연구』 제201호(1990), 99-118쪽 참고.

때문이다. 그러나 이렇게 선고형을 정하는 과정이 법관의 재량에 속하게 되면서, 달리 말해 양형이 주관화되면서 그 폐단도 드러나게 되었다. 양형이 주관화되면서 양형을 담당하는 법관의 주관적 성향에 따라 개인별·지역별로 양형 간 편차가 나타나게 된 것이다.[2] 이로 인해 양형에 대한 예측가능성이 훼손되고 형사사법의 안정성도 약화되었다. 이러한 문제를 해결하고자 대법원은 오랜 논의 끝에 '양형기준'을 도입하였고 이제는 양형기준에 따라 양형을 하는 것이 일반적인 경향으로 정착되었다.[3] 그러나 이렇게 양형기준을 통해 양형과정이 객관화되면서 이번에는 객관화의 폐단이 등장하게 되었다. 개별 피고인이 고유하게 갖고 있는 주관적 특성을 양형과정에서 적절하게 고려하지 못하게 된 것이다. '형벌감수성'(Strafempfindlichkeit)은 바로 이러한 맥락에서 등장한 개념이다. 독일 형사실무에서 인정되는 형벌감수성이 어느덧 우리 양형실무에서도 사용되고 있는 것이다. 최근에는 이러한 형벌감수성을 우리 양형실무에 본격적으로 도입하려는 시도가 이루어진다.[4] 그러면 오랜 논의의 산물인 양형기준이 도입된 지 얼마 되지 않은 상황에서 이러한 형벌감수성을 우리 양형실무에 전면적으로 수용하는 것은 바람직한 일일까? 형벌감수성은 양형기준과 충돌하는 것은 아닐까? 이는 자칫 '유전무죄 무전유죄'라는 경향을 심화시키는 것은 아닐까? 제12장은 바로 이러한 문제의식에서 출발하여 형벌감수성이란 무엇인지, 형벌감수성은 어떤 이론적 근거를 갖고 있는지, 여기에는 어떤 의미와 한계가 있는지를 다룬다.

## Ⅱ. 양형의 의의와 구조

먼저 논의의 출발점으로 양형이란 무엇인지, 양형과정은 어떤 구조로 이루

2) 이에 관해서는 손동권·김재윤, 『범행비례적 양형론에 관한 연구』(한국형사정책연구원, 2006), 39쪽 아래 참고.

3) 이에 관해서는 류부곤, "우리나라 양형기준에 대한 고찰", 『형사법연구』 제24권 제4호(2012), 249–276쪽 등 참고.

4) 이를 보여주는 하민경·표현덕·강현주, 『피고인의 형벌감수성이 양형에 미치는 영향에 관한 비교법적 연구』(사법정책연구원, 2016) 참고.

어지는지, 양형의 이론적 기초가 되는 양형이론에는 무엇이 있는지를 살펴본다.

### 1. 양형의 의의

일반적으로 형법은 범죄와 형벌을 규율하는 법으로 정의된다. 따라서 실제 법적 분쟁에서 이러한 형법을 구현하는 형사법논증은 크게 두 가지 과정으로 구획할 수 있다.[5] 첫째는 범죄를 확정하는 과정이고 둘째는 형벌의 종류와 양을 정하는 과정, 즉 양형과정이다. 양형은 사실인정과 더불어 실제 형사실무에서 아주 중요한 비중을 차지한다. 그렇지만 그동안 학계에서는 오랫동안 이러한 양형에 큰 관심을 기울이지는 않았다.[6] 이는 아마도 양형, 특히 선고형을 정하는 과정이 전적으로 법관의 재량에 속하는 일이었기 때문이라고 추측된다. 따라서 이는 형사실무를 다루지 않는 이론 혹은 형법 도그마틱이 다루기에는 적합하지 않다고 판단했던 듯싶다.[7] 다만 지난 2000년대 중반부터 '양형기준'에 관한 논의가 진행되면서 학계에서도 양형에 관심을 쏟기 시작하였다. 이는 매우 바람직한 일이라고 평가할 수 있다.

### 2. 양형책임

양형이 이루어지기 위해서는 그 전에 '양형책임'(Strafzumessungsschuld)이 확정되어야 한다. 그리고 이러한 양형책임이 확정되기 위해서는 그 전에 범죄가 확정되어야 한다. 물론 형식적으로 범죄가 확정된다고 해서 곧바로 양형책임이 확정될 수 있는 것은 아니다. 양형책임이 올바르게 확정되기 위해서는 범죄가 지닌 실질적 측면, 즉 '반가치'가 확정되어야 한다. 이러한 반가치는 크게 두 가지로 나눌 수 있다. 실질적인 불법과 책임이 그것이다. 실질적인 불법은 다시

---

5) 형사법논증의 구조와 특징에 관해서는 양천수·우세나, "형사판결논증의 구조와 특징: 법이론의 측면에서", 『영남법학』 제42집(2016), 87－115쪽 참고.

6) 이러한 지적은 독일 형법학에서도 마찬가지였다. 이에 관해서는 Tatjana Hörnle, *Tatproportionale Strafzumessung* (Berlin, 1999), 17쪽.

7) 이러한 상황에서도 양형을 심도 깊게 다룬 선구적 연구로는 김영환·최석윤, 『양형의 형벌이론적 기초 및 개별적 양형단계에 관한 고찰』(한국형사정책연구원, 1996); 최석윤, 『양형의 형벌이론적 기초와 합리화 방안』(고려대 법학박사 학위논문, 1997) 등 참고.

'결과불법'과 '행위불법'으로 나눌 수 있다.[8] 이렇게 보면 양형책임의 기초가 되는 반가치는 결과불법, 행위불법, 책임으로 구체화할 수 있다. 이를 달리 '결과반가치', '행위반가치', '심정반가치'로 말할 수 있을 것이다.[9] 형사법논증을 통해 범죄를 확정하는 과정에서 이러한 결과반가치, 행위반가치 및 심정반가치를 정확하게 확정해야만 비로소 양형책임을 올바르게 확정할 수 있고, 그렇게 해야만 비로소 적정한 양형을 구현할 수 있다.

### 3. 법관의 주관적 논증으로서 양형과 그 한계

'객관'과 '주관'이라는 범주는 형사법 전반에 걸쳐 매우 유용하게 사용된다.[10] 이는 양형과정에서도 마찬가지이다. 이를테면 범죄를 확정하는 과정에서는 주로 객관성이 지배한다. 달리 말해 범죄를 확정하는 논증은 '객관적인 논증과정'이라고 말할 수 있다. 그 이유는 범죄를 확정하는 과정은 철저하게 형사법규범 및 이에 기반을 둔 범죄체계론에 기속되어 이루어지기 때문이다. 이 과정에서 법관의 재량이 개입할 여지는 많지 않다. 이와 달리 양형을 하는 단계에서는 양형기준이 마련되기 이전에는 주로 주관성이 지배를 하였다. 달리 말해 양형논증은 '주관적인 논증과정'이었던 셈이다. 그 이유는 양형과정에서는 법관의 재량이 광범위하게 허용되었기 때문이다. 그 때문에 양형은 법관 개개인의 주관적 성향에 의존하는 경향이 강했고 이로 인해 법관의 '덕'이나 '탁월성'이 양형에서 중요한 역할을 하였다. 이러한 이유에서 실제 형사실무에서는 범죄를 확정하는 과정보다 형을 정하는 과정에 더욱 관심을 기울였고 대다수의 변호인들은 어떻게 하면 양형단계에서 피고인이 부담해야 하는 형벌을 줄일 수 있을지에 더욱 노력을 기울였다.

그렇지만 이는 동시에 양형의 폐해이자 한계로 문제시되기도 하였다. 양형이 형사법관의 재량적 판단에 의존함으로써 객관적인 양형을 구현하는 것이 힘

---

8) 결과불법과 행위불법에 관해서는 우선 심재우, "형법에 있어서 결과불법과 행위불법", 『법학논집』(고려대) 제20집(1982), 127-170쪽 참고.
9) 이에 관해서는 김일수, "불법구성요건에서 행위반가치와 결과반가치", 『고시연구』 제164호(1987), 13-26쪽 등 참고.
10) 이를 지적하는 배종대, 『형법총론』 개정판(홍문사, 1994), 95쪽 아래.

들었기 때문이다. 이러한 문제를 해결하고자 대법원은 오랜 논의를 진행한 끝에 '양형기준'을 마련하여 이를 양형실무에 적용하고 있다.[11] 말하자면 주관적인 논증이었던 양형논증이 양형기준을 통해 '객관화'된 것이다. 막스 베버(Max Weber)가 근대화의 핵심적 징표로 강조했던 '형식적 합리화'가 양형과정에서도 관철된 것이다. 그러나 이미 베버가 예견한 것처럼 모든 형식적 합리화는 '합리화의 역설'에 빠지게 된다.[12] 형식적 기준을 너무 강조함으로써 실질적 기준이나 사고가 필요한 영역을 간과하게 되는 것이다. 이를 법철학의 용어로 바꿔 말하면 '법적 안정성'을 지나치게 강조함으로써 '구체적 타당성'이 요청되는 부분을 간과하는 문제가 발생하는 것이다.[13] 법원에서 관심을 보이는 '형벌감수성'은 바로 이 같은 맥락에서 등장한 개념이라 말할 수 있다. 객관화·형식화된 양형논증에 형벌감수성을 도입함으로써 양형논증의 형식적 편향성을 극복하고자 하는 것이다.

### 4. 양형의 세 가지 이론적 층위

양형은 세 가지 이론적 층위를 기반으로 하여 이루어진다. 형벌이론과 양형이론 그리고 구체적인 양형과정이 그것이다.

#### (1) 형벌이론

첫째, '형벌이론'은 우리가 어떤 목적에서 형벌을 부과해야 하는지를 다룬다. 이를 양형의 관점에서 다시 말하면, 우리가 어떤 목적에서 양형을 해야 하는지를 다루는 것이 바로 형벌이론이라고 할 수 있다. 주지하다시피 형벌이론과 관련해서는 오랜 전부터 절대적 형벌이론과 상대적 형벌이론, 바꿔 말해 응보형과 목적형(예방형)이 대립해왔다. 절대적 형벌이론은 형벌, 즉 응보 그 자체를 목적으로 한다.[14] 응보 이외의 다른 목적을 설정하지는 않는다. 이에 대

11) 이를 보여주는 예로는 양형위원회 (편), 『양형기준: 살인, 뇌물, 성범죄, 강도, 횡령·배임, 위증, 무고』(법원행정처, 2009) 참고.

12) 이에 관해서는 위르겐 하버마스, 장춘익 (옮김), 『의사소통행위이론 1』(나남출판, 2006), 501쪽 아래 참고.

13) 법적 안정성과 구체적 타당성의 긴장관계에 관해서는 양천수, "법적 안정성과 해석: 이른바 '아름다운 판결'을 예로 하여", 『법학논총』(국민대) 제28권 제2호(2015), 123-168쪽 참고.

해 상대적 형벌이론은 형벌을 특정한 목적을 달성하기 위한 수단으로 여긴다. 이때 말하는 특정한 목적이란 예방을 말한다. 이론적으로는 예방을 지향하는 상대적 형벌이론이 다수를 점하고 있는데 실무적으로는 응보형의 관점과 예방형의 관점을 동시에 추구하는 절충설, 즉 '통합이론'(Vereinigungstheorie)이 선호된다. 독일의 지배적인 양형이론인 판단여지이론도 이러한 절충설에 기반을 둔다.[15]

(2) 양형이론

둘째, '양형이론'(Strafzumessungstheorie)은 말 그대로 양형에 관한 이론으로 법관이 양형을 할 때 어떤 목표와 방향에서 양형을 해야 하는지를 다룬다. 형벌이론이 형벌의 의미와 목표를 추상적인 차원에서 다루는 것이라면 양형이론은 법관이 양형을 할 때 양형의 목표와 방향을 어떻게 설정해야 하는지를 염두에 둔다. 이 점에서 양형이론은 형벌이론을 법관에 의한 양형이라는 관점에서 구체화한 것이라고 말할 수 있다. 이러한 양형이론에서는 이를테면 양형책임과 양형의 관계를 어떻게 설정해야 하는지, 양형을 할 때 예방을 고려해야 하는지, 양형을 하는 과정에서 형사법관의 재량을 어느 정도에서 그리고 어떻게 허용할 수 있는지가 주로 문제된다. 독일 형법학에서는 양형이론으로서 유일형이론, 위가이론, 판단여지이론 등이 제시되었고 지난 1990년대 말부터는 범행비례적 양형론이 새로운 양형이론으로 대두하였다.[16] 이 중에서 판단여지이론이 오랜 동안 지배적인 양형이론으로 군림하고 있다. 독일 판례 역시 판단여지이론을 받아들이고 있다.[17]

---

14) 다만 최근에는 과연 순수한 응보형이 존재하는지에 의문이 제기된다. 왜냐하면 응보형을 주장한 대표적 철학자인 칸트의 형벌사상에서도 예방적 요소를 발견할 수 있다는 주장이 제기되기 때문이다. 이에 관해서는 윤재왕, "형벌과 도덕: 칸트와 예방이론", 『안암법학』 제40호(2013), 519-558쪽 참고.

15) Tatjana Hörnle, 앞의 책, 23쪽 아래 참고.

16) 각 양형이론에 대한 간략한 소개로는 G. Giannoulis, *Studien zur Strafzumessung* (Tübingen, 2014), 11쪽 아래 참고.

17) 이에 관해서는 Werner Theune, in: *Leipziger Kommentar StGB*, 12. Aufl., Band 2, §§ 32-55 (Berlin, 2006), 1078쪽 아래 참고.

(3) 구체적인 양형과정

셋째, 구체적인 양형과정은 형벌이론과 양형이론의 기반 위에서 구체적으로 어떻게 양형을 해야 하는지를 다룬다. 여기에서는 범죄의 결과불법과 행위불법을 어떻게 평가할 것인지, 책임을 어떻게 평가할 것인지, 어떻게 예방을 고려할 것인지가 주로 문제된다. 양형과정의 세 가지 이론적 층위 중에서 가장 구체적이고 실천적인 영역이라 할 수 있다. 이러한 이유에서 구체적인 양형과정을 정교하게 이론화하는 작업은 쉽지 않다.[18] 그리고 바로 그 때문에 구체적인 양형과정은 이론이 다루기에 적절하지 않은 법관의 재량영역으로 인식되었다. 양형기준은 이와 같은 양형과정의 어려움을 해소하기 위해 마련된 기준으로 양형과정을 이론화하기 위한 그 나름의 이론적 시도라고 말할 수 있다.

## 5. 양형이론

위에서 언급한 것처럼 양형이론은 어떤 목표와 방향에서 양형을 해야 하는지를 다루는 영역이다. 독일 형법학을 예로 보면 그동안 양형이론으로서 유일형이론, 위가이론, 판단여지이론, 범행비례적 양형론이 제시되었다.[19] 이 중에서 판단여지이론과 범행비례적 양형론이 형벌감수성 개념을 다루는 데 중요한 의미를 가진다.

(1) 판단여지이론

'판단여지이론'(Spielraumtheorie)은 독일 형법학 및 판례에서 오랜 동안 지배적인 양형이론으로 자리매김하고 있다.[20] 이러한 판단여지이론은 다음과 같은 특징을 지닌다. 우선 판단여지이론은 형벌이론의 측면에서는 응보와 예방을 모두 고려하는 절충설을 바탕으로 한다. 그 때문에 판단여지이론은 양형을 할 때 예방적 관점을 적극적으로 고려하는 것을 허용한다. 나아가 인식론의 측면에서 볼 때 판단여지이론은 양형책임의 정확한 지점을 발견할 수는 없다고 본다. 오

---

18) 이에 대한 예외로는 G. Giannoulis, 앞의 책, 169쪽 아래 참고.
19) 이를 소개하는 국내문헌으로는 손동권·김재윤, 앞의 책, 62쪽 아래 참고.
20) 이에 관해서는 Tatjana Hörnle, 앞의 책, 23쪽 아래.

직 그 상한선("아직 책임에 적절한": noch schuldangemessen)과 하한선("이미 책임에 적절한": schon schuldangemessen)만을 알 수 있을 뿐이라고 한다. 판단여지이론에 따르면 이러한 상한선과 하한선은 응보의 관점에서 확정된다. 달리 말해 범죄가 지닌 불법성 그 자체가 상한선과 하한선의 기준이 된다.[21] 독일 연방대법원(BGH)의 판례에 따르면 형사법관은 이러한 상한선과 하한선에서 벗어나지 않아야 하지만 동시에 그 안에서는 양형에 대한 재량을 행사할 수 있다.[22] 이 과정에서 형사법관은 예방을 적극 고려하여 양형을 하게 된다.

### (2) 범행비례적 양형론

이와 달리 '범행비례적 양형론'(tatproportionale Strafzumessungstheorie)은 양형과정에 예방을 적극적으로 고려하는 판단여지이론을 비판하면서 예방을 양형과정에서 배제하고자 한다.[23] '범행비례적'(tatproportional)이라는 용어가 시사하는 것처럼 범행비례적 양형론은 기본적으로 범죄의 불법과 책임만을 양형책임의 기초로 삼고 이를 토대로 해서만 양형을 하고자 한다. 따라서 범행비례적 양형론은 양형과정에서 예방은 고려하지 않는다. 이 점에서 범행비례적 양형론은 응보형을 형벌이론으로 수용하고 있다고 말할 수 있다.[24] 또한 인식론의 측면에서 범행비례적 양형론은 '유일형이론'(Theorie von der Punktstrafe)을 지향한다.[25] 그렇지만 현실적인 이유에서 범행비례적 양형론은 판단여지이론처럼 양형과정에서 판단여지가 존재할 수밖에 없다는 점을 긍정한다.[26] 이러한 맥락에서 범행비례적 양형론은 절대적 비례성이 아닌 상대적 비례성을 채택한다.[27]

이처럼 판단여지이론과 범행비례적 양형론은 여러 측면에서 차이가 있다. 이는 상습범이나 초범에 대한 양형판단에서도 드러난다.[28] 형벌감수성을 어떻

---

21) Tatjana Hörnle, 앞의 책, 27쪽 아래.
22) BGHSt. 20, 264, 267 등 참고.
23) 판단여지이론에 대한 상세한 비판은 Tatjana Hörnle, 앞의 책, 27쪽 아래 참고.
24) 이를 시사하는 Tatjana Hörnle, 앞의 책, 126쪽.
25) 유일형이론에 대한 소개로는 Werner Theune, 앞의 책, 1078쪽 참고.
26) Tatjana Hörnle, 앞의 책, 157－159쪽.
27) Tatjana Hörnle, 앞의 책, 155－157쪽.
28) 판단여지이론과는 달리 범행비례적 양형론은 초범에 대한 형벌감경, 상습범에 대한 형벌가중을 모두 부정한다. 이에 관해서는 Tatjana Hörnle, 앞의 책, 159쪽 아래 참고.

게 파악할 것인지에 관해서도 판단여지이론과 범행비례적 양형론의 이론적 차이가 분명하게 드러난다.

## Ⅲ. 형벌감수성의 의의와 이론적 기초 및 적용영역

### 1. 형벌감수성의 의의

지금까지 전개한 양형론의 기초적 논의를 바탕으로 하여 아래에서는 본격적으로 형벌감수성을 둘러싼 문제를 살펴보도록 한다. 먼저 우리에게 여전히 낯선 형벌감수성이란 무엇인지 밝히도록 한다. '형벌감수성'(Strafempfindlichkeit)이란 각각의 행위자가 느끼는 형벌의 고통 정도를 말한다.[29] 이러한 점에서 형벌감수성은 주관적일 수밖에 없다. 왜냐하면 형벌감수성은 각 행위자의 주관적 성향에 의존하기 때문이다. 이로 인해 형벌감수성은 각 행위자에 따라 달라진다. 동일한 형벌이라도 행위자의 주관적 성향에 따라 각 행위자가 느끼는 형벌의 고통도 달라지기 때문이다.

이러한 형벌감수성은 독일 형법학에서는 오래 전부터 양형의 판단근거로서 학설과 판례에 의해 인정되어 왔다.[30] 지배적인 학설과 판례는 형벌감수성의 실정법적 근거로 독일 형법 제46조 제1항 제2문을 거론한다.[31] 그렇지만 독일 형법 제46조 제1항 제2문이 명문으로 '형벌감수성'을 규정하는 것은 아니다. 제46조 제1항 제2문은 양형원칙으로 양형을 할 때 "형벌이 사회에서 행위자의 장래 삶에 미치는 영향"을 고려할 것을 규정하고 있을 뿐이다. 그러나 독일 판례는 이미 오래 전부터 독일 형법 제46조 제1항 제2문을 근거로 하여 형벌감수

---

29) 형벌감수성을 다루는 국내문헌으로는 손동권·김재윤, 앞의 책; 정철호, "형벌의 개별화에 대한 한계", 『형사정책』 제15권 제1호(2003), 232쪽; 하민경·표현덕·강현주, 앞의 책, 115쪽 아래 등 참고.

30) 이와 유사한 것으로 우리 민법 제765조 참고. 민법 제765조 제1항은 "본장의 규정에 의한 배상의무자는 그 손해가 고의 또는 중대한 과실에 의한 것이 아니고 그 배상으로 인하여 **배상자의 생계에 중대한 생계를 미치게 될 경우에는** 법원에 그 배상액의 감경을 청구할 수 있다."고 규정한다(강조는 인용자). 이에 대한 분석으로는 양창수, "민법 제765조: 잊혀진 규정?", 『민법연구』 제5권(박영사, 1999), 252쪽 아래 참고.

31) Tatjana Hörnle, 앞의 책, 339쪽 아래 등 참고.

성을 인정하였다. 이를테면 독일 연방대법원은 원칙적으로 다음과 같이 선언하였다. "책임에 적합한 형벌은 행위자가 지닌 형벌감수성의 정도에 따라 전적으로 달라질 수 있다"는 것이다.[32] 물론 형벌감수성이라는 개념을 독일 연방대법원이 처음으로 인정한 것은 아니다. 이미 그 이전부터 독일 학계에서는 형벌감수성을 개념적으로 인정하고 있었다.[33]

## 2. 형벌감수성과 형벌감응성

형벌감수성과 구별되는 개념으로 '형벌감응성'(Strafempfänglichkeit)을 언급할 수 있다. 오늘날 독일 형법학은 형벌감수성과 형벌감응성을 개념적으로 구별하지만 두 개념이 원래부터 구별되어 사용된 것은 아니다. 오히려 학설과 판례는 두 개념을 혼용해서 사용하였다. 이를테면 학설은 형벌감수성을 언급하는 판례를 행위자의 '형벌감응성'을 고려하라는 취지로 해석하기도 하였다.[34] 이는 양형과정에서 응보와 예방을 분명하게 구별하지 않았던 판단여지이론의 태도와도 무관하지는 않다.

이러한 두 개념을 분명하게 구별한 학자는 독일의 법철학자이자 형법학자인 하인리히 헨켈(Heinrich Henkel)이다.[35] 1970년에 공간된 하인리히 랑에(Heinrich Lange) 기념논문집에서 헨켈은 양자를 혼용해서 사용하던 종전의 학설과 판례를 비판하면서 두 개념을 다음과 같이 구분한다. 형벌감수성은 형벌이 담고 있는 해악을 행위자가 어떻게 느끼는가에 관한 것이라면 형벌감응성은 형벌이 지향하는 의미와 목적을 행위자가 어떻게 수용하는가에 관한 것이라고 한

32) BGHSt 7, 31. 이 판결은 1954년 11월 10일에 선고되었다. 이 판결원문은 http://www.servat.unibe.ch/dfr/bs007028.html에서 확인할 수 있다. 이를 인용하는 Heinrich Henkel, "Strafempfindlichkeit und Strafempfänglichkeit des Angeklagten als Strafzumessungsgründe", in: *Festschrift für Heinrich Lange* (München, 1970), 181쪽 참고.

33) Heinrich Henkel, 위의 논문, 181쪽 각주(7)에서는 이에 관한 독일 문헌들을 인용하고 있다. 그 가운데 몇몇은 독일 연방대법원 판례가 나오기 이전의 것들이다.

34) Heinrich Henkel, 앞의 논문, 179쪽 각주(3)에는 이렇게 주장하는 당시의 독일 문헌들이 적시되어 있다. 이에 따르면 바우만(Baumann)이나 예쉑(Jescheck), 마우라흐(Maurach), 쇤케-슈뢰더(Schönke-Schröder), 티데만(Tiedemann)과 같은 당대의 저명한 형법학자들이 자신들의 교과서나 주석서에서 이렇게 주장하고 있었다.

35) 헨켈은 당대 독일의 형법학자인 록신의 스승으로도 유명하다.

다.[36] 이를 회른레(Tatjana Hörnle)는 형벌감수성이 '책임에 적절한 형벌'과 관련을 맺는 것이라면 형벌감응성은 '특별예방적 요청'과 관련을 맺는다고 이해한다.[37] 요컨대 형벌감수성은 형벌이 가하는 해악 또는 고통에 대한 '주관적 판단'에 관한 것이라면 형벌감응성은 형벌이 추구하는 의미와 목표에 대한 '주관적 수용가능성'에 관한 것이라고 말할 수 있다. 이러한 측면에서 형벌감수성과 형벌감응성은 서로 구별된다. 이렇게 두 개념을 구별하는 헨켈의 시도는 이후 학설에 의해 수용된다. 특히 양형과정에서 예방적 고려를 배제하고자 하는 범행비례적 양형론이 이러한 구별을 적극적으로 수용한다.[38] 왜냐하면 범행비례적 양형론의 견지에서 볼 때는 독일 형법 제46조 제1항 제2문이 일종의 '실정법적 난관'이었기 때문이다. 제46조 제1항 제2문은 마치 양형을 할 때 행위자에게 부과하는 형벌의 예방적 측면을 고려하라는 명령으로 이해할 수 있는데, 양형에서 예방을 배제하려는 범행비례적 양형론의 시각에서는 이러한 명령을 어떻게 해석해야 하는지가 큰 골칫거리였기 때문이다.[39] 이러한 문제 상황에서 형벌감수성과 형벌감응성을 개념적으로 구별하면서 제46조 제1항 제2문이 요청하는 바를 형벌감수성을 고려하라는 명령으로 해석하면 범행비례적 양형론은 일관되게 제46조 제1항 제2문을 수용할 수 있게 된다. 다시 말해 양형을 할 때 "형벌이 사회에서 행위자의 장래 삶에 미치는 영향"을 고려할 것을 요구하는 제46조 제1항 제2문은 마치 양형을 할 때 행위자에 대한 형벌의 특별예방적 효과를 고려하라는 요구로 해석할 수 있지만, 이를 형벌이 행위자에게 미치는 주관적 해악, 즉 형벌감수성을 고려하라는 요구로 해석하면 범행비례적 양형론의 이론적 일관성을 유지할 수 있는 것이다.

### 3. 판단여지이론과 형벌감수성

그러나 형벌감수성을 범행비례적 양형론처럼 파악해야만 하는 것은 아니

36) Heinrich Henkel, 앞의 논문, 179-180쪽.
37) Tatjana Hörnle, 앞의 책, 167쪽.
38) Tatjana Hörnle, 앞의 책, 339쪽 아래.
39) Tatjana Hörnle, 앞의 책, 329쪽 아래.

다.[40] 판단여지이론의 견지에서도 형벌감수성을 수용할 수 있다. 물론 그렇게 하면 실제적으로는 형벌감수성과 형벌감응성을 구별할 수 없게 된다. 양형과정에서 예방을 적극적으로 고려하는 판단여지이론에서 보면 형벌감수성과 형벌감응성은 필연적으로 서로 연결될 수밖에 없기 때문이다. 양자를 구별하지 않았던 초기의 학설과 판례는 바로 이러한 맥락에서 이해할 수 있다. 필자 역시 형벌감수성과 형벌감응성은 이론적인 지평에서는 서로 구별할 수 있지만 실제적인 지평에서는 양자를 엄밀하게 구별할 수 없다고 본다. 왜냐하면 필자는 양형과정에서 예방적 고려를 배제하고자 하는 범행비례적 양형론의 주장에는 문제가 있다고 생각하기 때문이다. 양형의 객관성을 추구하려는 범행비례적 양형론의 취지에는 공감하는 바가 없지는 않지만 필자는 양형을 하는 과정에서는 필연적으로 예방적 요소를 고려할 수밖에 없다고 생각한다.[41]

한편 학설 중에는 범행비례적 양형론과 유사한 맥락에서 형벌감수성을 '정당한 책임상쇄'(gerechter Schuldausgleich)의 견지에서 파악하기도 한다.[42] 각 행위자가 느끼는 형벌의 고통은 상이할 수밖에 없으므로 이를 고려하여 양형을 해야만 책임에 적절한 양형을 실현할 수 있다는 것이다. 이렇게 보면 형벌감수성을 고려해 양형을 하는 것은 양형과정에 배분적 정의나 형평을 수용하는 것이라고 말할 수 있다.

### 4. 형벌감수성의 적용영역

독일 판례는 형벌감수성을 다음과 같은 경우에 고려한다.[43] 행위자가 고령이거나 치명적인 질병으로 수명이 단축된 경우, 행위자가 외국인인 경우, 초범인 경우, 형벌로 인해 직업적인 불이익을 받는 경우, 형사소송절차에 의해 부가적인 해악을 받는 경우가 그것이다.

---

40) 헨켈은 범행비례적 양형론을 주장한 형법학자는 아니었다. 오히려 헨켈은 '위가이론'(Stellenwerttheorie)의 주창자로 이해된다. 이를 지적하는 Werner Theune, 앞의 책, 1078쪽 참고.

41) 이에 대한 논증은 아래 Ⅳ.2.(1) 참고.

42) G. Schäfer/G.M. Sander/G.v. Gemmeren, *Praxis der Strafzumessung*, 4. Aufl. (München, 2008), 139쪽 아래.

43) 이에 관해서는 G. Schäfer/G.M. Sander/G.v. Gemmeren, 앞의 책, 140쪽 아래; Tatjana Hörnle, 앞의 책, 342쪽 아래; 손동권·김재윤, 앞의 책, 246쪽 아래 등 참고.

이러한 사례는 크게 두 가지로 유형화할 수 있다. 개인적·실존적 지위에 따른 형벌감수성과 사회적 지위에 따른 형벌감수성이 그것이다. 독일의 법철학자 마이호퍼(Werner Maihofer)의 구분을 원용하면 전자는 '자기존재'(Selbstsein)로서 갖게 되는 형벌감수성을, 후자는 '로서의 존재'(Alssein)로서 갖게 되는 형벌감수성을 뜻한다.[44] 전자의 경우로는 고령이나 치명적인 질병 등으로 수명이 단축된 경우를 들 수 있다. 후자의 경우로는 외국인인 경우나 초범인 경우, 직업적 불이익을 받는 경우 등을 들 수 있다.

그런데 후자의 경우가 본래 의미의 형벌감수성 사례에 해당하는지에는 의문이 제기되기도 한다. 그렇지만 형벌감수성이란 범죄행위자가 인격체로서 느끼게 되는 형벌의 고통 정도를 뜻하고 이러한 인격 개념에는 '자기존재'뿐만 아니라 '로서의 존재'까지 포함된다는 점을 고려하면 이는 긍정하는 것이 타당하다. 이러한 이해방식은 독일 형법 제46조 제1항 제2문의 규정과도 합치한다. 왜냐하면 제2문은 "형벌이 사회에서 행위자의 장래 삶에 미치는 영향"을 고려할 것을 양형원칙으로 규정하기 때문이다. 여기서 알 수 있듯이 제2문은 단순히 행위자의 장래 삶이라고 규정하는 것이 아니라 "사회에서 행위자의 장래 삶"이라고 규정한다. 사회를 염두에 두지 않는 행위자의 장래 삶이란 애초에 성립할 수 없다. 모든 인간은 사회적 존재일 수밖에 없기 때문이다. 따라서 사회적 존재, 달리 말해 '로서의 존재'로서 갖게 되는 형벌감수성 역시 형벌감수성의 본래 의미에 포함시키는 것이 타당하다.

또한 형벌로 인해 직업적인 불이익을 받는 경우를 형벌감수성의 사례로 인정할 것인지에도 논란이 있다. 이는 아래에서 상세하게 살펴본다.

---

44) 마이호퍼의 법존재론에 관해서는 우선 베르너 마이호퍼, 심재우 (역), 『법과 존재』(삼영사, 1996); 양천수, "법존재론과 형법상 행위론: 베르너 마이호퍼를 통해 본 형법철학의 가능성", 『법철학연구』 제9권 제1호(2006), 145－174쪽 및 이 책 제6장 참고.

## Ⅳ. 형벌감수성에 대한 비판적 검토

### 1. 문제점

앞에서도 언급한 것처럼 최근 우리 법원은 독일에서 성장한 형벌감수성 개념을 양형과정에 도입하고자 하는 시도를 하고 있다. 형벌감수성을 실제 판례에서 사용한 경우도 여럿 존재한다.[45] 데이트폭행을 행사한 의학전문대학원 학생이 받게 되는 사회적 불이익을 고려하여 가벼운 양형을 한 이유로 사회적 논란을 야기한 법원 판결도 형벌감수성의 관점에서 해석할 수 있다.[46] 그러나 바로 이러한 근거에서 형벌감수성을 우리 양형실무에 수용하는 것이 바람직한지 의문을 제기할 수 있다. 양형의 형식적 합리화를 추구하는 양형기준이 채 정착되기도 전에 다시 양형의 개별화를 지향하는 형벌감수성을 도입하는 것은 분명 논란의 소지를 안고 있다. 특히 행위자가 장차 직업적으로 받을 수 있는 불이익을 형벌감수성의 문제로 인정하여 이를 양형에서 적극 고려하게 되면 이는 우리 사회의 폐단으로 언급되는 '유전무죄 무전유죄'를 더욱 심화시킬 위험을 가진다. 이러한 이유에서 형벌감수성을 우리 양형실무에 도입하는 것에 관해서는 비판적인 성찰을 할 필요가 있다.

### 2. 형벌감수성에 대한 세 가지 의문점

형벌감수성에 관해서는 크게 세 가지 의문을 제기할 수 있다. 첫째는 형벌감수성이 전적으로 예방과는 무관한 개념인가 하는 점이다. 둘째는 형벌감수성

---

45) 이에 관해서는 창원지방법원 진주지원 2000. 4. 19. 선고 2000고단82 판결; 창원지방법원 2005. 12. 14. 선고 2005노1504 판결; 대전지방법원 홍성지원 2010. 3. 19. 선고 2010고합8 판결; 대전지방법원 2011. 2. 23. 선고 2010고단3828 판결; 서울중앙지방법원 2015. 1. 16. 선고 2014고합1123 판결; 서울고등법원 2015. 5. 14. 선고 2015노314 판결 등 참고. 이 중에서 신동헌 판사가 담당한 대전지방법원 2011. 2. 23. 선고 2010고단3828 판결은 형벌감수성 문제를 정면에서 본격적으로 다루고 있다는 점에서 주목할 만하다. 이에 관해서는 하민경·표현덕·강현주, 앞의 책, 43쪽 아래 참고.

46) 광주지방법원 2015. 10. 14. 선고 2015고단2248 판결. 이 판결에서 광주지방법원은 "의학전문대학원생으로 집행유예 이상의 형을 선고받을 경우 학교에서 제적될 위험"이 있다는 이유로 벌금 1,200만 원의 형을 선고하였다.

을 우리 양형실무에 도입하는 것이 타당한가 하는 점이다. 셋째는 형벌감수성을 우리 양형실무에 도입하는 경우에도 형벌로 인해 직업적 불이익을 받는 경우에 형벌감수성을 긍정할 수 있는가 하는 점이다.

(1) 형벌감수성과 예방의 관계

우선 형벌이 전적으로 예방과는 무관한 개념인지 의문이 제기된다. 바꿔 말해 형벌감수성과 형벌감응성을 개념적으로뿐만 아니라 실제적으로 구별할 수 있는가 하는 점이다. 그러나 이를 구별하고자 하는 범행비례적 양형론과는 달리 필자는 형벌감수성은 예방적 고려를 포함하는 개념일 수밖에 없다고 생각한다. 다만 이를 상세하게 논하는 것은 이 책에서는 적합하지 않다.[47] 그러나 일단 결론만을 간략하게 제시하면 필자는 양형책임 자체가 예방을 포함하는 개념이라고 생각한다. 굳이 야콥스까지 언급하지 않고 규범적 책임론만 염두에 두더라도 이러한 결론은 이끌어낼 수 있다.[48] 규범적 책임론에 따르면 책임의 본질은 '행위자에 대한 비난가능성'에서 찾을 수 있다. 이때 행위자가 비난받을 수 있는 이유는 그가 자율적으로 적법행위를 할 수 있었는데도 그렇게 하지 않았기 때문이다. 따라서 이러한 행위자에게 책임을 부과하는 것은 행위자가 다시 적법한 행위를 할 수 있도록 되돌리기 위해서라고 할 수 있다.[49] 그런데 이를 실현하려면 행위자가 적법한 규범체계를 내면화할 수 있도록 해야 하는데 이것이 바로 예방인 것이다. 책임이 범죄를 저지른 구체적인 행위자를 대상으로 하는 경우에는 이는 적극적 특별예방으로 귀결되고 추상적인 일반 시민을 대상으로 하는 경우에는 적극적 일반예방으로 귀결된다. 이러한 근거에서 필자는 책임은 예방을 포함할 수밖에 없다고 생각한다. 이러한 이유에서 양형의 기초가

---

47) 이 문제에 관해 필자는 별도의 논문을 준비할 계획이다. 이 문제를 심도 깊게 다루는 선행연구로는 최석윤, "경험적 연구결과에 기초한 양형요소 분석", 『형사정책연구』 제17권 제4호(2006), 875-906쪽 참고.

48) 주지하다시피 야콥스는 책임과 예방을 결합한다. 이에 관해서는 귄터 야콥스, 조상제 (역), "책임과 예방", 심재우 (편역), 『책임형법론: 형법상 책임원칙에 관한 논쟁』(홍문사, 1995), 153쪽 아래.

49) 물론 형법상 책임에 이러한 적극적 기능을 부여할 것인가 하는 문제는 별도로 논의할 필요가 있다. 왜냐하면 이를테면 범행비례적 양형론은 형법상 책임에 이러한 적극적인 기능을 부여하지는 않고 다만 양형의 한계를 근거 짓는 기능만을 부여한다고 볼 수 있기 때문이다.

되는 양형책임 역시 예방을 전제할 수밖에 없기에 예방을 전적으로 배제하고 양형을 하고자 하는 범행비례적 양형론은 받아들이기 어렵다.

(2) 형벌감수성 도입의 타당성

다음으로 형벌감수성을 우리 양형실무에 전적으로 도입하는 것은 타당한가? 그러나 필자는 형벌감수성을 광범위하게 인정하는 것은 바람직하지 않다고 생각한다. 만약 그렇게 되면 양형기준을 통해 양형과정 전체를 객관화·합리화하고자 했던 시도가 다시 후퇴할 수 있기 때문이다. 따라서 양형철학적인 관점에서 볼 때 형벌감수성은 다음과 같은 경우에만 적용하는 것이 바람직하다.

1) 보충성 원칙

첫째, 형벌감수성은 양형과정의 구체적 타당성을 실현하기 위해 필요한 경우에만 보충적으로 원용할 필요가 있다. 그동안 법관의 재량에 의존했던 양형실무가 어떤 폐단을 야기했는지, 무엇 때문에 오랜 논의 끝에 양형기준을 도입한 것인지 감안해야 한다. 사실 형벌감수성을 전적으로 도입하기에는 형벌감수성이 구체적으로 무엇을 뜻하는지 판단하기 쉽지 않다. 무엇보다도 어떤 기준으로 개별 행위자의 주관적인 형벌감수성을 판단해야 하는지를 정하는 것이 쉽지 않다. 이러한 이유에서 형벌감수성을 판단하는 작업은 결국 다시 법관의 주관적 성향에 의존할 수밖에 없다. 이는 양형기준으로 해결하려 했던 문제를 되돌리는 것에 불과할 뿐이다.

2) 사회적 약자를 위한 형벌감수성

둘째, 형벌감수성은 이른바 사회적 약자에게 우선적으로 적용되어야 한다. 미국의 정치철학자 롤즈(John Rawls)가 제시한 평등주의적 자유주의처럼 형벌감수성은 주로 사회적 약자를 위해 원용하는 것이 바람직하다.[50] 이른바 사회적 강자에게 형벌감수성을 무제한적으로 적용하면 자칫 '유전무죄 무전유죄' 문제를 더욱 심화시킬 수 있기 때문이다. 그러면 형벌감수성을 사회적 약자에게 우선적으로 적용해야 하는 이유는 무엇인가?

책임의 본질에 관한 논의가 시사하는 것처럼 우리가 범죄자에게 책임을 부

50) 롤즈의 평등주의적 자유주의에 관해서는 존 롤스, 황경식 (옮김), 『정의론』(이학사, 2003) 참고.

과하는 이유는 범죄자, 즉 행위자가 적법한 규범체계를 자율적으로 준수하지 않았기 때문이다. 따라서 우리가 형벌을 부과하는 목적은 행위자가 다시 자율적으로 적법한 규범체계를 준수하도록 하는 것이다. 그런데 행위자에 따라서는 자율적으로 적법한 규범체계를 준수하고 싶지만 현실적으로 그렇게 하지 못하는 경우도 분명 존재한다. 이를테면 자율적으로 적법한 규범체계를 준수할 수 있으려면 사회가 요구하는 사회화 과정을 정상적으로 거칠 수 있어야 하는데 여러 여건과 장애로 인해 이러한 과정에서 배제되는 경우가 있기 때문이다. 이른바 사회적 약자들이 이러한 상황에 처하기 쉽다. 정치적·경제적·사회적·문화적 차별과 불평등으로 사회적 약자들은 정상적인 사회화 과정을 거치지 못하는 경우가 있고 이 때문에 이들은 적법한 규범체계를 자율적으로 준수할 수 있는 능력을 갖추지 못하는 경우가 많다. 심지어는 무엇이 적법한 규범체계인지를 알지 못하는 경우도 발생한다. 이는 사회적 약자들이 형법에서 요구하는 책임능력을 제대로 갖추지 못할 수 있다는 점을 시사한다.[51] 따라서 형사책임을 실현하는 양형과정은 이러한 사회적 현실을 감안할 필요가 있다. 사회적 약자들이 본의 아니게 사회화 과정을 제대로 거치지 못하는 경우가 있다는 점을 고려하여 이들의 형벌감수성은 양형과정에서 적극 고려하는 것이 필요하다.

그런데 어찌 보면 이는 양형을 차별적으로 시행하는 것이라고 볼 수 있는데 이는 롤즈의 평등주의적 자유주의를 통해 정당화할 수 있다. 롤즈는 정의원칙으로 두 가지 원칙을 제시한다. 자유원칙과 차등원칙이 그것이다.[52] 자유원칙에 따르면 모든 시민은 최대한 자유를 누릴 수 있어야 한다. 그리고 차등원칙에 따르면 사회적 차별은 이러한 차별이 사회적 약자에게 이익이 될 수 있는 한에서만 허용될 수 있다. 양형에서 행위자의 형벌감수성을 고려한다는 것은 각 행위자가 가진 차별성을 인정하겠다는 것을 뜻한다. 그런데 이렇게 양형과정에서 차별성을 인정하는 것은 자칫 자의적인 차별로 전락할 수도 있다. 그러므로 이러한 차별이 정당한 차별이 되기 위해서는 이에 대한 이론적 근거를

51) 물론 이때 책임능력을 갖추지 못했다는 것은 법적인 측면에서 그렇다는 것이 아니라 현실적인 측면에서 그렇다는 것이다.

52) 이를 간명하게 소개하는 마이클 샌델, 이창신 (옮김), 『정의란 무엇인가』(김영사, 2010), 제5강 참고.

확보할 수 있어야 한다. 이에 롤즈의 차등원칙은 유용한 이론적 근거가 될 수 있다. 롤즈의 차등원칙에 따라 사회적 약자에게 우선적으로 형벌감수성을 고려한 양형을 실시함으로써 이러한 차별을 합리적인 차별로 정당화할 수 있는 것이다.

(3) 직업적 불이익을 고려한 형벌감수성 도입의 타당성

마지막으로 형벌로 인해 직업적 불이익을 받는 경우를 형벌감수성을 인정하는 사례로 긍정할 수 있는지가 문제된다. 독일 판례는 공무원이나 의사가 저지른 범죄에 양형을 할 때 이들이 형벌로 인해 받게 될 직업적 불이익에 대한 형벌감수성을 양형에서 고려해야 한다고 말한다.[53] 이에 관해서는 두 가지 문제를 제기할 수 있다. 첫째는 형벌로 인해 직업적 불이익을 받는 경우를 형벌감수성을 고려해야 하는 사례로 받아들여야 하는가 하는 점이다. 둘째는 독일 판례처럼 이를 공무원과 의사에 한정하는 것이 타당한가 하는 점이다.

1) 직업적 불이익을 고려한 형벌감수성의 도입 가능성

첫째 문제는 본격적인 논증을 필요로 하는 쉽지 않은 문제인데 여기서 결론만을 제시하면 필자는 이를 '제한적으로' 인정할 수 있다고 생각한다. 여기서 '제한적'이라는 말은 특정한 요건이 충족되는 경우에만 형벌로 인한 직업적 불이익을 형벌감수성의 예로 고려해야 한다는 점을 뜻한다. 이때 말하는 특정한 요건이란 다음과 같이 구체화할 수 있다. 첫째는 행위자의 개별적·구체적인 책임을 고려할 때 책임비난 또는 심정반가치가 현저히 약해지는 경우이다. 둘째는 특별예방적인 측면에서 볼 때 행위자에게 형벌로 인한 직업적 불이익을 가하는 것이 바람직하지 않는 경우이다. 물론 이러한 두 번째 요건은 첫 번째 요건과 불가분하게 연결된다. 셋째는 이러한 직업적 불이익으로 행위자와 직접적인 관계를 맺는 제3자에게 현저한 불이익이 발생하는 경우이다. 이러한 예로 다음과 같은 사례를 생각해 볼 수 있다.[54]

---

53) 이에 대한 상세한 소개는 하민경·표현덕·강현주, 앞의 책, 127쪽 아래 참고.

54) 인용은 박은정·강태경·김현섭, 『바람직한 법관상의 정립과 실천방안에 관한 연구』(법원행정처, 2015), 264쪽 아래.

"농막에서 바람을 피우고 나오는 아내에게 칼을 들이밀자, 그 아내가 비웃는 표정으로 '네가 용기 있는 사내면 찔러보라'고 한 말에 격앙되어 아내의 손에 전치 3주 정도의 상해를 낸 사건이 있었다. 폭처(흉기)로 징역형이 불가피했지만, 피고인은 총각 시절 이혼경력이 있는 아내와 결혼해서 아내가 데려온 두 아이들을 사실상 혼자 양육하고 있는 형편이었고, 이미 고등학생이 된 아이들은 엄마보다 새 아빠가 더 훌륭한 사람이라며 선처를 바라는 탄원서를 제출했다. 피고인은 건강보험공단에 근무하는 직원이라 집행유예가 나올 경우 면직이 불가피한 상황이었다. 한없이 선량해 보이는, 전과라곤 없는 사람이 아내의 불륜에 눈이 뒤집어져 우발적으로 저지른 사건으로 인해 집행유예를 선고한다면 피고인은 물론 피고인이 양육하고 있는 아내의 두 아이들에게까지 피해가 미칠 상황이었다. 고민 끝에 조금 무리해서 심신미약감경과 작량감경을 적용하여 선고유예를 하였고, 다행히 검찰에서도 항소하지 않아 그대로 확정되었다. 현재의 양형기준에 부합하지 않을 수도 있겠지만(당시는 양형기준 시행 이전), 상황에 맞는 최선의 결론이 아니었을까 생각해 본다."

#### 2) 대상 직업의 확장 가능성

둘째 문제에 관해서는 직업적 불이익을 고려하는 사례로 공무원이나 의사와 같은 특정 직업만을 언급하는 것은 바람직하지 않다고 생각한다. 이는 자칫 우리 사회에서 논란이 되는 '유전무죄 무전유죄' 문제를 더욱 심화시킬 우려가 있다. 이는 평등한 양형에도 합치하지 않는다. 그러므로 특정 직업의 경우에만 직업적 불이익에 따른 형벌감수성을 고려할 것이 아니라 모든 직업 영역에 이를 인정하는 것이 바람직하다.[55]

### 3. 형벌감수성이 특별히 낮은 경우

형벌감수성은 주로 형벌을 감경하기 위한 근거로 활용된다. 학설이나 판례에서도 형벌감수성이 특별히 높아진 경우가 문제된다.[56] 그러나 이론적으로는

55) 같은 견해로는 Tatjana Hörnle, 앞의 책, 347쪽.
56) Tatjana Hörnle, 앞의 책, 339쪽 아래.

형벌감수성이 낮아 형벌을 가중할 필요가 있는 경우도 생각할 수 있다. 헨켈은 이를 긍정한다.[57] 그렇지만 헨켈도 이를 일반적으로 인정하는 것은 아니고 형벌감수성이 특별히 낮은 경우에만 이를 고려할 수 있다고 말한다. 물론 경우에 따라서는 상습범에 형벌을 가중하는 것을 형벌감수성이 낮아서 그렇게 하는 것이라고 이해할 수 있을 것이다. 그렇지만 헨켈은 이를 형벌감수성이 아닌 형벌감응성의 문제로 파악한다. 한편 형벌감수성이 극히 낮은 경우로 '사이코패스'가 언급되기도 한다. 이를테면 대다수의 경제사범들은 사이코패스에 해당되고 이들의 경우에는 형벌감수성이 줄어든다는 주장이 제기되기도 한다.[58] 그러나 이렇게 형벌감수성이 특별히 낮다고 해서 이들에게 양형책임에 걸맞지 않게 형을 가중하는 것은 타당하지 않다. 왜냐하면 양형은 기본적으로 범죄자가 저지른 불법에 합치하게 이루어져야 하기 때문이다. 따라서 형벌감수성이 특별히 낮다는 이유만으로 행위자의 불법을 넘어서는 양형을 하는 것은 (넓은 의미의) 책임원칙에 반하는 것이라고 말할 수 있다.

## V. 맺음말

지금까지 독일에서 성장한 개념인 형벌감수성을 우리 양형실무에 전면적으로 도입할 수 있는지를 비판적인 관점에서 살펴보았다. 물론 앞에서 논증한 것처럼 필자가 형벌감수성을 수용하는 것에 전적으로 반대하는 것은 아니다. 특정한 요건을 갖춘 경우에는 특히 사회적 약자에게 형벌감수성을 고려한 양형을 하는 것은 허용한다. 필자는 양형과정에서도 양형기준에 바탕을 둔 객관적 양형논증과 형벌감수성 등을 고려하는 주관적 양형논증이 조화를 이루어야 한다고 생각한다. 다만 주관적·개별적인 성격이 강한 형벌감수성을 구체적으로 어떻게 계량화해야 하는지, 구체적으로 어떤 경우에 형벌감수성을 양형에서 고려해야 하는지는 여전히 미해결의 상태로 남겨두고 있다. 이는 앞으로 더욱 고민해야 할 과제라고 생각한다.

---

57) Heinrich Henkel, 앞의 논문, 190쪽.
58) Thomas Knecht, "Persönlichkeit von Wirtschaftskriminellen", in: *Psychiatrie* 4 (2009), 29쪽.

제13장

# 사회적 행위론과 형사책임

## Ⅰ. 행위론의 의의

'행위'(Handlung) 개념은 사회과학의 근간을 이루는 개념 가운데 하나이다. 특히 고전적인 사회과학은 이를 빼놓고는 말하기 쉽지 않을 정도로 행위 개념은 사회과학에서 큰 비중을 차지한다. 물론 20세기 중반 이후 서구에서 새롭게 '체계이론'(Systemtheorie)이 성장하면서 행위 자리에 '소통'(Kommunikation)을 대신 채워 넣으려는 시도가 전개되기도 했지만 행위 개념은 여전히 필수불가결한 요소로 사회과학에 남아 있다.[1)]

이렇게 행위 개념이 차지하는 비중은 법학에서도 마찬가지로 찾아볼 수 있다. 예를 들어 행위 개념은 민사법학에서는 법률행위 개념으로 그리고 행정법학에서는 행정행위 개념으로 구체화되어 등장한다. 그러나 행위 개념은 무엇보다도 형법학에서 오랫동안 연구와 논란의 대상이 되었다. ≪구성요건 해당성⇒위법성⇒책임성≫으로 구성되는 형식적 범죄 개념의 근간은 행위 개념에 있다고 이해한 독일의 형법학자들은 행위의 본질을 규명함으로써 형법상 범죄의 존재론적 구조를 밝힐 수 있다고 보았다. 많은 형법학자들이 행위 개념의 본질을

1) 체계이론의 시도에 관해서는 N. Luhmann, *Zweckbegriff und Systemrationalität* (Frankfurt/M., 1973), 166쪽 아래 참고. 이와 달리 행위 개념을 여전히 고수하는 경우로는 J. Habermas, *Theorie des kommunikativen Handelns*, Bd. 1－2 (Frankfurt/M., 1981). 여기서 하버마스는 의사소통'행위' 이론과 이원적 사회이론을 통해 행위 중심의 사회철학을 복원하려 한다.

밝히는 데 몰두했는데 그 가운데서도 베르너 마이호퍼는 행위 개념이 형법학 안에서 어떤 기능을 수행하는지 치밀하게 분석하였다.[2] 1953년에 공간한 박사학위논문 "범죄체계에서 본 행위개념"에서 마이호퍼는 형법학 안에서 행위 개념이 "근본요소 기능"과 "결합요소 기능" 그리고 "한계요소 기능"을 수행한다고 밝힌다.[3] 마이호퍼에 따르면 근본요소 기능은 "행위 개념의 논리적 의미"를 보여주고 결합요소 기능은 "행위 개념의 체계적 의미" 그리고 한계요소 기능은 "행위 개념의 실천적 의미"를 보여준다. 그러나 이러한 기능을 수행하는 행위 개념의 본질적인 징표가 과연 무엇인지에 형법학자들은 합의에 이르지 못하고 격렬하게 논쟁을 거듭하였다. 특히 벨첼을 중심으로 한 목적적 행위론과 에버하르트 슈미트로부터 출발한 사회적 행위론 사이에 치열한 논쟁이 전개되었고 이러한 대치상황은 오늘날에도 계속된다. 이러한 이유에서 1980년대 이후 다수의 형법학자들은 행위론에 염증을 느끼게 되었고 이와 더불어 연구의 중심은 행위론에서 다른 주제로 옮겨가게 되었다.[4] 그 때문에 오늘날 행위론은 낡은 주제로 취급되고 이를 진지한 연구대상으로 삼는 것은 시대에 뒤떨어진 것으로 보이기도 한다.[5]

그러나 독일과 한국에서 전개된 다소 지루한 듯싶은 행위론 논쟁 때문에 형법상 행위 개념에 관해 말하는 것이 가치가 없다고 속단하는 것은 너무 성급한 판단이다. 행위 개념은 형법학의 전체 체계를 지탱하는 기본 개념일 뿐만 아니라 여전히 실천적 의미도 지니기 때문이다. 예를 들어 형법상 작위와 부작위를 판단할 때, 형법상 죄수를 판단할 때 그리고 형사소송법상 사건의 동일성을 판단할 때 행위 개념은 여전히 결정적인 역할을 수행한다.[6]

---

2) 마이호퍼의 사회적 행위론에 관해서는 심재우, "사회적 행위론", 『법조』 제24권 제7호(1975), 55-83쪽.

3) W. Maihofer, *Der Handlungsbegriff im Verbrechenssytem* (Tübingen, 1953), 6-10쪽 참고.

4) 이를 지적하는 심재우, "형법에 있어서 결과불법과 행위불법", 『법학논집』 제20집(1982), 127쪽.

5) 이러한 취지로 김일수, "체계적 범죄론에 관한 방법론적 일고찰", Claus Roxin, 김일수 (역), 『형사정책과 형법체계』(박영사, 1996), 323-325쪽 참고.

6) 형법상 작위와 부작위에 관해서는 이석배, "형법상 이중적 의미를 가지는 작위·부작위 구별과 형사책임의 귀속", 『형사법연구』 제25호(2006), 55-84쪽 참고. 형법상 죄수 개념에 관해서는 윤동호, 『공소사실의 동일성 판단기준과 죄수 및 경합론의 관계』(고려대 법학박사 학위논문, 2005) 참고. 형사소송법상 사건의 동일성에 관해서는 이상돈, "사건의 동일성에 대한 비판적 검

제13장은 행위 개념, 그중에서도 사회적 행위 개념을 다시 바라보는 데 초점을 둔다. 특히 법해석학(juristische Hermeneutik)의 성과를 원용하여 사회적 행위 개념의 의미를 재조명하려 한다. 이를 통해 사회적 행위 개념이 어떤 실천적 의미를 가질 수 있는지에 약간의 시사점을 얻고자 한다.

## Ⅱ. 사회적 행위 개념의 의의·전개 과정·한계

### 1. 의의와 전개 과정

사회적 행위 개념은 사회적 행위론이 제시한 개념으로, '사회적 현저성'이나 '사회적 유의미성'을 행위 개념의 본질적 징표로 삼는다. 사회적 행위 개념을 정확하게 파악하려면 사회적 행위론의 전개 과정을 검토할 필요가 있다.[7] 행위의 인과성 혹은 행위의 물리적 객관성과 심리적 유의성에 기반을 두어 행위 개념을 파악하는 인과적 행위론이나 목적성(Finalität)에 따라 행위를 파악하는 목적적 행위론과는 달리, 사회적 행위론은 행위 개념이 지닌 사회적 속성에 주목한다. 사회적 행위론은 사회적 관점에서 행위를 파악하려 한다. 이를 통해 사회적 행위론은 형법상 행위론을 자연과학적 시각에서 해방하고 형법학의 독자성을 추구하려 한다.

사회적 행위론은 에버하르트 슈미트에 의해 처음 제시되었다. 슈미트는 1932년에 출간한『독일형법 교과서』제26판에서 처음으로 자신의 스승인 리스트가 정의한 행위 개념, 즉 "행위란 외부세계를 향한 유의적인 행태"라는 개념 정의에 "사회적"이라는 표지를 추가한다.[8] 따라서 슈미트에 따르면 "행위란 사회적 외부세계를 향한 유의적인 행태"로 정의할 수 있다. 마이호퍼에 따르면 이러한 슈미트의 행위 개념에는 "유의적"이라는 경험적 표지와 "사회적"이라는 규범적 표지가 함께 포함되어 있다.[9] 이런 이유에서 슈미트의 행위 개념은 한

증",『고시연구』(1985) 참고.

7) 아래의 서술은 기본적으로 양천수, "법존재론과 형법상 행위론",『법철학연구』제9권 제1호(2006), 162-166쪽 참고.

8) 이에 관해서는 W. Maihofer, 앞의 책, 62쪽.

9) W. Maihofer, 앞의 책, 62쪽.

편으로는 리스트의 자연주의적 행위 개념을 여전히 고수하면서도 다른 한편으로는 사회적 행위론으로 나아가는 출입구를 마련했다고 이해할 수 있다.

이어서 사회적 행위론의 기초를 마련한 학자는 칼 엥기쉬이다. 엥기쉬는 1944년에 공간된 콜라우쉬 기념논문집에 발표한 논문 "목적적 행위 개념"에서 행위 개념을 "목적으로 삼을 수 있는 결과를 유의적으로 실행된 행동을 통해 일으키는 작용"이라고 정의한다.[10] 엥기쉬는 이러한 행위 개념을 "객관적·목적적" 혹은 "사회적" 행위 개념으로 이해한다. 이러한 행위 개념은 얼핏 보았을 때 벨첼이 주장한 목적적 행위 개념과 동일한 행위 개념을 지칭하는 것처럼 보이지만, 벨첼의 행위 개념이 주관적인 목적적 행위 개념인 데 반해 엥기쉬의 행위 개념은 객관적인 목적적 행위 개념이라는 점에서 차이가 있다. 바로 이런 이유에서 엥기쉬의 행위 개념은 주관성의 범위를 넘어 객관적·사회적인 차원으로 확장된다.

이렇게 슈미트와 엥기쉬를 통해 그 기초가 다져진 사회적 행위론은 마이호퍼에 의해 더욱 섬세하게 발전한다. 마이호퍼는 자신의 박사학위논문에서 행위 개념이 수행하는 기능을 분석하면서 궁극적으로는 사회적 행위 개념이 이러한 기능을 수행하는 데 가장 적합한 개념이라고 말한다. 그러나 마이호퍼는 슈미트가 제시한 행위 개념인 "사회적 외부세계를 향한 유의적 행태"를 그대로 수용하지는 않는다. 그 이유는 '유의성'(Willkürlichkeit) 표지 때문이다. 마이호퍼는 만약 인과적 행위론에서 기원하는 '유의성'이라는 심리적인 표지를 고수하면 사회적 행위 개념 역시 근본요소적 기능을 수행할 수 없게 된다고 말한다. 이런 이유에서 마이호퍼는 '유의성' 표지를 제외한 채 사회적 행위 개념을 "사회적인 인간의 행태"라고 규정한다.[11] 이렇게 사회적 행위 개념을 수정하고 다듬음으로써 마이호퍼는 근본요소, 결합요소, 한계요소를 모두 충족할 수 있는 사회적 행위 개념을 정립한다. 이후 마이호퍼는 사회적 행위 개념을 더욱 발전시켜 이를 다음과 같이 규정한다. 행위란 "객관적으로 예견할 수 있는 사회적 결과를 지향하는 모든 행태로서 객관적으로 지배가능한 것"이라는 것이다.[12] 이렇게

---

10) W. Maihofer, 앞의 책, 62쪽.
11) W. Maihofer, 앞의 책, 69쪽.
12) W. Maihofer, "Der soziale Handlungsbegriff", in: Paul Bockelmann/Wilhelm Gallas (Hrsg.), *Festschrift für Eberhard Schmidt zum 70. Geburtstag* (Göttingen, 1971), 178쪽.

마이호퍼가 정의한 사회적 행위 개념을 보면 '유의성'이라는 자연주의적 표지가 철저하게 삭제되어 행위 개념이 정의되고 있음을 확인할 수 있다.

### 2. 한계

마이호퍼가 사회적 행위론을 구체화한 이후 목적적 행위론이 강대한 영향력을 발휘하던 행위론 영역에서 사회적 행위론이 차츰 세력을 넓혀가게 되었다. 물론 그 이후 사회적 행위론이 행위론 전체를 지배한 것은 아니지만 사회적 행위론은 많은 유력한 형법학자들로부터 지지를 받았다. 이는 우리 형법학에서도 마찬가지였다. 처음 목적적 행위론이 인과적 행위론을 비판하면서 등장했을 때 이에 대항할 수 있는 행위론은 더는 존재할 수 없다고 생각된 때도 있었다.[13] 그렇지만 1970년대 중반 심재우 선생을 통해 마이호퍼의 사회적 행위론이 소개되면서 형법학계에서도 사회적 행위론을 지지하는 학자가 증가하였다. 마이호퍼가 잘 분석한 것처럼 인과적 행위론이나 목적적 행위론과는 달리 사회적 행위론은 근본기능, 결합기능, 한계기능을 비교적 잘 수행하기에 행위론으로서는 다른 행위론에 비해 비교우위에 선다고 볼 수 있다.

그러나 사회적 행위론이 아닌 다른 행위론을 지지하는 학자들은 다음과 같은 논거를 들어 사회적 행위론을 비판한다. 먼저 '사회적 유의미성'이 구체적으로 의미하는 바가 그리 명확하지는 않다고 한다. 나아가 더욱 문제가 되는 점은 사회적 행위론이 구성요건단계에서 수행해야 할 규범적 평가를 행위단계에서 이미 행하고 있다는 것이다. 그 때문에 행위론이 수행해야 할 결합기능을 사회적 행위론은 수행할 수 없다고 한다. 예를 들어 독일의 형법학자 록신은 다음과 같이 비판한다.[14]

> "사회적 행위 개념이 결합요소로서 가지는 어려움은 무엇보다도 사회적 행위 개념과 구성요건의 평가단계를 서로 구획하는 게 결코 쉽지 않다는 점이다. 왜냐하면 사회적 평가와 법적 평가는 결코 분리할 수 없을 만큼 서로 의존관계를 맺

---

13) 배종대, 『형법총론』 제8전정판(홍문사, 2006), 163쪽.
14) C. Roxin, *Strafrecht AT I*, 4. Aufl. (München 2006), 249쪽.

기 때문이다. 물론 종종 법은 사회적으로 미리 평가된 사안을 규율하기도 한다. 그러나 반대로 법적인 규정이 사회적 평가를 결정하기도 한다."

마찬가지 맥락에서 배종대 교수는 다음과 같이 사회적 행위론을 비판한다.[15]

"사회적 행위론은 그 핵심개념인 '사회적 의미성'에 대한 판단이 결국 구성요건의 법적 평가에 의존할 수밖에 없지 않은가 하는 비판을 받는다. 따라서 사회적 행위개념은 구성요건단계를 앞질러 들어감으로써 구성요건에 앞서 있어야 할 중립적 상위개념의 기능을 다할 수 없다고 한다. 이것은 행위개념의 결합기능과 관련된 비판이다."

사실 이러한 비판은 일면 타당하다. 사회적 행위론은 행위 개념을 판단할 때 '사회적 현저성'이나 '사회적 유의미성'을 동원하는데 이러한 기준은 규범적 속성을 담고 있는 표지라고 할 수 있기 때문이다. 만약 행위 개념이 구성요건 해당성과 위법성 그리고 책임단계 모두에 사용되는 근본 개념으로서 '결합기능'을 수행하고자 한다면 이런 규범적인 요소를 담아서는 안 될지도 모른다. 존재와 당위를 엄격하게 구별한다는 전제 아래 행위 개념은 존재 영역에 속하는 것으로, 범죄체계는 당위 영역에 해당하는 것으로 상정한다면 행위 개념은 당위적 색깔, 즉 규범적인 색깔을 띠어서는 안 된다. 이러한 전제를 무시하고 행위단계에서 이미 규범적인 색채를 띤다면 이는 일종의 순환논증에 빠질 우려가 있다. 왜냐하면 범죄체계단계에서 판단해야 할 범죄행위의 규범성을 범죄체계 이전인 행위단계에서 판단하는 것이기 때문이다.

그러나 필자는 이것이 사회적 행위론이 가진 치명적인 이론적 약점이라고 이해하지 않는다. 오히려 이러한 속성은 자연현상의 사건과는 구별되는 사회과학의 행위 개념이 필연적으로 지닐 수밖에 없는 자연스러운 모습이라고 생각한다. 필자는 자연과학 개념과는 구별되는 사회과학 개념은 기본적으로 이러한

15) 배종대, 앞의 책, 172쪽.

순환구조를 가질 수밖에 없다고 주장한다. 그 이유는 무엇인가? 아래에서 필자는 법해석학을 동원하여 이러한 순환구조를 해명하겠다.

## Ⅲ. 법해석학 개관

법해석학으로 사회적 행위론을 다시 이해하기 위해서는 먼저 '법해석학'(juristische Hermeneutik)이란 무엇인지 간략하게 소개할 필요가 있다.[16]

### 1. 의의

법해석학은 '해석학'(Hermeneutik)을 법영역에 수용하면서 등장한 것이다.[17] 그렇다면 해석학이란 무엇을 뜻하는가? 철학에서 해석학은 보통 "이해에 관한 학문"으로 정의된다.[18] 성서해석과 같이 일정한 텍스트를 해석하는 데서 발전하기 시작한 해석학은 크게 세 가지 흐름으로 전개되었다. 첫째는 정신과학의 '방법'으로 정립된 해석학이다. 19세기 독일의 철학자 딜타이(Wilhelm Dilthey)가 정립한 해석학이 바로 이것이다.[19] 둘째는 이해의 과정을 존재론적으로 밝히고자 한 해석학이다. 철학자 하이데거(Martin Heidegger)에서 시작하여 가다머(Hans-Georg Gadamer)를 통해 집대성된 철학적·존재론적 해석학이 이에 해당한다. 셋째는 '비판이론'(kritische Theorie)의 맥락에서 등장한 해석학이다. 하버마스가 초기 저작인 『인식과 관심』에서 제시한 해석학이 바로 이에 해당한다. 이를 달리 '비판적 해석학'이라고 부른다.[20]

이러한 세 가지 흐름의 해석학 중에서 법해석학에 많은 영향을 미친 해석학은 가다머가 집대성한 철학적·존재론적 해석학(이하 '철학적 해석학'으로 약칭

16) 법해석학에 관해서는 양천수, 『법해석학』(한국문화사, 2017) 참고.
17) 이러한 예로는 J. Esser, *Vorverständnis und Methodenwahl in der Rechtsfindung* (Frankfurt/M., 1970), 133쪽 아래 참고. 이를 소개하는 남기윤, "독일 사법학 방법론의 현상과 신경향들", 『저스티스』 第95호(2006), 90-93쪽.
18) 한스 인아이헨, 문성화 (옮김), 『철학적 해석학』(문예출판사, 1998), 15쪽.
19) 딜타이의 해석학에 관해서는 빌헬름 딜타이, 이한우 (역), 『체험·표현·이해』(책세상, 2002).
20) 하버마스의 비판적 해석학을 간단하게 소개하는 양천수, "형법상 법익 개념의 새로운 근거설정 필요성과 가능성", 『고려법학』 제47호(2006), 276-280쪽.

한다)이다. 이해'방법'이 아닌 이해의 '존재론적 과정' 그 자체를 탐구하는 데 몰두한 철학적 해석학은 법영역에 수용되어 다양한 생산적인 결과를 낳았다. 이러한 철학적 해석학은 사회적 행위론에 내재한 순환구조를 해명하는 데도 도움을 준다. 따라서 아래에서는 철학적 해석학에 기반을 둔 법해석학에 의지하여 사회적 행위론을 다시 바라보겠다.

### 2. 철학적 해석학에 따른 이해의 기본구조

철학적 해석학에 따르면 우리는 어떻게 텍스트 혹은 대상을 이해하는 것일까? 이에 철학적 해석학은 두 가지 흥미로운 테제를 제시한다. '선이해'와 '해석학적 구조'가 그것이다.

#### (1) 선이해

철학적 해석학은 우리가 '백지상태'에서 대상을 인식한다는 로크(John Locke)의 주장을 거부한다. 그 대신 철학적 해석학은 대상이나 텍스트를 이해하기 이전부터 이해자인 우리 스스로가 일정한 이해조건을 갖추어 대상 또는 텍스트를 이해한다고 말한다. 이때 말하는 이해조건을 '선입견'(Vorurteil) 혹은 '선이해'(Vorverständnis)라고 말한다.[21] 철학적 해석학에 따르면 우리는 이러한 선이해에 의존하여 대상이나 텍스트를 이해한다. 우리의 모든 이해과정은 선이해에 종속된다.

이러한 테제는 이전의 전통적인 인식론이 주장한 것과 비교할 때 상당히 '과격'한 것이다. 그러나 이때 주의해야 할 점은 선이해를 강조한다고 해서 철학적 해석학이 이해의 객관성을 포기하는 것은 아니라는 점이다. 가다머는 니체처럼 이해과정이 철저히 각 개인의 주관성에 의존한다고 주장한 것은 아니다.[22] 가다머는 이해의 전제조건인 선이해는 이해자인 각 개인이 가진 주관적 선이해

21) 이하 '선이해'로 통일해서 지칭한다. 다만 가다머 자신은 '선입견'(Vorurteil)이라는 용어를 사용하였다. H.-G. Gadamer, *Wahrheit und Methode* (Tübingen, 1975), 250쪽 아래.

22) 니체에 관해서는 T.-M. Seibert, "Dekonstruktion der Gerechtigkeit: Nietzsche und Derrida", Buckel/Christensen/Fischer-Lescano (Hrsg.), *Neue Theorien des Rechts* (Stuttgart, 2006), 29쪽 아래.

에 기반을 두는 것이 아니라 개인이 속한 공동체의 '전통'에 바탕을 둔다고 말한다. 그리고 이 전통은 공동체의 구성원이 자발적으로 승인한 '권위'에 기반을 둔다고 말한다. 따라서 가다머에 의할 때 이해과정은 주관적인 것이 아니라 객관적이다.

(2) 해석학적 순환

나아가 철학적 해석학은 대상이나 텍스트를 이해하는 과정이 단선적인 과정이 아니라 순환적인 구조를 지닌다고 말한다. 이러한 순환구조를 철학적 해석학은 '해석학적 순환'(hermeneutischer Zirkel)이라고 말한다. 다시 말해 철학적 해석학에 따르면 이해과정이란 이해자와 이해 대상 사이에서 "시선"이 순환적으로 "오고 가는" 과정인 것이다.[23] 이를 구체적으로 다음과 같이 말할 수 있다. 이해의 출발점은 위에서 언급한 것처럼 이해자가 지닌 선이해이다. 이해자는 선이해를 통해 이해 대상을 이해하고자 한다. 그러나 대상 혹은 텍스트를 이해하는 과정에서 이해자는 새로운 지평을 만나게 되고 이를 통해 이해자가 가졌던 선이해는 어느 정도 교정된다. 이해자는 이렇게 교정된 선이해를 바탕으로 하여 다시 대상을 더욱 정확하게 이해하고자 한다. 경우에 따라 선이해는 다시 한번 교정된다. 그리고 이렇게 교정된 선이해를 통해 이해자는 다시금 자신의 이해를 심화시킬 수 있다. 이렇게 이해과정은 순환과정을 거치면서 더욱 정확한 이해에 도달한다.[24]

해석학적 순환은 존재자의 존재구조를 해명하고자 한 하이데거가 본격적으로 드러냈다. 이를 하이데거는 다음과 같이 말한다.[25]

"이해에서 나타나는 순환은 의미의 구조에 속하며, 그 현상은 현존재의 실존론

---

23) 이를 엥기쉬는 비유적으로 "상위명제와 생활사안 사이에서 시선의 오고 감"이라고 표현한다. 인용은 K. Günther, 이상돈 (엮음), 『대화이론과 법』(법문사, 2003), 19쪽. 물론 엄격하게 말하면 엥기쉬는 철학적 해석학이 말하는 '존재론적인 해석학적 순환'을 언급한 것은 아니다. 오히려 엥기쉬가 비유적으로 말한 해석학적 순환은 '인식론적인 해석학적 순환'으로 보는 것이 타당하다.

24) 이 때문에 하쎄머는 해석학적 순환이 '나선형'을 그린다고 말한다. W. Hassemer, *Tatbestand und Typus* (Köln usw., 1968), 107쪽.

25) M. Heidegger, *Sein und Zeit* (Tübingen, 1953), 153쪽. 인용은 이기상 (옮김), 『존재와 시간』(까치글방, 1998), 212쪽에 의하였다.

적 구성틀에, 즉 해석하는 이해에 뿌리를 내리고 있다. 존재자, 즉 세계-내-존재로서 그의 존재 자체가 문제되고 있는 바로 그 존재자는 일종의 존재론적 순환 구조를 가지고 있다."

하이데거는 해석학적 순환을 우리가 피해야 할 오류로 파악하지 않는다. 오히려 하이데거는 해석학적 순환이 이해과정에서 필연적으로 나타날 수밖에 없음을 인정하면서 해석학적 순환에 올바르게 들어가도록 노력하는 것이 필요하다고 말한다.[26]

"그러나 이러한 순환 속에서 악순환을 보고 그것을 피할 방도를 찾는다는 것, 아니 순환을 단지 피할 수 없는 불완전함으로라도 '느끼는' 것은 이해를 근본적으로 오해하고 있다는 이야기다. (…) 결정적인 것은 순환에서부터 빠져나오는 것이 아니라, 오히려 올바른 방식으로 순환 안으로 들어서는 것이다. 이해의 이러한 순환은 그 안에서 어떤 임의의 인식양식이 움직이고 있는 그런 한 원이 아니다. 오히려 그것은 현존재 자신의 실존론적 앞선(선)-구조를 표현한 것일 뿐이다."

이러한 하이데거의 주장을 수용한 가다머는 해석학적 순환을 '지평융합'으로 발전시킨다. 가다머에 따르면 우리는 지평융합을 통해 텍스트를 이해한다. 그렇다면 지평융합이란 무엇인가? 가다머에 따르면 이해자가 가진 선이해는 '현재'라는 지평에 놓인 존재자의 존재상태를 반영한다. 그래서 가다머는 이해자는 바로 현재의 지평에 놓여 있다고 한다. 한편 이해 대상인 텍스트는 현재가 아닌 과거에 쓰인 것이다. 텍스트에는 과거라는 지평에 놓여 있는 텍스트 저자의 의사가 담겨 있다. 그런데 우리가 보통 '텍스트를 이해'한다고 하면 현재의 지평에 있는 이해자가 과거의 지평에 있는 텍스트를 이해하는 것을 말한다. 이때 말하는 '이해'는 단순히 과거를 현재로 수용하는 것이 아니라 현재의 지평을 바탕으로 하여 과거의 지평을 재창조하는 것이다. 다시 말해 현재의 지평과 과거의

26) M. Heidegger, 앞의 책, 153쪽. 번역은 이기상 (옮김), 앞의 책, 211-212쪽에 의하였다.

지평이 서로 만나 융합해 가는 과정인 것이다. 그래서 이해과정은 현재의 지평과 과거의 지평이 서로 만나 융합해 가는 지평융합 과정이 된다.

(3) 평가

철학적 해석학은 기존의 인식론 전통에서 상당히 벗어나는 듯한 테제를 제시한다. 물론 선이해라는 테제는 칸트의 인식론에서 어느 정도 찾아볼 수는 있다. 왜냐하면 칸트 역시 인식주체가 선험적으로 가진 선험적 판단범주를 통해 외부대상을 인식한다고 보았기 때문이다. 칸트 역시 인식의 선험적 조건을 인정하는 것이다. 그러나 이해과정이 인식주체와 인식대상 사이에서 진행되는 해석학적 순환을 통해 이루어진다는 테제는 그 이전에는 볼 수 없었던 과격한 테제이다. 오랫동안 순환적인 인식은 올바른 인식을 방해하는 것으로 우리가 피해야 할 그 무엇이었다. 그것은 일종의 패러독스에 해당했다. 왜냐하면 우리가 인식 혹은 이해를 하고자 하는 것은 어떤 결과를 얻으려고 하는 것인데 철학적 해석학은 우리가 이미 어느 정도 그 결과를 알면서 이해하려 한다고 말하기 때문이다.

## 3. 철학적 해석학의 법적 수용

가다머가 『진리와 방법』에서 철학적 해석학을 집대성한 이후 철학적 해석학은 여러 방면에 걸쳐 반향을 일으키며 수용되었다. 이는 법학에서도 마찬가지였다. 가다머가 철학적 해석학에서 제시한 선이해, 이해주체와 이해객체의 통합, 해석학적 순환 등은 법해석학에 수용되어 종래 전통적인 삼단논법에 의존해 오던 법해석론을 새롭게 변모시켰다. 전통적인 법학방법론을 탈피한 법해석학이 헌법, 민법, 형법 등 각 영역에서 등장한 것이다. 예를 들어 민법학에서는 요제프 에써가, 형법학에서는 카우프만과 하쎄머가 그리고 헌법학에서는 뮐러(Friedrich Müller)가 철학적 해석학을 수용하여 법해석학을 전개하였다.[27] 이러

27) J. Esser, 앞의 책, 133쪽 아래; Arth. Kaufmann, "Gedanken zu einer ontologischen Grundlegung der juristischen Hermeneutik", in: ders., *Beiträge zur Juristischen Hermeneutik* (Köln/Berlin/Bonn/München, 1984), 92쪽 아래; W. Hassemer, 앞의 책, 118쪽 아래; F. Müller, *Juristische Methodik* (Berlin, 1997), 195쪽 아래 등 참고. 이를 소개하는 문헌으로 양천수, 『법해석학』(한국

한 법해석학은 여러 방면에서 의미 있는 성과를 거두었다. 특히 기존의 주체중심적이고 실증주의적인 법해석론을 비판하고 해체하는 데 일익을 담당하였다. 이 과정에서 새롭게 '법적 논증이론'(juristische Argumentationslehre)이 태동하는 데 기여하였다.[28)]

## Ⅳ. 법해석학으로 다시 바라본 사회적 행위론

위에서 언급한 것처럼 철학적 해석학을 법영역에 수용하여 성장한 법해석학은 법학에서 여러 의미 있는 성과를 낳았다. 예를 들어 법률해석의 한계에 관해 법해석학은 생산적인 기여를 하였다.[29)] 필자는 이러한 법해석학이 사회적 행위론의 의미를 복원하는 데도 긍정적인 도움을 줄 수 있다고 생각한다.

### 1. 이해의 순환성 수용

법해석학을 통해 사회적 행위론을 다시 바라본다는 것은 무엇을 뜻하는가? 이는 먼저 '이해의 순환성'을 수용한다는 것을 함의한다. 위에서 본 것처럼 철학적 해석학은 선이해와 해석학적 순환을 핵심테제로 주장한다. 철학적 해석학을 수용한 법해석학도 두 테제를 기본적으로 수용한다. 그렇다면 법해석학을 원용해 사회적 행위론을 '이해'하겠다는 것은 사회적 행위론을 이해하고 판단할 때 선이해와 해석학적 순환을 고려하겠다는 것을 뜻한다. 이는 구체적으로 다음을 뜻한다. 우선 사회적으로 유의미한 행위인지를 판단할 때 이해자(판단자)가 지닌 선이해가 작용한다는 것이다. 나아가 이해자가 선이해를 토대로 하여 행위인지를 판단할 때 일정한 순환구조가 나타난다는 것이다.

이러한 전제는 행위 개념을 판단할 때 일종의 '순환논증'을 긍정하는 것이

---

문화사, 2017) 참고.

28) 법적 논증이론에 관해서는 김영환, "법적 논증이론의 전개과정과 그 실천적 의의", 『법학논총』(한양대) 제12집(1995), 231-270쪽.

29) S.-D. Yi, *Wortlautgrenze, Intersubjektivität, Kontexteinbettung* (Frankfurt/M., 1992) 참고. 문언의 한계가 해석의 한계기준으로 작용할 수 있는지에는 국내 형법학에서도 논쟁이 펼쳐졌다. 이 논쟁에 관해서는 신동운 외, 『법률해석의 한계』(법문사, 2000) 참고.

라고 말할 수 있다. 그런데 철학적 해석학, 더 나아가 최근에 등장한 '급진적 구성주의'(radikaler Konstruktivismus)는 이러한 순환논증이 인식의 오류가 아니라 오히려 인식의 본질 그 자체를 정확하게 보여준다고 주장한다. 예를 들어 생물학에서 등장한 '자기생산'(Autopoiesis) 개념은 결과가 원인이 되고 이러한 원인이 다시 결과를 산출하는 순환구조, 즉 반성적 구조(reflexive Struktur)를 적극 긍정한다. 이렇게 인식 과정에서 볼 수 있는 순환구조, 즉 '패러독스'는 생물학 영역을 넘어 자연과학, 사이버네틱스, 사회학, 법학에서도 찾아볼 수 있다.[30] 그러므로 순환논증을 인정한다고 해서 이를 잘못된 인식 또는 이해라고 성급하게 단정 짓는 것은 타당하지 않다.

사실 형법학에서 이루어진 행위론 논의를 보면 각 행위론이 순환논증까지는 아니더라도 일정한 선이해를 전제로 하고 있음을 파악할 수 있다. 각각의 행위론은 행위 개념에 대한 기준을 미리 설정하지 않으면 무엇이 형법상 행위인지 파악할 수 없기 때문이다. 행위 개념이 우리가 인식하기 이전에 선험적으로 존재하는 그 무엇인 것은 아니기에 각 행위론은 나름대로 행위 개념에 대한 판단기준을 미리 설정하고 있어야 한다. 예를 들어 인과적 행위론은 '자연과학적 인과성'이나 '유의성'을 기준으로 하여 행위인지를 판단한다. 만약 이러한 기준을 미리 전제하지 않는다면 인과적 행위론은 자신이 원하는 행위 개념을 파악할 수 없다. 이 점은 목적적 행위론에서도 마찬가지이다. 목적적 행위론은 '목적성'을 기준으로 하여 행위 여부를 판단하는데 만약 이 목적성을 미리 전제하지 않는다면 무엇이 형법상 의미 있는 행위인지 판단할 수 없기 때문이다. 이렇게 인과적 행위론이나 목적적 행위론은 그들 나름의 기준을 미리 설정하여 무엇이 형법적으로 의미 있는 행위인지, 다시 말해 무엇이 규범적으로 의미 있는 행위인지 가려낸다. 그러나 과연 어떤 기준으로 행위 개념을 규정할 것인지는 미리 정해져 있지 않다. 바꿔 말해 행위 개념의 '기준에 대한 기준'은 존재하지 않는다. 행위를 결정하는 인자는 다원적이기에 그만큼 행위판단 메커니즘은 복잡해진다. 그런데 인과적 행위론이나 목적적 행위론은 규범적으로 의미 있는

---

30) G. Teubner, *Recht als autopoietisches System* (Frankfurt/M., 1989), 제1장 참고.

행위 개념을 선별하기 위해 '인과성'이나 '목적성'과 같은 표지를 동원하고 이를 통해 행위판단 메커니즘의 복잡성을 축소하는 것이다.[31] 여기서 우리는 각 행위론이 일종의 선이해에 의지하여 행위 여부를 판단하고 있음을 확인할 수 있다. 그런 점에서 각 행위론은 행위 개념을 판단할 때 이미 각기 나름의 규범성을 원용하고 있는 것이 아닐까?

그런 점에서 사회적 행위론은 행위 개념을 판단할 때 등장하는 선이해와 이해의 순환성을 더욱 솔직하게 인정한다고 말할 수 있다. 왜냐하면 사회적 행위론은 행위 개념을 판단하는 기준으로 규범적 색채가 강한 '사회적 유의미성'을 제시하기 때문이다. 이런 기준은 인과적 행위론이나 목적적 행위론이 내놓은 기준과 비교할 때 두 가지 점에서 차이가 있다. 첫째, '사회적 유의미성' 기준은 '인과성'이나 '목적성'과 같은 기준과 비교할 때 '규범성'을 더욱 강하게 드러낸다. 둘째, 사회적 행위론은 다른 기준과 비교할 때 그 외연이 더욱 넓다. 그 때문에 '인과성'이나 '목적성'으로는 포섭되지 않는 현상도 '사회적 유의미성' 기준을 원용하면 행위 개념에 포섭할 가능성이 있다. 종래 진행된 행위론 논쟁을 보면 두 번째 차이점은 사회적 행위론의 장점으로, 첫 번째 차이점은 사회적 행위론의 단점으로 거론되었다. 왜냐하면 두 번째 차이점 때문에 사회적 행위론은 부작위범이나 과실범처럼 종전의 행위론이 설명하기 어려웠던 현상을 행위로 파악할 수 있는 데 반해, 첫 번째 차이점 때문에 사회적 행위론이 일종의 순환논증에 빠지고 있다고 지적받았기 때문이다. 그러나 우리가 법해석학의 관점을 수용하면 이러한 사회적 행위론의 단점은 오히려 장점으로 작용할 가능성도 있다. 왜냐하면 사회적 행위론은 행위 개념을 판단할 때 나타날 수밖에 없는 이해의 순환성을 솔직하게 드러내기 때문이다.

## 2. 행위 개념과 범죄구성요건 사이의 해석학적 순환

사실이 그렇다면 과연 어떤 점에서 사회적 행위론은 행위 개념을 판단할 때 이해의 순환성을 보여주고 있는 것일까?

31) 이와 유사한 맥락에서 목적 개념의 기능을 이해하는 N. Luhmann, 앞의 책, 179쪽 아래 참고.

(1) 선이해로서 범죄구성요건

우선 사회적 행위론은 '사회적 유의미성'이라는 기준 배후에 일정한 선이해를 가진다고 말할 수 있다. 그것은 바로 범죄구성요건이라는 선이해이다. 형법상 범죄구성요건은 형법이 범죄로 미리 구체화해 놓은 것이다. 이 범죄구성요건에 해당하는 현상들은 이미 사회적으로 부정적인 의미를 부여받는다. 따라서 어떤 현상 혹은 일탈행위가 형법적으로 의미 있는 행위인지 판단하려면 기존에 마련해 놓은 범죄구성요건을 필연적으로 참고할 수밖에 없다. 이렇게 범죄구성요건이 행위 개념을 판단하는 데 선이해로 작용한다는 점은 형법상 죄수론에서도 찾아볼 수 있다. 죄수론은 "범죄의 수가 1개인가 또는 수개인가를 밝히는 영역"을 말한다.[32] 이때 과연 어떤 기준에 의해 범죄의 수를 결정할 것인가에 학설상 견해가 대립한다. 그 가운데 '구성요건표준설'은 "구성요건해당사실을 기준으로 죄수를 결정"하고자 한다.[33] 물론 이 견해가 학설과 판례로부터 일치된 지지를 받는 것은 아니지만 죄의 수를 결정하는 데 구성요건이 결정적인 역할을 한다는 것을 분명히 보여주는 예가 될 수 있다. 그런데 죄의 수라는 것은 행위의 단일성과 불가분의 관계를 맺는다. 한 개의 죄는 한 개의 행위로 구성되는 것이 일반적이기 때문이다. '죄수론'이 '경합론'이라는 이름으로 전개되는 독일 형법학에서는 바로 이 점에서 우리 형법학과는 달리 죄의 수가 문제가 되는 것이 아니라 '행위의 단일성과 동일성'이 문제의 중심을 이룬다. 여기서는 과연 어느 경우에 행위의 단일성과 다수성을 인정할 것인지 문제되는데 이에는 크게 '자연주의적 행위단일성 이론'과 '구성요건적 행위단일성 이론'이 대립한다.[34] 두 견해 중에서 어느 것이 절대적으로 옳은 것인지 판단하기는 쉽지 않고 또한 이를 판단하는 것이 이 책의 목표가 되는 것도 아니다. 다만 구성요건적 행위단일성의 예를 통해 구성요건이 행위 개념을 판단하는 데 결정적인 이바지를 할 수 있음을 어느 정도 간취할 수 있다.

물론 이러한 주장에는 다음과 같은 비판을 던질 수 있다. 만약 행위 개념

32) 배종대, 앞의 책, 763쪽.
33) 배종대, 앞의 책, 764쪽.
34) C. Roxin, *Strafrecht AT II*, 800쪽 아래.

을 판단하는 데 구성요건이 결정적인 역할을 한다면 굳이 행위 개념의 독자성을 인정할 필요가 있는가 하는 점이다. 그러나 이 비판은 다시 다음과 같이 반박할 수 있다. 범죄구성요건은 행위 개념을 판단하는 데 선이해로서 역할을 할 수 있지만 그렇다고 해서 행위 개념을 판단할 때 범죄구성요건에 전적으로 구속될 필요는 없다는 것이다. 행위 개념을 판단할 때 우리는 범죄구성요건을 참고할 수 있지만 반드시 이에 따라서만 행위 여부를 판단할 필요는 없다는 것이다. 이 점은 행위 개념과 범죄구성요건 사이에서 나타나는 해석학적 순환을 통해 더욱 분명해진다.

(2) 행위 개념과 범죄구성요건 사이의 해석학적 순환

우리가 법해석학이 주장하는 해석학적 순환 테제를 수용하면 이는 다음과 같이 응용할 수 있다. 위에서 언급하였듯이 사회적 행위론에 따라 행위 개념을 판단하고자 한다면 범죄구성요건이 선이해로 작용할 수밖에 없다. 그러나 범죄구성요건은 행위를 판단하는 데 출발점으로 작용할 뿐이다. 예를 들어 기존 범죄구성요건이 범죄로 규정하지 않았지만 사회적으로 부정적인 의미를 현저하게 획득한 현상이 충분히 나타날 수 있다. '화장실 몰래카메라 사건'이 이를 잘 보여준다. 이러한 경우에는 비록 범죄구성요건이 범죄로 규정하지 않았다 하더라도 형법상 의미 있는 행위로 충분히 인정할 수 있다. 말하자면 범죄구성요건에 기초를 둔 선이해가 해석학적 순환과정을 통해 교정될 수 있는 것이다. 사실이 그렇다면 사회적 행위론이 행위 개념을 판단하는 데 범죄구성요건을 끌어들인다는 비판은 한편으로는 타당하지만 다른 한편으로는 범죄구성요건이 전적으로 행위판단을 구속하지는 않는다는 점에서 설득력을 잃는다. 오히려 사회적 행위론은 행위 개념과 구성요건 사이의 순환성을 '사회적 유의미성'이라는 기준으로 잘 보여준다는 점에서 더욱 진일보한 행위론이라고 평가할 수 있지 않을까 생각한다.

### 3. 사회적 행위론의 실천적 의미

이렇게 법해석학을 통해 사회적 행위론을 이해하면 사회적 행위론은 이론적으로 더욱 견고해질 수 있다. 사회적 행위론의 비판점으로 보았던 부분을 오히려 긍정적인 부분으로 전환할 수 있기 때문이다. 그러면 이렇게 사회적 행위론의 이론적 의미를 복원하는 것은 어떤 의미가 있을까? 그것은 사회적 행위론이 여전히 형법학 안에서 실천적인 역할을 수행하고 있다는 점에서 찾을 수 있다. 다음 두 영역에서 사회적 행위론의 실천적 의미를 발견할 수 있다. 첫째는 '작위와 부작위의 구별' 영역이고 둘째는 '죄수와 행위의 동일성 판단' 영역이다.

'작위'와 '부작위'를 어떤 기준으로 구별할 수 있는가의 문제는 형법학에서 논란이 되었다.[35] 이 문제는 특히 의사의 '치료중단'을 형법에서 어떻게 평가할 것인지와 연결되어 관심을 얻었다.[36] 이 문제에는 크게 두 흐름이 대립한다. 첫째 흐름은 '자연주의적 관점'에서 작위와 부작위를 구분한다. 이에 둘째 흐름은 '사회적 관점'에서 작위와 부작위를 구분한다. 첫째 흐름은 인과적 행위론과 같은 선상에 있는 것으로, 행위자가 외부적으로 신체적 거동을 하였거나 에너지를 투입한 경우 작위를 인정한다. 이에 둘째 흐름은 사회적 의미나 법익 등을 고려하여 작위와 부작위를 구분한다. 그래서 심지어 작위를 통해 부작위를 실현할 수도 있다고 말한다.[37] 필자는 이러한 흐름 가운데 무엇이 타당한지는 제13장에서는 밝히지는 않는다. 다만 이러한 논의를 통해 사회적 행위론이 작위와 부작위를 판단하는 데 실천적인 역할을 수행할 수 있음을 보여주고자 한다. 물론 사회적 행위론과 작위·부작위론은 다른 선상에 있다. 전자는 형법상 행위 전체를 다루는 행위론과 관련을 맺는 반면 후자는 다 같이 행위 개념에 속하면서도 서로 구별되는 작위·부작위를 다루는 문제이기 때문이다.[38] 그렇지만 작위·부작위의 구별기준으로 언급되는 '사회의미성설'은 이석배 교수가 정확하게 지적하듯이 "사회적 행위론에 그 뿌리를 두고 있"다.[39] 그렇다면 작위·부작위

35) 각 견해를 정리하는 이석배, 앞의 논문, 55-84쪽 참고. 또한 이세화, "작위와 부작위의 단계적 고찰", 『형사법연구』 제19권 제2호(2007), 23-32쪽 참고.
36) 이에 관해서는 이상돈, 『치료중단과 형사책임』(법문사, 2003) 참고.
37) 이석배, 앞의 논문, 75-77쪽.
38) 그러나 여전히 목적적 행위론을 고수하는 슈트라텐베르트는 부작위를 형법 개념에서 제외한다. 그에 따르면 '행위'와 '부작위'는 서로 별개인 개념이다. G. Stratenwerth, *Strafrecht Allgemeiner Teil I*, 4. Aufl. (Köln usw., 1999), 79-81쪽.
39) 이석배, 앞의 논문, 64-65쪽.

논의는 분명 사회적 행위론과 불가분의 관계를 맺는 셈이다. 여기서 우리는 사회적 행위론이 여전히 실천적 의미가 있음을 확인할 수 있다.

형법상 죄수론 그리고 형사소송법에서 문제되는 '사건의 단일성과 동일성'도 사회적 행위론이 실천적 힘을 발휘하는 영역이다. 언뜻 생각하는 것보다 한 개의 죄가 무엇인지, 한 개의 행위가 무엇인지, 한 개의 사건이 무엇인지 판단하기는 쉽지 않다. 여기서도 두 흐름, 즉 '자연주의적 흐름'과 '사회적·규범적 흐름'이 대립한다. 후자는 사회적 의미를 통해 한 개의 죄, 한 개의 행위, 한 개의 사건을 규정하고자 한다. 이러한 태도는 분명 사회적 행위론과 같은 맥락에 있다. 이 영역에서도 사회적 행위론이 추구하고자 했던 점, 즉 사회적 유의미성을 통해 행위 개념을 확정하고자 했던 바는 여전히 살아남아 있다.

## Ⅴ. 맺음말

지금까지 전개한 논의를 정리한다. 인과적 행위론과 목적적 행위론을 넘어서기 위해 등장한 사회적 행위론은 이론적으로 많은 장점이 있는데도 행위 개념을 판단할 때 구성요건의 관점을 미리 도입한다는 점 때문에 비판을 받았다. 사회적 행위론은 '결합기능'을 수행하지 못한다는 것이다. 그러나 법해석학의 측면에서 보면 이러한 사회적 행위론의 이론적 난점은 오히려 장점으로 재해석할 수 있다. 그 이유는 법해석학의 관점에서 보면 모든 이해는 순환적이기 때문이다. 이러한 법해석학의 명제를 행위 개념에 적용하면 행위 개념 역시 순환적 과정을 통해 파악할 수밖에 없다는 결론을 얻는다. 사실이 그렇다면 사회적 행위론은 오히려 이러한 '순환적 이해 구조'를 '사회적 유의미성'이라는 기준 안에 포섭하고 있다는 점에서 인식론적 측면에서 더욱 진일보한 행위론으로 평가할 수 있다. 이렇게 법해석학을 통해 이론적 생명력을 다시 얻은 사회적 행위론은 크게 형법학의 두 영역에서 실천적 힘을 발휘한다. 첫째는 작위와 부작위를 구별하는 영역이고 둘째는 죄수와 행위 및 형사소송법상 사건 개념을 판단하는 영역이다. 이 두 영역에서 사회적 행위론은 왜 우리가 작위와 부작위 혹은 한 개의 죄나 한 개의 행위를 판단할 때 '사회적 유의미성' 기준을 동원할 수밖에 없는지 그리고 왜 우리는 이러한 기준을 원용할 때 일종의 순환논증에 빠질 수 밖에 없는지 설득력 있게 보여준다.

제14장

# 법인의 형사책임

## Ⅰ. 서론

자연인이 아닌 법인이 형사책임을 지는가의 문제는 객관적 구성요건요소인 주체와 관련해 가장 논란을 빚는 문제라 할 수 있다. 이 문제에 관해서는 그동안 많은 연구가 진행되었지만 여전히 통일된 합의에 이르지는 못하고 있다.[1] 이 문제는 법인에 대한 형사처벌 필요성은 더욱 증가하고 있지만 이러한 형사처벌 필요성을 논리 일관되고 설득력 있는 형법 도그마틱으로 논증하는 것이 쉽지는 않다는 점에서 여전히 중요성을 가진다. 그런데 기존의 연구를 일별하면 많은 연구가 형법 도그마틱이라는 '체계내재적'인 측면에서 이 문제에 접근하고 있음을 파악할 수 있다.[2] 이와 달리 법이론(Rechtstheorie)이나 형법정책

1) 많은 연구 중에서 몇 가지만을 언급하면 배종대, "법인의 범죄능력", 『고시연구』(1991. 9), 155-166쪽; 조병선, "양벌규정과 법인의 형사책임", 『형사판례연구』[3](박영사, 1995), 1-21쪽; 손동권, "법인의 범죄능력과 양벌규정", 『안암법학』 제3권(1995), 325-350쪽; 한국형사정책연구원, 『법인범죄에 대한 효율적 제재방안』(한국형사정책연구원, 1996); 한국형사정책연구원, 『법인의 형사책임에 관한 비교법적 연구』(한국형사정책연구원, 1996) 참고. 법인의 범죄능력에 관한 박사학위논문으로 강동범, 『우리나라의 경제형법에 관한 연구: 형법총론의 범죄론과 관련하여』(서울대 법학박사 학위논문, 1994); 박기석, 『환경범죄의 효율적 대처방안에 관한 연구』(한양대 법학박사 학위논문, 1997) 등 참고. 이에 관한 최근의 종합적 연구로는 김재윤, 『기업의 형사책임』(마인드탭, 2015) 참고.

2) '체계내재적' 및 이에 대비되는 '체계비판적'이라는 용어에 관해서는 W. Hassemer, *Theorie und Soziologie des Verbrechens* (Frankfurt/M., 1973), 19쪽 아래 참고.

(Strafrechtspolitik)의 측면에서 법인의 범죄능력을 논하는 연구는 상대적으로 많지 않아 보인다. 그 때문인지 법인의 형사책임에 관한 논의는 일정한 범주나 유형에서 크게 벗어나지 않는다.

제14장은 법인의 형사책임에 관한 문제를 법이론과 형법정책의 시각에서 접근한다. 이를 통해 기존 연구가 간과하는 논점을 분명히 하고 법인의 형사책임에 관한 문제는 궁극적으로는 형법정책의 관점과 밀접하게 관련되어 있음을 밝히고자 한다. 그런 점에서 제14장은 기존 연구에서 많이 다루었던 비교법적 논의나 법인의 형사책임에 대한 일반론 등은 가급적 다루지 않겠다.[3] 그리고 제14장은 법인의 형사책임에 어떤 태도를 취하는 것이 타당한지에 결론을 제시하는 것을 목표로 하지도 않는다. 법인의 형사책임에 관한 쟁점을 일종의 '체계비판적' 관점에서 분석하는 것을 주된 목표로 한다.

## Ⅱ. 법인의 범죄능력 인정 필요성

법인에게 과연 범죄능력이 있는지 다루기 위해서는 그 전에 법인의 범죄능력을 굳이 인정해야 할 필요성이 있는지 살펴보아야 한다.[4] 이에 현대사회에서 점점 더 법인에 형사책임을 물어야 할 필요성이 증대하고 있다는 점을 우선적인 근거로 제시할 수 있다. 그 이유는 현대사회에서 개인이 법인을 통하지 않고 그 어떤 행위를 한다는 것은 생각하기 쉽지 않기 때문이다. 특히 자본주의가 고도로 발전하면서 법인은 오히려 개인보다 더욱 중요한 자리를 차지하게 되었고 그 결과 개인의 자유와 이익마저 위협하는 막강한 존재로 대두한다. 이러한 이유에서 민법은 법인이 "법률의 규정에 좇아 정관으로 정한 목적의 범위 내에서 권리와 의무의 주체가 된다."고 함으로써 법인의 권리주체성을 인정하는 동시에 일정한 경우 법인에게 불법행위능력도 부여한다(민법 제34－35조). 나아가 회사법 영역에서 주식회사로 대변되는 법인은 상법상 개인적인 상인보다 더욱 중

3) 비교법적 분석으로는 한국형사정책연구원, 『법인의 형사책임에 관한 비교법적 연구』(한국형사정책연구원, 1996).
4) 아래에서는 법인의 범죄능력 문제와 형사책임 문제를 동일한 선상에서 다루고자 한다.

요한 법적 주체로 취급된다. 또한 공법에서도 법인은 한편으로는 기본권 주체로 다른 한편으로는 행정처분의 대상으로 그 지위를 누린다.[5] 뿐만 아니라 민법과 노동법에서 법인은 가장 대표적인 사용자로서 근로관계의 주체가 된다. 그런데 이러한 법영역에서 법인이 권리능력의 주체가 된다는 것에 큰 반론을 제시하지는 않는다. 다만 회사법상 특정한 경우에 한해 '법인격 부인이론'이라는 법도그마틱 아래 법인격을 제한하는 경우가 있긴 하다.[6] 그렇지만 일반적으로 법인은 공법 및 사법 영역에서 권리능력의 주체로 인정받고 있다. 그 이유는 앞에서 보았듯이 법인을 법률관계의 주체로 그리고 일정한 법적 책임을 귀속시켜야 할 주체로 볼 필요가 있기 때문이다.

그러나 형사법에서는 그렇지 않다. 형법 도그마틱상으로는 법인의 형사책임을 부정하는 것이 지배적인 것으로 보인다.[7] 이렇게 법인의 형사책임을 부정하는 이유는 오직 자연인인 인간만이 범죄의 주체가 될 수 있다는 점에 근거를 둔다. 또한 범죄의 결과로 부과되는 형벌로 현행 형법은 주로 자유형을 염두에 두고 있다는 점도 법인의 형사책임 부정론을 뒷받침한다. 하지만 현대사회에서는 거대한 힘을 가진 법인으로 인해 개인의 법익이 조직적·체계적으로 침해될 우려가 증가한다. 예를 들어 거대 언론기업 때문에 개인의 사생활이 낱낱이 파헤쳐지는 것이나 오염물질을 배출하는 기업 때문에 환경이 오염되고 인근 주민들의 법익이 침해되는 것 또는 백화점 등과 같은 거대 유통기업 때문에 정상적인 거래관계가 파괴되는 것 등을 거론할 수 있다. 사적 자치가 지배하는 사법영역에서 대기업이 부리는 횡포로부터 소비자를 보호하기 위해 보통거래약관이나 각종 경제적 규제를 마련한 것만 보더라도 법인이 어떻게 개인의 법익을 침해하거나 위협할 수 있는지 알아차릴 수 있다. 그러나 사법상의 손해배상(민법 제750조 등)이나 행정법상의 행정처분만으로는 국가기관과 맞먹을 정도로 성장하는 법인기업을 통제하기 어려운 것이 현실이다. 바로 이러한 이유에서 법인

---

5) 이 문제를 심도 깊게 분석하는 신우철, 『헌법과학』(동현출판사, 2002), 제3장 "'법인'의 '기본권주체성'" 참고.

6) 이 문제에 관해서는 정동윤, "법인격부인이론의 적용요건과 근거: 최근의 대법원판결을 중심으로 하여", 『민사재판의 제문제』 제6권(한국사법행정학회, 1991) 참고.

7) 가령 배종대, 『형법총론』 제8전정판(홍문사, 2006), 205쪽.

으로부터 개인의 법익을 더욱 효과적으로 보호하기 위해 가장 강력한 법적 제재수단인 형벌을 생각할 수 있을 것이다. 특히 형벌은 사회적인 낙인효과 혹은 일반예방적 효과가 다른 민법이나 행정법의 제재수단보다 강력하고 이 때문에 기업의 사회적·법적 일탈행위를 단기적으로 신속하게 제재할 수 있다는 점에서 법인을 통제하는 데 유용할 수 있다. 바로 이러한 까닭에서 법인의 범죄능력을 인정할 필요성이 제기된다.

## Ⅲ. 법인의 이중적 지위

법인의 범죄능력에 관해 많은 논란이 벌어지는 것은 법인이 가진 이중적 지위와 무관하지 않다. 따라서 법인의 범죄능력에 관해 전개되는 학설대립의 맥락을 정확하게 파악하려면 법인의 이중적인 법적 지위를 짚고 넘어갈 필요가 있다.

### 1. 법인의 본질

법인이 지닌 이중적인 법적 지위는 이른바 '법인의 본질'이라는 이름 아래 전개되는 학설대립에서 찾아볼 수 있다. '법인의 본질'에 관한 논쟁은 자연인처럼 법인을 실재하는 존재로 볼 것인가 아니면 법인은 단지 법이 필요해 인위적으로 만들어낸 픽션으로 볼 것인가에 관한 논쟁이다. 19세기 독일 사법학에서 전개된 이 논쟁은 사법학에 한해 보면 지금은 거의 극복한 논의할 실익이 적은 논쟁이라 할 수 있다. 왜냐하면 사법학은 법인을 자연인과 동등한 권리능력 주체로 인정할 뿐만 아니라 특정한 경우 법인에도 불법행위책임을 인정하기 때문이다(민법 제35조). 그렇지만 이러한 사법학과는 달리 형법학에서는 법인의 범죄능력이 여전히 문제가 된다는 점에서 이 논쟁을 간략하게 검토할 필요가 있다.

### 2. 법인의제설과 법인실재설

이 논쟁은 상반되는 두 견해를 통해 전개되었다.[8] 첫 번째 견해인 '법인의

---

8) 이를 간단하게 설명하는 라인홀트 치펠리우스, 김형배 (역), 『법학입문』(삼영사, 1993), 81-84쪽

제설'은 법인을 자연인과는 다른 그 무엇으로 이해한다. 왜냐하면 정신과 육체를 지닌 자연인과는 달리 법인은 특정한 신체도 그렇다고 정신적인 의사도 갖추고 있지 않기 때문이다. 다만 법적 관계를 간명하게 하고 책임귀속을 원활하게 하기 위해 법률이 창조해낸 것이 바로 법인이라고 파악한다.[9] 법인은 법률이 일정한 목적을 위해 '의제'한 것에 지나지 않는다는 것이다. 이 견해는 19세기 독일의 로마법학자 사비니가 제시한 것인데 이 견해에서 우리는 인간의 자율적인 의사를 통해 사법체계 전체를 근거 짓고자 했던 사비니의 시각을 읽을 수 있다.[10] 결국 이 견해는 법인은 실재하지 않는 것으로 법적 픽션에 지나지 않는다고 본다.[11] 이에 상반되는 두 번째 견해인 '법인실재설'은 자연인처럼 법인 역시 사회적으로 실재하는 존재로 파악한다. 19세기 독일의 대표적인 게르만법학자였던 기르케(Otto von Gierke)가 이 견해를 주장하였는데 그는 법인이 '사회적 유기체'로서 사회에서 실재한다고 보았다.

이렇게 서로 대립하는 두 견해 가운데 어떤 견해가 타당한지 판단하는 것은 쉽지 않다. 왜냐하면 법인은 이 두 가지 속성을 모두 지니기 때문이다. 한편으로 존재적인 측면에서 보면 법인은 자연인처럼 실재하는 존재는 아니다. 법인이라는 존재는 단지 '법'이라는 관념적이며 규범적인 세계에서만 존재할 뿐이다. 그러나 다른 한편 우리는 사회 속에서 법인이 존재하고 있음을 인식할 수 있다. 다시 말해 우리는 사회에서 법인을 '경험'할 수 있는 것이다. 예를 들어 '삼성'이나 '현대' 혹은 'LG'와 같은 주식회사 법인이 이 사회 속에서 실재하고 있음을 우리는 사회 곳곳에서 경험한다. 바로 이러한 이유에서 법인의제설과 법인실재설 중에서 어떤 견해가 타당한지 판단하는 것은 쉽지 않다. 다만 사법학에서는 입법적 결단으로 법인에게 권리능력과 불법행위책임 능력을 인정하기 때문에 이러한 견해 대립은 큰 실익을 얻지 못한다. 그러나 형법학에서는 상황

---

참고. 또한 김형배, 『민법학강의』 제2판(신조사, 2001), 56-57쪽 참고.

9) 이에 관해서는 명순구, 『민법학기초원리』(세창출판사, 2002), 190-191쪽.

10) 사비니의 법인론에 관한 상세한 설명은 이기수, "법인의 본질: Savigny이론의 올바른 해석을 위하여", 『상법논총』(인산 정희철선생 정년기념논문집)(박영사, 1985) 참고.

11) 민법 교과서에서 설명하는 '법인부인설'(김형배, 『민법학강의』, 57쪽)은 법인을 실재하지 않는 것으로 파악한다는 점에서 궁극적으로는 법인의제설과 차이가 없다고 말할 수 있다.

이 다르다. 민법과 달리 형법은 법인의 범죄능력을 명문으로 긍정하지 않기 때문이다. 물론 각 특별형법에서 '양벌규정'으로 일정한 경우 법인에도 형벌을 부과하기는 하지만 이러한 양벌규정이 법인의 범죄능력을 명문으로 규정한 것이라고 보기는 어렵다.[12] 따라서 법인의 본질에 관해 어떤 견해를 취하는가에 따라 법인의 범죄능력을 인정할 수도 반대로 부정할 수도 있는 것이다.

### 3. 사회적 체계로서 법인

이러한 문제 상황에서 독일의 법사회학자이자 사법학자인 군터 토이브너(Gunther Teubner)는 법인의 본질에 관해 흥미로운 견해를 제시하였다.[13] 토이브너의 견해는 법인의제설과 법인실재설을 모두 설득력 있게 종합한다는 점에서 눈에 띈다. 우선 토이브너는 자연인과 법인 사이에는 존재방식이라는 점에서 분명 차이가 있음을 긍정한다. 법인은 자연인처럼 육체를 갖추고 실재하지는 않는다. 이 점에서 보면 법인은 분명 법이 만들어낸 픽션에 지나지 않는다. 그러나 토이브너는 이러한 법인이 사회적으로 분명 존재한다고 말한다. 물론 법인이 자연인이 존재하는 방식처럼 사회 속에서 존재하는 것은 아니다. 그러나 법인은 다른 존재방식으로 존재한다고 한다. 법인은 사회 속에서 이루어지는 '소통'(Kommunikation) 속에서 그리고 이러한 소통을 통해 형성되는 '기대'(Erwartung) 속에서 존재한다는 것이다. 바꿔 말해 법인은 일종의 '과정'과 '절차' 안에서 존재한다는 것이다. 토이브너는 이러한 주장을 이론적으로 뒷받침하기 위해 사회학자 루만(Niklas Luhmann)의 체계이론을 끌어들인다. 루만에 따르면 사회는 다양한 사회적 체계와 환경으로 구성된다. 사회적 체계는 사회를 구성하면서 사회에서 실재한다. 더 나아가 루만은 이러한 사회적 체계가 마치 행위주체처럼 법적 행위와 소통의 귀속지점이 된다고 말한다. 그러나 사회적 체계는 인간처럼 눈으로 보고 감각으로 느낄 수 있는 그런 존재가 아니다. 루만에 따르면 사회적 체계는 소통으로 구성되고 기대를 통해 구조가 마련되며 독자적

---

12) 이 문제에 관해서는 배종대, "법인의 범죄능력", 『고시연구』(1991. 9), 155-166쪽 참고.
13) G. Teubner, "Unternehmenskorporatismus: New Industrial Policy und das 'Wesen' der Juristischen Person", in: *KritV* (1987), 61-85쪽.

인 기준과 절차로 작동할 뿐이다. 쉽게 말해 사회적 체계는 눈에 보이지는 않는 소통과 기대를 통해 생성되는 것이지만 이는 분명 사회에서 실재한다. 토이브너는 이러한 루만의 체계이론을 법인에 원용하여 법인 역시 한편으로는 자연인과는 다른 법적 관념이지만 다른 한편으로 그것은 분명 사회에서 실재한다고 말한다. 이러한 토이브너의 견해는 법인의 범죄능력을 판단하는 데, 특히 법인의 형사책임을 긍정하는 데 결정적인 기여를 할 수 있다. 왜냐하면 우리는 토이브너를 원용하여 사회적으로 실재한다는 것의 의미를 자연주의적인 존재론을 넘어 더욱 확장할 수 있기 때문이다.

## Ⅳ. 법인의 범죄능력에 관한 쟁점

지금까지 다룬 논의를 전제로 하여 아래에서는 법인의 범죄능력에 관해 전개된 쟁점을 분석한다. 이를 통해 각 견해가 던지는 타당성 주장을 검토한다. 특히 여기서는 법철학과 법이론의 성과를 원용하여 작업을 수행하겠다.

### 1. 행위론에 관한 쟁점

법인이 과연 범죄능력을 가지는가는 우선적으로 법인이 범죄'행위'를 할 수 있는가의 문제로 전개된다. 법인의 범죄능력을 부정하는 견해는 보통 자연인과는 달리 법인은 범죄'행위'를 저지를 수 없다는 논거를 원용한다. 가령 배종대 교수는 다음과 같이 법인의 범죄능력을 부정한다.[14)]

> "법인은 범죄능력이 없다. 법인은 형법의 '사람'이 아니기 때문에 형법의 행위능력이 없고 따라서 책임능력과 형벌능력도 인정될 수 없다(부정설 타당). '민법의 사람', 법인은 그를 만든 민법에서 해결해야 할 문제이다."

만약 법인의제설을 철저하게 고수하면 이러한 견해가 타당할 수도 있을 것

---

14) 배종대, 『형법총론』 제8전정판(홍문사, 2006), 212쪽.

이다. 그러나 이러한 견해는 행위 개념에 일정한 조건 혹은 전제를 부여할 때만 타당하다. 범죄'행위'를 '자연주의적' 시각에서 볼 때만, 달리 말해 '인과성'(Kausalität)이나 '유의성'(Willkürlichkeit)을 행위의 본질적 징표로 이해할 때만 오직 정신과 육체를 지닌 자연인만이 범죄행위를 저지를 수 있다고 볼 수 있는 것이다. 독일에서 전개된 행위론의 역사를 짚어보면 리스트 등이 제시한 '인과적 행위론'이 이러한 행위 개념을 주장했다. 그러나 인과적 행위론이 오늘날 더 이상 지지를 받지 못하고 있다는 것은 국내의 다수 형법 교과서도 인정한다.[15) 물론 인과적 행위론을 지지하면서 법인의 행위능력을 부정하고자 한다면 이는 논리 일관된 태도로 어느 정도 타당성을 주장할 수 있다. 그렇지만 만약 '사회적 행위론'의 관점에서 행위 개념을 이해하고자 한다면 법인의 행위능력을 무조건 비판하기는 어렵다. 그 이유를 다음과 같이 말할 수 있다.

사회적 행위론은 '사회적 현저성'(Sozialerheblichkeit) 또는 '사회적 유의미성'을 행위 개념의 본질적 징표로 이해한다.[16) 요컨대 사회적 행위론은 사회적인 관점에서 행위 개념을 파악하는 것이다. 사회적 행위론은 행위 개념이 사회적 관계를 초월해 미리 전제되어 있는 것이 아니라 사회적 관계 속에서 비로소 '구성되는 그 무엇'이라는 시각을 바탕으로 한다.[17) 그런데 이러한 사회적 행위론에 따라 행위 개념을 파악하면 자연인뿐만 아니라 법인에도 행위 개념을 인정할 여지가 보인다. 왜냐하면 법인이 기관을 통해 외부적·사회적으로 산출하는 작용은 사회적으로 '현저한' 혹은 사회적으로 '중대한 의미'를 가지는 것일 수 있기 때문이다. 특히 형법의 측면에서 보면 법인이 기관으로 사회에 미치는 작용은 형벌 필요성이라는 시각에서 결코 간과할 수 없는 의미를 지닌다. 말을 바꾸면 형사정책의 측면에서 법인의 외적·사회적 작용은 '사회적 현저성'을 가질 수 있는 것이다. 이를 다음과 같은 도식으로 표현할 수 있다.

---

15) 예를 들어 김일수, 『형법총론』 제6판(박영사, 1998), 114쪽 참고. 다만 배종대, 위의 책, 166-167쪽은 인과적 행위론을 비판하는 데 신중한 태도를 취한다.

16) 사회적 행위론에 대한 일반적인 설명은 심재우, "사회적 행위론", 『법조』 제24권 제7호(1975), 55쪽 아래 참고.

17) 양천수, "법존재론과 형법상 행위론", 『법철학연구』 제9권 제1호(2006), 162쪽.

≪도식-2≫ 법인의 외적·사회적 작용과 사회적 현저성

법인에 의한 사회적 일탈행위 증가 ⇒ 법인에 대한 처벌 필요성 증가
⇒ 법인의 외적·사회적 작용의 사회적 유의미성 증가
⇒ 기관을 통한 법인의 외적 작용이 행위 개념으로 전환

위의 도식이 보여주는 것처럼 이제 법인이 기관을 통해 분출하는 작용은 일종의 사회적 행위 개념으로 파악할 수 있다. 독일의 형법학자 클라우스 록신 역시 사회적 행위론에 따라 행위 개념을 이해하면 법인의 작용을 행위 개념으로 파악할 수 있음을 인정한다.18) 이러한 점에서 보면 자연인과 법인의 존재적 차이를 들어 그리고 자연주의적 행위 개념을 원용하여 법인의 행위능력을 부정하려는 시도는 그리 타당할 수 없음을 알 수 있다.19) 더군다나 토이브너처럼 법인 자체를 체계이론의 시각에서 보면 행위 개념 역시 사회적 소통을 통해 구성되는 개념으로 파악할 수 있고 따라서 법인의 행위능력 역시 긍정할 수 있다.20)

그렇다면 만약 '인격적 행위론'(personale Handlungslehre)에 따라 행위 개념을 파악하면 어떨까? 이렇게 행위 개념을 이해하면 법인의 행위능력을 부정할 수 있을까? 록신은 바로 이러한 근거에서 인격적 행위론을 원용하여 법인의 행위능력을 부정한다.21) 록신이 제시한 인격적 행위론에 따르면 "인격성을 표현"(Persönlichkeitsäußerungen)하는 외적 작용만이 행위로 인정될 수 있다.22) 그러나 록신에 따르면 법인은 이러한 인격성을 표현할 수 없고 따라서 법인이 산출하는 작용은 행위 개념에 포섭할 수 없다. 록신은 말한다.23)

18) C. Roxin, *Strafrecht. Allgemeiner Teil*, Bd. I, 4. Aufl. (München, 2006), 249쪽. 그러나 여기서 주의해야 할 것은 록신 자신은 사회적 행위론을 비판하는 맥락에서 이 점을 지적하였다는 것이다. 록신 자신은 법인의 범죄능력을 부정한다(263쪽).

19) 그러나 김일수 교수는 법인의 행위능력을 인정하면서도 이러한 결론이 사회적 행위론의 필연적 결과인 것은 아니라고 한다. 김일수, 앞의 책, 141쪽.

20) 위의 Ⅲ. 참고.

21) C. Roxin, *Strafrecht. Allgemeiner Teil*, 263쪽.

22) 물론 록신 이전에 이미 아르투어 카우프만(Arthur Kaufmann)이 인격적 행위론의 선구적 형태를 제안하였다. Arth. Kaufmann, "Die ontologische Struktur der Handlung: Skizze einer personalen Handlungslehre", in: *Festschrift für Hellmuth Mayer* (Berlin, 1966), 79쪽 아래.

23) C. Roxin, *Strafrecht. Allgemeiner Teil*, 262−263쪽.

"독일 형법에 따르면 법인의 작용(Akte) 역시 행위가 아니다. 법인에게는 심리적·정신적 실체가 결여되어 있기 때문에 법인은 스스로 인격성을 표현할 수 없다. 법인은 오직 인간으로 구성되는 '기관'의 작용을 통해서만 행위할 수 있을 뿐이다. 이러한 기관은 처벌될 수 있지만 그렇다고 해서 법인이 처벌될 수 있는 것은 아니다."

이러한 록신의 논증은 얼핏 보면 타당한 것처럼 보이지만 법이론적으로 좀 더 파고들면 허점이 보인다. 록신은 인격(Person) 개념이 중립적인 것이라고 말한다.[24] 그러나 여러 비중 있는 학자들이 대변한 것처럼 인격 개념은 '사회적 행위' 개념처럼 사회적 관계망 속에서, 더욱 정확하게 말해 사회적 소통을 통해 구성되는 개념이다.[25] 달리 말해 인격 개념 역시 행위 개념과 마찬가지로 사회적인 관계나 관점으로부터 자유롭지 못하다. 인격 개념 자체는 이미 일정한 규범적인 요소를 담고 있다. 이러한 측면은 특히 관계존재론과 사회적 행위 개념을 유기적으로 연결한 마이호퍼의 이론체계에서 찾아볼 수 있다.[26] 이러한 주장이 타당하다면 인격적 행위론 자체는 마치 사회적 행위론이 그런 것처럼 일정한 순환논증에 빠져 있는 셈이다. 왜냐하면 인격적 행위론은 '인격성을 표현'하는가 여부로 행위 개념을 규정하려 하는데 이러한 인격 개념 역시 또다른 기준에 의해 미리 판단해야 하기 때문이다. '해석학적 순환'(hermeneutischer Zirkel)이 보여주는 것처럼 록신은 이미 법인은 행위능력을 갖지 못한다는 '선이해'(Vorverständnis)를 통해 법인의 인격성을 부정한 후 다시 여기서 법인은 인격성을 표현할 수 없으니 행위능력을 가질 수 없다는 결론을 도출하는 것은 아닐까?[27] 여하간 인격적 행위론을 원용하여 법인의 행위능력을 부정하려는 록신의 시도도 그리 설득력이 있다고 말할 수 없다. 이 점은 한편으로는 인격적 행위론

---

24) C. Roxin, *Strafrecht.* 위의 책, 260-261쪽.

25) 대표적으로 G. Jakobs, *Norm, Person, Gesellschaft*, 2. Aufl. (Berlin, 1999), 29쪽 아래.

26) 이에 관해서는 양천수, "법존재론과 형법상 행위론", 『법철학연구』 제9권 제1호(2006), 145쪽 아래. 여기서 '관계존재론'이란 쉽게 말해 (인간)존재의 의미가 선험적으로 미리 규정되어 있는 것이 아니라 사회적 관계에서 비로소 규정되는 것이라고 파악하는 존재론을 뜻한다.

27) 이 개념에 관해서는 이상돈, 『새로 쓴 법이론』(세창출판사, 2005), 201쪽 아래.

을 수용하면서도 다른 한편으로는 법인의 행위능력을 인정하는 김일수 교수의 태도에서 간접적으로 추론할 수 있다.[28]

한편 '의지'(Wille)를 행위의 본질적인 징표로 이해하려는 헤겔 철학을 원용하여 법인의 행위능력을 부정하려는 논증을 생각할 수 있다.[29] 그런데 의지는 행위론 뿐만 아니라 책임론 혹은 귀속론과도 밀접한 관련이 있으므로 이러한 논증은 아래에서 상세하게 다루도록 한다.

## 2. 귀속론에 관한 쟁점

두 번째로 책임론 또는 귀속론과 관련하여 법인이 범죄능력을 가지는지 논란이 된다. 아직까지도 지배적 견해로 인정되는 '규범적 책임 개념'에 따르면 책임의 본질적인 표지는 '비난가능성'이다. 행위자는 자유로운 또는 자율적인 의지로 합법의 세계로 나아갈 수 있었는데 그렇게 하지 않았기 때문에 비난받을 수 있고 그 때문에 책임이 인정된다는 것이다. 이러한 규범적 책임 개념은 행위자가 자유로운 의지를 가질 것을 전제로 한다. 만약 행위자가 자유의지를 갖지 않는다면 형법상 책임은 성립할 수 없다.[30] 형법이 강요된 행위(형법 제12조)에 책임을 부정하는 것도 바로 이러한 이유 때문이다. 그렇다면 문제는 법인이 자유로운 의지를 가지는지가 될 것이다.

이 문제에는 두 가지 방식으로 대처할 수 있다. 첫 번째 방식은 자유의지를 필수 요건으로 삼지 않는 새로운 책임 개념을 근거 짓는 것이다. 예를 들어 독일의 형법학자 야콥스가 초기에 내놓았던 '기능적 책임' 개념을 통해 형사책임을 이해한다면 굳이 자유의지를 끌어들이지 않아도 책임을 말할 수 있다.[31] 그렇다면 법인의 형사책임도 손쉽게 인정할 수 있을 것이다. 그러나 기능적 책

---

28) 한편으로 김일수 교수는 록신과 마찬가지로 인격적 행위론을 수용하지만(김일수, 『형법총론』, 119쪽 아래), 다른 한편으로는 법인의 행위능력을 인정한다(141쪽).

29) G.W.F. Hegel, *Grundlinien der Philosophie des Rechts* (Frankfurt/M., 1970), 46쪽 아래.

30) 최근 독일에서 전개된 이 문제를 분석하는 K. Günther, "Die naturalistische Herausforderung des Schuldstrafrechts", in: Institut für Kirminalwissenschaften und Rechtsphilosophie Frankfurt a. M. (Hrsg.), *Jenseits des rechtsstaatlichen Strafrechts* (Frankfurt/M., 2007), 71쪽 아래.

31) 이를 깊이 있게 분석한 문헌으로 김성돈, 『책임개념의 기능화와 적극적 일반예방이론: 독일에서의 논의를 대상으로』(성균관대 법학박사 학위논문, 1993) 참고.

임 개념 자체는 많은 비판을 받았고 이 때문에 형법의 정당성마저 허물어질 수 있다는 근본적인 문제가 있다.[32] 따라서 이 방식은 그리 적절한 것은 아니라고 생각한다.

두 번째 방식은 규범적 책임 개념을 유지하면서 법인에서도 자유의지를 찾을 수 있다고 논증하는 것이다. 그러나 만약 행위 개념처럼 자유의지 역시 자연주의적으로 이해하면 법인과 같이 독자적인 정신과 육체를 갖지 못한 존재에서 자유의지를 찾는 것은 불가능할 것이다. 나아가 자유의지를 인정하기 위해서는 그 전제로 '의식'(Bewußtsein)이 존재해야 하는데 법인이 이러한 의식을 가진다고 말하기도 쉽지 않다. 야콥스는 바로 이러한 점에 착안하여 법인의 형사책임을 인정하던 초기의 태도를 버리고 법인의 형사책임을 부정하는 쪽으로 선회하였다. 그러면 과연 구체적으로 어떤 이유에서 야콥스는 자신의 태도를 바꾼 것일까?

법인의 범죄능력에 관해 야콥스가 보인 태도전환은 그가 2002년 『클라우스 뤼더센 기념논문집』(Festschrift für Klaus Lüderssen)에 기고한 논문 "법인의 가벌성?"(Strafbarkeit juristischer Personen?)에서 찾아볼 수 있다.[33] 이 논문에서 권터 야콥스는 법인에 형벌을 부과할 수 있는지 의문을 제기한다. 종래 야콥스는 그의 『형법총론』 교과서에서 법인의 범죄능력을 긍정하였다.[34] 그러나 이 논문에서 야콥스는 견해를 변경하여 법인은 형사처벌을 할 수 없다는 견해를 피력한다. 종래 기능적 책임 개념을 주장하고 이를 통해 기능적 형법이론을 근거 지었던 그의 태도에서 볼 때 이러한 태도변화는 다소 의외라고 할 수 있다. 그러면 과연 어떤 근거에서 야콥스는 법인의 형사책임을 부정하는가? 우선 야콥스는 루만이나 토이브너 또는 켈젠을 원용하여 인격 개념이 사회적 소통을 통해 구성되는 상대적인 개념임을 인정한다.[35] 그러나 야콥스는 이렇게 인격 개념이

---

32) 비판에 관해서는 무엇보다도 H. Frister, *Die Struktur des "voluntativen Schuldelements"* (Berlin, 1993) 참고.

33) G. Jakobs, "Strafbarkeit juristischer Personen?", in: *Festschrift für Klaus Lüderssen* (Baden-Baden, 2002), 559-575쪽.

34) G. Jakobs, *Strafrecht Allgemeiner Teil. Die Grundlagen und die Zurechnungslehre*, 2. Aufl. (Berlin u.a., 1991), 6/44. 야콥스는 이 논문("Strafbarkeit juristischer Personen?"), 560쪽 각주(7)에서 종전의 태도를 포기한다고 밝힌다.

35) G. Jakobs, Strafbarkeit juristischer Personen?, 561쪽.

상대적인 개념이라고 해서, 더 나아가 법인 역시 한 인격으로 인정할 수 있다고 해서 법인에 모든 유형의 형사책임을 인정하는 것은 타당하지 않다고 한다. 야콥스는 가장 결정적인 근거로 법인의 경우에는 '의식의 동일성'을 인정할 수 없다는 점을 든다. 물론 법인의 경우에도 심리적인 공감대를 형성할 수는 있지만 이것은 의식의 동일성과는 다른 것이라고 한다.[36] 이러한 공감대는 기껏해야 정관(Verfassung)을 통해 인정되는 것에 불과하다고 한다. 야콥스는 말한다.[37]

> "책임이란 규범에 대한 충실(Normtreue)로서 (범죄자에게) 귀속될 수 있는 것이다. 범죄자는 객관적인 기준에 따라 범죄자에게 요청되는 규범에 대한 충실을 충분하게 수행하지 않은 것이다. 단순히 어떤 규범으로부터 일탈하는 것이 문제가 되는 것은 아니다. 도구 역시 규범으로부터 일탈할 수 있고 그 때문에 비난을 받을 수는 있다. 오히려 문제가 되는 것은 규범에 일정한 입장을 제시하는 것, 즉 의사소통적인 의미를 가진 작용(Akt)을 한다는 것이다. 이렇게 입장을 제시하는 것은, 가령 책임을 질 수 없는 아동의 경우에서도 볼 수 있는 것처럼 모종의 의식과 표현능력(Äußerungsfähigkeit)을 단순히 결부시키는 것만을 전제로 하지는 않는다. 오히려 의사소통적으로 규범의 효력을 파악하고 이러한 규범을 자기 자신의 일부로 만들거나 자기 자신으로부터 제거하는, 그래서 책임귀속의 대상이 되는 능력을 담고 있는 의식을 표현능력과 결부시킬 것을 전제로 한다. 의사소통적 권한을 가진 자기의식을 지닌 인격만이 유책하게 행위할 수 있고 오늘날의 그러나 불변하는 것은 아닌 이해에 따르면, 가령 아동이나 동물은 이러한 인격성을 갖지 않아 유책하게 행위할 수 없는 것이다."

이러한 책임 개념과 의식 개념에 바탕을 두어 야콥스는 법인의 범죄능력을 부정한다. 왜냐하면 법인은 "의사소통적 권한을 가진 자기의식"을 지닐 수 없고 따라서 유책하게 행위할 수 없기 때문이다.[38]

---

36) G. Jakobs, 위의 논문, 568－569쪽.
37) G. Jakobs, 앞의 논문, 568쪽.
38) G. Jakobs, 앞의 논문, 569－571쪽.

그러나 필자는 야콥스가 펼친 논증에 동의하지 않는다. '의식' 개념을 반드시 자연인과 같은 개인에게만 연결해야 하는 것은 아니라고 생각하기 때문이다. '집단의식' 혹은 '집단무의식'이라는 말이 있듯이 의식 개념은 단체에도 사용할 수 있는 개념이라 생각한다. 그러면 어떻게 그럴 수 있을까? 의식 개념에 관한 문제는 그 자체로 독자적인 그리고 어려운 철학적·심리학적 문제이므로 여기에서 상세하게 다룰 수는 없다. 다만 어떤 단일한 의식이 실체적으로 존재한다고 하는, 데카르트의 '심신이원론'에 충실한 믿음은 오늘날 여러 학자들에 의해 비판을 받고 있다는 점을 거론할 수 있을 것 같다. 실체적인 의식 혹은 정신 개념을 비판하는 진영은 이러한 의식은 일종의 '성향'(Disposition) 개념이고 이러한 성향은 바로 언어 속에서 찾을 수 있다고 말한다.[39] 의사소통 속에서 의식은 형성되고 존재하며 지탱한다는 것이다. 이와 유사하게 의식을 기대와 연결하면서 개인을 넘어서는 체계 역시 일정한 기대구조를 형성할 수 있다고 말하기도 한다. 이러한 논증을 원용하면 자연인을 넘어서는 법인에도 어떤 단일화된 의식 또는 공감대를 말할 수 있다.[40] 또한 굳이 이러한 현대 이론을 거론하지 않더라도 우리 법학이 수용한 고전적인 이론에서 이와 유사한 논증을 찾을 수 있다. 가령 독일의 공법학자 스멘트(Rudolf Smend)는 유명한 '통합이론'을 통해 국가를 일종의 통합과정으로 보고 헌법이 담는 객관적 가치질서에 힘입어 이러한 통합이 가능할 수 있다고 한다.[41] 그런데 여기서 국가가 통합된다는 것은 국가라는 일종의 유기적인 존재 혹은 법인이 '공감대'를 향해 나아간다는 것을 뜻한다. 이는 좀 비약일 수 있지만 국가가 헌법을 통해 '공감대'라는 일종의 단일화된 의식을 획득할 수 있음을 시사한다고 말할 수 있지 않을까? 가령 헌법이 규정하는 기본권은 '객관적 가치질서'로서 국가를 통합하는 데 기여한다고 하는데 그 이유는 기본권이 전체 국민의 '의식' 속에서 정당한 것으로 승인되었

---

39) 대표적으로 G. Ryle, *Der Begriff des Geistes* (Stuttgart, 1969), 153쪽 아래.

40) 이러한 관점에서 인격성을 유인원뿐만 아니라 이른바 '사이보그'까지 확장하는 G. Teubner, "Elektronische Agenten und große Menschenaffen: Zur Ausweitung des Akteurstatus in Recht und Politik", in: *Zeitschrift für Rechtssoziologie* 27 (2006), 5-30쪽.

41) 통합이론에 관해서는 계희열, "통합론적 헌법개념과 그 문제점 소고", 『법학논집』(고려대) 제29집(1993) 참고.

기 때문에, 다시 말해 전체 국민이 기본권을 정당한 가치질서로 승인하는 '공동의식'을 지니기 때문이라고 말할 수 있지 않을까? 사실이 그렇다면 야콥스처럼 법인은 의식을 갖지 않아 책임능력이 부정된다고 말하는 것은 그리 설득력 있는 논증이라 할 수는 없을 것이다. 한편 법인은 기관을 통해 사회적인 행위를 하는 것이고 이 기관은 법인을 대표하는 단일한 의사를 자유롭게 형성할 수 있으므로 법인에게 자유로운 의지가 없다고 섣불리 판단하는 것은 그리 적절하지 않다. 만약 법인이 자유로운 의지를 형성할 수 없다고 한다면 법인은 사법상으로도 법률행위를 전혀 할 수 없다고 보아야 하지 않을까?[42]

### 3. 수형능력에 관한 쟁점

법인의 범죄능력을 인정하고자 하는 견해 중에는 법인의 범죄능력과 수형능력을 구별하여, 법인은 자연인과는 달리 범죄능력은 없지만 형벌을 부과 받을 수 있는 수형능력은 있다는 논증을 구사하기도 한다.[43] 그러나 배종대 교수가 적절하게 비판하는 것처럼 이러한 논증은 논리가 일관되지 못한 것으로 타당하지 않다.[44] 범죄와 형벌은 애초부터 유기적으로 연결되어 있는 것이고 따라서 범죄능력과 수형능력을 구별한다는 것 자체가 너무 작위적이다. 이보다는 아예 범죄능력을 인정하는 것이 더욱 간명하고 타당한 해법이라고 생각한다.

### 4. 형벌수단 선택에 관한 쟁점

법인의 범죄능력을 부정하는 견해 가운데는 종래의 형벌이 자연인을 염두에 둔 자유형 중심으로 체계화되어 있고 이러한 형벌은 법인에 부과할 수 없다는 근거를 제시하기도 한다.[45] 그러나 이러한 논증 역시 그리 타당하다고 말할

---

42) 물론 이러한 주장에는 민법과 형법은 다른 것이라는 반론을 제기할 수 있다. 그러나 민법이라고 해서 당연히 법인에게 자연인과 같은 능력이 부여된다고 말할 수는 없다. 민법 역시 '의사능력'을 일정한 '구성 개념'으로 파악하기 때문에 법인에 권리능력과 거래능력을 부여할 수 있는 것이 아닐까?

43) 예를 들어 황산덕, 『형법총론』 제7전정판(방문사, 1982), 78쪽.

44) 배종대, 『형법총론』, 209-210쪽.

45) 예를 들어 이재상, 『형법총론』 제5판(박영사, 2003), 7/10.

수 없다. 그 이유는 현행 형법은 징역, 금고와 같은 자유형뿐만 아니라 벌금형 같은 비자유형 형벌도 마련하고 있기 때문이다. 형벌이 자유형을 주된 것으로 삼은 것은 일종의 역사적 배경 때문이지 어떤 논리필연적인 이유 때문에 이렇게 한 것은 아니다. 더군다나 오늘날의 형법은 자유형을 대신하는 새로운 형벌 체계를 적극 도입하려 한다는 점에서 형벌수단 선택 문제를 들어 법인의 범죄능력을 부정하는 것은 그리 설득력 있는 논증이라고 볼 수 없다. 이에 법인에 대한 형사처벌을 반대하는 진영에서는 벌금형 대신에 사법상 손해배상이나 행정법상 과태료 또는 과징금을 부과하는 것이 더욱 낫고 그 결과도 동일하다고 주장하기도 한다. 이 논거는 궁극적으로 법인에 대한 형법정책과 관련을 맺는 것으로 일정한 근본 관점을 그 배후근거로 한다. 형법은 보충적인 최후수단이기에 다른 법적 수단으로 문제를 해결할 수 있으면 굳이 형법이 개입할 필요가 없다는 것이다. 이 논거를 분석하거나 비판하기 위해서는 법인에 대한 형법정책의 방향까지 언급해야 한다. 이는 아래 Ⅴ.에서 상세하게 다루기로 한다.

### 5. 형법정책에 관한 쟁점

지금까지 살펴본 쟁점에서 분명하게 확인할 수 있는 것은 행위론·귀속론·수형능력·형벌수단 선택 등을 이유로 하여 법인의 범죄능력을 부정하는 것은 결정적인 힘을 가질 수 없다는 것이다. 앞에서 논증한 것처럼 법이론의 측면에서 법인의 범죄능력을 근거 짓는 것은 그리 어려운 일이 아니다. 따라서 법인의 범죄능력 인정 여부를 결정하는 가장 궁극적인 논거는 법이론이나 법도그마틱의 차원이 아닌 다른 곳에서 찾을 수 있다고 생각한다. 바로 형법정책의 차원이 그것이다.[46] 배종대 교수가 정확하게 지적하고 있듯이 법인의 범죄능력을 인정할 것인가 하는 문제는 궁극적으로는 법인에 어떤 형법정책을 취할 것인가에 달려있다.[47] 이 쟁점은 법인의 범죄능력을 판가름하는 데 결정적인 역할을 하므로 아래 Ⅴ.에서 자세하게 다루도록 한다.

46) 형법정책에 관해서는 이상돈, 『헌법재판과 형법정책』(고려대학교출판부, 2005), 13-14쪽.
47) 배종대, 앞의 책, 206-208쪽.

# Ⅴ. 형법정책의 측면에서 본 법인의 범죄능력

## 1. 문제점

형법정책의 시각에서 법인의 범죄능력을 인정할 것인가 하는 문제는 형법이론 전체와 관련을 맺는 근본적인 문제이다. 왜냐하면 이 문제는 '위험형법', '개인적 귀속과 집단적 귀속', '자유주의적 형법이론과 기능주의적·예방지향적 형법이론', '형법의 보충성 원칙에 대한 이해', '형벌의 목적과 상징적 기능' 등과 같은 형법의 근본적인 문제와 연결되기 때문이다. 그러나 여기서 이 모든 문제를 본격적으로 다룰 수는 없다. 따라서 각각의 형법이론에 관한 문제는 이미 수행된 개별 연구에 맡기고 여기서는 형법정책의 시각에서 법인의 범죄능력을 인정할 수 있는지를 간략하게 다루도록 한다.[48]

## 2. 논거 분석

형법정책의 시각에서 법인의 범죄능력을 부정하는 견해는 보통 다음과 같은 논거를 원용한다. 법인의 범죄능력을 인정하는 것은 형법의 보충성 원칙에 합치하지 않고 형법을 기능화하여 자칫 형법의 법치국가성을 파괴할 수 있다는 것이다.[49] 이러한 견해는 좀 더 넓은 맥락에서 보면 법인의 범죄능력을 인정하는 것은 자유주의적 형법이론과는 대립하는 기능주의적·예방지향적 형법이론을 수용하는 것이고, 더 나아가 이는 현대적 위험에 형법이 적극적으로 대응할 것을 강조하는 '위험형법'과 연결된다고 보는 듯하다. 왜냐하면 법인의 범죄능

---

48) 기존 연구 중에서 '위험형법'에 관해서는 K. Seelmann, 최석윤 (역), "위험형법(Risikostrafrecht): '위험사회' 그리고 환경형법과 마약형법에서 위험사회의 '상징적 입법'", 『형사정책연구』 제33권(1998), 237-260쪽; 류전철, "위험사회(Risikogesellschaft)와 위험형법(Risikostrafrecht)", 『법률행정논총』 제18권(1998), 227-250쪽; 김영환, "위험사회에서의 형법의 귀속원리", 『법철학연구』 제3권 제2호(2000), 151-170쪽; 허일태, "위험사회에 있어서 형법의 임무", 『비교형사법연구』 제5권 제2호(2003), 1-31쪽; 김재윤, "위험사회에 있어 형법의 팽창현상에 대한 비판적 고찰", 『비교형사법연구』 제7권 제1호(2005), 29-52쪽 참고. "상징형법"에 관해서는 김학태, "상징형법의 의미와 기능", 『외법논집』 제6권(1999), 61-84쪽; 최석윤, "위험사회와 상징형법", 『범죄방지포럼』 제11호(2002), 94-100쪽 등 참고.

49) 이러한 시각을 보여주는 임철희, 『경제체계의 기능보호와 형법의 효율성지향』(고려대 법학석사 학위논문, 1998), 88쪽 아래.

력을 인정하는 것은 일종의 '집단적 귀속'을 인정하는 것이고 이는 '개인적 귀속'을 강조하는 자유주의적 형법이론에 분명 반하는 것일 수 있기 때문이다. 또한 현대 위험사회에서 많은 위험이 집단적 조직체인 법인과 밀접하게 연결되어 발생하는 경우가 많고 따라서 법인의 범죄능력을 인정하는 것은 법인이 창출하는 현대적 위험에 적극적으로 대응하는 것으로 볼 수도 있기 때문이다. 이 논증의 타당성을 검토하려면 세 가지 문제를 다루어야 한다. 첫째, 법인의 범죄능력을 인정하는 것은 일종의 위험형법에 해당하는가? 둘째, 법인의 범죄능력을 인정하는 것은 자유주의적 법치국가 형법과 조화를 이룰 수는 없는 것인가? 셋째, 법인의 범죄능력을 인정하는 것은 형법의 보충성 원칙을 파괴하는 것인가?

(1) 법인의 범죄능력과 위험형법

법인의 범죄능력을 긍정하는 것은 결국 '위험형법'을 수용하는 것인가? 그렇지는 않다고 생각한다. 얼마 전까지 일종의 유행 개념이었던 '위험형법'은 넓은 외연을 갖추고 있다. 프리트비츠(Cornelius Prittwitz)에 따르면 위험형법은 현대 위험사회에 적극적으로 대처하기 위해 등장한 형법이론으로, 이 이론에 따르면 형법은 '거대조종'(Großsteuerung)을 자신의 임무로 삼고 '상징형법'의 모습으로 나타나기도 한다.[50] 여기서 형법이 '거대조종'을 자신의 임무로 삼는다는 것은 형법이 개인의 행위를 규율하기보다는 사회적 하부체계의 기능을 유지하고 조종하는 것을 자신의 임무로 한다는 것을 뜻한다. 나아가 법익 개념의 차원에서 볼 때 위험형법은 개인적 법익보다는 보편적 법익을 선호하고 범죄구조의 측면에서는 침해범보다 추상적 위험범의 구조를 선호한다. 귀속론의 측면에서는 개인적 귀속보다 집단적 귀속을 선택한다.[51] 이러한 위험형법의 개념표지를 분석하면 법인의 범죄능력을 인정하는 것은 위험형법의 한 내용이 될 수 있는 것처럼 보인다. 왜냐하면 법인의 범죄능력을 긍정하는 것은 일종의 집단적 귀속을 인정하는 것으로 볼 수 있기 때문이다. 그러나 그렇다고 해서 법인의 범죄능력을 긍정하는 것이 곧 위험형법을 수용하는 것이라고 단정 짓는 것은 타당

50) C. Prittwitz, *Strafrecht und Risiko* (Frankfurt/M., 1992), 242쪽 아래.
51) 이를 잘 요약해서 설명하는 W. Hassemer, 배종대·이상돈 (편역), 『형법정책』(세창출판사, 1998), 단락번호 [7] "현대형법의 특징과 위기" 참고.

하지 않다. 위험형법이 법인의 범죄능력을 인정하여 집단적 귀속을 확장하는 속성을 지니고는 있지만 법인의 범죄능력을 인정한다고 해서 곧장 위험형법을 허용하는 것이라고 볼 수는 없기 때문이다. 물론 법인의 범죄능력이 주로 문제되는 영역이 경제형법, 환경형법 등과 같은 새로운 범죄영역이라는 점은 인정할 수 있다. 그렇지만 명예훼손죄 같은 기존의 범죄 역시 법인이 저지를 가능성이 없지 않다. 또한 법인을 처벌하는 것은 위험예방과는 무관하게 현대사회에서 강대해진 법인을 견제하려는 의도도 갖고 있다. 사회적 하부체계를 염두에 둔 거대조종이 문제가 되는 것이 아니라 기업을 대상으로 하는 기업규제가 문제되는 것이다. 물론 기업을 규제하는 것과 경제체계를 조종하는 것은 서로 유기적인 관계를 맺고 있기는 하다. 그렇지만 전자와 후자는 분명 구별할 수 있다. 그러므로 법인의 범죄능력을 부정하기 위해 위험형법과 같은 거대이론을 끌어들이는 것은 그리 적절하지 않다. 어떤 문제를 해결하기 위해 거대이론을 쉽게 끌어오는 것은 자칫 '일반화의 오류'에 빠질 우려가 있음을 자각해야 한다.

(2) 법인의 범죄능력과 자유주의 법치국가 형법

두 번째 법인의 범죄능력을 인정하는 것은 자유주의 법치국가 형법과 조화를 이룰 수 없는 것인가? 분명 근대 법치국가 형법은 생명, 신체, 재산과 같은 개인적 법익을 주된 보호객체로 보았고 이러한 법익을 침해하는 행위자(Täter)로 자연인을 염두에 두었다. 따라서 법인을 행위주체로 파악하는 것은 이와 상응하지 않을 수 있다. 그러나 근대 법치국가 형법에서도 행위주체를 확장하여 집단적 귀속을 실현하려는 도그마틱을 갖고 있었다. 공동정범 도그마틱이 그것이다. 특히 기능적 범행지배론에 따르면 범죄구성요건 전체를 실행하지 않더라도 공동정범을 인정할 수 있다. 그렇다면 집단적 귀속 자체를 수용한다고 해서 이것이 곧 근대 자유주의적 법치국가 형법을 파괴하는 것이라고 결론내리는 것은 성급해 보인다.

(3) 법인의 범죄능력과 형법의 보충성 원칙

결국 이 두 번째 문제는 세 번째 문제를 통해 판단할 수밖에 없다. 법인의 범죄능력을 인정하는 것은 형법의 보충성 원칙에 반하는 것인가? 그러나 이 문제도 일률적으로 판단할 수는 없다. 보충성 원칙이 구체적으로 무엇을 뜻하는지는 학자에 따라 다를 수 있기 때문이다.[52] 하쎄머를 중심으로 한 독일 형법학의 프랑크푸르트학파는 비형법적 수단으로 문제를 해결할 수 있을 때는 형법을 투입하지 않는 것이 형법의 보충성을 뜻한다고 이해한다.[53] 그러나 가령 야콥스는 형법적 수단과 비형법적 수단을 통해 문제를 해결할 수 있을 때 비형법적 수단만을 투입해야 하는 것이 보충성 원칙을 뜻하는 것은 아니라고 본다.[54] 이렇게 보충성 원칙을 이해하는 방식이 서로 다른 상황에서 보충성 원칙을 근거로 하여 법인의 범죄능력을 부정하는 것은 그리 타당하지 않다. 핵심은 법인을 규제하는 데 형벌이라는 수단이 유용한 수단이 될 수 있는가 하는 점이다. 이 문제는 법인을 처벌하는 것이 상징형법에 해당하는지 그리고 법인을 처벌하는 것이 비례성 원칙에 합치하는지와 관련을 맺는다.

우선 법인을 처벌하는 것은 상징형법에 해당하는가? 상징형법을 비판하는 시각도 있지만 수범자를 기망하기 위해 의도적으로 상징형법을 제정하지 않는 한 상징형법을 무조건 비판하는 것은 타당하지 않다. 왜냐하면 정당한 형벌이 수행하는 상징적 효과는 그 자체로 가치가 있기 때문이다.[55] 더군다나 법인을 형사처벌하는 것은 단순한 상징적인 효과를 넘어 실제적인 효과를 얻을 수도 있다. 막중한 벌금형은 법경제학의 측면에서 볼 때 법인에게 어느 정도 일반예방적 효과를 미칠 수 있기 때문이다.[56]

그렇다면 법인을 형사처벌하는 것은 비례성 원칙에 합치하는가? 적합성의 차원에서 형벌이라는 수단이 법인을 제재하는 데 효과적일 수 있는지 의문을 제기할 수 있다. 장기적인 차원에서 보면 이러한 비판이 타당할 수 있을 것이

52) 이에 관한 포괄적인 연구로는 박달현, 『형법상 보충성원칙에 관한 연구』(고려대 법학박사 학위논문, 1996) 참고.

53) W. Hassemer, *Einführung in die Grundlagen des Strafrechts* (München, 1990).

54) G. Jakobs, *Strafrecht Allgemeiner Teil. Die Grundlagen und die Zurechnungslehre*, 1. Aufl. (Berlin u.a., 1983), 38쪽.

55) K. Günther, "Die symbolisch-expressive Bedeutung der Strafe: Eine neue Straftheorie jenseits von Vergeltung und Prävention?", in: *Festschrift für Klaus Lüderssen* (Baden-Baden, 2002), 205쪽 아래 참고.

56) 형벌집행의 적절성, 즉 형벌수단 선택의 비례성이 주어진 상황이나 대상에 따라 달리 판단될 수 있음을 지적하는 J. Harrison, 명순구 (역), 『법경제학』(세창출판사, 2006), 198쪽 아래 참고.

다. 형벌을 통한 억압보다 점진적인 구조개혁 정책이 문제를 근본적으로 해결하는 데 더 도움이 될 수 있기 때문이다. 그러나 단기적인 차원에서 보면 그 결과가 달라질 수 있다. 장기적인 차원에서는 형법 투입을 줄이는 것이 더 바람직할 수도 있지만 단기적인 차원에서는 형법을 투입하는 것이 사회적인 맥락에 더 맞을 수도 있다. 이렇게 형벌 투입의 합리성 또는 적합성을 판단할 때는 시간의 차원과 사회적 맥락이라는 차원을 동시에 고려해야 한다. 특히 우리나라처럼 경제체계와 정치·행정체계가 서로 밀접하게 연결되어 있는 경우에는 권력분립의 관점에서도 행정적인 규제수단과 형법적인 규제수단을 병존시키는 것이 나을 수 있다. 왜냐하면 이렇게 함으로써 '경제체계/행정체계/검찰사법체계/시민사회' 사이에 일종의 권력분립이 형성될 수 있기 때문이다. 나아가 필요성의 차원에서 형벌이라는 수단은 경우에 따라 기업해산이나 영업정지보다 법인에게 덜 가혹할 수 있다는 점에서 법인을 형사처벌하는 것이 필요성 원칙에 반하는 것도 아니다. 마지막으로 좁은 의미의 비례성 차원에서 볼 때 법인을 처벌하는 것이 문제될 수 있는데, 이 문제는 일률적으로 판단하기 어렵다. 왜냐하면 법인을 형사처벌함으로써 얻을 수 있는 이익을 계량화하는 것이 힘들기 때문이다. 그러나 그렇다고 해서 법인을 처벌하는 것이 곧바로 좁은 의미의 비례성 원칙을 침해한다고 보기도 어렵다. 따라서 이 문제는 법인을 처벌하는 것에 관해 어떤 '선이해'를 가지는지에 따라 달리 판단될 수 있다.

이상의 논거를 분석하면 형법정책의 측면에서도 법인의 범죄능력을 부정할 만한 확실한 논거를 찾기 힘들다는 점을 확인할 수 있다. 그렇다면 궁극적으로 이 문제는 어떤 시각과 선이해로 형법정책을 보느냐에 따라 달리 해결될 수 있다. 요컨대 법인에 범죄능력 인정에 관한 쟁점은 어떤 노선과 방향의 형법정책을 선택할 것인가 하는 형법정책 논쟁과 결부되어 있는 것이다.

## Ⅵ. 맺음말

이상으로 법인의 범죄능력 인정에 관한 각종 쟁점을 법이론과 형법정책의 측면에서 검토하였다. 여기서 다음과 같은 결론을 도출할 수 있다. 우선 행위론이나 책임론 등과 같은 논거로 법인의 범죄능력을 부정하는 것은 법이론의 시각에서 볼 때 그리 성공할 수 없다는 것이다. 오히려 현대 법이론과 법사회학이 내놓은 성과를 원용하면 법인의 범죄능력을 인정할 가능성이 더 높다. 따라서 법인의 범죄능력을 인정할 것인가 하는 문제는 결국 형법정책적 논증으로 판단할 수밖에 없다는 결론이 나온다. 그러나 위에서 살핀 것처럼 형법정책적 논증은 어떤 노선과 방향에서, 달리 말해 어떤 선이해에서 형법정책을 보는가에 따라 그 결론이 달라진다. 더군다나 아직까지는 확실하게 정답이 될 수 있는 형법정책적 논증이나 논거를 찾기도 어렵다. 그렇다면 법인의 범죄능력을 인정할 것인가 여부는 서로 다른 노선과 방향을 추구하는 상이한 형법정책 사이의 논쟁이라 할 수 있고 그 논쟁은 아직도 진행 중이라고 말할 수밖에 없을 것 같다.

제15장

# 객관적 귀속과 형사책임

## Ⅰ. 서론

객관적 귀속은 인과관계와 더불어 형법의 객관적 구성요건요소로 논의된다.[1] 지배적인 학설은 독일에서 성장한 객관적 귀속을 객관적 구성요건요소로 인정하지만 이에 반대하는 견해 역시 만만치 않게 존재한다.[2] 객관적 귀속에 관해서는 크게 다음과 같은 점이 문제가 된다. 첫째, 객관적 귀속의 실정법적 근거가 있는가? 둘째, 객관적 귀속을 별도로 인정할 필요가 있는가? 이는 인과관계와 같은 다른 형법 도그마틱으로 대체할 수 있는 것이 아닌가?[3] 셋째, 객관

---

1) 객관적 귀속에 관해서는 그동안 많은 연구가 이루어졌다. 그중에서 객관적 귀속을 정면에서 상세하고 포괄적으로 다루는 문헌으로는 많은 문헌을 대신하여 우선 이용식, "객관적 귀속이론의 규범론적 의미와 구체적 내용", 『현대 형법이론 I』(박영사, 2008), 43쪽 아래 참고. 객관적 귀속이론의 발전과정에 관해서는 김성룡, "객관적 귀속이론의 발전사: 의사(Wille)의 귀속을 중심으로", 『법사학연구』 제42호(2010), 119－150쪽. 객관적 귀속에 관한 판례를 분석하는 문헌으로는 하태영, "형법 제17조 인과관계와 객관적 귀속: 대법원 판례분석", 『동아법학』 제58호(2013), 287－372쪽 등 참고. 객관적 귀속에 관해 중요한 독일 문헌은 이미 1995년에 번역되었다. 이재상 (편역), 『인과관계와 객관적 귀속』(박영사, 1995) 참고. 독일의 객관적 귀속에 관해서는 우선 Claus Roxin, *Strafrecht Allgemeiner Teil*, Band I, 4. Auflage (München 2006), 343쪽 아래.

2) 대표적으로 배종대, 『형법총론』 제12판(홍문사, 2016), 223쪽; 오영근, 『형법총론』 제2판(보정판)(박영사, 2012), 176쪽; 임석원, "객관적 귀속에 관한 의문점과 해석의 방향", 『형사법연구』 제22권 제2호(2010), 161－186쪽; 이건호, 『과실범에 있어서 객관적 귀속에 대한 비판적 연구: 상당인과관계설과 객관적 귀속론을 중심으로』(서울대 법학박사 학위논문, 2001) 등 참고.

3) 이를 강력하게 주장하는 임석원, 앞의 논문, 161쪽 아래.

적 귀속은 고의범과 과실범에서 모두 인정할 수 있는 객관적 구성요건요소인가? 넷째, 객관적 귀속의 구체적인 기준은 무엇인가? 이 중에서 두 번째 문제는 여전히 치열한 논쟁 대상이 된다. 제15장은 법학방법론과 형법철학 그리고 사회이론의 관점을 원용하여 객관적 귀속에 관한 문제를 검토한다. 그중에서도 첫 번째 문제와 두 번째 문제 그리고 세 번째 문제에 집중한다. 네 번째 문제, 즉 객관적 귀속의 구체적인 기준 또는 척도가 무엇인가는 그동안 형법학에서 풍부한 논의와 성과가 축적되었으므로 이 책에서는 다루지 않겠다.[4]

## Ⅱ. 객관적 귀속의 형법철학적 의미

본격적인 논의를 하기에 앞서 형법철학의 측면에서 볼 때 객관적 귀속이 어떤 의미를 지니는지 살펴본다.

### 1. 객관적 귀속의 의미와 체계적 지위

일반적으로 '객관적 귀속'(objektive Zurechnung)이란 특정한 행위자가 범죄구성요건과 관련을 맺는 객관적·외부적 행위로 특정한 결과를 야기하였을 때 이러한 결과를 행위자의 행위 탓으로 돌리는 것을 말한다. 형법상 범죄체계론에 따르면 객관적 귀속은 객관적 구성요건요소로 자리매김한다. 보통 객관적 귀속은 범죄자의 특정한 행위로 인해 일련의 결과가 여러 개 발생하였을 때 과연 어디까지 범죄자의 '작품'(Werk)으로 인정할 것인지를 판단할 때 문제된다.

객관적 귀속은 '귀속'(Zurechnung) 개념에서 출발한다. 귀속은 특정한 결과를 행위자의 탓으로, 다시 말해 행위자의 작품으로 돌리는 과정을 뜻한다. 이러한 귀속은 '객관적 귀속'과 '주관적 귀속' 그리고 '사실의 귀속'과 '법률의 귀속'으로 구별할 수 있다. 객관적 귀속과 대비되는 주관적 귀속은 특정한 결과를 행위자의 주관적 탓, 즉 책임으로 돌리는 것을 말한다. 이에 대해 사실의 귀속은 행위자의 행위로 발생한 사실을 행위자의 탓으로 돌리는 것을 말하고 법률의

4) 객관적 귀속의 구체적인 기준에 관해서는 이상돈, 『형법강론』 제2판(박영사, 2017), 156쪽 아래 참고.

귀속은 이러한 사실로 발생한 규범위반의 결과를 행위자의 탓으로 돌리는 것을 말한다. 엄격한 방법이원론에 따르면 사실의 귀속이 존재적 판단이라면 법률의 귀속은 규범적 판단에 해당한다.[5)]

## 2. 인과관계와 형법학의 실증주의화

객관적 귀속이 형법 도그마틱에 수용된 것은 다른 형법 도그마틱의 주요 개념과 비교할 때 비교적 최근의 일이다. 그러나 객관적 귀속이 완전히 새롭게 등장한 개념은 아니다. 왜냐하면 독일의 형법학자 아르민 카우프만(Armin Kaufmann)이 지적하고 있듯이 객관적 귀속의 바탕이 되는 귀속 개념은 이미 자연법학자인 푸펜도르프(Samuel von Pufendorf)까지 거슬러 올라가기 때문이다.[6)] 헤겔 철학이 독일 형법학을 지배하던 1800년대 중반에도 귀속은 낯선 개념이 아니었다. 그렇지만 자연과학 및 사회과학에서 성장한 실증주의가 헤겔 철학을 밀어내고 형법학의 지배적인 방법으로 자리매김하면서 인과관계가 새롭게 범죄행위와 결과의 상관관계를 판단하는 기준으로 등장한다.[7)] 잘 알려져 있는 것처럼 인과관계는 본래 존재적 학문인 자연과학에서 과학성을 담보하는 핵심 기준이자 요소가 되기 때문이다.[8)] 이는 실증주의를 방법론으로 수용한 리스트(Franz von Liszt)의 형법학에서 쉽게 확인할 수 있다. 이를테면 리스트는 인과성을 기준으로 하여 형법상 의미 있는 행위가 무엇인지를 판단하기 때문이다. 물론 그렇다고 해서 형법학에서 인과관계가 순수하게 자연과학적으로 판단된 것은 아니다. 아마도 형법학의 규범적 특성을 고려해서인지 몰라도 자연과학적 인과성은 논리적으로 추상화되어 조건설이라는 형태로 형법학에 자리 잡는다. 그렇다 하더라도 조건설에서는 인과관계를 판단하는 기준으로 규범성보다는 논리성이

---

5) 그러나 이렇게 사실의 귀속과 법률의 귀속을 명확하게 구분할 수 있을지 의문이 없지 않다. 왜냐하면 사실의 성격과 규범의 성격을 모두 가진 구성요건표지 역시 존재하기 때문이다. 절도죄에서 중요한 '타인의 재물'이라는 구성요건표지를 이러한 예로 언급할 수 있다.

6) Armin Kaufmann, 김영환 (역), "고의범에서의 '객관적 귀속'?", 이재상 (편역), 『인과관계와 객관적 귀속』(박영사, 1995), 75쪽.

7) 이에 관해서는 양천수, "19세기 독일 형법학에서 전개된 법익 개념: 이념사를 중심으로 하여", 『법사학연구』 제38호(2008), 77-106쪽 참고.

8) Claus Roxin, 앞의 책, 350-351쪽.

강조되었다는 점은 분명하다.

### 3. 인과관계와 귀속의 분리

그러나 20세기 중반에 접어들면서 인과관계와 구별되는 귀속 개념이 객관적 귀속이라는 형태로 다시 등장한다. 여기에는 서로 다른 두 개의 철학적 흐름이 기여한다. 그 하나는 신헤겔주의이고 또 다른 하나는 신칸트주의이다.

#### (1) 신헤겔주의와 객관적 귀속

독일 형법학에서 객관적 귀속이 다시 등장하는 데 이론적 기초를 제공한 학자는 형법학자가 아니라 민법학자였다. 제2차 세계대전 이후 독일 민법학을 이끌었던 칼 라렌츠(Karl Larenz)가 바로 그 사람이다. 신헤겔주의자인 율리우스 빈더(Julius Binder)의 제자로 역시 신헤겔주의자였던 라렌츠는 박사학위논문에서 헤겔의 귀속 개념을 복원하는 작업을 한다.[9] 여기서 라렌츠는 범죄행위를 인격성의 발현으로 파악한 헤겔의 견해에 주목한다. 헤겔에 따르면 범죄행위는 법체계로 표상되는 기존 질서를 부정하는 범죄자의 의지와 인격성이 발현된 것이다. 이때 귀속은 이러한 범죄자의 부정적인 인격성을 다시 부정하는 것이다. 말하자면 귀속은 자연적인 현상과는 구별되는 인간의 의지적 표현을 변증법적으로 제재하는 과정인 것이다.[10]

#### (2) 신칸트주의와 객관적 귀속

라렌츠가 신헤겔주의의 토대 위에 복원한 귀속 개념은 호니히(Richard Honig)에 의해 형법학에 수용된다.[11] 호니히는 귀속 개념에 관한 라렌츠의 성과를 수용하면서 특정한 행위결과가 행위자의 것인가를 판단할 때는 인과관계가 아닌 귀속이 판단기준이 되어야 한다고 말한다. 범죄는 인격성의 발현이라는 헤겔

---

9) Karl Larenz, *Hegels Zurechnungslehre und der Begriff der objektiven Zurechnung* (Leipzig, 1927). 이를 분석하는 문헌으로는 조훈, "객관적 귀속에 있어서 간과된 연결고리", 『형사법연구』 제26호(2006), 557쪽 아래.

10) Karl Larenz, 앞의 책, 50쪽 아래.

11) Richard Honig, 이용식 (역), "인과관계와 객관적 귀속", 이재상 (편역), 『인과관계와 객관적 귀속』 (박영사, 1995), 11쪽 아래.

의 주장에 초점을 맞춘 것이다. 물론 그렇다고 해서 호니히가 신헤겔주의의 이념마저 수용한 것은 아니다. 호니히는 신칸트주의자이면서 '목적론적 사고'(teleologisches Denken)를 강조한 형법학자였기 때문이다.[12] 이러한 호니히가 헤겔의 귀속 개념을 수용한 이유는 이것이 신칸트주의의 방법론에 합치했기 때문이다.[13] 잘 알려져 있는 것처럼 신칸트주의는 존재와 당위를 구별한다. 그런데 호니히가 볼 때 인과관계는 존재적 원인과 결과의 관련성을 판단하는 기준이기에 당위적 원인과 결과의 관련성을 판단하는 기준으로 사용하기에는 적합하지 않다. 그 점에서 호니히는 신헤겔주의자인 라렌츠의 연구 성과에 관심을 가지고 이를 형법학에 수용한 것이다. 이렇게 보면 호니히는 본질론적인 측면, 즉 존재적 과정을 판단하는 인과관계는 규범학인 형법학에 적용할 수 없고 따라서 규범적 과정을 판단하는 객관적 귀속이 형법학의 기준이 되어야 한다는 논거에서 객관적 귀속을 수용하고 있는 것이다.[14] 다만 필자에게는 이러한 본질론적 논증이 객관적 귀속을 형법학에 도입하는 데 결정적인 논거가 될 수 있는지에 의문이 없지 않다. 왜냐하면 그 당시에도 이미 인과관계를 지지하는 진영 역시 인과관계를 규범적으로 발전시킨 상당인과관계설을 주장하고 있었기 때문이다. 상당인과관계설은 인과관계를 판단하는 기준으로 '상당성'이라는 규범적 요소를 도입함으로써 존재적인 판단기준에서 출발한 인과관계설을 규범적 모델로 바꾸고 있다. 이를 통해 인과관계설에 대한 신칸트주의의 비판을 방어하고 있는 것이다.[15]

---

12) 이를 보여주는 Richard Honig, *Die Einwilligung des Verletzten. Teil I: Die Geschichte des Einwilligungsproblems und die Methodenfrage* (Mannheim/Berlin/Leipzig, 1919).

13) 다만 헤겔철학의 토대 위에서 발전시킨 객관적 귀속을 신칸트주의의 토대 위에 서있는 호니히가 무비판적으로 수용했다는 지적으로는 조훈, 앞의 논문, 564쪽 아래.

14) 물론 이외에도 호니히는 객관적 귀속이 상당인과관계설보다 더욱 설득력 있는 기준을 제공한다고 말한다. Richard Honig, 앞의 논문, 16쪽 아래.

15) 다만 이렇게 규범화한 상당인과관계설을 여전히 인과관계설의 범주에서 언급할 수 있을지 의문이 없지 않다. 오히려 상당인과관계설은 인과관계설과는 구별되는 '상관성이론'으로 파악하는 것이 타당하지 않을까 한다. 인과성과 구별되는 상관성에 관해서는 양천수, 『빅데이터와 인권』(영남대학교출판부, 2016), 55-58쪽.

(3) 객관적 귀속의 기능화

호니히에 의해 형법학에 수용된 객관적 귀속은 록신을 통해 상당인과관계설을 대체하는 객관적 구성요건요소로 자리매김한다.[16] 다만 여기서 주의해야 할 점은 록신이 호니히가 제안한 객관적 귀속을 그대로 수용한 것은 아니라는 점이다. 인과관계와 귀속은 서로 구별된다는 본질론적인 근거에서 객관적 귀속을 옹호한 호니히와는 달리 록신은 기능론적인 관점에서 객관적 귀속을 받아들인다. 객관적 귀속에 '위험'(Risiko)이라는 기능적 개념을 도입한 것이다.[17] 이를 통해 '위험창출'과 '위험실현'은 형법학에서 객관적 귀속 여부를 판단하는 핵심 기준이 된다. 물론 그렇다고 해서 록신이 객관적 귀속을 철저하게 기능적인 개념으로만 파악하는 것은 아니다. 왜냐하면 록신은 인격적 행위론을 주창함으로써 범죄행위가 인격성의 발현이라는 점을 강조하고 '규범의 보호범위'라는 기준을 객관적 귀속에 추가함으로써 객관적 귀속의 규범성을 유지하기 때문이다.[18]

객관적 귀속에 대한 록신의 태도는 그가 추구한 형법학 방법론과 무관하지 않다. 호니히와 마찬가지로 록신 역시 목적론적 사고를 지향한다. 이때 말하는 목적론적 사고는 기능적 사고와 규범적 사고를 통합한 것이라 말할 수 있다. 록신은 '목적적 행위론'(finale Handlungslehre)을 통해 '행위의 사물논리적 구조'를 지향하고자 했던 벨첼처럼 존재론적 사고를 추구하지는 않는다.[19] 이러한 맥락에서 록신은 그전 세대의 형법학자들이 집중했던 행위론에 집착하지도 않는다. 대신 록신은 범죄체계론을 정립하는 데 관심을 기울인다. 그렇다고 해서 록신

16) Claus Roxin, 장영민 (역), "형법에서의 귀속문제에 관한 고찰", 이재상 (편역), 『인과관계와 객관적 귀속』(박영사, 1995), 45쪽 아래.

17) 위험은 한편으로는 존재적 개념이지만 다른 한편으로는 기능적·평가적 개념이다. 위험은 가능성 또는 잠재력과 관련을 맺는 개념이기 때문이다. 이러한 위험의 성격에 관해서는 양천수, "위험·재난 및 안전 개념에 대한 법이론적 고찰", 『공법학연구』 제16권 제2호(2015), 187-216쪽. 더불어 여기서 주의해야 할 점은 록신이 제시한 위험 개념은 독일의 사회학자 울리히 벡이 제시한 '위험'(Risiko) 개념과는 차이가 있다는 것이다. 울리히 벡이 말하는 위험은 현대 위험사회가 산출하는 구조적인 것이라면 록신이 말하는 위험은 이보다 그 외연이 넓은 것으로 일상생활에 존재하는 비구조적인 위험 역시 포함한다.

18) 록신의 인격적 행위론에 관해서는 Claus Roxin, 앞의 책, 256쪽 아래.

19) 벨첼이 추구했던 '목적성'(Finalität)과 호니히·록신이 추구했던 '목적론적 사고'(teleologisches Denken)는 우리말 번역으로는 모두 '목적'으로 표현되지만 그 지향점은 다르다는 점에 주의할 필요가 있다.

이 존재론적인 범죄체계론을 추구한 것은 아니다. 목적론적 사고에 걸맞게 록신은 형사정책과 형법 도그마틱을 통합함으로써 형사정책적인 목적을 실현하는 범죄체계론을 정립하는 데 관심을 쏟는다.[20] 이러한 측면에서 록신은 그 예전에 리스트가 추구했던 '총체적 형법학'(gesamte Strafrechtswissenschaft), 즉 통합적인 형법학을 복원하고 있는 것이다. 예를 들어 록신은 적극적 일반예방이라는 형사정책적 목적 실현을 정당화하는 근거이자 제한하는 근거로 형법상 책임 개념을 설정한다.[21] 여하간 객관적 귀속은 목적론적 사고로 무장한 록신에 의해 형법학에서 상당인과관계설을 대체할 수 있는 설득력 있는 기준으로 자리 잡는다.

## Ⅲ. 우리 형법학에서 객관적 귀속의 가능성과 필요성

### 1. 객관적 귀속의 가능성

(1) 문제점

그러나 이렇게 독일 형법학에서 성장한 객관적 귀속이 우리 형법학에 수용될 수 있는지에는 논란이 없지 않다. 일단 객관적 귀속의 법적 근거를 우리 형법에서 찾을 수 있는지 문제된다. 이러한 문제가 제기되는 것은 인과관계와 객관적 귀속에 관해 우리 형법이 독일 형법과는 달리 규율하기 때문이다. 독일 형법은 인과관계와 객관적 귀속을 규율하는 명문 규정을 두고 있지 않다. 이에 반해 우리 형법은 제17조에서 인과관계를 명문으로 규정한다. 이에 따르면 "어떤 행위라도 죄의 요소되는 위험발생에 연결되지 아니한 때에는 그 결과로 인하여 벌하지 아니한다." 우리 형법학에 객관적 귀속을 도입하는 것을 비판하는 학설은 형법 제17조를 근거로 하여 객관적 귀속은 형법적 근거를 갖지 않으므로 인정할 수 없다고 말한다. 이러한 견해는 법학방법론의 견지에서 볼 때 이른바 '주관적·역사적 해석방법'을 동원해 형법 제17조를 해석하는 것이다. 우리 형법 제17조가 제정될 당시에는 객관적 귀속이 아직 우리 형법학에 수용되지 않았고 우리 형법의 입법자가 객관적 귀속을 염두에 두고 제17조를 제정했다고 볼 근거도

---

20) 이를 보여주는 Claus Roxin, 김일수 (역), 『형사정책과 형법체계』(박영사, 1996), 19쪽 아래.
21) Claus Roxin, 앞의 책, 868쪽 아래.

없으므로 형법 제17조는 객관적 귀속의 법적 근거가 될 수 없다는 것이다.[22]

(2) 객관적 귀속의 인정 가능성

그러나 이러한 주장만이 가능한 것은 아니다.[23] 다음과 같은 반론을 생각할 수 있다. 첫째, 법학방법론의 견지에서 보면 특정한 법규범을 해석할 때 주관적·역사적 해석방법만이 가능한 것은 아님을 알 수 있다. 문법적 해석, 논리적·체계적 해석, 목적론적 해석을 동원하는 것도 가능하다. 이 때문에 법학방법론에서는 심지어 '방법다원주의'라는 개념을 사용하기도 한다.[24]

물론 독일의 법철학자 엥기쉬(Karl Engisch)가 적절하게 지적한 것처럼 법규범을 해석할 때 다원적으로 사용될 수 있는 해석방법은 궁극적으로는 '주관적 해석'과 '객관적 해석'으로 귀결된다.[25] 요컨대 궁극적으로 모든 해석은 입법자의 주관적 의사를 고려해 이루어져야 하는지 그게 아니면 법규범 그 자체가 담고 있는 객관적 의사를 고려해 진행되어야 하는지 대립한다. 입법자가 속한 '과거지평'과 해석자가 속한 '현재지평'이 대립하는 것이다. 이를테면 해석자가 입법자의 의사를 우선적으로 고려해 문법적·체계적·역사적 해석을 해야 하는지, 법규범 자체의 객관적 의사를 고려해 문법적·체계적·목적론적 해석을 해야 하는지가 문제되는 것이다.[26] 그렇지만 이 둘 중에 어느 한 쪽에 절대적인 우선권을 인정할 수는 없다. 이를테면 다양한 해석방법이 공존하면서 서로 충돌하는 경우에는 주관적·역사적 해석이 가장 우선해야 한다는 주장도 제시되지만,[27] 그렇다고 해서 입법자의 의사에 절대적인 구속력을 인정할 수 있는 것은 아니기 때문이다. 가령 법규범을 제정할 때 입법자가 내린 판단은 시간이 지나면서 타당하지 않은 것으로 바뀔 수 있기 때문이다. 예를 들어 일제 강점기에

---

22) 이러한 견해를 주장하는 배종대, 앞의 책, 223쪽; 오영근, 앞의 책, 176쪽 등.

23) 이에 관해서는 김호기, "객관적 귀속론에 대한 주관적 역사적 해석론에 입각한 반론에 대하여", 『법학논총』(한양대) 제23권 제2호(2006), 277쪽 아래.

24) '방법다원주의'에 관해서는 이상돈, 『새로 쓴 법이론』(세창출판사, 2005), 78쪽 아래.

25) 칼 엥기쉬, 안법영·윤재왕 (옮김), 『법학방법론』(세창출판사, 2011), 141쪽 아래.

26) 역사적 해석이란 달리 말해 입법자가 판단한 목적을 고려하는 '주관적·목적론적 해석'이라고 볼 수 있다.

27) 이러한 주장으로는 양창수, "동산질권에 관한 약간의 문제", 『민법연구』 제1권(박영사, 1992), 272쪽.

우리나라에 적용되었던 일본 구민법은 아내(妻)가 처분행위나 소송행위를 할 때는 남편의 동의를 얻어야 한다고 규정하였는데 이러한 경우에도 입법자의 의사를 존중해 해석을 해야 하면 오늘날 우리가 수용할 수 없는 자의적인 결론이 도출될 수밖에 없다.[28] 더군다나 형법 제17조에 대한 입법자의 의사가 명백하게 존재하지 않고 단지 이를 추측할 뿐인 상황에서는 역사적 해석을 사용하는 것이 전적으로 타당하다고 말할 수는 없다.

둘째, 이러한 맥락에서 보면 형법 제17조를 객관적으로 해석하는 것도 가능하고 이를 통해 객관적 귀속을 추론하는 것도 가능하다.[29] 세 가지 근거를 제시할 수 있다.

먼저 문법적 해석의 견지에서 보면 형법 제17조는 객관적 귀속에서 중요한 판단기준이 되는 '위험'을 명문으로 규정한다.

다음으로 기능적인 측면에서 볼 때 인과관계와 객관적 귀속이 수행하는 기능은 유사하다. 둘 다 범죄자가 저지른 행위와 결과 사이의 관련성을 판단하는 데 사용될 뿐만 아니라 자칫 무한히 늘어날 수 있는 객관적 구성요건 해당성의 범위를 규범적으로 제한한다. 이러한 근거에 비추어 볼 때 형법 제17조가 인과관계뿐만 아니라 객관적 귀속을 포함한다고 해석한다고 해서 그것이 '법문언의 가능한 의미'를 벗어나는 것으로 금지되는 유추가 된다고 말할 수는 없다.[30]

나아가 우리 형법학은 명문 규정을 갖지 않은 형법 도그마틱도 인정하고 있다는 점을 고려해야 한다. 예를 들어 우리 형법학은 도그마틱의 차원에서 '정당화적 긴급피난'뿐만 아니라 '면책적 긴급피난'도 인정한다.[31] 이에 관해 우리 형법은 제22조에서 긴급피난을 규정한다. 그런데 '위법성조각설'의 관점에서 형법 제22조를 해석하면 면책적 긴급피난은 형법적 근거를 갖지 않는다.[32] 이는

28) 이 문제에 관해서는 양창수, "우리나라 최초의 헌법재판논의: 처의 행위능력 제한에 관한 1947년 대법원판결에 대하여", 『서울대학교 법학』 제111호(1999), 125-151쪽.
29) 형법 제17조는 입법적으로는 인과관계를 규정한 것이지만 객관적 귀속과도 합치할 수 있다고 해석하는 경우로는 신동운, 『형법총론』 제8판 보정판(법문사, 2015), 173쪽.
30) '법문언의 가능한 의미'는 우리 판례가 허용되는 형법해석과 금지되는 유추를 구별하는 기준으로 사용하는 것이다. 그러나 '법문언의 가능한 의미' 기준이 실질적으로 이러한 기능을 수행할 수 있는지는 논란이 없지 않다. 이에 관해서는 신동운 외, 『형법해석의 한계』(법문사, 2000) 참고.
31) 배종대, 앞의 책, 374-375쪽.
32) 형법 제22조의 해석에 관해서는 배종대, 앞의 책, 371쪽 아래 참고.

이른바 '초법규적 긴급피난' 사유가 된다. 그렇지만 정당화적 긴급피난과 더불어 면책적 긴급피난이 필요하다는 점은 대부분의 형법학자가 인정한다.

### 2. 객관적 귀속의 필요성에 대한 비판

객관적 귀속이 우리 형법상 법적 근거를 가지는지 여부와는 별개로 이를 굳이 인정할 필요가 있는가에도 견해가 대립한다. 객관적 귀속을 별도로 인정할 필요가 없다고 주장하는 견해는 크게 두 가지 근거에 의존한다. 첫째는 객관적 귀속이 수행하는 기능을 상당인과관계설과 같은 다른 도그마틱으로 대체할 수 있다는 것이고, 둘째는 객관적 귀속은 행위와 결과의 관련성을 정확하게 판단하는 기준이 될 수 없다는 것이다.

#### (1) 상당인과관계설의 기능적 동일성

상당인과관계설을 지지하는 견해는 다음과 같은 근거에서 객관적 귀속을 수용할 수 없다고 주장한다. 먼저 호니히가 강조했던 본질론적인 논증, 즉 인과관계와 귀속은 존재론·방법론적인 측면에서 구별해야 한다는 논증은 상당인과관계설을 통해 인과관계 자체가 규범적인 것으로 변모함으로써 설득력을 잃었다고 한다. 상당인과관계설이 객관적 귀속과 동일한 성격을 갖게 되었다는 것이다. 다음으로 객관적 귀속이 수행하는 기능은 모두 상당인과관계설이 수행할 수 있다고 한다.[33] 다시 말해 객관적 귀속의 표지로 제시되는 위험창출이나 위험실현, 규범의 보호범위와 같은 기준은 모두 상당인과관계설의 핵심 표지인 '상당성'에 포섭된다는 것이다. 이러한 근거에서 독일에서 성장한 객관적 귀속을 굳이 우리 형법학에 도입할 필요는 없다고 말한다.

#### (2) 객관적 귀속의 불완전성

상당인과관계설을 지지하는 견해는 객관적 귀속이 객관적 구성요건 해당성을 판단하는 기준으로는 불완전하다고 지적한다. 일관되고 통일된 기준을 제시하지 못하기에 규범적 판단에 대한 기준으로는 적합하지 않다는 것이다. 달

33) 오영근, 앞의 책, 176쪽.

리 말해 객관적 귀속은 규범성이 결여된 임의적이고 자의적인 판단기준만을 제시할 뿐이라고 한다.[34] 이 견해는 객관적 귀속이 귀속판단의 기준으로 제시하는 것들, 이를테면 위험창출이나 위험실현, 규범의 보호범위, 합법적 대체행위 등은 체계적으로 일관되고 통일된 기준이 아니라고 한다. 이들 기준은 상위원리를 기반으로 하여 체계적으로 구체화된 것이 아니라 마치 '문제변증론'(Topik)처럼 각 문제 상황에 맞게 개발된 것이라고 한다.[35] 또한 객관적 귀속은 판단주체가 이미 내린 귀속판단을 사후적으로 정당화하는 논증수단에 불과하다고 말한다. 이러한 근거에서 객관적 귀속은 객관적 구성요건 해당성을 판단하는 기준으로는 불완전하고 따라서 이를 수용할 필요는 없다고 말한다.[36]

### (3) 고의범에는 적용될 수 없는 객관적 귀속

객관적 귀속을 비판하는 견해 중에는 객관적 귀속은 과실범에만 적용될 수 있고 고의범에는 적용될 수 없다는 견해가 있다. 아르민 카우프만의 주장이 대표적인 경우이다.[37] 카우프만은 객관적 귀속의 기준들은 과실범을 대상으로 하여 개발된 것이라고 한다. 따라서 이러한 기준들은 고의범에는 적용할 수 없다고 한다. 특히 '규범의 보호범위'라는 기준이 문제된다. 지배적인 범죄체계론에 따르면 주관적 구성요건에 속하는 고의는 객관적 구성요건을 인식 및 의욕하는 것이라고 정의된다.[38] 따라서 만약 객관적 귀속이 객관적 구성요건에 해당한다면 구성요건적 고의는 이러한 객관적 귀속에 대한 인식 및 의욕을 포함해야 한다. 그런데 객관적 귀속의 기준으로 규범의 보호범위가 포함되면 고의는 이를 인식 및 의욕하는 것이 되어야 한다. 하지만 그렇게 되면 책임단계에 속하는 규범성 판단을 고의단계에서 하는 것이 되므로 이는 구성요건 고의와

---

34) 배종대, 앞의 책, 228쪽.

35) 다만 배종대 교수가 객관적 귀속론이 문제변증론에 바탕을 둔 것이라고 직접 언급하는 것은 아니다. 그러나 "객관적 귀속이론은 규범이 부재한 틈에 생긴 영미법사고의 흉내, 더욱 정확하게는 대륙법사고와 영미법사고의 혼합형태라고 할 수 있다."는 주장에서 객관적 귀속이 문제변증론에 기반을 두고 있다는 주장을 추론할 수 있다.

36) 이외에도 객관적 귀속의 하부요건으로 제시되는 '허용되지 않은 위험 창출'에서 '허용되지 않은 위험'을 구체적으로 판단하는 것이 쉽지 않다는 비판으로는 우어스 킨트호이저, 윤재왕·홍영기(옮김), "객관적 귀속: 가능성과 한계", 『형사법연구』 제25권 제4호(2013), 351−373쪽 참고.

37) Armin Kaufmann, 앞의 논문, 90쪽.

38) 예를 들어 Claus Roxin, 앞의 책, 437쪽.

위법성 인식을 구별하는 범죄체계론의 견지에서 볼 때 타당하지 않다는 것이다. 따라서 고의범에서는 객관적 귀속이 아닌 고의귀속이 더욱 중요한 역할을 한다고 말한다.[39]

### 3. 비판에 대한 반론

이러한 비판은 나름 설득력을 지닌다. 그렇지만 다음과 같은 반론도 가능하다.

#### (1) 객관적 귀속의 기준으로서 상당인과관계설

우선 객관적 귀속을 대체하는 기준으로 제시되는 상당인과관계설이 과연 인과관계에 관한 학설인지 의문을 제기할 수 있다. 애초에 민법학 영역에서 트래거(Ludwig Traeger)에 의해 제창된 상당인과관계설은 '상당성'(Adäquanz)이라는 기준이 보여주는 것처럼 존재적인 색채보다는 규범적인 색채가 강하다.[40] 바로 이 점에서 상당인과관계설은 호니히가 인과관계에 대해 제기하는 본질론적인 비판을 피해간다. 또한 상당인과관계설에서 상당성에 대한 판단기준으로 제시되는 것이 '예견가능성'인데 객관적 귀속의 구체적인 기준으로 호니히가 제시하는 것도 예견가능성이라는 점을 감안하면,[41] 결국 인과관계란 용어를 쓰고 있지만 상당인과관계설 역시 실질적으로는 객관적 귀속에 관한 기준이라고 평가할 수 있다.[42] 따라서 한편으로는 상당인과관계설을 고수하면서 다른 한편으로는 객관적 귀속을 거부하는 것이 과연 설득력 있는 태도인지 의문이 없지 않다.

---

39) 이와 유사한 문제의식으로는 홍영기, "인과과정의 착오에서 고의의 특정", 『고려법학』 제60호(2011), 453쪽 아래 참고.

40) Ludwig Traeger, *Der Kausalbegriff im Straf- und Zivilrecht: Zugleich ein Beitrag zur Auslegung des B.G.B.* (Marburg, 1904). 물론 엄밀하게 말하면 트래거가 상당인과관계설을 처음으로 주창한 것은 아니다. 왜냐하면 이 책을 보면 알 수 있듯이 트래거는 그 이전에 존재했던 다양한 상당인과관계설을 체계적으로 종합한 것이라고 말할 수 있기 때문이다. 가령 Ludwig Traeger, 같은 책, 130쪽 아래.

41) Richard Honig, 앞의 논문, 33쪽.

42) 이와 유사한 주장으로는 우어스 킨트호이저, 앞의 논문, 353쪽.

(2) 상당성의 불명확성

다음으로 상당인과관계설의 상당성 기준도 완전한 기준은 아니라는 점을 지적할 수 있다.[43] 상당성은 일반조항적 개념으로 그 내용이 모호하다. 무엇이 과연 상당한 것인지를 판단하는 것은 쉽지 않다. 이 역시 구체화를 필요로 한다. 그렇지만 이를 어떻게 구체화해야 하는지에도 견해가 통일되어 있지 않다. 상당성은 흔히 '예견가능성'으로 구체화되는데 이러한 예견가능성을 어떤 기준으로 판단해야 하는지에 관해 다시 견해가 대립한다. '객관적 예견가능성'과 '주관적 예견가능성'이 그것이다. 이러한 점을 고려하면 오히려 구체성의 측면에서는 '상당성'보다 '위험'이 더욱 낫다고도 볼 수 있다. 위험은 확률로 계량화할 수 있기 때문이다.

(3) 객관적 귀속의 한계로서 문제변증론적 성격(?)

나아가 객관적 귀속은 문제변증론처럼 단일한 기준을 제공하지 못하기에 규범성을 결여하고 있다는 주장에는 다음과 같이 반론을 할 수 있다.

첫째, 이 견해는 법학방법론의 측면에서 문제변증론에 부정적인 시각을 갖고 있는 것처럼 보인다.[44] 법적 판단에 사용되는 좋은 기준이란 단일한 상위기준에서 일관되게 체계적으로 도출되는 기준을 뜻하는 것으로 보인다. 달리 말해 개념법학이 추구했던 완결된 개념과 체계에 바탕을 둔 기준이 규범적으로 좋은 기준이라고 말하는 것처럼 보인다.[45] 그러나 개념법학과 목적법학의 논쟁이 보여주는 것처럼 개념법학이 추구했던 기준이 언제나 좋은 기준이라고 말할 수는 없다. 완결된 개념과 체계 및 일관성을 추구한 나머지 현실에서는 불합리한 결과를 야기하는 기준도 다수 존재하기 때문이다.[46] 목적법학과 문제변증론

43) 이에 관해서는 이용식, "상당인과관계설의 이론적 의미와 한계: 상당성의 본질", 『현대 형법이론 I』(박영사, 2008), 3쪽 아래.
44) 문제변증론에 관해서는 우선 Theodor Viehweg, *Topik und Jurispurdenz* (München, 1974) 참고.
45) 개념법학에 관해서는 김영환, "법의 계수의 결과현상들: 개념법학적인 사유형태와 일반조항에로의 도피", 『법철학연구』 제4권 제1호(2001), 153쪽 아래; 양천수, "개념법학: 형성, 철학적·정치적 기초, 영향", 『법철학연구』 제10권 제1호(2007), 233-258쪽.
46) 이를 보여주는 Rudolf von Jhering, 양창수 (역), "다시 지상에서: 어떻게 개선할 것인가?", 양창수 (편역), 『독일민법학논문선』(박영사, 2005), 31쪽 아래 참고.

은 바로 이러한 문제를 해결하기 위해 등장한 것이라는 점에 주의해야 한다. 개념법학 또는 '공리론'(Axiomatik)과는 달리 문제변증론은 각기 다른 상황을 정의롭게 해결할 수 있는 기준을 모색한다. '투입/산출 모델'(input/output model)을 적용해서 말하면 공리론이 투입을 지향하는 방법론이라면, 문제변증론은 산출을 지향하는 방법론에 해당한다.[47] 따라서 만약 객관적 귀속이 문제변증론과 유사한 방법을 따른다면 객관적 귀속은 각각의 상황에 적합한 해법을 추구하는, 달리 말해 정의로운 산출을 지향하는 방법론이라고 말할 수 있다. 이를 부정적으로만 평가할 수는 없다. 논리적으로 완결된 기준을 고수한 나머지 구체적인 상황에서 설득력 있는 역할을 하지 못하는 규범적 기준보다는 완결되고 통일된 기준을 제시하지는 못하지만 현실적인 문제를 해결하는 데 기여하는 규범적 기준이 더 낫지 않을까 생각한다.

둘째, 특정한 범죄행위로 인해 일련의 결과가 발생하였을 때 과연 결과의 어느 범위까지 범죄행위의 탓으로 돌릴 것인가를 판단할 때는 다양한 현실적·규범적 요소를 고려해야 한다. 존재영역에서도 인과과정은 단일한 요소로만 결정되지는 않는다. 현실적으로는 여러 요소가 복합적으로 작용하여 결과로 이어지는 경우가 다반사이다. 또한 일련의 결과를 행위자의 탓으로 돌릴 때에도 다양한 규범적 요소를 고려해야 한다. 정의에 대한 판단기준 자체가 다양하게 존재하는 것처럼 객관적 귀속을 판단할 때 다양한 규범적 요소가 고려되는 것은 어찌 보면 자연스럽다.[48] 판례 역시 많은 경우 다양한 요소를 고려하는 종합적인 판단을 선호한다는 점도 이를 예증한다.[49]

셋째, 이러한 맥락에서 보면 상당인과관계설 역시 이와 같은 문제를 피해갈 수 있을지 의문이 든다. 그 이유는 다음과 같이 말할 수 있다. 상당인과관계설에서 핵심이 되는 '상당성' 역시 앞에서 언급한 것처럼 불명확한 개념이다. 이

47) Niklas Luhmann, *Rechtssystem und Rechtsdogmatik* (Stuttgart/Berlin/Köln/Mainz, 1974), 26쪽.
48) 정의에 관한 다양한 관점 및 기준에 관해서는 마이클 샌델, 이창신 (옮김), 『정의란 무엇인가』 (김영사, 2010) 참고.
49) 여기서 루만의 주장을 상기할 필요가 있다. 루만은 정의란 '적절한 복잡성'이라고 말하는데 이는 복잡한 현실 문제를 해결하기 위해서는 그에 상응하는 기준 역시 적절하게 복잡해야 한다는 점을 뜻한다. 간명한 기준일수록 현실 문제를 해결하기 어렵다. Niklas Luhmann, 앞의 책, 23쪽.

를 실제 사건에 적용하기 위해서는 다시 구체화해야 할 필요가 있다. 그렇지만 상당성을 어떻게 구체화해야 할지에는 견해가 대립한다. 또한 상당성이 구체화된 것으로 제시되는 '예견가능성'이 과연 명확하면서 확고한 기준이 될 수 있을지 의문이 든다. 이 역시 각각의 상황에 따라 개별적으로 판단할 수밖에 없는 기준이 아닐까?

넷째, 객관적 귀속은 문제를 해결하는 기준이 아니라 이미 결정된 해법을 사후적으로 정당화하는 기준에 불과하다는 비판, 즉 결과를 사후적으로 정당화하는 논증수단에 불과하다는 비판은 사실 객관적 귀속에만 적용되는 것은 아니다. 법적 논증이론이나 법수사학이 강조하는 것처럼 법도그마틱을 구성하는 법적 개념이나 체계 등은 해석자가 이미 결정한 해석결과를 사후적으로 정당화하는 논증수단으로 작용한다.[50] 물론 모든 개념이나 체계가 그런 것은 아니다. 법적 개념과 체계가 정교하게 구성되면 이들에 따라 문제를 풀 수 있는 경우도 많다. 법도그마틱이 정교하고 치밀하게 발전한 민사법 영역에서 이러한 경우를 자주 발견할 수 있다. 민사법 영역에서는 여러 쟁점들이 복잡하게 얽힌 사건이 발생하는 경우가 상대적으로 많은데 이때에는 해석자의 선입견이 직관적으로 작용하여 문제를 해결하기보다는 민사법 도그마틱이 축적한 개념과 체계에 따라 단계적으로 문제를 풀어가게 된다. 그렇지만 해석자가 직관적으로 그 결과를 결정한 후 이를 이론적으로 근거 짓기 위해 법도그마틱을 원용하는 경우도 많다. 예를 들어 '기능적 범행지배'라는 기준은 공동정범을 판단하는 기준으로 자리매김하고 있지만 구체적인 상황에서 과연 공동정범이 성립하는지를 판단할 때 기능적 범행지배가 실질적인 역할을 하지 못하는 경우도 많다. 오히려 직관적으로 공동정범인지 여부를 판단한 후 이를 정당화하기 위해 기능적 범행지배 논증을 끌고 오는 경우가 많다.[51]

---

50) 이에 관해서는 이계일, "수사학적 법이론의 관점에서 본 법적 논증의 구조", 『법철학연구』 제13권 제1호(2010), 35-88쪽 참고.

51) 이에 관해서는 양천수, "공동정범 도그마틱에 대한 법이론적 고찰: 기능적 범행지배론에 대한 법이론적 분석을 중심으로 하여", 『경남법학』 제22집(2007), 127-146쪽 참고.

(4) 객관적 귀속의 필요성과 한계

이러한 논증에 비추어 볼 때 객관적 귀속이 방법론적으로 불완전하다거나 객관적 귀속이 수행하는 기능을 전적으로 상당인과관계설이 대체할 수 있다고 보는 것은 타당하지 않다. 다만 앞에서 전개한 논증만으로는 객관적 귀속의 독자적인 필요성을 근거 짓는 데 여전히 부족할 수 있다. 상당인과관계설과는 차별화되는 객관적 귀속만의 독자적인 기능적 우월성을 찾아야만 비로소 객관적 귀속이 필요하다는 점을 근거 지을 수 있다. 필자는 사회이론의 관점을 끌어들여 이를 논증할 수 있다고 생각한다. 이를 아래 Ⅳ.에서 수행하고자 한다.

다만 여기서 짚고 넘어가야 할 점이 있다. 필자는 객관적 귀속은 과실범에만 적용할 수 있고 고의범에는 적용할 수 없다는 아르민 카우프만의 주장이 설득력을 지닌다고 생각한다. 따라서 객관적 귀속은 기본적으로 과실범의 객관적 구성요건 해당성을 판단하는 귀속기준으로 사용하는 것이 바람직하다. 이와 달리 고의범에서는 인과관계만을 판단하고 그 이후에는 행위자에게 고의가 귀속되는지를 중점적으로 판단하는 것이 바람직하다. 달리 말해 고의범에서는 객관적 귀속보다는 고의귀속이라는 '주관적 귀속'에 더욱 초점을 맞추는 것이 바람직하다.[52] 이를 예시적으로 보여주는 것이 형법학에서 이른바 '비유형적 인과과정'의 문제로 논의되는 사례이다. 다수의 학설은 이를 인과과정의 착오 문제로 보는데 인과과정의 착오는 바로 인과관계 그 자체의 문제라기보다는 고의귀속에 관한 문제에 속한다고 말할 수 있다.[53] 이는 고의에 의해 유발된 비유형적 인과과정의 문제에서는 인과관계나 객관적 귀속보다는 고의귀속 여부가 중요한 논점이 된다는 점을 예증한다.[54]

52) 형법학에 객관적 귀속을 다시 도입한 호니히는 한편으로는 신칸트주의 형법학자이면서 다른 한편으로는 여전히 인과적 범죄체계론을 주장하고 있었다는 점을 고려할 필요가 있다. 우어스 킨트호이저, 앞의 논문, 351쪽. 인과적 범죄체계에서는 구성요건적 고의와 위법성 인식을 명확하게 구분하지 않는다. 그러나 구성요건적 고의와 위법성 인식을 구별하는 범죄체계론을 수용한다면 아르민 카우프만의 문제의식을 진지하게 고려할 필요가 있다.

53) 이와 달리 홍영기 교수는 이를 사실의 착오에 대한 해결기준인 '구체적 부합설'이 적용되는 문제로 파악한다. 홍영기, 앞의 논문, 473쪽 아래.

54) 이 문제를 객관적 귀속의 문제로 해결하고자 하는 견해도 없지 않다. 이에 관해서는 홍영기, 앞의 논문, 457-458쪽 참고. 다만 고의에 의해 야기된 비유형적 인과과정의 문제에서는 설사 객

## Ⅳ. 사회이론의 측면에서 본 객관적 귀속의 필요성

필자는 객관적 귀속이론은 상당인과관계설과는 구별되는 기능적 독자성을 가진다고 생각한다. 이는 객관적 귀속에서 핵심적인 척도가 되는 '위험'이 수행하는 기능에서 찾아볼 수 있다. 위험이라는 기준이야말로 상당인과관계설의 상당성이 하지 못하는 기능을 수행한다. 그 이유를 다음과 같이 말할 수 있다.

### 1. 형법의 관할영역

#### (1) 출발점

형법의 관할영역에서 논의를 시작하고자 한다. 현대사회에서 형법이 관할하는 영역은 어디까지인가? 이 문제는 그리 어려워 보이지 않는다. 왜냐하면 형법은 현대사회에서 발생하는 모든 범죄를 규율하기 때문이다. 따라서 형법이 관할하는 영역은 사회 전체라고 말할 수 있다. 다만 여기서 문제는 형법이 관할하고 규율하는 사회라는 것이 구체적으로 무엇을 뜻하는가 하는 점이다. 사회이론의 견지에서 볼 때 사회 전체는 다양한 사회적 영역이 공존하는 공간이자 체계이기 때문이다.[55] 따라서 형법이 관할하는 사회가 구체적으로 무엇을 뜻하는지 파악하기 위해서는 사회라는 영역을 좀 더 구체적으로 살펴볼 필요가 있다.

#### (2) 사회의 분화

현대사회는 단일한 성격을 가진 영역으로만 구성되는 것은 아니다. 각기 다른 성격을 가진 영역이 사회 안에 공존한다. 사실 전체 사회를 이렇게 파악하는 시각은 법학에 그리 낯설지 않다. 왜냐하면 법학은 로마법 이래로 전체 사회

---

관적 귀속이 인정된다 하더라도 여전히 고의귀속의 문제는 해결되지 않은 채 남아 있다는 점에서 객관적 귀속이 적절한 해법이 될 수는 없다. 객관적 귀속은 기수인지 아니면 미수인지 여부를 판단하는 문제인 반면 고의귀속은 고의인지 아니면 과실인지를 판단하는 문제라는 점에서 양자는 논의의 지평을 달리 한다.

55) 루만의 체계이론에 따르면 '사회'(Gesellschaft) 그 자체가 '사회적 체계'(soziales System)에 해당한다. Niklas Luhmann, *Soziale Systeme: Grundriß einer allgemeinen Theorie*, (Frankfurt/M., 1984), 15쪽 아래.

를 공법이 적용되는 공적 영역과 사법이 적용되는 사적 영역으로 구분했기 때문이다. 공적 영역은 국가영역으로, 사적 영역은 사회영역으로 달리 말하기도 한다. 공법이 적용되는 국가영역과 사법이 적용되는 사회영역에는 각기 다른 법적 원리가 적용된다. 이렇게 전체 사회를 국가영역과 사회영역으로 구획하는 모델을 '국가/사회 이원론'으로 부르기도 한다.[56]

전체 사회를 이원적으로 파악하는 시각은 이외에도 다양하게 존재한다. 예를 들어 독일의 사회학자인 퇴니스(Ferdinand Tönnis)는 헤겔 철학을 수용하여 전체 사회를 '공동사회'와 '이익사회'로 구별한다.[57] 마르크스(Karl Marx)는 사회구성체를 '토대'와 '상부구조'로 구분한다. 프랑스의 사회학자 뒤르켐(Emil Durkheim)은 연대의 유형을 중심으로 하여 '기계적 연대'가 지배하는 사회와 '유기적 연대'가 지배하는 사회로 구별한다.[58] 이러한 '전체 사회 이원론'의 가장 현대적인 형태는 독일의 사회철학자 하버마스(Jürgen Habermas)에서 발견할 수 있다. 하버마스에 따르면 전체 사회는 '생활세계'(Lebenswelt)와 '체계'(System)로 구획된다.[59] 여기서 생활세계는 우리가 일상적으로 경험하는 세계인 반면 체계는 전문화된 기능영역이다. 생활세계가 공동사회, 기계적 연대가 지배하는 사회에 대응한다면 체계는 이익사회, 유기적 연대가 지배하는 사회에 대응한다. 하버마스는 '정치'와 '경제'를 체계로 제시한다.[60]

(3) 형법의 관할영역

하버마스는 이원적 사회이론에 따라 법이 규율하는 영역도 구별한다. 이를테면 형법은 생활세계를 규율하는 배후근거가 된다. 이에 반해 가령 행정법은

---

56) 이에 관해서는 서경석, "국가와 사회: 이원론과 일원론", 『헌법학연구』 제8권 제3호(2002), 7-32쪽 참고.

57) Ferdinand Tönnis, *Gemeinschaft und Gesellschaft* (Berlin, 1887) 참고.

58) 에밀 뒤르케임, 민문홍 (옮김), 『사회분업론』(아카넷, 2012) 참고.

59) 위르겐 하버마스, 장춘익 (옮김), 『의사소통행위이론 2: 기능주의적 이성 비판을 위하여』(나남출판, 2006) 참고.

60) 이 점에서 하버마스의 체계 개념은 루만의 체계 개념과 차이가 있다. 크게 두 가지 차이점을 지적할 수 있다. 첫째, 하버마스는 파슨스(Talcott Parsons)의 체계 개념을 수용하는 반면 루만은 파슨스와는 다른 체계 개념을 정립하고 있다는 점이다. 둘째, 하버마스는 정치체계와 경제체계만을 사회적 하부체계로 언급하는 반면 루만은 정치체계 및 경제체계뿐만 아니라 교육, 학문, 종교, 의료 등을 사회의 부분체계로 제시하고 있다는 것이다.

체계를 규율하는 법으로 기능한다. 하버마스는 전자를 '제도로서 법'(Recht als Institution)으로, 후자를 '매체로서 법'(Recht als Medium)으로 부른다. 형법이 생활세계의 제도가 된다는 것은 생활세계가 이미 존재하고 이러한 생활세계의 질서를 규율하기 위해 형법이 존재한다는 것을 뜻한다. 이에 반해 행정법이 체계의 매체가 된다는 것은 행정법을 통해 비로소 정치체계가 구성된다는 것을 의미한다.

이러한 하버마스의 주장은 법의 관할영역과 기능을 사회이론과 결합시키고 있다는 점에서 눈여겨 볼만하다. 그러나 하버마스의 주장이 전적으로 타당한 것은 아니다. 두 가지 반론을 던질 수 있다. 첫째, 하버마스는 제도의 성격을 가지는 법과 매체의 성격을 가지는 법을 각기 분리하고 있지만 법은 기본적으로 이러한 두 가지 성격을 모두 갖고 있다는 점이다.61) 예를 들어 형법은 한편으로는 이미 존재하는 생활세계를 규율하는 법으로 작동하지만 동시에 생활세계 자체를 구성하는 역할도 수행한다. 이를테면 형법이 성과 관련된 범죄를 어떤 방식으로 규율하는가에 따라 성과 관련된 여성과 남성의 소통문화 등이 구성된다. 형법이 성범죄를 강력하게 처벌하는 방향으로 개정되면서 성과 관련된 여성과 남성의 소통문화도 여성의 관점을 좀 더 반영하는 쪽으로 변한다. 이는 '김영란법'으로 알려진 '청탁금지법'에서도 발견할 수 있다. '청탁금지법'은 부정한 청탁과 금품 등 제공행위의 영역을 확장함으로써 청탁이나 선물제공과 관련된 우리의 생활세계 자체를 새롭게 구성하고 있기 때문이다.

둘째, 오늘날 형법은 생활세계에서 발생하는 범죄만을 규율하지는 않는다. 경제형법, 금융형법, 회사형법, 도산형법, 의료형법 등이 시사하는 것처럼 오늘날 형법은 경제체계나 의료체계 등도 관할영역으로 포섭한다. 달리 말해 사회적 하부체계와 같이 고도로 전문화된 영역에서 발생하는 범죄 역시 형법에 의해 통제된다. 요컨대 오늘날 형법은 생활세계의 배후근거로만 머무는 것이 아니라 사회적 하부체계 역시 관할영역으로 포함시킨다. 따라서 형법이 생활세계의 배후근거가 된다는 하버마스의 주장은 애초에 형법이 생활세계를 규율하는

---

61) 이를 분석하는 양천수, "사회적 부패로서 규제: 규제개혁론에 대한 비판적 고찰", 『한국부패학회보』 제19권 제3호(2014), 41-63쪽 참고.

법으로 출발했다는 주장으로 이해하는 것이 타당해 보인다.[62]

이러한 맥락에서 하버마스의 사회이론을 독자적인 방식으로 형법학에 수용한 이상돈 교수의 주장에 주목할 필요가 있다. 이상돈 교수는 형법이 관할하는 영역을 세 영역으로 구별한다.[63] '일상영역', '과학기술에 의해 전문화된 영역' 그리고 '체계'가 그것이다. 이는 하버마스의 이원적 사회이론을 발전적으로 수용하면서 동시에 형법의 관할영역에 관한 하버마스의 주장을 실제 현실에 맞게 수정한 것이다. 여기서 '일상영역'은 생활세계를 뜻하고 '과학기술에 의해 전문화된 영역'은 일상영역과 체계가 구조적으로 중첩되는 영역을 말한다. 의료영역이나 교통영역이 이에 관한 대표적인 예에 해당한다. 그리고 '체계'는 앞에서 언급한 사회적 하부체계를 뜻한다. 이상돈 교수에 따르면 형법은 이제 단순히 일상영역만을 규율하는 법이 아니다. 과학기술에 의해 전문화된 영역뿐만 아니라 체계까지 관할하는 법, 달리 말해 사회 전체를 규율하는 법인 것이다.[64]

### 2. 상당인과관계설의 한계

이렇게 오늘날 형법이 '일상영역'과 '고도로 전문화된 영역'을 모두 관할하기 위해서는 형법 도그마틱 역시 이러한 일상영역과 고도로 전문화된 영역에 모두 적용될 수 있어야 한다. 이러한 근거에서 볼 때 상당인과관계설은 약점을 가질 수밖에 없다. 왜냐하면 상당인과관계설의 핵심 기준인 '상당성'은 행위자 또는 일반인이 '일상생활의 경험'에 비추어볼 때 상당한 것을 뜻하기 때문이다.

---

62) 그러나 형법의 역사를 고려하면 이러한 이해방식 역시 타당해 보이지는 않는다. 왜냐하면 이미 오래 전부터 정치형법은 형법의 중요한 부분을 차지하였는데 정치형법이야말로 정치체계를 규율하는 법이라고 볼 수 있기 때문이다. 형법의 역사에 관해서는 박상기, 『독일형법사』(율곡출판사, 1993) 참고.

63) 이상돈, 『형법학』(법문사, 1999), 단락번호 [10] "책임의 개인적 귀속과 형법적 행위영역의 유형화" 참고.

64) 법이 규율하는 영역을 유형화하는 시도는 민법학에서도 발견할 수 있다. 예를 들어 김형배 교수는 불법행위가 규율하는 영역을 중심으로 하여 "행위자의 유책성이 귀책근거가 되는 불법행위"와 "행위의 위험성이 귀책근거가 되는 불법행위"를 구분한다. 서광민 교수는 이를 더욱 발전시켜 불법행위를 "행위자비난형 불법행위", "행위비난형 불법행위", "위험원지배형 불법행위"로 유형화한다. 이에 관해서는 최흥섭, "불법행위의 성립요건", 『이영준 박사 화갑기념논문집』(박영사, 1999), 988쪽 아래 참고.

이는 상당인과관계설이 일상영역, 즉 '생활세계'에서 발생하는 범죄에만 적용될 수 있다는 것을 시사한다. 이를 예증하듯 가령 배종대 교수는 "상당성의 판단기준은 '생활세계의 보편적 경험'이 제공한다."고 말한다.[65] 따라서 고도로 전문화된 영역, 가령 경제체계에서 발생한 범죄에 "생활세계의 보편적 경험"을 적용하는 데는 한계가 있을 수밖에 없다. 마찬가지 이유에서 의료영역이나 교통영역에서 발생하는 범죄를 규율하는 과정에서 상당성이라는 기준은 한계에 부딪힐 수밖에 없다.

### 3. 현대 위험사회와 위험 기준의 유용성

이와 달리 위험을 핵심적 기준으로 수용하는 객관적 귀속론은 일상영역뿐만 아니라 고도로 전문화된 영역에서 발생하는 범죄에 대응하는 데 유리하다. '위험사회'라는 개념이 시사하는 것처럼 '위해'(Gefahr)나 '위험'(Risiko)은 오늘날 사회의 거의 모든 영역에 존재하기 때문이다. 특히 고도로 전문화된 영역에는 다양한 그리고 때로는 허용된 위험이 존재한다. 물론 여기에서도 위험이 구체적으로 무엇인가, 라는 문제가 등장한다. 그렇지만 "생활세계의 보편적 경험"을 바탕으로 하기에 주로 일상영역에서 발생하는 범죄에 힘을 발휘하는 상당인과관계설에 비해 위험이라는 기능적 기준을 갖춘 객관적 귀속론이 현대 위험사회에서 발생하는 범죄에 대응하는 데는 분명 유리한 점을 가진다. 바로 이 지점에서 필자는 객관적 귀속론의 기능적 독자성을 찾을 수 있다고 생각한다.

## Ⅴ. 맺음말

지금까지 객관적 귀속과 관련된 몇 가지 쟁점을 살펴보았다. 이를 통해 필자는 객관적 귀속이 상당인과관계설과는 차별화되는 기능적 독자성을 갖고 있음을 논증하였다. 그러나 동시에 앞에서 주장한 것처럼 필자는 객관적 귀속이 과실범에만 적용될 수 있는 도그마틱이라는 점도 인정하였다. 현대사회에서 발

65) 배종대, 앞의 책, 229쪽.

생하는 과실범은 주로 업무상 과실범의 형태가 많고, 또한 주로 고도로 전문화된 영역에서 발생한다는 점에서 '위험창출'과 '위험실현'을 핵심적 기준으로 삼는 객관적 귀속이 과실범에 적용된다는 점은 자연스러운 결론이라고 생각한다. 이 점에서 필자는 객관적 귀속에 관해 이른바 '제한적 긍정설'을 취한다고 말할 수 있다. 고의범에서는 객관적 귀속이 아닌 주관적 귀속, 특히 고의귀속이 더욱 중요한 역할을 수행해야 한다고 생각한다.

한때 객관적 귀속론은 그 예전에 목적적 행위론이 그랬던 것처럼 새로운 이론이자 형법의 많은 문제를 해결할 수 있는 도그마틱으로 각광을 받기도 하였다. 그 때문에 자연스럽게 객관적 귀속론을 거부하는 주장들도 생겨나기 시작하였다. 이러한 상황에서 필자는 현대사회에서 객관적 귀속이 무엇을 할 수 있고 무엇을 할 수 없는지를 형법철학의 측면에서 짚어보고자 하였다. 그 결과 제한적 긍정설이라는 다소 어중간한 결론에 도달하였다.

다른 한편 필자는 다음과 같은 추측도 해본다. 인과관계와 객관적 귀속이 한참 문제가 되던 20세기 초반은 아직 인과적 행위론과 고전적 범죄체계론이 지배하던 시기였다. 따라서 그 당시에는 범죄행위의 객관적 측면, 즉 불법성을 판단하는 과정에서는 인과관계와 객관적 귀속이 핵심적 역할을 하였다. 그 때문에 인과관계와 객관적 귀속을 둘러싼 다양한 학설이 등장한 것이 아닌가 하는 점이다. 이와 달리 주관적 귀속 문제는 책임에 속하는 것으로 다소 소홀하게 취급된 게 아닌가 한다. 그렇지만 이후 벨첼에 의해 목적적 행위론이 등장하고 목적적 범죄체계가 도입되면서 고의나 과실과 같은 범죄행위의 주관적 요소가 구성요건단계로 자리 잡게 되었다. 고의나 과실 역시 행위의 불법성을 구성하는 기준이 된 것이다. 이는 전통적인 주관적 귀속이 '주관적 불법귀속'과 '책임귀속'으로 분화되는 계기를 마련하였다. 이러한 상황에서 이제 우리는 범죄행위의 불법성을 판단할 때 객관적인 측면뿐만 아니라 주관적인 측면도 동시에 비중 있게 고려해야 한다. 그런데도 우리는 여전히 객관적 불법성을 판단하는 인과관계와 객관적 귀속에 과도한 비중을 두고 있는 것이 아닌가 한다. 이와 동등하게 이제 우리는 주관적 불법귀속 판단에도, 가령 고의귀속 판단에도 관심을 기울여야 하지 않을까 생각한다. 그 점에서 한편으로는 객관적 귀속에 과도하게 부여하는 기대를 줄일 필요가 있다. 물론 다른 한편으로는 객관적 귀속에 제기되는 과도한 거부감 역시 경계해야 하지만 말이다.

제16장

# 안락사와 형사책임

## Ⅰ. 서론

전통적으로 형법은 법철학과 밀접한 관련을 맺어 왔다. 다수의 유명한 법철학자들이 동시에 유명한 형법학자이기도 했던 독일의 경우가 이를 잘 보여준다.[1] 이러한 상황은 우리나라에서도 마찬가지였다. 지금은 법철학이 기초법의 분과로 독자적인 지위를 차지하게 되었지만 불과 얼마 전까지만 해도 법철학은 주로 형법학자들이 담당하고는 하였다.[2] 그렇다면 그 이유는 무엇 때문일까? 가장 핵심적인 이유로 형법은 민법과 같은 사법과는 달리 인간의 생명이나 자유를 직접 대상으로 하는 형벌을 법적 효과로 삼는다는 점을 들 수 있다. 동시에 형법은 정교하게 짜인 민법보다는 상대적으로 형법 도그마틱만으로는 해결

1) 예를 들어 유명한 법철학자인 라드브루흐가 형법학자이기도 했다는 점을 들 수 있다. 라드브루흐의 제자인 카우프만도 당대의 법철학자이자 형법학자였다. 목적적 행위론을 제창한 한스 벨첼 역시 거대한 형법학자이자 법철학자였다. 이에 관해서는 최종고, 『G. 라드브루흐 연구』(박영사, 1995); W. Hassemer, 김영환 (역), "독일 법철학과 형법의 전통", 『한림법학 forum』 제1권(1991), 141-155쪽.

2) 고려대학교 법과대학 교수로 재직했던 심재우 선생이 대표적인 경우라 할 수 있다. 심재우 선생은 독일의 사회적 행위론을 소개·주장한 형법학자이면서도 평생 구체적 자연법을 정립하는 데 힘쓴 법철학자이기도 하였다. 심재우 선생의 형법이론에 관해서는 김일수·배종대 (편), 『법치국가와 형법』(세창출판사, 1998). 심재우 선생의 법철학에 관해서는 심재우, 『열정으로서의 법철학』(박영사, 2020); 심재우, 『왕도와 패도』(박영사, 2021); 김영환, "법의 존재론적, 인간학적 기본구조: 심재우 교수님의 법철학", 『법철학연구』 제2권(1999), 321-334쪽.

하기 어려운 문제영역을 갖고 있다. 많은 경우 형법학은 쉽사리 해결하기 어려운 문제들과 싸워야 한다. 이러한 어려움은 무엇보다도 생명이라는 법익과 관련된 영역, 그러니까 생명보호 영역에서 잘 드러난다. 예를 들어 낙태나 뇌사, 안락사 혹은 치료중단과 같은 문제들은 형법이 단순히 형법 도그마틱에만 안주할 수 없다는 점을 잘 보여준다.[3]

위에서 언급한 문제들 중에서 안락사 문제는 많은 관심을 모은 쉽지 않은 문제라 할 수 있다. 특히 '보라매 사건' 및 '김할머니 사건'을 계기로 하여 안락사 혹은 치료중단 문제는 중요하면서도 어려운 의학적·법적 쟁점이 되었다.[4] 이러한 상황은 독일에서도 찾아볼 수 있다. 독일에서도 안락사에 관한 논의가 많이 이루어졌다.[5] 그러나 이를 다룬 각종 연구들을 면밀하게 읽어보면 알 수 있듯이 안락사는 쉽사리 해결할 수 없는 근본 문제를 던진다. 이 때문에 안락사 문제는 형법 도그마틱의 차원을 넘어 형법철학의 측면에서 접근해야 할 필요가 있다. 이러한 문제 상황에서 제16장은 안락사를 정당화할 수 있는지, 만약 그것이 가능하다면 어떤 방식으로 정당화할 수 있는지를 다룬다.

## Ⅱ. 세 가지 방식의 정당화 구조

법철학의 측면에서 볼 때 안락사는 크게 세 가지 방식으로 정당화하는 것을 생각할 수 있다. 첫째는 '객관적 정당화'이고 둘째는 '주관적 정당화'이며 셋째는 '상호주관적 정당화'이다. 필자는 이 세 가지 방식의 정당화 구조를 철학적 인식론에서 이끌어올 수 있다고 생각한다. '주체/객체 모델'과 '상호주관적 모델'이 그것이다.

---

3) 이러한 문제의식에 입각해서 법철학과 형법의 관점을 모두 원용하여 생명보호 영역에 접근하는 연구로는 이상돈, 『의료형법』(법문사, 1998); 이상돈, 『생명공학과 법』(아카넷, 2003) 등 참고.

4) 이와 관련한 논의 상황을 종합적으로 정리하는 문헌으로 이석배, "생명의 종기에서 형법상 생명보호: 안락사에 관한 논의를 중심으로", 『형사법연구』 제19권 제3호(2007), 445-464쪽. 한편 안락사에 급진적인 견해를 보이는 문헌으로 N. Hoerster, *Sterbehilfe im säkularen Staat* (Frankfurt/M., 1998) 참고.

5) 독일의 논의상황에 관해서는 이석배, "독일의 치료중단 기준과 입법론", 『형사정책』 제19권 제1호(2007), 229-251쪽.

## 1. '주체/객체 모델'과 '상호주관적 모델'

철학적 인식론을 아주 단순화해서 말하면 크게 두 가지 인식 모델로 유형화할 수 있다. 첫째는 '주체/객체 모델'이고 둘째는 '상호주관적 모델'이다.[6] 근대 주체 중심의 철학이 낳은 주체/객체 모델은 인식주체와 인식객체를 분리한다. 주체/객체 모델에서는 인식하는 주체와 인식되는 객체가 중심이 된다. 이 모델에 따르면 인식하는 주체는 인식객체를 객관적으로 인식할 수 있다. '진리'(Wahrheit)는 인식주체가 객관적으로 '발견'할 수 있는 대상이다. 이에 대하여 20세기 철학이 태동시킨 상호주관적 모델은 인식주체와 인식객체를 엄격하게 분리하지 않는다. 왜냐하면 상호주관적 모델은 인식하는 주체가 인식객체인 대상을 객관적으로 발견할 수 있다고 파악하지 않기 때문이다. 상호주관적 모델에 따르면 진리는 미리 주어져 있는 것이 아니라 인식주체와 인식주체 사이에서 이루어지는 합의를 통해 구성된다.[7] 따라서 이 모델에 따르면 주체와 객체의 관계가 아니라 주체와 주체의 관계(상호주관)가 전면에 등장한다.

## 2. 객관적/주관적/상호주관적 정당화

두 인식 모델은 인식론의 영역을 넘어 법학과 같은 실천학문 영역에도 영향을 미쳤다. 예를 들어 주체/객체 모델은 형법학 영역에서 '주관주의'와 '객관주의'의 형태로 구체화되기도 하였다.[8] 형법학에서 흔히 볼 수 있는 '주관설'과 '객관설'은 주체/객체 모델을 반영한 것이라 할 수 있다.[9] 주관설은 주체인 행위자와 주로 관련을 맺는 반면 객관설은 행위대상 혹은 주체 외부에 있는 제3자와 관련을 맺는 점이 이를 보여준다. 이에 대해 상호주관적 모델은 '절차주의'의 형태로 법(철)학 영역에 투영되었다.[10] 여기서 절차주의는 '절차적 정의론'

6) 이에 관해서는 Arth. Kaufmann, *Prozedurale Theorien der Gerechtigkeit* (München, 1989).

7) 대표적으로 J. Habermas, "Wahrheitstheorien", in: ders., *Vorstudien und Ergänzungen zur Theorie des kommunikativen Handelns* (Frankfurt/M., 1984), 127쪽 아래.

8) 이는 형법 영역뿐만 아니라 상법 영역에서도 찾아볼 수 있다. 예를 들어 정동윤, "상법에 있어서의 주관주의와 객관주의", 『법학논집』(고려대) 제28집(1992). 이를 요약해서 소개하는 정동윤, "건국후 한국법학의 회고와 전망", 『고려법학』 제43호(2004), 5-7쪽.

9) 이에 관해서는 배종대, 『형법총론』(홍문사, 1994), 94-108쪽.

10) 절차주의에 관해서는 G.-P. Calliess, *Prozedurales Recht* (Baden-Baden, 1998) 참고.

혹은 '절차적 합리성'과 관련을 맺는 것으로, 법의 이념(정의)이나 목적 또는 법적 규제의 방식이 미리 (형식적 또는 실질적으로) 전제되어 있는 것으로 파악하지 않고 오히려 이러한 법의 이념이나 목적 또는 법적 규제방식은 일정한 절차를 통해 비로소 규정되고 구체화된다고 보는 이론들을 총체적으로 지칭한다.[11] 절차주의는 '형식법/실질법/절차주의적 법' 또는 '자유주의 법모델/사회국가 법모델/절차주의 법모델'로 단계화되는 '삼단계 모델'과 깊은 연관을 맺는다.[12] 여기서 절차주의적 법모델은 자유주의적 법모델과 사회국가적 법모델 사이에 존재하는 딜레마를 해소하기 위한 대안으로 등장하였다.[13]

이처럼 주체/객체 모델과 상호주관적 모델은 법학에도 유용하게 적용할 수 있다. 필자는 이 모델을 안락사를 정당화하는 데 원용하는 논증의 인식론적 기초로도 사용할 수 있다고 생각한다. 우선 주체/객체 모델에서 두 가지의 정당화 방식을 도출할 수 있다. 객관적 정당화와 주관적 정당화가 그것이다. 그리고 상호주관적 모델에서는 절차주의적 정당화 방식을 이끌어낼 수 있다. 아래에서 차례대로 검토하겠다.[14]

## Ⅲ. 객관적 정당화

객관적 정당화란 주체에 대응하는 객관적인 측면, 즉 객관적인 상황이나 요건 등을 통해 규범적인 정당화를 시도하는 것을 뜻한다. 따라서 객관적인 정당화 방식을 통해 안락사를 정당화한다는 것은 안락사가 지닌 객관적 상황이나 요건 등을 고려해서 안락사를 정당화하는 것이라고 새길 수 있다. 필자는 안락사를 객관적으로 정당화하려는 시도로 크게 '법으로부터 자유로운 영역' 논증을

11) 절차주의를 소개하는 국내 문헌으로 이상돈·홍성수, 『법사회학』(박영사, 2000), 39쪽 아래.

12) 클라우스 귄터의 이해에 따르면 '삼단계 모델'은 막스 베버로 거슬러 올라간다. K. Günther, "Der Wandel der Staatsaufgaben und die Krise des regulativen Rechts", in: D. Grimm (Hrsg.), *Wachsende Staatsaufgaben – sinkende Steuerungsfähigkeit des Rechts* (Baden-Baden, 1990), 51쪽.

13) 이를 간략하게 정리하는 양천수, "1980년대 이후 전개된 독일 법사회학의 현황: 토이브너의 이론을 중심으로 하여", 『법과 사회』 제30호(2006), 120-121쪽 참고.

14) 이와 유사하게 낙태를 정당화하는 것을 모색하는 W. Hassemer, 변종필 (역), "절차적 정당화", 배종대·이상돈 (편역), 『형법정책』(세창출판사, 1998), 160-188쪽.

끌어들여 안락사를 정당화하고자 하는 것과 '작위·부작위' 논증을 통해 안락사를 정당화하는 것을 거론할 수 있다고 생각한다.

### 1. '법으로부터 자유로운 영역' 논증

독일의 형법학자 칼 엥기쉬에서 출발하여 아르투어 카우프만이 발전시킨 '법으로부터 자유로운 영역'(rechtsfreier Raum) 논증은 낙태와 같이 법으로 일률적으로 판단하기 어려운 영역을 법으로부터 자유로운 영역으로 설정한 후 이에 일정한 법적 판단을 내리는 것을 유보하고자 한다.[15] 법적 판단은 본래 이분법적 코드로 작동한다.[16] 따라서 법은 일정한 행위에 합법 또는 불법이라는 판단을 내려야 한다. 제3의 판단은 허용되지 않는다. 그러나 '법으로부터 자유로운 영역' 논증은 특정한 한계상황이 나타나는 경우 이러한 이분법적 판단을 유보한다. 이에 따르면 그러한 한계상황에 우리는 '합법'이라는 판단도 그렇다고 '불법'이라는 판단도 내릴 수 없다. 하지만 이 '법으로부터 자유로운 영역' 논증을 좀 더 깊이 분석하면 이 논증은 법으로 판단하기 어려운 한계상황을 교묘하게 정당화하는 역할을 하고 있음을 발견한다. 예를 들어 만약 우리가 낙태 행위를 법으로부터 자유로운 영역으로 판단한다면, 우리는 낙태 행위를 합법적인 행위라고 말할 수도 없지만 그렇다고 해서 이 행위가 법에 위반된다고 말할 수도 없다.[17] 사실이 그렇다면 결국 이러한 낙태 행위를 처벌할 수 없게 된다. 왜냐하면 이 행위의 위법성을 분명하게 긍정할 수 없기 때문이다. 이러한 이유에서 낙태 행위는 결과적으로는 정당화되는 효과를 누릴 수 있다. 물론 이때 말하는 정당화는 '적극적인' 정당화가 아니라 '소극적인' 정당화라고 말해야 하겠지만 말이다. 그렇다면 안락사에 '법으로부터 자유로운 영역' 논증을 적용할 수 있는가? 안락사는 낙태처럼 그것이 합법적인지 아니면 불법적인지 분명하게 판단하기 쉽지 않은 행위이다. 찬반양론이 뚜렷하게 전개되는 영역으로 이 안락사도

---

15) '법으로부터 자유로운 영역 논증'에 관해서는 K. Engisch, "Der rechtsfreie Raum", in: *ZStaaW* 108 (1952), 385쪽 아래; Arth. Kaufmann, "Rechtsfreier Raum und eigenverantwortliche Entscheidung", in: *Festschrift für Reinhart Maurach* (Karlsruhe, 1972), 327쪽 아래.

16) N. Luhmann, *Ökologische Kommunikation*, 4. Aufl. (Wiesbaden, 2004), 75-88쪽.

17) 이와 관련하여 급진적으로 모든 낙태행위를 허용하고자 하는 견해로는 N. Hoerster, *Abtreibung im säkularen Staat*, 2. Aufl. (Frankfurt/M., 1995).

한계상황에 속하는 행위의 일종이라고 볼 수 있다. 따라서 안락사에도 '법으로부터 자유로운 영역' 논증을 적용할 수 있다.

'법으로부터 자유로운 영역' 논증을 적용하면 안락사는 다음과 같이 정당화할 수 있다. 먼저 안락사는 법으로부터 자유로운 영역이어서 이분법적 코드가 작동할 수 없다. 안락사 행위를 합법적인 행위라고 말할 수도 없지만 그렇다고 위법한 행위라고 말할 수도 없다. 법으로부터 자유로운 영역 논증에 따르면 안락사 행위는 합법과 불법을 넘어서는 제3의 판단영역에 속한다. 이 제3의 판단영역에서는 행위가 처한 구체적인 상황을 종합적으로 고려하여 그 행위의 정당성 여부를 판단할 수밖에 없다. 이는 곧 안락사 행위가 경우에 따라 소극적으로 정당화될 수 있음을 뜻한다. 이렇게 보면 '법으로부터 자유로운 영역' 논증에 따를 때 우리는 안락사에 합법이라는 수식어도 그렇다고 불법이라는 수식어도 붙일 수 없다. 물론 그렇다고 해서 '법으로부터 자유로운 영역' 논증이 '정당방위'나 '긴급피난'처럼 안락사를 확고하게 정당화해주는 것은 아니다. 또한 '책임무능력'이나 '면책적 긴급피난'처럼 확고하게 책임귀속을 부정해주는 것도 아니다. 위에서도 언급했듯이 '법으로부터 자유로운 영역' 논증을 통해 안락사를 정당화하는 방식은 형법 도그마틱의 정당화사유나 면책사유가 수행하는 역할과는 차이가 있다. 다만 '법으로부터 자유로운 영역' 논증을 원용해 안락사를 (결과적으로) 정당화하는 것은 구성요건 해석으로 구성요건을 배제하는 논증과 연결되는 것처럼 보인다.[18] 왜냐하면 '법으로부터 자유로운 영역' 논증은 안락사를 법적 판단이 개입할 수 없는 한계상황으로 규정한 후 이에 형법상 살인죄 구성요건을 적용하는 것을 배제하기 때문이다. 바로 이러한 점에서 '법으로부터 자유로운 영역' 논증은 아래에서 살펴볼 '작위·부작위' 논증과 유사한 기능을 수행하고 바로 이 때문에 객관적 정당화 방식에 속할 수 있다.

이러한 '법으로부터 자유로운 영역' 논증에서 우리는 크게 네 가지 측면을 간취할 수 있다. 첫째, 이 논증에는 '정상상황'과 '한계상황'을 구별하는 실존주

---

18) 이런 측면에서 '법으로부터 자유로운 영역' 논증은 작위와 부작위를 구별하고 이에 따라 적극적 안락사와 치료중단을 구별하여 후자를 살인죄의 구성요건에서 배제하려는 작위·부작위 논증과 같이 객관적 정당화에 해당한다고 말할 수 있다.

의 철학의 정신이 스며있다.[19] 이에 따르면 안락사는 법으로 분명하게 규율하기 어려운 한계상황에 놓여 있고, 그러므로 이 경우에는 그 한계상황에 놓여있는 상황논리를 고려하여 법적 판단을 배제한 채 안락사의 윤리적·도덕적 정당성을 판단해야 한다는 것이다. 둘째, 이렇게 안락사가 행해진 구체적인 상황을 고려해야 한다는 요청을 고려할 때 우리는 '법으로부터 자유로운 영역' 논증에서 클라우스 귄터(Klaus Günther)가 제안한 '규범적용대화'의 선구적인 모습을 발견할 수 있다.[20] 왜냐하면 규범적용대화이론은 법규범이 적용되는 구체적인 상황을 완전하게 해석하여 규범적용의 '적절성'(Angemessenheit)을 이끌어낸 후 이를 통해 규범적용대화의 정당성과 보편성을 확보하려 하기 때문이다. 셋째, 위에서 잠시 언급하였듯이 '법으로부터 자유로운 영역' 논증은 안락사를 법으로부터 자유로운 영역으로 판단한 후 살인죄 구성요건 적용을 배제함으로써 안락사가 일종의 구성요건배제 사유에 해당할 수 있음을 시사한다. 넷째, '법으로부터 자유로운 영역' 논증은 안락사에 합법 혹은 불법이라는 법적 판단을 일률적으로 내리지 않음으로써 '절차적 정당화'라는 상호주관적 정당화 구상에 어느 정도 연결되기도 한다.[21] 왜냐하면 절차적 정당화도 특정한 행위에 확정적인 법적 판단을 내리는 것을 유보하기 때문이다. 위에서 언급한 것처럼 '법으로부터 자유로운 영역' 논증이 규범적용대화의 선구적인 모습을 띤다는 지적도 앞의 주장을 뒷받침한다. 그 이유는 귄터가 제시한 규범적용대화이론도 '절차주의'의 맥락에서 등장한 것이기 때문이다.[22]

그러나 '법으로부터 자유로운 영역' 논증으로 안락사를 정당화하는 방식에는 쉽사리 찬성하기 어렵다. 일단 과연 어떤 기준으로 정상상황과 한계상황을 나눌 수 있을지 그리 명확한 것은 아니다. 나아가 진정 법으로부터 자유로운 영역이 존재할 수 있을지 의문이 없지 않다. 위에서 논증한 것처럼 '법으로부터

19) K. Jaspers, 황문수 (역), 『이성과 실존』(서문당, 1999).

20) K. Günther, *Der Sinn für Angemessenheit* (Frankfurt/M., 1988); 양천수, "법과 대화이론: 클라우스 귄터의 대화이론적 법이론", 『법철학연구』 제4권 제2호(2001), 159-194쪽 및 이 책 제8장 참고.

21) 이 점을 지적하는 W. Hassemer, 앞의 논문, 172쪽.

22) 클라우스 귄터의 규범적용대화이론은 하버마스의 대화이론과 직접적으로 맞닿아 있다. 양천수, 앞의 논문 참고.

자유로운 영역' 논증은 안락사와 같은 일정한 상황을 법으로부터 자유로운 영역으로 규정한 후 이에 법적 판단을 배제함으로써 결과적으로는 이를 소극적으로 정당화하는 결과를 낳는다. 그렇다면 이 역시 일종의 법적 판단에 해당한다고 말할 수 있지 않을까? 비록 명확하게 합법 또는 불법이라는 판단을 하지는 않았지만 그러한 현상을 어느 정도 우리 사회에서 승인할 수 있다는 판단, 즉 법적인 판단을 한 것이 아닐까? 결국 '법으로부터 자유로운 영역' 논증 그 자체는 결코 법으로부터 자유로운 논증이라고 말할 수 없다고 생각한다. 그럴 바에야 차라리 '법으로부터 자유로운 영역'이라는 애매한 기준을 원용하기보다는 안락사를 적극적으로 정당화할 수 있는 다른 정당화 방식을 찾는 것이 더욱 설득력 있다고 생각한다.

### 2. 작위·부작위 논증

(1) 의의

이 논증은 형법상 행위를 작위와 부작위로 구별하여 작위의 경우는 적극적 안락사로 평가하고 부작위의 경우는 '치료중단'이라는 범주에 포섭하여 후자의 경우에는 살인죄 구성요건을 적용하는 것을 배제한다.[23] 구성요건 해석과 이를 통한 구성요건 배제라는 객관적 측면을 통해 안락사를 부분적으로 정당화하는 시도라 할 수 있다. 이 논증은 '보라매 사건' 이후 많은 형법학자들이 관심을 가지는 것이면서 동시에 소극적 안락사를 '치료중단'으로 재해석하여 이를 정당화하는 데 기여하는 설득력 있는 논증이라 할 수 있다.

그런데 이 논증에서는 무엇보다도 어떤 기준으로 작위와 부작위를 구별해야 하는지가 문제로 대두한다. 이는 형법상 행위론처럼 인간 행위에 대한 근본적인 성찰을 필요로 하는 쉽지 않은 문제이다. 물론 형법상 행위론과 작위·부작위 구별론은 논의 층위를 달리한다. 작위와 부작위는 모두 형법상 행위 개념에 포섭되기 때문이다.[24] 그러나 작위와 부작위의 구별기준에 관한 학설 중에

23) 이 문제에 대한 포괄적인 연구로는 S.-B. Yi, *Formen der straflosen Sterbehilfe in Deutschland und Korea* (Köln usw., 2007) 참고.

24) 그러나 여전히 벨첼의 목적적 행위론에 입각하면서도 부작위에 관해 목적적 행위론이 가진 난

는 형법상 행위론 가운데 한 이론인 사회적 행위론과 맞닿아 있는 것도 없지 않다. 따라서 작위·부작위의 구별기준 문제에 올바르게 접근하려면 좀 더 넓은 시각을 가지고 거시적인 측면에서 이 문제를 볼 필요가 있다.

형법상 행위론을 크게 존재적 측면에 강조를 둔 인과적 행위론과 규범적 측면에 강조를 둔 목적적·사회적 행위론으로 구별할 수 있는 것처럼 작위·부작위의 구별기준에 관한 견해도 크게 규범적 견해와 자연주의적 견해로 구별할 수 있다.[25] 규범적 견해는 '사회적 의미'나 '의심스러울 때는 작위원칙'이라는 기준 등에 따라 작위와 부작위를 판별한다.[26] 이에 반해 자연주의적 견해는 '신체의 움직임', '에너지의 발현', '인과성' 등으로 작위와 부작위를 구별한다.[27] 이러한 두 흐름은 지금도 크게 변하지 않은 채 유지된다. 다만 이상돈 교수는 법해석학과 법정책의 관점을 수용하여 작위·부작위 문제에 주목할 만한 견해를 내놓기도 하였다.[28] 이상돈 교수는 작위와 부작위를 판단하는 과정에서 '결정의 차원'과 '논증의 차원'을 분리한다. '결정의 차원'에서는 무엇이 작위이고 무엇이 부작위인지를 실질적·직관적으로 결정하고, 이렇게 결정하여 얻은 결과를 '논증의 차원'에서 설득력을 획득할 수 있도록 논증한다는 것이다. 이러한 구분에 따르면 작위와 부작위를 구별할 때 결정적인 역할을 하는 부분은 '결정의 차원'이 된다. 그런데 이상돈 교수는 '결정의 차원'에서 일정한 정책적 관점이 '선이해'로서 작위와 부작위를 구별하는 데 결정적인 역할을 수행한다고 말

---

점을 고려하여 행위론의 차원에서 행위와 부작위를 기본적으로 구별하는 슈트라텐베르트(Günther Stratenwert)의 견해도 있다. G. Stratenwert, *Strafrecht AT I*, 4. Aufl. (Köln usw., 2000), 79-81쪽 참고.

25) 학설 상황에 관해서는 이석배, "형법상 이중적 의미를 가지는 작위·부작위 구별과 형사책임의 귀속", 『형사법연구』 제25호(2006), 55-84쪽.

26) 규범적 견해를 주장하는 경우로는 임웅, 『형법총론』(법문사, 2005), 552쪽; 김일수·서보학, 『형법총론』(박영사, 2006), 480쪽 등.

27) 자연주의적 견해를 주장하는 경우로서 김성돈, "형법상 작위와 부작위의 구별", 『성균관법학』 제14권 제1호(2002), 75쪽 아래; 손동권, "정범과 공범, 작위와 부작위, 진정·부진정 부작위범의 구별", 『인권과 정의』(2005), 110쪽 아래; 이정원, 『형법총론』(법지사, 2004), 454쪽 아래 등.

28) 이상돈, 『치료중단과 형사책임』(법문사, 2002), 55-75쪽. 법해석학(juristische Hermeneutik)에 관해서는 J. Esser, *Vorverständnis und Methodenwahl in der Rechtsfindung* (Frankfurt/M., 1970), 133쪽 아래 참고. 이를 소개하는 남기윤, "독일 사법학 방법론의 현상과 신경향들", 『저스티스』 제95호(2006), 90-93쪽 참고. 법정책에 관해서는 디이터 슈트렘펠, 변무웅 (역), "'법정책'의 개념에 관하여: 그 연혁, 의미 및 정의", 『법과 정책연구』 제1집(2001), 357-372쪽.

한다.[29] 이는 곧 작위와 부작위를 구별해줄 수 있는 명확하고 고정된 기준은 존재할 수 없다는 점을 시사한다. 왜냐하면 작위와 부작위를 판단하는 주체가 어떤 선이해를 가지는가에 따라 작위인지 아니면 부작위인지가 결정될 것이기 때문이다. 그러나 이렇게 작위와 부작위에 대한 명확한 구별기준을 찾을 수 없다면 다음과 같은 문제가 발생할 수 있다. 안락사 행위를 작위로 평가할 것인가 아니면 부작위로 평가할 것인가 하는 문제는 안락사를 처벌할 것인가 아니면 정당화할 것인가 하는 문제와 직결된다. 그런데 만약 이에 대한 분명한 기준이 없다면 안락사에 대한 형사처벌의 한계선을 분명하게 그을 수 없다. 그렇게 되면 자칫 자의적인 형사처벌이 이루어질 수 있다. 이러한 이유에서 이상돈 교수는 작위인지 아니면 부작위인지 분명하게 판단하기 어려운, 즉 의심스러운 경우에는 부작위를 우선해야 한다는 결론을 내린다. 이렇게 하면 가벌성의 범위를 줄일 수 있고 이를 통해 안락사 행위에 이성적인 형법정책도 실현할 수 있기 때문이라고 한다.

(2) 작위·부작위 구별기준

작위와 부작위에 대한 구별기준 문제는 이 책이 주된 대상으로 삼는 문제는 아니다. 따라서 이 책에서 이 문제를 상세하게 다룰 수는 없다. 다만 필자는 이러한 '작위·부작위 논증'으로 안락사를 정당화하고자 하는 것은 설득력이 높다고 생각하기에 여기서 간단하게나마 필자의 견해를 피력한다. 기본적으로 필자는 작위·부작위에 대한 구별기준 가운데 '사회적 의미'를 기준으로 삼는 규범적 견해가 타당하다고 생각한다. 왜냐하면 작위와 부작위 역시 거시적인 차원에서 보면 '행위' 개념에 포섭된다고 할 수 있는데 필자는 행위 자체를 사회적 유의미성에 따라 판단해야 한다고 생각하기 때문이다(사회적 행위론). 한편 필자는 이상돈 교수가 주장한 것처럼 작위와 부작위를 판단하는 과정에서 법해석학 및 법정책의 관점을 끌어들일 수밖에 없다고 생각한다. 그 이유를 다음과 같이 말할 수 있다. 필자는 작위와 부작위를 명확하게 구별하는 기준을 찾는 것은 어

---

29) '선이해' 개념에 관해서는 H.-G. Gadamer, *Wahrheit und Methode* (Tübingen, 1975), 250쪽 아래 참고.

렵다고 생각한다. 작위와 부작위 모두 인간의 행위 개념과 관련을 맺는 것인데, 자연현상과는 달리 인간의 행위는 이 행위를 바라보고 이해하는 주체의 시각 혹은 관점에 따라 그 태양이 달라질 수 있다고 생각하기 때문이다. 예를 들어 사회적 행위론이 강조하는 '사회적 유의미성'은 이해 주체가 '사회적 유의미성'을 어떻게 이해하는가에 따라 각기 달리 파악할 수 있는 기준이다.[30] 이러한 이유에서 동일한 행위를 어떤 사람은 '작위'라고 파악하는 반면 다른 사람은 이를 '부작위'라고 파악할 수도 있다. 이러한 근거에서 심지어 '작위를 통한 부작위'(Unterlassen durch Tun)도 생각할 수 있다.[31] 결국 작위·부작위를 판단할 때는 판단 주체가 지닌 관점, 즉 '선이해'가 결정적인 역할을 하고 이 선이해는 많은 경우 형법정책적 관점과 연결될 가능성이 높다. 가령 안락사를 여전히 형사처벌의 대상으로 삼고자 하는 사람은 적극적인 형법정책의 관점에서 작위·부작위 판단문제를 보는 반면 형사처벌의 범위를 가능한 한 축소하려는 사람은 소극적인 형법정책의 관점에서 이 문제에 접근할 것이기 때문이다. 이러한 선이해를 근거로 하여 먼저 결정의 차원에서 작위·부작위 여부가 판단되고 그 다음 논증의 차원에서 이렇게 나온 결과가 정당화된다. 그러한 점에서 필자는 결정의 차원과 논증의 차원을 구별하는 이상돈 교수의 견해에 찬성한다. 하지만 그렇다고 해서 작위·부작위 구별기준 도그마틱을 섬세하게 구체화하는 데 반대하는 것은 아니다. 이상돈 교수가 결론으로 제시하는 "의심스러울 때는 부작위 우선" 논리는 '의심스러울 때는 자유이익으로' 원칙을 달리 표현한 것이다.[32] 이러한 결론이 추구하는 규범적 의미는 수긍할 만하지만 그렇다고 해서 작위·부작위 구별기준을 더욱 섬세한 도그마틱 언어로 구체화하는 노력을 포기해서는 안 된다. 그렇다면 대안은 무엇인가? 필자는 이 문제를 다음과 같이 풀 수 있다고 생각한다.

우선 작위·부작위 판단 문제에 관해서는 이미 언급한 것처럼 기본적으로

---

30) 이에 관해서는 양천수, "법해석학을 통해 다시 바라본 사회적 행위론", 『안암법학』 제25호(2007) 및 이 책 제13장 참고.

31) S.-B. Yi, 앞의 책, 46쪽 아래.

32) 이 원칙에 관해서는 W. Hassemer, *Einführung in die Grundlagen des Strafrechts*, 2. Aufl. (München, 1990), 26-27쪽 참고.

규범적 견해가 타당하다. '사회적 유의미성'에 따라 작위인지 아니면 부작위인지가 결정된다. 그러나 '사회적 유의미성' 기준은 여전히 불분명하다. 이는 의미론적으로 더욱 구체화해야 한다. 그러나 이를 위해 '신체의 움직임'이나 '에너지 발현'이라는 기준을 원용하는 것은 적절하지 않다. 오히려 필자는 구성요건 해석을 구별기준을 구체화하는 출발점으로 삼아야 한다고 생각한다. 이를 위해 먼저 안락사를 지배적인 견해처럼 소극적 안락사와 적극적 안락사로 구별할 수 있다.[33] 이때 소극적 안락사는 '치료중단'이라는 개념에 연결시킬 수 있다. 안락사 전체를 처벌하려는 시각에서 보면 치료중단에 해당하는 소극적 안락사도 살인죄 구성요건에 해당한다고 볼 것이다. 그렇다면 치료중단 행위, 예를 들어 인공호흡기를 제거하는 행위 등이 '살해' 행위에 포섭될 수 있어야 한다. 그런데 이를 밝히려면 인공호흡기를 제거하는 행위와 환자의 죽음 사이에서 어떤 인과고리가 형성되는지 구체화해야 할 필요가 있다. 이러한 측면에서 인공호흡기 제거행위를 분석하면 다음과 같은 인과고리가 형성된다는 점을 파악할 수 있다.

≪도식-3≫ 치료중단의 인과고리

의사에 의한 인공호흡기 제거 ⇒ 치료중단이라는 부작위 발생 ⇒ 환자의 죽음

위에서 알 수 있듯이 인공호흡기를 제거하는 행위는 치료중단이라는 중간단계의 선행행위이지 환자의 죽임이라는 결과에 직접적인 선행행위가 되는 것은 아니다. 이러한 구조는 적극적 안락사의 경우와 비교하면 더욱 분명해진다. 예를 들어 의사가 극약주사를 놓아 환자를 죽게 하는 경우에는 다음과 같은 인과고리를 발견할 수 있다.

≪도식-4≫ 적극적 안락사의 인과고리

의사의 안락사 결심 ⇒ 환자에게 극약주사 ⇒ 환자의 죽음

33) 이에 관한 상세한 논의는 이석배, 앞의 논문, 448-450쪽 참고.

위에서 확인할 수 있듯이 적극적 안락사의 경우에는 치료중단이라는 부작위 단계가 빠져 있다. 환자에게 극약주사를 하는 것이 직접 환자의 죽음에 연결되기 때문이다. 이 점에서 치료중단의 경우와 적극적 안락사의 경우는 분명 구별된다. 전자의 경우에는 치료중단이라는 부작위가 결정적 원인을 제공하지만 후자의 경우에는 극약주사라는 작위가 결정적 원인이 된다.

물론 이러한 주장에는 다음과 같은 반론을 던질 수 있다. 후자의 경우에도 극약주사를 치료중단의 범주에 포함시킬 수 있고 그렇다면 후자의 경우에도 치료중단이라는 중간단계를 설정할 수 있다는 것이다. 그러나 이러한 반론에는 두 가지 문제를 제기할 수 있다. 첫째, 치료중단의 일상적 의미에서 볼 때 극약주사를 치료중단 개념에 포섭할 수는 없다.[34] 둘째, 치료중단을 할 때 의사가 가지는 고의와 극약주사를 할 때 의사가 가지는 고의의 정도는 질적으로 다르다. 전자의 경우는 지정고의 또는 미필의 고의에 해당하지만 후자의 경우는 의도적 고의에 해당하기 때문이다.[35]

이상의 논증에 따르면 안락사 중에서 소극적 안락사는 부작위에 해당하는 치료중단으로 보아 정당화할 수 있다. 필자는 이러한 논증방식이 안락사를 정당화하는 가장 설득력 있는 방식이라고 생각한다.

## Ⅳ. 주관적 정당화

### 1. 환자의 처분권을 통한 정당화

주관적 정당화는 안락사가 이루어질 때 존재했던 객관적 상황보다는 피해자, 즉 환자라는 주관적 측면에 기초를 두어 안락사를 정당화하는 방식을 말한다. 주관적 정당화에서는 환자의 처분권이 핵심적인 기초가 된다.[36] 이에 따르

---

34) 이와 관련하여 법률해석은 법규정이 담는 일상언어적 의미를 밝히는 데서 출발해야 한다고 지적하는 김영환, "형법상 해석과 유추의 한계", 신동운 외, 『법률해석의 한계』(법문사, 2000), 100쪽; 이상돈, "형법상 유추금지의 대화이론적 재구성", 『형사법연구』 제5호(1992/93), 13쪽 등 참고.

35) 양자의 차이에 관해서는 김일수, 『형법총론』 제6판(박영사, 1998), 185-189쪽.

36) 독일의 지배적 견해에 따르면 환자의 처분권, 즉 자기결정권은 의사가 행하는 치료행위의 기초를 이루는 동시에 한계가 된다. 이러한 독일의 상황에 관해서는 이석배, 앞의 논문, 235쪽 아래.

면 안락사는 환자가 자기 생명에 대한 처분권을 자율적으로 행사하여 이루어진 것이라는 점에서 정당화될 수 있다. 개인의 자율성을 최고의 가치로 여기는 자유주의를 철저하게 밀고 나가면 생명 역시 개인이 자유롭게 처분할 수 있는 대상이 되고, 따라서 자율적인 자기결정으로 안락사가 이루어졌다면 안락사를 범죄화할 수 없다는 결론을 얻을 수 있다.[37] 그러나 이 정당화 방식에는 여러 문제를 제기할 수 있다.

우선 생명과 같은 법익을 자유로운 처분 대상으로 볼 수 있는지가 문제된다. 이는 철학적 문제에 그치는 것이 아니라 실정 형법과도 직접 연결된다. 왜냐하면 현행 형법은 촉탁·승낙에 의한 살인죄를 인정하기 때문이다(형법 제252조). 나아가 형법 도그마틱의 차원에서도 다음과 같은 문제를 생각할 수 있다. 첫째, 환자의 처분권을 범죄체계론상 피해자의 승낙 도그마틱에 해당한다고 보아 정당화 사유의 일종으로 이해할 것인지 아니면 구성요건을 배제하는 양해의 일종으로 보아 객관적 정당화처럼 아예 구성요건을 배제하는 것으로 볼 것인지 문제된다.[38] 둘째, 환자의 처분권에 대한 구체적인 내용으로 환자의 명시적 처분 이외에 환자의 묵시적 처분, 추정적 의사에 따른 처분, 가족의 동의에 의한 처분 가운데 과연 어디까지 환자의 처분권 행사로 인정할 것인지 문제된다. 셋째, 처분권의 행사범위 문제로 소극적 안락사, 즉 치료중단뿐만 아니라 적극적 안락사도 처분권의 행사범위에 포함시킬 것인지 문제된다.

## 2. 생명의 처분가능성

안락사와 같이 생명이라는 법익과 관련되는 행위를 환자의 주관적 의사로 처분할 수 있는지 문제된다. 이에는 생명보다 더욱 낮은 서열의 법익이라 할 수 있는 신체도 그 처분이 제한된다는 반대논증을 들어 이런 주장에 반대할 가능성이 있다.[39] '후견주의'에 기초를 둔 논증이라 할 수 있다.[40] 이 '후견주의'와

37) 이러한 결론을 지지하는 N. Hoerster, 앞의 책, 169-170쪽 참고.
38) 양자의 차이에 관해서는 김일수, 앞의 책, 244-245쪽.
39) 예를 들어 피해자의 승낙을 통해 신체를 처분하는 것이 사회의 윤리나 도덕에 반하는 경우에는 제한되는 것을 들 수 있다. 배종대, 『형법각론』 제6전정판(홍문사, 2006), 99-100쪽.
40) 이 문제에 대한 철학적 검토로는 K. Seelmann, 서윤호 (역), "법강제의 근거로서 자기모순", 『법

관련한 문제는 그 자체 방대한 법철학적 주제이므로 이 책에서는 상론하지 않기로 한다. 다만 안락사에 한정해 보면 안락사가 가진 특수한 상황, 즉 한계상황을 고려할 때 제한적으로나마 환자 자신의 자율적인 처분권을 인정할 수 있다고 생각한다. 물론 이 주장은 더욱 세분화해서 살펴볼 필요가 있다. 첫째, 비록 환자에게 자율적인 처분권을 인정한다 하더라도 오직 환자 본인에게만 생명에 대한 처분권을 인정할 수 있다는 것이다. 촉탁·승낙에 의한 살인죄를 인정하는 현행 형법체계에서 볼 때 설사 환자 본인이 진지하게 부탁했다 하더라도 의사가 적극적으로 안락사를 행한다면 이에는 정당화할 여지가 사라진다.[41] 둘째, 모든 안락사 유형에 자율적인 처분권을 인정할 수는 없고 부작위로 이루어지는 치료중단 형태의 경우에만 자율적인 처분권을 인정할 수 있다는 것이다. 물론 이러한 경우는 환자가 의식불명 상태에 빠져 있는 경우가 대부분이므로 본인이 스스로 치료중단을 행할 수는 없을 것이다.[42] 그렇다면 첫 번째 문제와 두 번째 문제를 결합해서 다음과 같은 결론을 얻을 수 있다. 치료중단에 해당하는 경우에는 비록 환자 본인이 아니라도 본인의 명시적·묵시적·추정적 의사에 기초를 두어 의사가 치료중단을 행했다면 이러한 경우에는 촉탁·승낙에 의한 살인죄를 인정하지 않는 것이다. 요컨대 이러한 경우에 객관적 정당화 방식과 주관적 정당화 방식을 모두 고려하는 것이다.

### 3. 형법 도그마틱상의 문제

나아가 형법 도그마틱상으로는 다음이 문제된다. 우선 환자의 처분권을 통해 안락사를 정당화하는 것이 범죄체계론상 위법성조각 사유에 해당하는지 아니면 구성요건배제 사유에 해당하는지 문제된다. 만약 후자의 경우가 된다면 이는 객관적 정당화에 해당할 것이다. 그러나 이 경우는 보통 구성요건배제

철학연구』 제9권 제2호(2006), 373-388쪽 참고.

41) 물론 환자가 의학적으로 볼 때 이미 '비가역적 상태'에 빠져 있다면 환자로부터 진지한 촉탁을 받아 환자를 죽음에 이르게 한 경우에는 촉탁·승낙에 의한 살인죄가 성립하지 않는다고 보아야 한다. 이와 유사한 결론을 내리는 독일 학계의 상황에 관해서는 이석배, 앞의 논문, 232쪽 아래.

42) 이러한 이유에서 이상돈 교수는 환자의 처분권, 즉 자기결정권은 소극적 안락사보다 적극적 안락사에서 더욱 중요성을 획득할 수 있다고 말한다. 이상돈, 『치료중단과 형사책임』, 28쪽 아래.

사유인 양해가 적용되는 '타인의 물건'과는 다른 구조를 가진다. 가령 타인의 생명은 양해가 있다고 해서 자기의 생명으로 전환되는 것은 아니다. 다시 말해 환자가 안락사를 결정했다고 해서 그 순간부터 환자의 생명이 의사 자신의 생명으로 전환된다고 말할 수 없다. 그러므로 환자의 처분권을 통해 안락사를 정당화하는 것은 피해자 승낙으로 위법성을 조각하는 경우로 이해하는 것이 타당하다.

다음 과연 어디까지 처분권 행사에 속한다고 볼 수 있는지 문제된다. 먼저 환자가 죽기 전에 명시적으로 치료중단의 의사를 표시한 경우에는 처분권을 행사한 것이라고 볼 수 있다. 나아가 묵시적 의사표시의 경우에도 엄격한 증거판단, 즉 엄격한 증명을 통해 처분권 행사를 인정할 수 있다. 그러나 문제는 추정적으로 처분권 행사를 인정할 것인지 혹은 가족의 동의를 통해 처분권을 인정할 것인지 하는 것 등이다.[43] 하지만 시각을 달리 해서 보면 이 문제는 객관적 정당화 논증 가운데 작위·부작위 논증을 수용하면 쉽게 해결할 수 있다. 왜냐하면 환자의 처분권 행사는 위에서 본 것처럼 치료중단과 같은 부작위에만 인정할 수 있는데, 이러한 치료중단의 경우는 작위·부작위 논증에서 말한 것처럼 객관적으로 정당화할 수 있는 경우이므로 환자의 추정적 의사나 가족의 동의를 통해 처분권을 행사할 수 있다고 보는 것이 타당하기 때문이다. 그러나 작위를 통해 이루어지는 적극적 안락사의 경우에는 추정적인 의사 또는 가족의 동의에 기한 처분권 행사를 긍정하기 어렵다고 생각한다. 결론적으로 이 문제는 다음과 같이 정리할 수 있다. 처분권 행사로 안락사를 정당화하는 것은 부작위에 해당하는 치료중단에만 적용된다. 이 경우 처분권 행사는 명시적 의사나 묵시적 의사를 통해 이루어진 경우를 원칙으로 한다. 다만 추정적 의사의 경우는 가족의 동의와 결합한 경우에만 치료중단에 원용할 수 있다.

43) 독일 연방대법원(BGH)은 1994년에 내린 이른바 "켐프터너 사건" 판결에서 환자의 명시적 의사를 확인할 수 없는 경우에는 '추정적 의사'를, 추정적 의사도 확인할 수 없는 경우에는 '일반인의 가치표상'에 따라 치료중단 여부를 판단해야 한다고 하였다. BGHSt 40, 257, 260 아래.

## Ⅴ. 절차적 정당화

### 1. 상호주관적 정당화

마지막으로 상호주관적 정당화, 즉 절차적 정당화를 생각할 수 있다. 절차적 정당화는 사회철학적으로 성장한 절차주의 이념과 맞닿아 있다. 이미 언급한 것처럼 절차주의는 법의 이념이나 목적 또는 법적 규제의 방식이 미리 전제되어 있다고 파악하지 않고 오히려 이러한 법의 이념이나 목적 혹은 법적 규제방식은 특정한 절차를 통해 비로소 규정되고 구체화된다고 본다.[44] 이러한 절차주의, 특히 하버마스의 절차주의를 안락사에 원용하면 다음과 같은 결론을 추론할 수 있다. 안락사와 관련을 맺는 모든 참여자들이 안락사에 관한 절차에 참여하여 합리적·논증적 대화를 거치면 안락사 역시 정당화할 수 있다는 것이다.[45]

### 2. 절차모델

그러나 하버마스가 주장하는 합리적 대화모델을 안락사에 직접 적용하는 것은 이론적으로 문제가 없지 않다. 합리적 대화모델에서는 모든 관련자들이 합리적으로 구성된 절차에 자유롭고 평등하게 참여할 것을 요청하는데 이러한 요건을 안락사 상황에서는 충족하기 쉽지 않기 때문이다.[46] 만약 환자가 명확한 의식을 가지고 있다면 이러한 모델을 적용할 수 있다. 그러나 만약 환자가 의식불명 상태에 빠져 있다면 환자는 자신을 안락사시킬지를 결정하는 대화에 참여할 수 없다. 물론 환자가 사전에 명시적 혹은 묵시적으로 안락사를 원하는 의사를 표시한 경우에는 환자 역시 이 절차에 참여하는 참여자가 된다고도 말할 수 있다. 그러나 이러한 경우는 앞서 설명한 환자의 처분권 논증으로 정당화

---

44) 앞의 Ⅱ.1. 참고.

45) 안락사를 절차주의 시각에서 파악하는 F. Saliger, "Grundrechtsschutz durch Verfahren und Sterbehilfe", in: L. Schulz (Hrsg.), *Verantwortung zwischen materialer und prozeduraler Zurechnung*: ARSP Beiheft 75 (Stuttgart, 2000), 101쪽 아래.

46) J. Habermas, *Faktizität und Geltung*, 2. Aufl. (Frankfurt/M., 1994), 138쪽.

할 수 있다. 따라서 절차적 정당화가 주로 문제되는 경우는 환자의 의사가 분명하지 않은 경우라 할 수 있다. 물론 하버마스가 말한 '대리적 대화'(advokatorischer Diskurs) 개념을 원용하면 비록 의식불명 상태에 빠져 있는 환자라 할지라도 자신의 대리인을 통해 안락사에 관한 합리적 대화에 참여할 수 있다고 볼 수도 있다.[47] 그러나 이러한 논증은 환자의 추정적 의사를 수용하겠다는 것을 달리 표현한 것에 지나지 않는다. 대리적 대화로 참여자 역할의 범위를 확장하는 것은 합리적 대화모델이 추구하는 '가능한 모든 참여자의 자유롭고 평등한 참여'에 합치하지 않는다고 생각한다. 따라서 안락사의 경우에는 합리적 대화모델이 아닌 다른 절차적 정당화모델을 적용해야 한다. '절차모델'(Verfahrensmodell)이 그것이다.[48] 절차모델은 직접적인 관련자를 배제한 상황에서 진행되는 상호주관적 정당화모델이다. 합리적 대화모델이 합리적 대화를 통해 진리나 정당성을 찾으려 한다면 이 절차모델은 절차를 통해 불확실성을 제거하려 한다는 데 차이점이 있다.

### 3. 절차적 정당화의 요건과 범위

그렇다면 어떤 요건을 갖춘 경우 안락사를 절차모델로 정당화할 수 있는가? 이 요건에 관해서는 이미 낙태에 이루어지는 상담모델을 상당 부분 응용할 수 있을 것이다.[49] 그 기초는 합리적 대화와 마찬가지로 환자를 제외한 안락사와 관련을 맺는 모든 관련자들이 자유롭고 평등하게 이 절차에 참여할 수 있도록 법으로 보장하는 것이다. 특히 안락사를 실시할 것인지를 결정할 수 있는 위원회를 구성하고 이 위원회에 의사뿐만 아니라, 법률가, 윤리학자, 종교 관련자들이 참여할 수 있도록 보장하는 것이다. 안락사를 시술하는 의사는 원칙적으로 이 위원회에 참여하지 못하게 해야 한다. 이게 아니면 독일처럼 법원이 안락사 여부를 결정하도록 하는 것도 고려할 수 있다.[50]

---

47) J. Habermas, *Moralbewußtsein und kommunikatives Handeln* (Frankfurt/M., 1983), 104쪽.
48) 이에 관해서는 R. Wiethölter, "Materialization and Proceduralization in Modern Law", in: G. Teubner (Hrsg.), *Dilemmas of Law in the Welfare State* (Berlin, 1986), 221쪽 아래.
49) 이에 관해서는 W. Hassemer, 앞의 논문, 167-171쪽.
50) S.-B. Yi, 앞의 책, 102쪽 아래.

어느 범위에서 절차적 정당화를 인정할 것인가? 모든 안락사를 절차적 정당화의 대상으로 볼 것인가? 그렇지는 않다. 먼저 적극적 안락사에 절차적 정당화를 인정하는 것은 아직은 시기상조라고 생각한다. 적극적 안락사는 면책대상이 될 수는 있을지언정 정당화의 대상이 될 수는 없기 때문이다. 나아가 작위·부작위 논증으로 정당화가 가능한 치료중단은 굳이 절차적 정당화를 거칠 필요가 없다. 그렇다면 절차적 정당화가 가능한 영역으로 다음과 같은 경우를 생각할 수 있다. 작위인지 부작위인지가 분명하지 않고, 환자의 추정적 의사가 안락사를 동의하는 것이라고 해석할 수 있으며, 환자 가족의 동의가 있는 경우에는 절차적 정당화를 가동할 수 있다.51)

## Ⅵ. 맺음말

지금까지 어떻게 안락사를 정당화할 수 있는지 살펴보았다. 이에 따르면 안락사는 객관적 정당화, 주관적 정당화, 상호주관적 정당화를 통해 정당화할 수 있다. 그렇지만 지금까지 필자가 전개한 논증을 면밀하게 독해하면 이 세 가지 정당화 방식은 각기 고립되어 있는 것이 아니라 서로 유기적으로 연결될 수 있음을 파악할 수 있다. 객관적 정당화와 주관적 정당화 그리고 상호주관적 정당화가 서로 협력하면서 결합된다. 예를 들어 부작위가 분명한 치료중단은 객관적 정당화로 정당화할 수 있다. 그러나 부작위인지 여부가 분명하지 않은 경우에는 주관적 정당화 방식과 상호주관적 정당화 방식을 결합하여 안락사를 정당화할 수 있다. 이를 표로 정리하면 아래와 같다.

51) 환자 가족이 처한 경제 상황 역시 중요한 평가요소로 작용할 수 있다.

≪표-1≫ 안락사의 정당화 방식

<table>
<tr><th>유 형</th><th>작위·부작위 여부</th><th colspan="2">정당화 여부</th></tr>
<tr><td>치료중단(소극적 안락사)</td><td>부작위</td><td colspan="2">객관적 정당화를 통한 정당화</td></tr>
<tr><td rowspan="2">중간형태</td><td rowspan="2">작위와 부작위의 혼합형태</td><td>환자의 의사를 확인할 수 있는 경우</td><td>주관적 정당화를 통한 정당화</td></tr>
<tr><td>환자의 의사를 확인할 수 없는 경우</td><td>주관적 정당화와 상호주관적 정당화 혼합</td></tr>
<tr><td>적극적 안락사</td><td>작위</td><td colspan="2">정당화할 수 없음</td></tr>
</table>

물론 이 책은 아직 두 가지 풀리지 않은 문제를 남겨 놓고 있다. 첫째, 적극적 안락사에도 환자의 처분권을 인정할 것인가? 둘째, 적극적 안락사에도 절차적 정당화를 인정할 수 있는가? 이는 앞으로 더욱 숙고해야 할 문제이다.

제17장

# 책임의 전문화

## Ⅰ. 서론

독일의 철학자 한스 요나스는 일찍이 인류사회가 심각한 위기에 처했다고 진단하였다. 그 위기란 환경오염에 의해 생태계 전체의 존립이 위협당하는 위기를 말한다.[1] 이러한 진단은 오늘날 점점 더 중요성을 얻고 있다. 지구온난화로 각종 기상이변이 전 세계를 휩쓸고 있는 작금의 상황이 이를 잘 증명한다. 물론 환경오염은 오늘날만의 문제라고 말할 수는 없다. 이미 과거에도 환경오염 문제는 존재했다.[2] 그러나 오늘날 우리 인류를 위협하는 환경오염은 과거에 있었던 그것과는 성격 면에서 많은 차이를 보인다. 과거에 존재했던 환경오염은 그 피해 범위가 제한된 것이었다. 과거의 환경오염은 비록 일시적으로는 환경이나 생태계를 침해하긴 했지만 생태계의 자기조절 메커니즘을 궁극적으로 위협하는 것은 아니었다. 그러나 오늘날 우리가 직면하는 환경오염은 예전의 그것에 비해 침해 정도가 더욱 심각하고 피해 범위도 더욱 광범위하다. 예를 들어 원자력 사고로 환경오염이 발생하면 체르노빌 원전사고가 보여주는 것처럼 인류의 생존에 치명적인 위협을 가할 수 있다. 이 때문에 현대사회에서 발생할

1) H. Jonas, *Das Prinzip Verantwortung* (Frankfurt/M., 1989), 7쪽.
2) 울리히 벡, 홍성태 (옮김), 『위험사회: 새로운 근대(성)을 향하여』(새물결, 1996), 55쪽.

수 있는 각종 환경오염은 이른바 위험(Risiko)의 한 형태에 속한다고 말할 수 있다.[3] 다시 말해 환경오염은 현대 '위험사회'(Risikogesellschaft)의 징표를 드러내는 대표적인 경우라 할 수 있다.

이처럼 현대사회에서 환경오염은 우리들이 살아가는 터전을 근본적으로 훼손할 위험을 갖고 있다는 점에서 이를 법으로 적절하게 규제해야 할 필요가 있다. 그러면 어떻게 환경오염을 법으로 규제할 것인가? 주지하다시피 환경오염에는 다양한 법적 규제를 생각할 수 있다. 가령 민사법을 통해 환경오염을 규율할 수도 있고 형법으로 환경오염을 규율할 수도 있다. 또는 현재 가장 큰 비중을 차지하고 있듯이 행정법으로 환경오염을 규율할 수도 있다. 그런데 이렇게 다양한 규제수단 중에서 어떤 규제수단이 가장 효과적인지 일률적으로 판단하는 것은 쉽지 않다. 왜냐하면 환경오염에 대한 법적 규제는 서로 다른 속성을 지닌 법적 규제를 동시에 모두 필요로 하는 것이기 때문이다. 이러한 이유에서 환경법 자체를 독자적인 영역으로 파악하는 논의도 이미 제시되고는 하였다.[4] 만약 사실이 그렇다면 환경오염에 법적 책임을 부과하는 것, 즉 환경책임 역시 민사책임과 형사책임 및 공법상 책임을 모두 포괄하는 독자적인 책임으로 파악할 수 있을 것이다. 이에 제17장은 환경책임을 통합과학적 성격을 가지는 일종의 '전문법 책임'으로 파악할 수 있는지 검토한다.

제17장은 두 가지 목표를 추구한다. 우선 환경책임이 일종의 전문법 책임이라는 점을 논증한다. 여기서 필자는 우선적으로 이상돈 교수의 주장을 원용한다. 나아가 환경책임의 한 부분을 이루는 환경민사책임을 분석함으로써 환경책임의 관할영역이 '일상영역'과 '과학·기술에 의해 관리되는 영역' 및 '사회적 체계'까지 포괄하고 있으며 이에 따라 환경민사책임은 주관적 불법행위책임, 객관적 불법행위책임 및 위험책임을 모두 필요로 하는 통합적인 전문법 책임의 일종임을 밝힌다. 이를 위해 제17장은 환경책임의 도그마틱 차원을 넘어 법이

---

3) '위험'(Risiko) 개념에 관한 자세한 분석은 C. Prittwitz, *Strafrecht und Risiko* (Frankfurt/M., 1993), 50쪽 아래.

4) 환경법을 독자적인 법영역으로 정립하는 문헌으로 조홍식, "환경법 소묘: 환경법의 원리, 실제, 방법론에 관한 실험적 고찰", 『서울대학교 법학』 제40권 제2호(1999), 318쪽 아래. 여기서 조홍식 교수는 영미에서 발전한 법경제학의 시각을 도입하여 환경문제에 접근한다.

론적·법사회학적 시각을 끌어들인다.

## Ⅱ. 전문법으로서 환경법

환경책임을 전문법 책임으로 규정하기 위한 전제로 환경법이 전문법에 해당함을 논증한다.

### 1. 전문법 구상

전문법 구상은 이상돈 교수가 2002년에 발표한 논문 "전문법: 이성의 지역화된 실천"에서 제시한 구상으로, 기본 삼법 체계로는 해명하기 어려운 새로운 법적 형태를 법사회학의 시각에서 해명하고 근거 짓는 데 기여한다.[5] 이상돈 교수는 오늘날에 이르러 법은 홍수를 이루고 있고 더 나아가 판덱텐 체계에 입각한 기본 육법 체계로는 설명하기 어려운 법률들이 등장하고 있다고 지적한다. 이러한 현상은 단순히 법률의 양적 팽창에 그치지 않고 법적 구조의 질적 변화, 즉 구조적 변화를 낳는다고 한다. 말하자면 새로운 법적 형태인 '전문법'이 성장하고 있다고 진단한다. 이를 이상돈 교수는 다음과 같이 말한다.[6]

> "이렇게 볼 때, 육법의 구조적 변화와 개별법의 팽창은 단지 기존의 판덱텐 시스템 내부의 지엽적인 변화가 아니라 그 시스템 자체의 구조적인 변화를 가져오고 있다고 할 수 있다. 여기서 구조적인 변화라 함은 판덱텐 시스템의 통일적 '구조가 해체'되고, 각 개별법이 지속적으로 기능적으로 (세)분화되어 가는 '사회적 하부체계를 조직화화는 전문법으로 독립'되어 나가는 현상을 가리킨다. 이를테면 의료법, 정보통신법, 경제법, 교통법, 환경법, 소년법, 교육법, 언론법 등과 같은 전문법의 성장을 말할 수 있다. 전문법이란 그런 명칭의 단행법률이 있는 것이 아

---

5) 이상돈, "전문법: 이성의 지역화된 실천", 『고려법학』 제39호(2002), 113－151쪽. 여기서는 이 논문을 재록하는 이상돈, 『법철학』(박영사, 2003), 단락번호 [6] "전문법"(200－247쪽)에 따라 인용한다.

6) 이상돈, 위의 책, 205－206쪽.

니라 판덱텐 시스템의 육법전과 그 특별법 그리고 행정법 형식의 개별법이 동등하게 – 우열관계나 선후관계를 고정적으로 확정함이 없이 – 함께 사안을 규율함으로써 형성된다."

여기서 보면 알 수 있듯이 전문법 구상은 체계이론에서 말하는 사회체계의 분화와 밀접하게 연결된다. 체계이론에 따르면 사회체계는 다양한 하부체계로 분화·전문화되면서 독자성을 획득하듯이 법체계 역시 기존의 삼법(혹은 육법) 체계를 넘어 사회의 분화에 맞게 분화되면서 전문성을 지닌 전문법으로 성장하고 있다는 것이다. 요컨대 전문법이란 법체계가 분화되고 동시에 교차적으로 재통합하면서 형성된 법적 형태라 말할 수 있다.

한편 위 언명에서 볼 수 있듯이 이상돈 교수는 전문법의 개념에 의미 있는 시사를 한다. 전문법은 전문적 성격을 가진 단행 법률만을 지칭하는 것은 아니라는 점이다. 오히려 이상돈 교수에 따르면 전문법은 이중적인 구조를 가진다. "판덱텐 체계의 기본법전"과 "사안중심적인 규율형식"이 결합함으로써 비로소 전문법이라는 독자적인 법형태가 형성된다는 것이다.[7] 두 상이한 법적 형식은 "해석적 조정"과 "통합적 작용"을 거침으로써 독자적인 전문법이 성장하고 유지되도록 돕는다고 한다.[8]

## 2. 전문법으로서 환경법

이상돈 교수의 전문법 구상은 오늘날 각 영역에서 찾아볼 수 있는 새로운 법현상을 설명하는 데 설득력 있는 근거를 제공한다. 특히 세법이나 의료법 또는 도산법처럼 전통적인 기본 삼법 체계를 넘어서는 새로운 법적 형태의 위상을 규명하는 데 의미 있는 역할을 한다. 세법이나 의료법 혹은 도산법처럼 전통적인 기본 삼법 체계를 넘어서는 법들은 이들 법을 공법이나 사법 또는 형사법 가운데 어느 영역에 포함시킬 것인지에 관해 문제를 안고 있었다. 그러나 각 영역이 분화되고 교착되면서 성장한 법영역 그 자체를 새로운 전문법 영역으로

---

7) 이상돈, 앞의 책, 225–231쪽.
8) 이상돈, 앞의 책, 229–231쪽.

승인하면 이러한 법체계적 문제를 쉽게 해결할 수 있다. 이는 환경법에도 적용된다.

환경오염이 심각해지면서 점점 더 중요해지는 환경법은 비교적 새롭게 등장한 법영역이라 할 수 있다. 환경법은 전통적인 기본 삼법 체계를 넘어선다. 왜냐하면 환경법은 공법과 사법 및 형사법 영역을 모두 포괄하는 통합과학적인 성격을 띠기 때문이다. 물론 환경법의 주축을 이루는 것은 환경공법, 더욱 정확하게 말하면 환경행정법이다.[9] 「환경정책기본법」을 위시한 각종 환경 관련 행정법규범들은 환경법이 환경행정법을 중심으로 하여 성장했음을 잘 보여준다. 그러나 환경행정법만이 환경법을 구성하는 것은 아니다. 환경민사법과 환경형법 역시 환경법을 구성하는 중요한 영역이다. 예를 들어 민법 제214조가 규정한 '소유물 방해제거, 방해예방청구권', 민법 제217조가 규정한 '이밋시온 금지' 그리고 민법 제750조가 규정하는 일반 불법행위책임 등은 환경민사책임을 구성하는 중요한 법적 근거가 된다. 나아가 「환경범죄 등의 단속 및 가중처벌에 관한 법률」(환경범죄단속법) 등은 환경형법 역시 환경법을 구성하고 있음을 잘 보여준다.[10] 이렇게 환경법은 환경공법뿐만 아니라 환경민사법 및 환경형법까지 아우른다. 환경법은 공법, 사법 및 형사법으로 구성된 기본 삼법 체계를 넘어선다. 이뿐만 아니다. 환경법은 환경윤리학이나 법경제학 등과 같은 인문학 그리고 사회과학까지 아우른다. 가령 한스 요나스의 환경윤리학, 특히 책임원칙은 환경책임을 도덕적으로 정당화하는 데 일조한다.[11] 또한 최근 각광을 받는 법경제학은 더욱 실효성 있는 그러면서도 경제적 요청과 양립할 수 있는 환경규제를 제공하는 데 도움을 준다.[12] 이렇게 환경법은 실정법의 측면에서 공법과 사법 및 형사법을 모두 포함할 뿐만 아니라 법학의 차원을 넘어 인문학과 사회

9) 이를 반영하듯이 '환경법' 교과서의 상당 부분은 행정법학자가 저술하였다. 예를 들어 박균성·함태성, 『환경법』(박영사, 2006); 류지태·이순자, 『환경법』(법원사, 2005); 홍준형, 『환경법』(박영사, 2005) 등 참고.

10) 물론 환경오염을 형법으로 규율할 필요가 있는지에는 논란이 없지 않다. 이 문제에 관해서는 한국형사정책연구원, 『환경형법의 이론적 문제점에 관한 연구』(한국형사정책연구원, 1996) 참고.

11) 한스 요나스의 책임원칙에 관해서는 H. Jonas, 앞의 책 참고.

12) 환경법과 법경제학을 결합한 연구로는 허성욱, 『환경자원의 바람직한 분배를 위한 법경제학적 방법론의 모색: 형평성을 고려한 효율적인 자원배분이론의 가능성을 중심으로』(서울대 법학석사 학위논문, 2001).

과학, 심지어 자연과학까지 포괄하는 '통합과학'의 성격을 띤다.[13) 요컨대 환경법은 환경을 매개로 하여 다양한 법영역과 다른 학문 영역이 한데 모여 형성된 일종의 '전문법'이라 할 수 있다.

### 3. 전문법의 책임으로서 환경책임

환경법을 전문법의 일종으로 파악할 수 있다면 환경법의 책임 역시 일종의 '전문법 책임'으로 규정할 수 있다. 여기서 '전문법 책임'이란 단일한 책임체계로 구성되어 있는 것이 아니라 서로 성격을 달리하는 다양한 책임체계가 통합적으로 공존하는 책임형태로 정의내릴 수 있다. 위에서 살펴본 것처럼 환경책임이 전문법 책임에 해당한다는 점은 자명하다. 왜냐하면 환경책임은 공법상 책임뿐만 아니라 민사책임 그리고 형사책임을 아우르기 때문이다. 예를 들어 특정한 환경오염이 발생한 경우 상이한 위상을 가진 각 책임들이 경합해서 성립한다. 뿐만 아니라 오늘날 심각한 환경오염은 도덕적인 책임까지 유발한다.

환경책임을 전문법 책임으로 이해할 수 있다면 이러한 테제에서 우리는 어떤 시사점을 이끌어낼 수 있을까? 크게 두 가지 시사점을 추출할 수 있다. 우선 환경책임이 전문법 책임인 이상 단일한 책임체계와 기준으로 환경오염을 규율하는 것은 실패하기 쉽다는 점이다. 환경책임 자체가 여러 책임을 통합하는 중층적인 성격을 가진 이상 환경책임 안에서 작동하는 다양한 책임체계의 성격과 기준을 고려해야 한다. 그렇게 하지 않으면 오히려 환경책임 안에서 각 책임체계가 충돌할 수 있다. 그렇게 되면 환경오염을 적절하게 규율하는 데 실패한다.

이러한 첫 번째 시사점에서 두 번째 시사점을 도출할 수 있다. 환경책임을 성공적으로 운용하기 위해서는 중층적인 책임체계를 고려하면서 이러한 책임체계가 서로 양립할 수 있도록 하는 방안을 모색해야 한다는 점이다. 책임체계 사이에 일정한 우선순위 관계를 설정하는 것도 한 방안이 될 수 있다. 예를 들어 환경오염을 방지하기 위해 예방적인 환경규제를 우선적으로 시행한다거나 직접적인 규제보다는 간접적인 규제를 우선하는 것 그리고 환경형사책임은 보충성

13) '통합과학'에 관해서는 정종섭, "우리 법학의 올바른 자리매김을 위하여: 헌법학의 통합과학적 연구에로", 『법과 사회』 제2호(1990), 221-254쪽.

원칙에 따라 가급적 나중에 또는 최후수단으로 동원하는 것을 생각할 수 있다.[14] 물론 인식론의 측면에서 볼 때 각 책임체계 사이에서 확정적이고 고정된 우선순위 관계를 찾는 것은 쉽지 않다. 다원주의가 지배하는 오늘날 과연 어떤 기준으로 각 책임체계의 비중을 비교하고 평가할 수 있을지 문제되기 때문이다.[15] 그런데도 우리는 일단 '잠정적이나마' 책임체계의 우선순위 관계를 말할 수는 있을 것이다.[16]

## Ⅲ. 환경민사책임의 구조변동

위에서 우리는 환경법을 일종의 전문법으로 규정하고 이에 따라 환경책임을 전문법의 책임으로 이해하였다. 이에 토대를 두어 아래에서는 환경책임의 한 부분을 이루는 환경민사책임을 고찰하고자 한다. 환경민사책임에 초점을 맞추고자 하는 것은 환경민사책임 역시 상이한 성격을 가진 책임체계를 포괄하는 전문법 책임의 부분영역으로 파악할 수 있기 때문이다. 환경민사책임은 전통적인 주관적 불법행위책임뿐만 아니라 객관화된 불법행위책임 그리고 위험책임까지 포괄하는 통합책임의 성격을 잘 드러내기에 검토할 필요가 있는 것이다. 우선 가장 전통적인 환경민사책임인 불법행위책임부터 살펴본다.

### 1. 환경민사책임-①: 전통적인 불법행위책임

#### (1) 민사법상 보호법익으로서 환경

환경오염은 우선 민법상 불법행위책임으로 규제할 수 있다. 그런데 환경오염에 대한 민사법적 규제 가능성을 논의하려면 그 전제로 환경이 사법상 보호법익이 될 수 있는가를 검토할 필요가 있다. 이 점은 그동안 소홀히 취급된 것

14) 이를 강조하는 견해로서 K. Seelmann, 최석윤 (역), "위험형법(Risikostrafrecht): '위험사회' 그리고 환경형법과 마약형법에서 위험사회의 '상징적 입법'", 『형사정책연구』 제33권(1998), 237－260쪽.

15) 이를 '합리성' 개념의 측면에서 접근하는 양천수, "합리성 개념의 분화와 충돌: 독일의 논의를 중심으로 하여", 『법과 사회』 제31호(2006), 211－234쪽.

16) 이때 환경윤리학이나 법경제학은 우선순위 관계의 기준을 확정하는 데 이론적인 기여를 할 수 있을 것이다.

이 아닌가 한다. 물론 환경오염으로 개인의 생명·신체에 손해를 일으킨 때는 굳이 법익 개념을 언급하지 않더라도 민법상 불법행위책임으로 규율할 수 있다. 하지만 만약 생명·신체가 아닌 다른 대상, 가령 주거환경이 침해되었거나 농작물 등이 훼손된 경우 또는 환경 그 자체가 심하게 훼손되어 공익소송을 할 필요가 있는 경우에는 환경 그 자체가 과연 보호법익이 될 수 있는지 검토할 필요가 있다.[17] 그런데 이러한 보호법익에 대한 논의는 형법학에서는 어느 정도 이루어지기는 했지만 민법학에서는 아직까지는 생소한 것이라 할 수 있다.[18] 그 이유는 아마도 우리 민법이 독일 민법과는 달리 일반조항 형식으로 불법행위책임을 규정한다는 점에서 찾을 수 있을 것 같다.[19] 그렇다 하더라도 이러한 보호법익 문제는 불법행위책임의 규율대상을 분명히 하는 데 유익하다는 점에서 검토할 실익이 있다.

그러면 환경 그 자체는 사법으로 보호해야 할 법익으로 인정할 수 있는가? 인정할 수 있다면 이를 어떻게 정당화할 수 있을까? 먼저 환경 그 자체는 사법의 보호법익으로 인정할 수 있다. 이는 다음과 같이 정당화할 수 있다. 우선 우리 헌법 제35조가 규정하는 환경권이 한 근거가 될 수 있다. 물론 이러한 주장을 근거 짓기 위해서는 다시 두 가지 문제를 검토해야 한다. 첫째, 환경권 규정은 단순한 선언적 규정에 불과한 것은 아닌가? 둘째, 설사 이를 헌법상 기본권으로 인정한다 하더라도 이러한 환경권으로부터 환경이 민법상 보호법익이 될 수 있다는 명제를 곧바로 도출할 수 있는가?

첫째 문제에 관해서는 헌법학 안에서 논의가 있지만 결론만을 말하면 환경권 규정을 단순한 선언적 규정으로 이해하는 것은 적절하지 않다.[20] 이미 우리

17) 공익소송에 관해서는 이상돈, 『공익소송론』(세창출판사, 2006) 참고.

18) 형법상 법익 개념에 관해서는 우선 C. Roxin, *Strafrecht AT I*, 4. Aufl. (München, 2006), 13쪽 아래 참고. 민법학의 경우에는 영업권이 불법행위의 대상이 될 수 있는가에 논의가 이루어지기도 하였다. 이 문제는 영업권을 불법행위의 보호법익으로 인정할 수 있는가의 문제로 바꿀 수 있다. 이에 관해서는, 안법영, "영업경영의 과실침해와 책임귀속의 인과적 표지: 대법원 1996. 1. 26 선고 94다5472 판결의 비교법적 검토", 『판례연구』 제8집(1996), 175쪽 아래.

19) 이러한 점을 지적하는 양천수·이동형, "문화와 법체계 그리고 비교법학", 『민족문화논총』 제36집(2007), 132-136쪽 참고.

20) 이는 이른바 사회적 기본권의 법적 성격과 맞물려 전개된다. 이에 관해서는 계희열, 『헌법학(중)』(박영사, 2000), 617쪽 아래, 703쪽 아래 참고.

법체계가 환경권을 구체화한 각종 환경관련 법규를 마련하고 있다는 점이 한 가지 이유가 된다. 물론 그렇다고 해서 환경권이 다른 기본권에 비해 절대적으로 우월한 지위를 누리는 것은 아니다. 헌법에는 환경권과 모순되기도 하는 경제적 기본권(헌법 제15조, 제23조 등)이 포함되어 있기 때문이다. 그래서 환경권은 종종 경제적 기본권과 충돌한다. 이렇게 환경권과 경제적 기본권이 충돌하는 경우에는 기본권 충돌 해결원칙인 실제적 조화(praktische Konkordanz)와 이를 구체화한 비례성 원칙(헌법 제37조 제2항)에 의해 환경권의 보호영역이 구체적으로 확정된 한에서만 환경권은 그 효력을 주장할 수 있다. 다시 말해 헌법상 환경권은 실제적 조화와 비례성 원칙을 통해 그 보호영역이 구체적으로 확정된 상태에서만 그것의 구체적인 권리성을 주장할 수 있고 이런 한에서 헌법상 환경권은 민법상 법익의 한 근거가 될 수 있다.[21)]

둘째 문제는 헌법과 민법의 관계를 어떻게 설정할 것인가의 문제라 할 수 있다. 이에 관해서는 이미 헌법학 안에서 '기본권의 대사인적 효력'이라는 문제로 논의되었고 최근에는 이를 민법학의 관점에서 접근하는 시도도 전개된다.[22)] 그런데 이는 상당히 큰 문제여서 여기서 그 전부를 논의할 수는 없다.[23)] 따라서 역시 결론만을 제시한다면 다음과 같다. 아무리 헌법이 한 국가의 최고법이라 할지라도 국가와 사회가 이념적으로 분리되고 각 영역을 지배하는 법원리도 각기 다르다는 점을 고려할 때 헌법은 사회의 기본원리인 사적 자치를 존중할 필요가 있다. 그러므로 기본권도 직접 사법에 적용되는 것이 아니라 단지 개개 사법규정을 통해 원용될 뿐이라고 이해해야 한다. 이때 헌법상 기본권은 객관

---

21) 이러한 점에서 헌법상 환경권을 독일의 알렉시(Robert Alexy)가 제시한 원칙(Prinzip)규범의 일종으로 파악하는 것은 설득력이 있다. 환경권을 원칙규범으로 이해하는 경우로는 계희열, 위의 책, 706－708쪽 참고. 알렉시의 원칙이론에 관해서는 R. Alexy, *Theorie der Grundrechte* (Frankfurt/M., 1986) 참고.

22) 많은 문헌을 대신하여 계희열, 앞의 책, 76쪽 아래; 김선택, "사법질서에 있어서 기본권의 효력", 『고려법학』 제39호(2002), 153－179쪽; 양창수, "한국민법 50년의 성과와 21세기적 과제", 『민법연구』 제4권(박영사, 1996), 39쪽 아래; 양창수, "헌법과 민법: 민법의 관점에서", 『민법연구』 제5권(박영사, 1999), 1쪽 아래; C.－W. Canaris, "Grundrechte und Privatrecht", in: *AcP* 184 (1984), 201쪽 아래 참고.

23) 헌법과 형법의 관계에서 이 문제를 논하는 문헌으로 이상돈, 『헌법재판과 형법정책』(고려대학교출판부, 2004) 참고.

적 가치질서로서 사법의 개별규정을 해석할 때 해석기준으로 작용한다.[24) 이를 불법행위책임에 원용하면 다음과 같은 결론을 이끌어낼 수 있다. 환경오염 행위의 위법성을 판단할 때 민법 제750조가 규정한 불법행위책임의 위법성에 대한 해석기준으로 헌법상 환경권이 동원될 수 있다는 것이다. 이렇게 보면 헌법상 기본권인 환경권은 환경 그 자체를 민사법상 보호법익으로 인정하는 데 중요한 근거가 된다고 평가할 수 있다.

(2) 일반 불법행위책임을 통한 규제

이처럼 환경을 사법상 보호법익으로 인정한다고 할 때 환경오염을 사법적으로 규제하는 방안으로는 우선 민법 제750조가 규정하는 불법행위책임으로 환경오염을 규제하는 것을 거론할 수 있다. 민법 제750조는 "고의 또는 과실로 인한 위법행위로 타인에게 손해를 가한 자는 그 손해를 배상할 책임이 있다."고 규정한다. 따라서 환경오염으로 손해를 입은 피해자가 그 오염을 야기한 가해자에게 민법 제750조에 따른 손해배상을 청구할 수 있으려면, 환경오염에 따른 일련의 행위가 위법한 행위여야 하고, 이러한 행위로 피해자에게 손해를 야기해야 하며, 가해행위와 손해발생 사이에 인과관계가 존재해야 하고, 환경오염 야기자는 고의 또는 과실로 환경오염을 유발한 것이어야 한다.

그러면 흔히 발생하는 환경오염 행위는 위 요건을 충족하는가? 보통 환경오염은 인간의 생명, 신체 그리고 재산 등에 위해를 가하는 것이므로 손해발생의 요건은 충족한다. 다음 환경오염 행위가 위법한 가해행위가 되는지 문제인데 일반적으로 환경오염 행위는 각종 환경관련 법규를 위반하는 것이므로 이를 위법한 가해행위라고 판단할 수 있다.[25) 그런데 문제는 환경오염 행위가 인과

---

24) 헌법상 기본권은 해석규칙 가운데 한 가지인 '목적론적 해석'으로 법규범을 해석할 때 목적 개념을 구체화하는 기준이 될 수 있다. 이 점은 객관적 해석의 기준으로 흔히 제시되는 사회의 '지배적 에토스'에 상응한다. 후자에 관해서는 기본적으로 R. Zippelius, *Juristische Methodenlehre*, 5. Aufl. (München, 1990), 18쪽 아래 참고. 또한 김형배, "법률의 해석과 흠결의 보충: 민사법을 중심으로", 『민법학연구』(박영사, 1989), 10쪽 아래.

25) 예를 들어 「물환경보전법」이나 「대기환경보전법」이 요구하는 환경기준을 위반하면 위법성이 인정된다고 할 수 있다. 그러나 판례 중에는 비록 당해 법규가 요구하는 환경기준을 준수하였다 하더라도, 환경오염 행위가 주민들의 건강에 장애를 일으킨 경우이거나 직접적인 생활방해를 한 때는 수인한도의 범위를 넘은 것으로 보아 과실과 위법성을 인정한 경우도 있다. 예를 들어

관계 요건과 과실 요건을 충족할 수 있는가이다. 왜냐하면 통상 환경오염 사고에서는 원인야기 행위와 그 결과발생 사이에 인과관계가 존재하는지를 파악하기 어려운 때가 많기 때문이다. 나아가 원인 야기자가 법규범이 요구하는 주의의무를 다한다 하더라도 경우에 따라서는 환경오염 사고가 발생하기도 하기 때문이다. 따라서 이런 사안까지 인과관계 요건과 과실 요건을 엄격하게 요구하고 또 이에 대한 증명책임을 피해자에게 요구하면(규범설) 피해자는 자신이 입은 손해를 적절하게 전보 받을 수 없다.[26] 물론 환경오염 행위 가운데는 행위자가 고의로 환경을 오염시킴으로써 발생하는 경우도 있을 수 있다. 예컨대 어떤 사람이 핵폐기물을 고의로 주택가 근처에 버렸다면 이 행위가 심각한 환경오염을 야기할 수 있음을 어느 정도 쉽게 증명할 수 있을 것이다. 그러나 오늘날 문제되는 환경오염, 특히 거대한 환경오염 설비를 통해 발생하는 환경오염 같은 경우에는 인과관계와 과실을 판단하기 쉽지 않다. 그 때문에 전통적인 불법행위책임은 환경오염 행위를 규제하는 데 한계를 가질 수밖에 없다.

(3) 불법행위책임 성립요건의 완화

이와 같은 문제로 특히 법원 실무를 중심으로 하여 불법행위책임 요건을 완화하거나 심지어 형해화하면서까지 손해배상책임을 인정하려는 움직임이 나타난다. 말하자면 불법행위의 성립요건을 완화하여 환경오염에 따른 손해배상의 범위를 확장하는 것이다.[27] 이러한 성립요건 완화는 피해자에게 요구되는 증명책임을 완화하거나 전환하는 방식으로 이루어졌다. 이 가운데 증명책임 완화의 경우 초기에는 인과관계의 증명도를 완화하는 개연성 이론에 따라 이루어지다가 나중에는 '일응의 추정'과 '간접반증' 이론으로 증명책임이 완화되어 갔다.[28]

---

대전지법 1995. 2. 8. 선고 93가합3237 판결 참고. 이에 관한 소개로는 김형배, "위험책임체계와 특별법의 해석", 『법학논집』(고려대) 제34집(1998), 151쪽 참고.

26) 증명책임의 기준으로 규범설을 전개한 대표적인 문헌으로는 레오 로젠베르크, 오석락·김형배·강봉수 (역), 『입증책임론』(박영사, 1996) 참고. 한편 규범설은 그동안 민사소송법학에서 지배적인 증명책임 분배기준으로 인정되어 왔는데 최근에는 특히 '현대형 소송'과 관련하여 여러 비판을 받는다. 이에 대한 대안으로 '위험영역설'이나 '증거거리설' 등이 제시된다. 이 가운데 증거거리설을 취하는 견해로서 김형배, 『채권총론』(박영사, 1993), 185쪽 아래 참고.

27) 이런 불법행위요건 완화에 관해서는 우선 김형배, 앞의 논문, 147쪽 아래.

28) 그러나 개연성 이론이 증명도를 완화하는 것인지, 다시 말해 개연성 이론의 체계적 지위가 무엇

예를 들어 대법원 1974. 12. 10. 선고 72다1774 판결은 “공해로 인한 불법행위에 있어서의 인과관계에 관하여 가해행위와 손해행위와의 사이에 인과관계가 존재하는 상당정도의 가능성이 있다는 점을 입증하면 되고 가해자는 이에 대한 반증을 한 경우에만 인과관계를 부정할 수 있다”고 판시하여 개연성 이론을 수용하였다. 한편 대법원 1984. 6. 12. 선고 81다588 판결은 “가해기업이 배출한 어떤 유해한 원인물질이 피해물질에 도달하여 손해가 발생하였다면 가해자 측에서 그 무해함을 입증하지 못하는 한 책임을 면할 수 없다”고 하여 일응의 추정과 간접반증 이론을 받아들였다.

(4) 문제점

하지만 불법행위책임의 성립요건을 완화하여 환경오염 문제를 해결하려는 법원의 태도에는 문제가 없지 않다. 불법행위책임의 성립요건을 완화하거나 형해화하여 환경오염 문제를 해결하고자 하면 과책주의를 바탕으로 삼는 불법행위책임 도그마틱이 제 기능을 담당하기 어렵게 된다. 원래 법도그마틱, 즉 실정법 해석론은 어떤 문제 사안에 대한 해결방법(해석방법)을 선별하고 이 해결방법을 안정화하여 법적 안정성을 도모함으로써 일반예방 효과를 거두려는 데 그 목표를 둔다.[29] 가령 과실책임 원칙을 기본으로 삼는 불법행위책임 해석론은 행위자가 할 수 있었던 것에 관해서만 손해배상 책임을 부과함으로써 인간의 행위 자유와 경제적 자유를 보장하려 한다. 그런데 위에서 보았듯이 불법행위라는 이름 아래 계속해서 거의 무과실에 가까운 책임을 행위자에게 부과하면 불법행위책임 해석론이 추구했던 목표는 달성할 수 없게 된다. 동시에 법체계는 혼란을 겪게 된다.[30] 그러므로 환경오염 사건을 전통적인 불법행위책임만으

---

인지에 관해서는 아직 불분명한 점이 있다. 독일에서는 이를 ‘증명범위의 축소’라고 부르기도 한다는 점이 이를 보여준다. 이에 관해서는 Reinhard Damm, “Gentechnologie und Haftungsrecht”, in: *JZ* (1989), 565쪽 아래 참고. 하지만 판례는 여전히 이 개연성 이론을 원용한다. 예를 들어 대법원 1991. 7. 23. 선고 89다카1275 판결; 서울민사지법 1989. 1. 12. 선고 88가합2897 판결 등 참고.

29) 법도그마틱의 기능을 이렇게 파악하는 경우로서 J. Esser, *Vorverständnis und Methodenwahl in der Rechtsfindung*, 1. Aufl. (Frankfurt/M., 1970), 87쪽 아래 참고. 여기서 요제프 에써(Josef Esser)는 법도그마틱을 자기목적적인 것으로 파악하지 않는다. 또한 에써는 법도그마틱은 선험적인 것이 아니라고 한다.

30) 이를 ‘조종의 트릴레마’의 측면에서 분석하는 경우로 이상돈, 『형법학』(법문사, 1999), 106쪽 아래.

로 규율하고자 하는 시도는 법해석론의 관점에서, 나아가 법정책의 관점에서 볼 때도 적절하지 않다. 결국 환경오염은 전통적인 불법행위책임뿐만 아니라 다른 방식까지 동원해서 해결해야 할 필요가 있다. 다시 말해 불법행위 책임체계뿐만 아니라 이와는 구별되는 다른 책임체계를 동원해야 할 필요가 있다.

## 2. 환경민사책임-②: 위험책임에 의한 환경오염 규율

### (1) 새로운 책임체계의 필요성 및 방법론적 기초

지금까지 살펴보았듯이 환경오염이라는 사안은 과책주의에 바탕을 둔 전통적인 불법행위책임만으로 규율하기에는 적합하지 않다. 그런데도 불법행위책임만으로 환경오염 문제를 해결하고자 한다면 불법행위 책임체계 자체가 가진 고유한 규범적 의미가 퇴색될 염려가 있다. 따라서 환경오염이라는 사안이 지닌 논점들(Topoi)을 적절하게 규율할 수 있는 책임체계를 개발할 수 있어야 한다.

그런데 이런 시도, 즉 환경오염 문제에 적합한 새로운 책임체계를 도출하려는 시도는 전통적인 체계 중심적 사고를 통해서는 이루기 쉽지 않다. 바꿔 말해 완결되고 흠결 없는 실정법 체계를 전제로 하여 이로부터 선험적이며 자기완결적인 책임체계를 구축하고자 하는 개념법학적 사고를 통해서는 환경오염 문제를 해결하는 데 적합한 새로운 책임체계를 만들기 쉽지 않다.[31] 이러한 시도는 전통적인 체계 중심적 사고를 넘어서고자 하는 '문제변증론'(Topik)을 통해서 비로소 이룰 수 있다고 생각한다.[32]

독일의 민법학자 테오도르 피벡(Theodor Viehweg)이 제시하고 공법학자 마르틴 크릴레(Martin Kriele), 민법학자 요제프 에써(Josef Esser)가 발전시킨 문제변증론은 논의의 출발점을 체계에 두지 않는다.[33] 오히려 문제변증론은 사안이

---

31) 전통적인 개념법학적 사고에 관해서는 우선 K. Larenz, *Methodenlehre der Rechtswisseinschaft*, 6 Aufl. (Berlin usw., 1991), 19쪽 아래; 아르투어 카우프만·빈프리트 하쎄머, 심헌섭 (역), 『현대법철학의 근본문제』(박영사, 1991), 73쪽 아래; 양천수, "개념법학: 형성, 철학적·정치적 기초, 영향", 『법철학연구』 제10권 제1호(2007. 5), 233−258쪽.

32) 'Topik'을 '문제변증론'으로 번역하는 경우로 계희열 (편역), 『헌법의 해석』(고려대학교출판부, 1992), 42쪽 각주(113) 참고.

33) 문제변증론에 관해서는 T. Viehweg, *Topik und Jurisprudenz*, 5. Aufl. (München, 1974); M. Kriele,

지닌 논점들에서 논의를 시작한다. 체계가 가진 논리일관성에 중점을 두어 문제를 해결하려 하기보다는 사안을 적절하게 합리적으로 해결하는 데 그 중점을 둔다. 그래서 만약 기존의 체계가 문제를 해결하는 데 적합하지 않은 것으로 판명이 난 때에는 그 체계를 고수하지 않고 다른 새로운 체계를 도입하여 문제를 해결하고자 한다. 이를 위해 문제변증론은 당해 사안이 담고 있는 논점을 정리·분석하고 이 논점들 사이의 관계를 정리한 후에 비로소 이러한 논점들을 해결하는 데 필요한 체계를 탐색하거나 새롭게 형성한다. 이처럼 문제변증론은 개념법학과는 달리 체계의 완결성 대신 문제해결의 적절성에 초점을 맞춤으로써 변화하는 상황 및 새롭게 등장하는 문제에 더욱 개방적·탄력적으로 대처할 수 있다.[34)]

(2) 위험책임 체계의 형성과 정당화

위에서 언급한 것처럼 문제변증론은 자신이 가진 개방성 덕분에 경우에 따라 기존에 알지 못했던 새로운 책임체계를 형성하는 데 기여하기도 한다. 그 한 예로 바로 요제프 에써가 기초를 마련한 위험책임체계를 거론할 수 있다.[35)] 에써에 따르면 불법행위 책임체계와는 달리 위험책임체계는 책임귀속 요건으로 행위자의 고의나 과실을 요구하지 않는다. 이러한 점에서 볼 때 위험책임은 일종의 무과실책임이라고 볼 수 있다. 하지만 그렇다고 해서 위험책임이 전통적인 불법행위책임에 포함되는 것으로 과책주의의 한 예외를 이루는 것은 아니다. 위험책임은 불법행위책임과는 구별되는 별개의 독립된 책임귀속체계이다. 불법행위책임이 과책(Verschulden)을 기본으로 하는 반면 위험책임은 과책이 아닌 다른 기준, 즉 '위험원'을 지배하고 관리하는가 여부를 책임귀속의 기준으로 삼는다. 위험원을 지배·관리하는 자가 그 위험원에서 발생하는 위험을 감수해

---

*Theorie der Rechtsgewinnung*, 2. Aufl. (Berlin, 1976); J. Esser, 앞의 책, 151쪽 아래 참고. 이러한 문제변증론을 일목요연하게 소개하는 문헌으로 계희열, 위의 책, 42–49쪽.

34) 한편 문제변증론적 사고는 개방된 체계 관념과 결합하여 이른바 '유동적 체계'(Bewegliches System)라는 개념을 낳았다. 유동적 체계에 관해서는 Frank O. Fischer, "Das Bewegliche System als Ausweg aus der dogmatischen Krise in der Rechtspraxis", in: *AcP* 197 (1997), 589쪽 아래.

35) 요제프 에써가 전개한 위험책임론에 관해서는 김형배, "위험책임론", 『민법학의 회고와 전망』 (한국사법행정학회, 1992), 781쪽 아래 참고.

야 한다는 것이 바로 위험책임의 책임귀속 기초이다. 그러면 위험책임이 어떻게 문제변증론과 연결되는 것일까? 다음과 같은 도식이 이 문제를 해명한다.

≪도식-5≫ 문제변증론을 통한 위험책임체계 형성

새로운 일탈행위 등장 ⇒ 전통적인 불법행위로 해결할 수 없음 ⇒
새로운 일탈행위의 논점 수집 및 분석 ⇒
새로운 일탈행위를 해결할 수 있는 책임체계 모색 ⇒ 위험책임체계 형성

이 도식은 다음과 같이 설명할 수 있다. 위험책임이 규율하는 일탈행위는 새로운 현대형 일탈행위이다. 이러한 일탈행위는 과책주의에 기반을 둔 전통적인 불법행위책임으로는 제대로 규율하기 어렵다. 바로 여기서 문제변증론의 시각이 유용하게 작동한다. 만약 체계 중심적 사고에 집착하면 현대형 일탈행위도 여전히 전통적인 불법행위 책임체계로 해결하고자 할 것이다. 그러나 문제변증론은 기존의 불법행위 책임체계를 고집하지 않는다. 대신 어떻게 하면 현대형 일탈행위를 적절하게 해결할 수 있을지에 더욱 몰두한다. 이를 위해 문제변증론은 현대형 일탈행위가 담고 있는 논점들을 수집·분석한다. 이를 통해 문제변증론은 위험원의 지배·관리라는 요소를 현대형 일탈행위에서 추출하고 이를 토대로 하여 위험책임체계를 새롭게 근거 짓는 데 기여한 것이다. 바로 이러한 점에서 문제변증론이 위험책임과 어떻게 연결되는지 확인할 수 있다.

그럼 문제변증론을 바탕으로 하여 환경오염사고 등과 같은 현대형 일탈행위에서 위험원의 지배·관리라는 논점을 추출하고 이를 통해 위험책임체계를 구성하려는 시도는 어떻게 정당화할 수 있을까? 이에 요제프 에써는 문제변증론을 통해 얻은 결과가 정당한 것으로 인정받기 위해서는 세 요건을 충족해야 한다고 말한다.[36] 첫째, 문제변증론에 입각한 문제해결 방식이 '합리성'을 띤 적절한 것이어야 한다. 둘째, 이러한 문제해결 방식으로 도출한 결과가 사회적 합의를 얻을 수 있어야 한다. 셋째, 이렇게 사회적 합의를 얻은 결과가 헌법이 보

36) 이런 정당성 통제에 관해서는 J. Esser, 앞의 책, 139쪽 아래.

장하는 가치에 합치해야 한다.

이러한 요제프 에써의 주장을 현대형 환경오염 사고를 규율하기 위한 위험책임체계에 적용하면 다음과 같다. 우선 위험책임체계는 '위험원의 지배·관리'라는 책임귀속 근거를 지닌다는 점에서 합리적이다. 나아가 현대적인 환경오염이 가진 위험은 치명적이고 이러한 환경오염 방지에 대한 사회적 요구가 증대하고 있다는 점에서 볼 때 위험책임체계를 동원해 이와 같은 환경오염을 규율하고자 하는 것은 사회적 합의를 얻을 수 있다. 마지막으로 위험책임체계는 헌법의 기본원리인 사회국가 원리에 합치한다고 볼 수 있다. 왜냐하면 사회국가 원리는 사회적 약자를 위해 국가가 개입할 것을 요청하는데 대규모 환경오염을 규율하기 위해 위험책임을 동원하는 것은 국가가 피해자를 일종의 사회적 약자로 규정한 후 이들이 떠안아야 하는 위험을 위험책임으로 재분배하고자 하는 것으로 볼 수 있기 때문이다.[37] 결론적으로 대규모 환경오염 사고를 전통적인 불법행위 책임체계가 아닌 위험책임체계로 규율하는 시도는 정당하다고 말할 수 있다.

(3) 중간결론

지금까지 전개한 논의를 다음과 같이 요약할 수 있다. 거대한 위험을 안고 있는 현대형 환경오염은 과책주의에 바탕을 둔 전통적인 불법행위책임만으로는 제대로 규율하기 어렵다. 인과관계를 확정하기 어렵다는 점, 주의의무 위반 여부를 판단하기 쉽지 않다는 점, 손해 야기자와 피해자가 강자와 약자의 구도를 띠기 쉽다는 점이 그것이다. 그런데도 이러한 환경오염을 규율하기 위해 계속해서 불법행위책임을 동원하면 불법행위 책임체계가 파괴될 수도 있다. 이러한 이유에서 현대형 환경오염은 새로운 책임체계를 통해 규율할 필요가 있다. 여기서 위험책임체계를 새로운 책임체계로 제시할 수 있다. 왜냐하면 현대형 환경오염의 경우에서 우리는 위험원의 지배·관리라는 논점을 읽을 수 있기 때문이다. 환경오염 자체를 '위험', 환경오염을 일으키는 설비를 '위험원'이라고 이해할 수 있고 이러한 설비를 가동하여 일정한 수익을 얻는 것을 '위험원의 지배·

37) 사회국가 원리에 관해서는 계희열, 『헌법학(상)』(박영사, 1995), 324쪽 아래.

관리'로 이해할 수 있다. 이는 위험책임을 적용하기 위한 요건에 해당하므로 환경오염에 위험책임을 적용할 수 있다. 따라서 환경오염 피해자는 환경오염 원인제공자를 상대로 위험책임을 근거로 하여 손해배상 책임을 청구할 수 있다. 그런데 이때 한 가지 주의해야 할 점이 있다. 환경오염 사고를 위험책임으로 규제하겠다고 해서 환경책임 전체를 위험책임으로 파악할 수는 없다는 것이다. 왜냐하면 환경오염 사건 중에는 위험책임으로 규율해야 하는 것도 있지만 이외에도 여전히 일반 불법행위책임으로 규율할 수 있는 것도 존재하기 때문이다.[38] 이 점은 아래에서 상세하게 검토한다.

## Ⅳ. 환경민사책임의 법적 성격 및 근거

위에서 우리는 현대형 환경오염, 가령 원자력 사고와 같은 경우로 손해가 발생한 때에는 이를 위험책임으로 규율하는 것이 바람직하다고 논증하였다. 그러나 그렇다고 해서 환경책임을 위험책임체계로만 구성하는 것은 타당하지 않다고도 말하였다.[39] 사실이 그렇다면 환경민사책임의 성격을 어떻게 규정해야 하는가? 환경민사책임체계는 어떻게 구성하는 것이 타당할까? 환경민사책임 역시 전문법의 책임으로서 복합적인 책임체계를 갖고 있는 것일까? 아래에서 이러한 문제를 다루겠다.

### 1. 환경민사책임의 관할영역 및 성질

#### (1) 환경민사책임의 관할영역

우선 논의의 출발점으로 환경민사책임이 관할하는 영역부터 살펴볼 필요가 있다. 필자는 환경민사책임의 관할영역을 다음 세 영역으로 구획할 수 있다고 생각한다. '일상적인 환경민사책임 영역', '과학·기술에 의해 관리되는 환경민사책임 영역' 그리고 현대형 환경오염을 대상으로 하는 '환경위험책임 영역'이 그것이다. 이는 손해배상법이 적용되는 법정책임 영역을 세 영역으로 구획

38) 이 점을 지적하는 김형배, 앞의 논문, 159-160쪽.
39) 앞의 Ⅲ.2.(3) 참고.

한 사고를 환경민사책임의 관할영역에 응용한 것이다.[40]

먼저 일상적인 환경민사책임 영역이란 고의·과실이나 인과관계를 비교적 분명하게 확정할 수 있는 환경오염행위, 즉 일상생활에서 흔히 접할 수 있는 환경오염행위를 규율대상으로 하는 영역을 말한다. 예를 들어 고의로 음용수에 독극물을 혼입하여 타인의 생명이나 신체에 손해를 끼친 경우나 고의로 핵폐기물을 주택가 인근에 버린 경우를 상정할 수 있다. 이런 환경오염행위에는 전통적인 일반 불법행위책임을 적용할 수 있다.

다음 과학·기술에 의해 관리되는 환경민사책임 영역이란 일반 불법행위책임을 적용하기에는 애매하고 그렇다고 환경위험책임을 원용하기에도 적절하지 않은 중간영역을 말한다.[41] 이 영역은 과학·기술에 의해 환경오염원이 관리된다는 면에서는 위험책임 영역에 근접하지만 이러한 환경오염원에서 발생하는 위험은 많은 경우 치명적인 거대한 위험은 아니라는 점에서 환경위험책임이 직접 적용될 수 있는 위험책임 영역으로 파악하기에는 적합하지 않다. 이러한 영역의 예로 자동차 매연으로 대기환경이 오염되는 경우나 중소공장 시설을 통해 수질환경 등이 오염되는 경우를 생각할 수 있다.[42] 이 영역에는 원칙적으로 일반 불법행위책임을 적용해야 하고 다만 예외적으로 인과관계 추정이나 증명책임 완화·전환 등을 통해 불법행위책임 요건을 완화하여 환경오염 야기자에게 손해발생에 대한 책임을 귀속시킬 수 있다.[43]

---

40) 이런 사고방식을 국내에서 최초로 전개한 김형배, “과실개념과 불법행위책임체계”, 『민법학연구』(박영사, 1986), 290쪽 아래 참고. 이와 유사한 오스트리아의 논의를 정리한 문헌으로 H. Koziol, “Objektivierung des Fahrläßigkeitsmaßstabes im Schadensersatzrecht”, in: *AcP* (1997) 참고. 한편 맥락은 다소 다르지만 이와 유사하게 형법학의 관할영역을 유형화하는 경우로는 이상돈, 『형법학』(법문사, 1999), 307쪽 아래 참고.

41) 이 용어는 이상돈 교수가 형법상 책임귀속 영역 가운데 한 가지로 인정하는 “과학·기술에 의해 관리되는 일상영역”을 응용한 것이다. 이상돈 교수가 유형화하는 책임귀속 영역에 관해서는 이상돈, 위의 책, 307쪽 아래.

42) 그렇지만 경우에 따라서는 중소공장 시설도 치명적인 위험을 창출할 수 있다. 예를 들어 낙동강에 인접한 중소공장이 낙동강에 유독물질을 방류하여 낙동강 전체가 오염되는 경우를 생각할 수 있다.

43) 그러나 이때 주의해야 할 점은 불법행위책임 요건을 완화한다 하더라도 오염 야기자에게 실질적으로 무과실의 위험책임을 부과하는 것은 피해야 한다는 점이다. 왜냐하면 만약 중소공장 시설 등에 실질적인 위험책임을 부과하면 이 경우에는 위험책임에 적용되는 책임보험이나 책임제한 등이 인정되지 않아 가해자에게 더욱 가혹할 수 있기 때문이다.

마지막으로 환경위험책임 영역은 환경오염이 치명적인 거대한 위험의 성격을 가지는 경우를 대상으로 한다. 앞에서 살펴본 원자력 사고 등이 대표적으로 이 영역에 속한다. 이 영역에는 전형적인 위험책임을 적용해야 한다.

(2) 환경민사책임의 성질

이처럼 환경민사책임은 크게 세 영역을 관할한다. 앞에서 시사한 것처럼 위 세 영역에 따라 환경민사책임의 성격도 달라진다. 우선 일상적인 환경민사책임 영역에는 전통적인 불법행위책임이 적용된다. 전통적인 불법행위책임은 '과책'이라는 주관적 기준을 책임귀속기준으로 삼는 주관적 책임이다. 따라서 일상적인 환경민사책임 영역에서는 주관적인 불법행위 책임체계가 적용되고 이 영역을 관할하는 환경민사책임은 주관적인 불법행위책임의 성격을 띤다. 나아가 과학·기술에 의해 관리되는 환경민사책임 영역에는 객관화된 불법행위책임이 적용된다. 따라서 이 영역을 관할하는 환경민사책임은 객관적인 불법행위 책임체계로 구성된다. 마지막으로 환경위험책임 영역을 관할하는 환경민사책임은 위험책임의 성격을 띤다. 이 점에서 환경민사책임은 각기 성격을 달리하는 다양한 책임체계가 경합해서 존재하는 복합적인 전문법 책임이라 할 수 있다.

한편 이러한 결론에서 우리는 환경책임에 관해 흥미로운 테제를 도출할 수 있다. 앞에서 살펴본 것처럼 환경책임은 전문법 책임이라는 성격을 띤다. 이는 환경법이 전문법이라는 점을 전제로 한다. 그런데 전문법 구상을 최초로 제시한 이상돈 교수에 따르면 전문법이 관할하는 영역은 '과학·기술에 의해 관리되는 영역'과 '체계영역'이다. '일상영역'은 전문법이 관할하는 영역에서 제외된다.[44] 이러한 이상돈 교수의 주장을 환경책임에도 그대로 관철하면 환경책임의 관할영역에서 일상영역은 배제되어야 한다. 그러나 위에서 언급한 것처럼 환경책임의 한 부분을 이루는 환경민사책임은 일상영역, 즉 일상적인 환경민사책임 영역을 관할영역에 포함한다. 그렇다면 전문법이 관할하는 영역에서 일상영역은 제외된다는 이상돈 교수의 주장은 어느 정도 수정될 필요가 있지 않을까?[45]

---

44) 이상돈, 『형법학』, 217쪽.

45) 물론 이상돈 교수 자신도 한편으로 전문법은 "과학기술적 일상영역과 기능적 행위영역을 규율하는 법"이라고 하면서도 궁극적으로는 "일상영역"까지도 "전문법의 관할 안으로 들어오게" 된

환경민사책임이 시사하는 것처럼 전문법은 경우에 따라 일상영역도 포함한다고 보아야 하지 않을까?

## 2. 환경민사책임의 법적 근거

그러면 주관적·객관적 불법행위책임과 위험책임을 모두 포괄하는 환경민사책임의 법적 근거를 어디에서 찾을 수 있는가? 일단 민법 제750조를 근거 규범으로 삼을 수 있다. 왜냐하면 환경민사책임은 불법행위 책임체계를 포함하기 때문이다. 문제는 환경위험책임의 법적 근거를 어디서 찾을 것인가 하는 점이다. 환경위험책임을 긍정하는 것은 단지 입법론에 불과한지 아니면 현행 법체계의 해석론으로도 인정할 수 있는지 문제된다. 이에 관해 우리 환경정책기본법은 제44조는 "환경오염의 피해에 대한 무과실책임"이라는 표제 아래 제1항에서 "환경오염 또는 환경훼손으로 피해가 발생한 경우에는 해당 환경오염 또는 환경훼손의 원인자가 그 피해를 배상하여야 한다."고 정한다.[46] 이는 환경정책기본법의 입법자가 환경오염피해에 무과실책임을 인정하려 한 취지라고 해석할 수 있다. 그리고 이 규정은 환경위험책임의 근거규정으로 볼 여지도 없지 않다. 그러나 이렇게 환경정책기본법 제44조가 환경위험책임의 근거규정이 될 수 있는가에는 견해가 대립한다. 우선 환경정책기본법 제44조의 원형이 되는 제31조는 환경위험책임의 근거규정이 될 수 없다고 해석하는 견해가 있다.[47] 왜냐하면 환경정책기본법은 국가의 환경정책을 표방하는 선언적 규정이어서 이를 보충할 수 있는 별개의 사법적 규정이 없는 한 이를 청구권 규범으로 원용할 수 없기 때문이라고 한다. 이에 반해 환경정책기본법 제44조의 원형이 되는 제31조는 환경위험책임의 근거규정이 될 수 있다고 해석하는 견해도 제시된다.[48]

양자의 견해를 검토한다. 우선 환경정책기본법이 행정법의 성격을 띠는 공법적 규정이라고 해서 같은 법 제44조를 단지 선언적 규정이라고 이해할 수는

---

다고 한다. 이상돈, 위의 책, 217-218쪽.

46) 제44조는 2011년 7월 21일에 이루어진 전부개정 전에는 제31조로 규정되고 있었다.

47) 이은영, 『채권각론』(박영사, 1992), 714쪽.

48) 가령 김형배, 앞의 논문, 154쪽; 안법영, "환경오염사고의 위험책임: 일반조항적 위험책임구성을 위한 법정책적 소고", 박기갑 외, 『환경오염의 법적 구제와 개선책』(소화, 1996), 303-304쪽.

없다고 생각한다. 이는 환경정책기본법과 같이 사회국가적 법체계의 성격을 띠는 노동관계 법령을 보더라도 알 수 있다. 예를 들어 근로기준법은 한편으로는 민법상 고용계약 부분에 대한 특별법의 성격을 띠면서도 다른 한편으로는 민사법적 근로관계에 국가가 개입하는 것을 정당화하는 사회법의 성격도 띤다. 그런데 근로기준법은 그 안에 다양한 청구권 규범을 마련하고 있는데 이는 단순히 선언적 규정이 아니라 실체법적 규정으로 원용된다. 이런 측면을 보면 환경정책기본법이 단순히 공법적 규정이라고 해서 같은 법 제44조의 청구권 규범성을 곧바로 부정하는 것은 타당하지 않다. 그러므로 환경정책기본법 제44조가 청구권 규범인지 여부는 해당 법의 성질에서 도출할 것이 아니라 해당 법의 목적에서 찾아야 한다. 이와 관련하여 환경정책기본법은 제1조 목적규정에서 "이 법은 환경보전에 관한 국민의 권리·의무와 국가의 책무를 명확히 하고 (…)"라고 규정한다. 이때 환경보전에 관한 국민의 권리와 의무 가운데는 손해배상 의무도 포함된다고 해석할 수 있다. 그러므로 환경정책기본법 제1조 목적규정에서 환경오염에 대한 원인야기자의 손해배상의무를 이끌어 낼 수 있고 이로써 같은 법 제44조는 단순한 선언적 규정이 아니라 환경위험책임의 청구권 규범이 될 수 있다고 해석할 수 있다. 결론적으로 말해 제44조는 환경위험책임의 근거규정이 된다.[49]

## Ⅴ. 맺음말

지금까지 전개한 논의를 요약하면 다음과 같다.

첫째, 환경법은 공법, 사법, 형사법뿐만 아니라 환경윤리·법경제학까지 아우르는 통합과학적 전문법으로 파악해야 한다.

둘째, 환경책임도 공법상 책임, 민사책임, 형사책임뿐만 아니라 도덕적 책임까지 아우르는 종합적인 전문법의 책임으로 이해하는 것이 타당하다.

셋째, 환경책임의 한 부분을 이루는 환경민사책임은 종래 불법행위책임을

49) 다만 제44조를 근거로 하여 모든 환경책임에 무과실책임을 인정하는 것은 적절하지 않다.

통해 실현되었다. 그러나 현대형 환경오염이 증가하면서 환경민사책임은 새롭게 위험책임을 환경민사책임의 한 부분으로 끌어들였다.

넷째, 이러한 환경민사책임은 '일상적인 환경민사책임 영역', '과학·기술에 의해 관리되는 환경민사책임 영역' 및 '환경위험책임 영역'을 관할영역으로 한다. 이에 따라 환경민사책임은 주관적 불법행위책임, 객관적 불법행위책임 및 위험책임으로 구성되는 통합적인 책임이다.

다섯째, 환경민사책임 가운데 불법행위책임의 법적 근거는 민법 제750조가 되고 위험책임의 법적 근거는 환경정책기본법 제44조가 된다.

# 사항색인

[ㅁ]



[ㅂ]



[ㅅ]

[ㅇ]



[ㅈ]

[ㅊ]

# 인명색인

## 저자 소개

고려대학교 법과대학을 졸업하고 같은 대학 대학원에서 이상돈 교수의 지도로 법학석사를 받았다. 일주학술문화재단 장학생(11기)으로 선발되어 독일 유학을 떠났다. 독일 프랑크푸르트대학교 법과대학에서 클라우스 귄터(Klaus Günther) 교수의 지도로 법학박사 학위를 취득하였다. 2006년 9월부터 영남대학교 법학전문대학원에서 기초법 전임교수로 학생들을 가르친다. 최근 세 가지 주제에 관심을 기울이며 연구를 수행한다. 기초법학과 실정법학의 상호 연관성, 현대 과학기술이 법적 사고와 법체계에 미치는 영향 및 법의 진화, 우리 법학자의 법이론이 그것이다. 『부동산 명의신탁』(2010), 『서브프라임 금융위기와 법』(2011), 『법철학: 이론과 쟁점』(2012, 2017, 2022)(공저), 『민사법질서와 인권』(2013), 『빅데이터와 인권』(2016), 『법과 진화론』(2016)(공저), 『법해석학』(2017), 『현대 법사회학의 흐름』(2017)(공저), 『제4차 산업혁명과 법』(2017), 『디지털 트랜스포메이션과 정보보호』(2019)(공저), 『공학법제』(2020)(공저), 『유기천형법학연구: 유기천의 형법연구방법론(Ⅱ)』(2020)(공저), 『인공지능 혁명과 법』(2021), 『코로나 시대의 법과 철학』(2021)(공저), 『삼단논법과 법학방법』(2021), 『데이터와 법』(2021)(공저), 『단체의 법이론』(2022) 등의 책을 쓰고 다수의 논문을 집필하였다.

책임과 법

초판발행 2022년 9월 1일
중판발행 2024년 8월 1일

지은이 양천수
펴낸이 안종만·안상준

편 집 이승현
기획/마케팅 장규식
표지디자인 Benstory
제 작 고철민·조영환

펴낸곳 (주) 박영사
서울특별시 금천구 가산디지털2로 53, 210호(가산동, 한라시그마밸리)
등록 1959. 3. 11. 제300-1959-1호(倫)
전 화 02)733-6771
f a x 02)736-4818
e-mail pys@pybook.co.kr
homepage www.pybook.co.kr
ISBN 979-11-303-4242-9 93360



정 가 28,000원